U0570150

总 主 编　李红权　朱宪
本卷主编　李红权　朱宪

近代蒙古文献大系

政 治 卷

◇ 第 十 八 册 ◇

中华书局

目　录

东北蒙旗问题的研讨

张兴唐　撰

绪言

光复后，随着东北接收工作的受阻，蒙旗方面又发生了独立自治问题，对于东北整个的局面投了一个暗影。可是在接收辽北三旗的今日，我们是需要对蒙旗问题加以研究和认识，才能得到正确的施政方针，进而求全面的接收。我们对蒙旗问题，要在主席蒋的训示下，以诚换诚，谋求彻底的解决。在民族平等的大方针下，更要有扶植弱小的准备，使国内各民族翕然一致，拥护政府，而达到蒙旗复员的目的，这种工作颇为繁杂，需要大家来努力探讨。

甲　蒙古史略

蒙古是在古代的东胡、匈奴、鲜卑、柔然、突厥、回纥等的游牧民族，更迭占据的地域上，经过了多少回的兴亡盛衰。在五代之际，有现在东部内蒙古崛起来了的契丹族，其次还有东北的东北部勃兴起来的女真族，都曾经用着大的武力奄有了中国的大半，创立了帝业。前者号为辽，后者号为金。

在唐初就被人知道的黑水（黑龙江）上源的蒙兀部落，在西历一一六二年出生了旷古英杰成吉思汗。他的奇迹的武功在历史上称道为"灭国四十，霸业远及东欧。孙忽必烈嗣，统一中国，改国号曰元，疆宇之大，古今所未有。"可是传到了第九世的托欢特穆尔（顺帝），政治不张，被明太祖逐到塞北，不遇而死。于是元朝的后裔都支离破裂，起了内讧，一直到明朝的中叶，元朝的嫡裔达延汗的中兴，和旁系的〈子〉孙俺达的强盛，才得以稍复祖先的霸业，可是并没有恢复帝业的志愿，不过是在有明一代的边疆，过着原始骑猎生活。有清一代，用着特出的对蒙古政策，驱使着蒙古内附，划地自封，倒落得相安无事。可是不可遏抑的潮涌般内地的移民东北，造成了中华民国五族共和的鸿基，更胚胎了汉蒙融和的因素。

乙　蒙古地域和地势

自从周代称戎狄、东胡以来的蒙古，到现在二千五百多年间，北方民族是在离和绝续、强弱更迭的状态演变中。他的地域约略去说，是由北纬三十七度至五十三度，由东经八十五度至百二十七度的广大地域。大别之，可分为内蒙古、外蒙古和额鲁特蒙古三部。他的位置是当中国北部，东西相距二千二百九十六哩，南北相距一千〇二十五哩，面积约一百四十八万方哩。东靠东北，西接新疆，南界河北、山西、陕西、甘肃四省，北和苏联的萨拜喀勒、伊尔库次克、莱尼塞托、穆斯克四省毗连。

蒙古的地势是昆仑山系的合黎山、贺兰山、阴山、兴安岭等绵亘在南边，阿尔泰山脉和接连的抗〔杭〕爱山、唐努山、肯特山盘旋在北面，形成了一个大高原地带。在中央横着一个大沙漠，高度平均从三千呎到四千尺〔呎〕，东西一千三百六十哩，南北五百六十二哩，东部连亘着小沙陀地区，大半有草原，西北是绝少草树，这就是世所称之戈壁大沙漠，又称道瀚海和大碛。这个大沙漠因为地势上，分成两大部，漠南叫作内蒙古，漠北叫作外蒙古。额鲁特蒙古也因为沙漠，分为漠南叫河西额鲁特，漠北叫金山额鲁特。

丙　蒙古民族的分析

全蒙古和呼伦贝尔地方居住的蒙人，可分为蒙古种族、通古斯种族和汉人种，兹再详细的分述如后。

一、蒙古种族

1. 喀尔喀种——外蒙古喀尔喀四部、内蒙古全部和呼伦贝尔的新陈巴尔呼，都属于喀尔喀种，就是震骇世界劲旅的后裔。

2. 乌染〔梁〕海种——□上各游牧的地名就是指着唐努乌染〔梁〕海、阿尔泰淖尔乌染〔梁〕海和阿尔泰乌染〔梁〕海等地，都是乌染〔梁〕海种的栖息地。

3. 额鲁特种——额鲁特为纯蒙古种，游牧在青海的〔及〕阿拉善、科布多、阿尔泰和伊黎〔犁〕地方，此外黑龙江省依光〔克〕明安旗莽鼎公的祖父就是出于额鲁特种。清乾隆二十二年从乌里雅苏台移牧到呼伦贝尔。

4. 布里亚特种——苏领沙〔后〕贝加尔地方、呼伦地〔地〕方、克鲁伦河沿岸、海拉尔河之支流、墨尔根河沿岸、额尔古讷河的支流和根河的下流，都有布里亚特种的栖息和游牧。此外隶属于塔尔巴哈台的哈萨克人也是布里亚特种，人情、风俗和喀尔喀种大致相同。

二、通古斯族

1. 索伦种——额尔古纳〔讷〕河东岸、兴安岭的东麓、嫩江上流沿岸和黑龙江右岸一带,都是索伦人占据着的地方。

2. 达呼尔种——现在达呼尔种都在嫩江右岸、雅尔河以东地带栖息。

3. 鄂伦春种——和索伦人是同种别部,散居在兴安岭的山里。

4. 毕拉尔种——和鄂伦春人是同种别部,散居在呼伦贝尔地方。

三、汉人种

汉人随公主下嫁,隶籍蒙古,也不在少数。大多是山西、河北和山东三省人,从事农业,并有清代被流谪的南方几省的安徽、浙江、江苏、福建、湖北、云南、河南等省人民。居住日久,弃汉语,和蒙人结婚,遂变为蒙人。多住在哲、卓、昭三盟地方。

丁　历代对蒙政策

一、汉朝——有汉一代,总是在汉蒙冲突中延续着,这不能不说是民族的悲运。在对蒙政策上,可说的只有和亲一途。景帝时,利用和亲,终帝之世,没有什么冲突,能得到相安无事,以后仍然是战祸连年。

二、隋唐——隋开皇十七年七月,突利可汗尚安义公主,仍步汉朝和亲政策的老套,可是不能断绝边患。唐兴,遣刘文静请援〔援〕于东突厥,秦王世民率数百骑,驰往颉利可汗阵,卒使颉利遣使请和亲。终唐之世,也是和和打打,出不了和亲和战争的两途。

三、宋朝——因辽、金的强大，到南宋更偏安在一隅。有宋一代，谈不到什么对蒙政策，差不多是纳币称臣，相安一时，最后竟被元所灭。

四、明朝——终明之世，兵连祸结，迄无宁岁，终至于亡。可以说的是，成祖的亲征三次，稍纾边患。穆宗时代条八事：一、议封爵；一、定贡额；一、议贡期、贡道；一、立互市；一、议抚赏；一、议归降；一、审经权；一、戒狡饰。

封俺达为顺义王昆都伦汗，西塞新、宁。

五、清朝——明朝万历间，建州女真族的努尔哈赤（清太祖）兴起于赫图阿拉城（今之兴京志〔老〕城），先攻略辽、金后裔语言相同的各部，接着又将语言、居处不同而衣冠、骑射相同的各部绥服了，以后对抗明朝，遂开帝业之基。太宗朝，败亡了元嫡裔察哈尔林且〔丹〕汗，并统一内蒙古，正确勘定诸部的疆界，按照满洲八旗，将部众编制佐领，赐给各部酋爵禄，使得世袭，于是乃使北虏的后裔，垂头拱手，至称不侵不反之臣。其次在康熙朝，漠北喀尔喀三部和青海诸部归顺。乾隆间平定漠西额鲁特。到了这个时候，整个的蒙古全域，作了清朝的屏藩。从世祖进关顺治元年起，到宣统退位止的二百七十多年间，有史以来始终为中国历朝边患的北方民族，不为清累，实在是不得不称之为一大奇迹。

后来论清朝的对蒙政策，以为有左列各项：

（一）清朝巧用喇嘛教把曾经震骇世界慓悍好斗的民族，化成了温和柔顺。

（二）清朝鉴于有史以来的边患，想要防遏塞外民族的繁殖，凡生男子，除了长子以外，其余的奖励入喇嘛僧籍。

（三）清朝为着恐怕蒙胞的知识开发，绝对禁止汉文化输入蒙古。可是以个人十几年的观察，清朝的抚驭蒙古政策，似乎侧重左列数项：

（一）赐爵王公，以王公制蒙胞。

（二）利用喇嘛教，弱化蒙古民族。

（三）分族而治，划地自封，使各旗不能团结，借遂其统治之私。

于是蒙胞在有清二三百年间，日就削弱，效忠清朝，自己从未有过觉悟。到现在在蒙古地方，清朝祭祖坟或王公祭陵的时候，仍然带着红顶穿着圆领马蹄袖，感念清朝，老年人更是说清朝好。我们不能不承认清朝手段的高强，可是曾几何时，三百年的繁华，已竟是不堪闻问了，压迫的统治和差别待遇，不见真诚的清朝，终是不持久的。

六、民国建元后——民国建元后，蒙人为五族共和之一员。政府宣言内有"中华民国人民，一律平等，无种族、阶级、宗教之区别"，政府并为蒙古人特别公布待遇条例，确认清朝所有的特权。并且通晓汉文具有法定资格的蒙人，都可以就任内外文武官职，更有和汉人同样规定，有参议员的选举权和被选举权，修正清朝的理藩院，改为蒙藏院。以后外蒙古取消独立，政府对喀尔喀图谢图汗、东〔车〕臣汗、扎萨克图汗、赛音诺颜汗的四部，八十六旗，旧科布多参赞统辖的杜尔伯特、赛音济雅哈图十六旗附牧扎哈沁、额鲁特、明阿特四旗认定为能〔自〕治区域。沿边蒙古行政区域，编入甘肃甘边宁海伊犁、阿尔泰、塔尔巴哈台等地方的管辖内。内蒙古归奉天、吉林、黑龙江兼辖，和热、察、绥各都统统辖，对于蒙古王公等的封叙典礼，和清朝没有大的出入，简直是因袭了清朝的政策。在今日看起来，不能不认为是失策。不过在内乱频仍的当时，无暇顾及也似有可原谅的地方。

七、伪满——敌伪为着分化汉蒙感情，用尽了所有手段，并按照平日他们对蒙的深刻认识，力谋把握蒙古青年，他的政策，详细的分析，可得左列四项：

（一）施行离间教育，挑拨汉蒙感情。

（二）取消王公，取悦青年。

（三）实施蒙地组合法，排斥汉人。

（四）另划行政区域，实行分治。

十四年间，十分成功。今日在东北光复后，很多不明了政府的蒙古青年和畏罪的伪满蒙籍高官，在高唱着独立自治，都是这种政策毒素的蔓延。

戊　东北蒙政的现在和将来

光复后，脑袋里没有祖国的蒙古青年，受了伪满蒙籍高官的劝诱和某国的唆使，竟高唱独立，走向和祖国的分离道上，实在是叫我们最痛心的一件事。可是在尊严的接收工作里，我们蒙政的接收，当然不能忽视的，所以在许多忧国忧民的汉蒙人士，为着蒙政出生入死的奔走，结果终于辽北接收了科左中、前、后三旗，成立了科右中旗旗政府，混乱的蒙政，总算有了初步的奠定。

在行辕有蒙旗复员委员会的设立，有了蒙政综合统辖的机关，援助各省的旗的接收，曾投以最大的努力。

在辽北已接收三旗的行政上，在人事方面是登用贤能，责成旗长，在制度上是比照各县，不形特殊，在经费上是行辕补助，不准摊派，在救济上是配给衣履，抚辑流亡，在军事上是只要反正，不究既往。各旗行政，已竟是逐渐展开。

至于将来，为着把握现实，革新蒙政，似乎我们先要明了蒙地实况。

一、收复区的蒙地现况

1. 人民穷困,需要经济——许多蒙地,都是不能种棉花,也不会织布,所以在伪满统制经济的实行下,已竟是男女裸体,入于极悲惨的状态,待救情殷。牛马牲畜,都被某国及"奸匪"抢掠一空,真是一贫如洗。

2. 行政经费不足——蒙地既然这样的穷困,就地筹款,是绝难办到。所以行政经费,仅补助少数,不能应付要求,行政的推动,自感困难。

3. 行政人才缺乏——蒙地贫困,经费不足,优秀人士,自不愿僻处边陬,退而求其次,又不能担负繁重的行政要求,这都是蒙旗首长,感觉到头痛的事。

4. 春耕困难——蒙地牛马一空,食粮、种子,都感缺乏,春耕困难。

5. 人民对政府没有十分信心——因为许多的事我们无法兑现,又无力为蒙胞谋福利,接收和不接收,并没有老大区别,反而有的地方接收一帮人吃马喂,弄的老百姓无法应付,的确是惭愧。

二、未收复区蒙地现况

1. 蒙胞受了伪蒙军和"奸匪"的宣传——蒙胞已经没有政府的印象,甚而有了敌视,这实在是将来接收上的大问题。

2. 伪蒙军要求共军不再清算——清算是"奸匪"在东北可称为他们失算的一件事,伪蒙军深知清算的不合理,现在他们改正不清算了,这也是我们应当注意的,因为如此是他们政治攻势加强了。

3. 对在政府从军的家属不加危害——在政府从军的家属他们不但不加危害反致慰问,这实在是可怕的事,因为这是摇动军心,煽动叛变。

4. 整饬军风纪——八路的军风纪现正由政委监视着，大加整饬。

5. 伪蒙军形同流寇亦非所愿——蒙人的家乡观念也很强，现在的流离，也不是他们的愿意，可是事已至此，也只得乱做下去，在沙漠里流浪，谁能愿意呢。

三、蒙政对策

我们以为目前的蒙政对策应为下列各点，特写在下面，作为参考。

1. 蒙旗行政经费全部由行政院拨发——接收广大的领土千万的人心，不支出一笔大的经费，是绝对办不到的，我们为着今后蒙政的顺利接收，我们要请政府，不要吝惜经费。

2. 登记蒙政人才加强训练——收集汉蒙人士，对蒙政热心或有经历的人士，加以训练，派遣各旗。

3. 加强救济——请行总加强蒙旗救济，借以把握蒙胞民心，击碎对方反宣传。

4. 春耕贷款——因蒙地穷困，在人口比率上，多给增加他们的贷款数字，务必叫他们能够春耕，不然的话，那问题的结果，我们是不敢想像的。

5. 豁免蒙旗田赋三年——蒙旗已竟是一贫如洗，就是征收田赋，也不过是所得无几，为示惠于民，索性豁免三年，既然可以使蒙旗得到苏息的机会，又可以击破对方的反宣传。

6. 蒙地所有权应明白规定迅速处理——现在春耕在即，蒙地原有地籍，伪满时代，尚未整理，光复后仅存的垦殖票收据等，又被焚一光。如果我们不能明白规定蒙地的处理，或者是暂依伪满旧制，或是恢复九一八事变前的状态，那么既然无从整理并且纷纠滋事，越发增加了蒙政的繁杂。所以以个人意见，立即在行辕蒙旗复员委员会主持下，召集蒙政有关各省政府代表及各旗硕彦，开蒙地所有权讨论会，然后集结众议，确定方针，训令各省，马上开始整理调查，务使春耕时，不生纠纷。

7. 以飞机往来收复蒙地散布传单报纸——因我方消息为"奸匪"所蒙蔽，伪蒙军毫无所闻，对反正，怀有疑惧，所以我们是应随时以飞机散发最近报纸和传单，叫他们的内心发生变化，可以逐渐反正。

8. 加强蒙地民众组训——在蒙地，由"伪蒙自治军"所设的党政学校，不过受了三个月的训练，可是一般蒙古青年，就像中了魔一样，开始清算他自己的家，要和他的父亲去斗争，对此我们深感我们的宣传和训练不太充分，民众组训的成功与否，是能决定我们的接收工作的，尤其是蒙地因为对政府隔阂，更是应当加强。可是接〔直〕到现在，因为经费和治安的关系，对民众组训，在蒙地还不能推动。

9. 发展本党党务，注意教育——所谓"以思想来攻，以思想对付"，实在是良言。今后本党，应以崭新的作风，收集忠实的蒙古同志，借以发展党务，取得主动。同时注意教育，使教育得以正当的发展，不致误入歧途。实在说起来，伪满十四年的敌伪离间教育，效果惊人，一般蒙古青年，均不晓得祖国是什么，只知道由日文学来的"支那"二字，在他们的印象里是懦弱、穷困、狡黠的一个国家，我们为着使蒙胞和一般青年，明了祖国，进而拥护祖国，的确是需要党的宣传和教育的提倡的。

10. 选拔优秀蒙籍青年，送往国内各大学或美国留学，增加智识——据最近情报，伪蒙军方面，注意教育，业已选拔多数青年，往苏联和外蒙留学。我方也似乎应当立即由已接收各旗，选拔优秀青年，送往内地各大学或美国，以造成建设蒙旗的主力军，这实在是当前必要的事。

结言

蒙政千端万绪，实在不是几页篇幅所能罄述的。以上所说，只仅就其以往、现在和将来三部门〔分〕，略加阐明而已。可是个人所说的蒙地现况，是由于长时间的观察和亲身的体得，较比正确，所有对策，多半是针对现实，如果政府能采择，而实行的话，那么蒙政推行或可入于正轨。不过蒙旗问题，决非简单，在集思广益下，我们是愿意热心蒙政的诸同志们来共同研讨的。

《辽北月刊》
四平市辽北月刊社
1947 年 2 期
（朱宪　整理）

论蒙胞生活的现代化

汉化是个错误的名词，现代化则是
蒙汉同胞的共同需要

崔载之　撰

在讨论蒙旗问题的文字当中，我们常常见看〔看见〕"汉化"这一个字样，在一般应用这一个名词的人们，习惯相承，未加思考。在离间蒙汉感情的人们，则可以断章取义，指以为我们持有"大汉族主义"的证据，在民族感情特别的强烈的蒙胞，也许因此便觉得"汉化"仿佛就是使蒙古民族失掉其特色的危机。其实，这完全是一种名词上的含混与误会，所谓"汉化"者，究其实际却是"现代化"的一个错误的用语。试分析所谓汉化的内容是什么，就一般含义而言，所指不外下列各点：第一是，弃游牧而就农耕，可是游牧与农耕，并不是蒙汉两族个别的特色，而是世界许多民族，经济进步的两个不同的阶段。世界许多民族的生产方式，都由游牧经济，发展为农〈耕〉经济，所以蒙胞的弃游牧就农耕，是现代化而不是汉化。一般所谓汉化的第二个特点，是蒙胞学习汉人的语文，我们认为若强制蒙胞废蒙语用汉语，可说是汉化，若是蒙胞为了学习与生活的需要，在蒙语之外，兼习国语国文，则也是现代化而不是汉化。因为语言文字固然是一个民族特色，实际却亦是表情达意、寻求知识的应用工具，一方面一种语文的精确丰富，与其文化程度直接相关，学习程度较高、内容较丰的语文，便可以直接提高思想的精度与知识的内容，另一面就国语国文的应用范围而言，言著述言翻译，实已与世界文化作广泛的结合，科学文艺，典籍浩繁，已经是一种接受新知识比较方便的工具，国人学英文并非英化，蒙胞学国文亦非汉化，其理相同。一般所以把这些趋势称之为汉化，是因为在过去汉族文化代表一种较为进步的生活方式，所以误以蒙胞的进步名为汉化，实际在今天工业化的时代中，汉蒙同胞比较欧美工业先进国家，同时代落伍，汉化的名词早已失去其意义了。今天真正的需要，却是蒙汉携手向"现代化"的道路迈进。

在去冬今春，国大制宪前后，少数民族问题颇曾激起若干波澜，其着眼点集中于盟旗自治问题，但是稍明边疆民族的实况者，则晓得蒙胞需要一个现代化的运动更甚于自治运动。自治运动的意义，是防止多数民族的压迫，保障少数民族的权益；现代化运动的意义，是改造政治、经济、文化、生活的方式，以发展少数民族的利益，就目前蒙民生活的现况而言，后者比前者更符合于实际的情形。因为就目前蒙胞生活的真正痛苦而言，第一是贫穷，而构成贫穷的原因，并不是民族压迫，一方面固应由过去满清政府政策负责，而骨子里却还是优势经济与劣势经济消长变化的自然的结果。蒙胞的所以贫穷，大抵有两个基本原因。第一，游牧经济根本是一种落后的生产方式，与农业相较，需要的土地面积大，而生产的收获少，又缺乏医药知识，无法避免天灾、疫疠的侵害。第二是游牧受农业的侵蚀，土地面积日益缩小，可耕的土地逐渐化为农田，只剩下荒瘠、碱卤的地区作为牧场。但是这种农业人口的移入，是由于私人的逐渐的经济渗透的方式，并不是用了政府的什么力量。凡是熟悉边疆情形者，对于农业人口移入蒙旗，由农奴而佃户，由佃户而地主的痛苦经历，大抵耳熟能详。

所以我们说，这结果与其说是民族压迫所构成，无宁说是劣势经济对优势经济的自然劣败。今天在政治上保障蒙民游牧的土地自然是重要的事情，但是更重要的，却是要把蒙胞的生产方式向前推进一个阶段，在土地可耕的地区，以大力提倡蒙胞自身化游牧为农耕，如准噶尔旗大部分蒙民已经农业化，便是一个好的例子。在不适农作的地区，则要使落伍的游牧跃进为现代化的畜牧，讲求培植牧场，讲求兽医卫生，以提高畜牧之生产效率。

　　蒙胞生活困苦的第二个特点，是组织的松散与教育的落后。这两点都与生产方式有关。都市是工商业造成的，村镇是由聚族而居的农业造成的，蒙胞因为滞留在游牧阶段，所以居无定所，组织松散。因为居住散漫，没有相当人口的城市、村镇，所以现代形式的学校实际无法设置，无法普遍。同时就经济理论上说，生产力低弱，生产利润贫薄，浪费、占用了人力，也是教育不能普及的原因。民国以来，蒙旗教育，纯恃国家的补助，也消费了相当数量的经费，然而成绩极微，除去王公子弟以外，蒙胞很少受到教育的机会。若不从经济生活的方式上想推进的办法，蒙旗教育永远不会有什么成就。

　　第三，蒙胞生活另一个困苦的根源，是在于政治制度问题。谈蒙胞自治者若专就盟旗自治着眼，而不谈盟旗本身政治的改善，从蒙旗人民的立场来看，是不正确也不公允。王公制度应否维持这大题目，尽可撇开不谈，但如何修明现在旗政府的组织与实质，以适应现代政治的需要，蒙旗负责者的自身，实应早有觉悟。从政治性质上说，旧日的政府是一种纯粹统治的工具，现代的政府则是一种代表人民执行管、教、养、卫共同业务的机构，现在的蒙旗政府距离这个标准究有多远，无待我们详说。标榜自治不能变成了故步自封，旗胞贤达一定和我们具有同感。

　　在自治浪潮过去之后，察、绥各省有蒙旗福利促进委员会的组织，颇拟在提高蒙民生活方面做一点实际的事情。我们认为解决蒙旗问题不空言自治，而从经济生活的改进方面着眼，是一个切合实际的看法。仅就所感提供一点简单的意见：第一，汉化是名词的错误，现代化则是蒙汉民族立足于今日的共同需要；第二，推进蒙胞经济生活的方式是解除蒙胞痛苦的根本方策；第三，在改进蒙胞生活的事业上，盟旗与省县不是对立的而是需要合作的；第四，有志的蒙胞青年，如有志挽救蒙族的衰颓，则不应脱离人民，把自己变成新的王公，而应对蒙胞生活的现代化，做一点一滴的努力，以促成整个蒙旗的进步。

《西北之声》（月刊）

张家口西北之声月刊社

1947 年 2 期

（朱宪　整理）

谁在安排绥远的命运

海波　撰

戈壁中的草原

在昔日四望平旷，荒芜际天的塞外草原，经过了多年的开拓，垦殖，终至境内人民水注云集，设县分治，景象一新。人民辛苦耕牧，绥远由此逐渐繁荣。尝忆大戈壁南北，极目无垠，溪水涓涓，绿草盈盈，漠中风光，凌空倒影，牧者游息其间。然而边事错综，不知多少祸乱由此而生。绥远历代为匈奴凭陵之地，战时又为西北国防之屏藩，今天的地位更是北界外蒙，东拊关外，西控新疆，南临陕、甘、晋、宁，其重要性更千百倍于往昔，国人岂可忽视！

绥远是一个汉、蒙、回、苗诸族杂居的地方，全境二百多万人口中，汉人占十分之七，他们性喜平和而不偏激，不务排异，不走极端，所以民族之间的感情还能合得来，虽然因受地理环境之限制，与社会文化之互殊，在生活上不免有点差异，而人民之间却能各守本分，各安其业。

"黄河百害，富于一套"，这话说明河套是绥远的农垦区，亦即说明绥远是沙漠中的绿洲。的确我们不能小看它的前途，绥远不但在农耕、畜牧上有长足进展，且因地下宝藏未尽开发，煤、铁、盐、碱等矿产储藏甚丰，将来一旦开采，建设工业，前途无量。可见绥远是时代中的青年，有一股蓬勃的朝气。然而它能如愿以偿吗？一连串的事实证明了绥远的悲惨命运，十余年来，灾荒频仍，患难重重，官差徭役，贫苦交集，人民不但无宁日可过，亦乏喘息之时。

蒙旗组织与行政

绥省对政务之施行，与内地行省，稍有不同，除省县政府统治全省以外，尚有盟旗组织管理蒙民事务。绥境盟旗政治组织，在明末清初始先后完成，将蒙古游牧区域，划为若干旗地，作为牧场，旗内居民不得越界狩猎或游牧。全省计乌兰察布盟六旗，伊克昭盟七旗，伊、乌两盟共十三旗。盟设盟长，由中央于各旗王公中择一贤能者而任命之，以解决或办理蒙旗间之纠纷与事务，然其统治各旗之权力却很脆弱，盟长不得直接干涉旗政，遇事须会同扎萨克以处理之。蒙旗为实际行政机构，旗以世袭之扎萨克（王公）为旗长，下有协理台吉（办理旗务）、管旗章京（管理监狱）、和顾〔硕〕梅伦（管理闲散职员）、扎兰（掌管兵务）、章京（办理民事）、骁骑校（办理府邸事务）、笔帖式（文书）等办理旗内一切事务，地方勤务亦由地方梅伦（庶务）、扎兰、伊科达等办理。蒙民对旗内一切措施须绝对服从，尤对扎萨克更不得反抗，犹如宗教信仰一样，因蒙民认王公世袭为当然，所以蒙胞之纳税服役，其意乃为扎萨克效劳而已。一般蒙民观念如斯，而王公们亦久习成性，自有同样感觉。目前蒙旗之所以不能进步，其因最大。

农牧与工业的资源

　　绥远也是一个耕牧并重的省份，其经济组织完全建筑在农业社会里，因为地面辽阔，水草丰富，故畜牧最为适宜。且蒙人在习惯上多不事农垦与工商，家用所资，全赖畜牧，所以畜牧之发达，远在其他事业之上。其次因黄河水利之导引，肥沃之土壤，经灌溉之后，产量大增，小麦、大麦、燕麦、黍谷、玉蜀黍、高粱〔粱〕等收获量很大，惜品种欠优良，每年因黑穗等病损失颇巨。至于豆类之出产亦甚多，亦为马料人畜主食之一。绥远因人工缺乏，对园艺作物，不暇顾及，由于气候关系，经营花卉园艺者极少，但从事蔬菜花果园艺等培植者颇不乏人。据专家调查，绥远矿产蕴藏量较西北诸省无逊色，均为将来发展经济与工业的资源，故目前虽无大量发展工业的迹象，惟自本身畜牧生产本位所得的原料，去发展毛织事业，是轻而易举的。其他现代工业如电灯、甘草、油粮、面粉等工厂，已略具规模，今后更以甘草为主要之输出品，如能设厂煮膏，大量制造，其获利之厚不难预测。

横贯东西的交通大动脉

　　国家欲真正的统一，需要的是便利的交通，而繁荣地方，维持治安，巩固国防，亦有赖于交通之便利，平时建国，战时用兵皆当如此。绥远地处边陲，为国防首要门户，不论发展经济、政治、军事，非先从交通着手，不能够保其无虞。交通因山脉纵横，水运不畅，又不得不由陆通以为交通，所以旧日已有驿站之设。公路除省内通行者外，战前绥新公路为出省之惟一孔道，自归绥至迪化，全长三千五百公里，是连络西北的主要交通干线。平绥铁路由北平至包头，共长八百一十六公里，是横贯东西的大动脉，其于绥远之开发、移民、贸易皆有莫大之助益。包头地当水陆要冲，是绥远货物萃集销散之地，其商业因交通而日渐繁盛，将来欧亚航空复航，新绥公路畅达，平绥铁路延长，黄河水运整修，绥远地势阖捭东西，控制南北，足使大西北成为国防上的藩篱。

民情风俗之崇尚

风俗的养成，有因天然，有因人为。往者绥远，峻岭高山，荒漠千里，朔风流沙，马嘶牛啼，是时居民于耕牧之余，时与自然抗衡，无余力以及其他，因而工商业不兴。方今时移世转，交通日便，民情习尚已另有所趋。惟因种族不同，生活方式、风俗习惯亦因之互异。其间汉人生活与内地相差不远，回民亦除宗教信仰而外大同小异。阴山南部多为蒙汉并处，蒙胞多能汉语，生活习尚，互有取效，半耕半牧，几为共同之职业。而北部蒙民却专事游牧，仍然保持以往之生活方式，于看守家畜之外，不劳其他心思，喜饮酒，好谈论，善骑射，富者或醉酒驰马于旷野，或招宾歌唱于幕中，此乃蒙人闲散无事时之惟一消遣。

游牧民族虽具质朴之风，然其性多保守，因此蒙民生活不易改善。蒙人主食品为肉类、牛乳、牛酪、茶、黍、野菜等。衣多由清时服制相传而来，因地方情形特殊，服装式样各旗略有不同。男女腰中常挂烟袋、烟囊、小刀、燧石，以备随时取用。蒙民因随水草常有迁移，住房多不固定，以蒙古包而济其穷，惟喇嘛庙则于风景深幽之地常可见之。至于蒙人婚姻方式，则须经过说婚、定亲两个阶段，而后结婚。然游牧区与农垦区因经济关系，其方式稍有不同，前者以牲畜为合婚礼，后者以货币为合婚礼。此外蒙人于祭祀鄂博之时，必跑马、摔角、斗牛、斗蛇以示庆祝，此皆蒙人最爱好之娱乐。

荒芜了的田园

　　经验告诉我们绥远是一个不幸的遭遇者，它有一部沉痛而悲惨的史实。就以祸乱言之，初则匪祸纷扰，继而敌寇侵临，田园是荒芜了。胜利后，数年的民困未苏，战乱又无片刻宁息，绥、包之战，集宁之役，绥远人力、物力损失殊重。终以绥民以最大之努力，最巨之牺牲，始有眼前较为安定之局面，而绥民已创伤颇巨，不堪回首。年来征粮，抽丁，天灾人祸交相胁迫，人民苦饥寒，疲奔命，扶老携幼，死亡载道者不可数计。而苛政魔掌尚不时施以压力，苛捐、徭役、军粮、马料更变本加厉，农村破产将至不可收拾。时值春耕之际，一家生计尚且无着，籽耔工本又从何而来，农民吁喘无暇，皆欲弃田他往。刻下绥民处境水火，在"穷"与"苦"与"死"的边缘上挣扎。然其生杀予夺之权不在自身，而操诸他人之手，此绥民最堪痛惜者。我们知道社会风气之败坏，在政治之不能清廉，现在绥远的政治在表面上颇能装璜，实则丑态百出，这是使绥民遭受痛苦，绥远不能长足进步的最大原因，凄楚之余，我们不禁怀疑谁在安排绥远的命运？

《西北通讯》（月刊）

南京西北通讯社

1947 年 4 期

（李红权　整理）

静静地，悲剧底幕幔在垂落

——在西公旗底女王倒下去以后

果薇　撰

（1）一颗不意的狙击弹

"到归绥取领贷款。"

这是七月十六日开完整军会议奇俊峰女王最后对她留守在公庙子的卫士所说的。随后她就率领着二十多个亲随离开旗政府；当在黄昏这一彪人马走到包头西方六十里地的"乌兰计"，就住宿在那里。

第二天拂晓旗里的仕官和郝游龙底部队追赶到这个山村。他们拿出女王底心腹李隽卿催促女王速去北平的信件，质问她和李的关系，更追溯到小王是否它〔她〕亲生子的问题；他们强迫她回旗府政去开谈判，这时女王底卫士已经被缴械，虽然她依然声色俱厉地应付着他们，却也不得不随着他们遄返原路。当天晚间她们住宿"旧衙门"（旗政府故址），十八日晚上才走回公庙子东方二十余里的"苏保盖庙"；于是这座"乌浪沟"山口外面的喇嘛庙就变成了奇俊峰女王和她部下们底杯〔樽〕俎折衡〔冲〕之地。

另一方面，留守在公庙子旗政府的女王亲信卫队十七日黎明就在睡梦里被缴了械；军械库里放着刚打张垣领到的二百支新枪、一万发弹药，也都被郝游龙底部下运走，于是女王底牙城就这样老老实实地失去了它底作用。十九日中午包头警备司令温永栋和参谋处长翁靖国偕同士绅李振邦赶到公庙子。温司令写了封劝告双方互相让步的信，由李振邦亲身送到苏保盖庙，然而这个"调人"没有得到结果又折回公庙子来。温司令因为城里事忙就留翁、李在公庙待机设法，他自己当晚赶回包头。

二十日上午苏保盖庙的谈判开了一朵昙花：女王允许那个经她一手提拔起来的郝游龙做西公旗底保安副司令，并且委托他在女王离旗的期间里代掌一切旗政大权；郝游龙也同意了这个条件。这时女王认为自己已经通过郝游龙而握紧了西公旗所有的枪杆，便在那天下午一点钟下命逮捕了东协理额宝斋和合作社经理何太保，并且抄没了他们底家产，后来经全体在场的仕官恳求，才释放了他们。额宝斋被释之后很快地又把郝游龙说服：当下午三点女王准备乘马回公庙时，她突然在苏保盖庙门前遭受狙击，一颗子弹从左鬃穿入，打右前额射出，结束了一世女王底性命。这时小王看到母亲被害立刻向屋里奔去，这时第二颗枪弹也使相继遇难。

七二〇血案就是这样地染红了全国底大小报章。

（2）女王死后的西公旗

女王死后额宝斋掌握了旗内底政权，郝游龙掌握了军权，他们两个人通力合作地维持着旗内底平静。二十一日他俩通电政府报告事变经过，并且指陈女王底九大罪状。这时包头警备司令部派驻公庙的调人翁、李一行已经无法干涉这件扩大得漫天漫野的事；恰好二十四日旗政府准备派管旗章京孟海代表仕官，保安第一大队长郝耀飞代表军队，贺守忠代表人民到包头和归绥去报告事变经过，调人李振邦就以"军使"底姿态领导着他们到包头会晤了军政各界底首长，并且还招待了一次记者。这个异常的"使节团"携带着呈绥远省主席董其武氏和绥蒙特别党部主任特派员赵城璧氏的两件代电，里面照例首先盯问第一次的通电说：

"午马代电计呈。"

接着就申述二巨头不能亲谒的理由：

"只以旗政甫定，善后待理，谨派某某代表某某……趋辕晋谒，面报此次政变经过详情。"

他们打算：

"并请指示今后旗政组织，俾使遵循，用慰民望。"

电文底主人当然也就是"不胜恐惶待命之至"的"乌拉特前旗东协理额宝斋，大队长郝游龙"了。

两个"军政主持人"底代电之外，有一件各仕官报告奇氏罪状的电文，别外还有一个重要文献是奇氏底中校秘书程逢昌呈董主席的意见书，他说血案底起因完全是女王生活浪漫和她榨取旗民所致，以后旗政府应该采取总管制；并且按照资望应当以额主政，以郝主军。

然而对旗改〔政〕组织的问题在携带着这些文件的代表里面就有持反对意见的；旗民代表贺守忠就曾经表示西旗旗民顾及其他各旗底反对，都愿意保留传统的扎萨克制度。他说：我们愿意听政府底吩咐，我们也更希望政府能让我们公举一位王爷。将来政府如果不放心尽可以派一个旗务帮办。

据说当过伪扎萨克的"阿木勒札那"是个正统的王裔，假使贺守忠底主张可以贯彻的话，说不定他会被旗民们拥上王座呢。

七月二十七日这三位代表到了省垣归绥，他们等待着政府指示新旗政府底组织。

（3）盟、省当局底意见和措置

月初中国国民党绥蒙特别党部主任特派员赵城壁〔璧〕应董主席底邀请到归绥去讨论西公旗底善后，他们和省参议会议长张钦，副议长阎肃，在绥的蒙藏委员会委员经天禄等研讨底结果，决定首先催促三个西公旗代表赶快回旗暂时组织旗务委员会维持旗政；在旗务委员会成立前旗内军政仍由额、郝两人分别负责；至于西公旗将来的行政组织和扎萨克底承袭问题需要等待中央底指示；最后他们公推在绥的蒙藏委员胡凤山、经天禄和绥蒙党部主任特派员赵城壁〔璧〕一同到西公旗去慰问民众，安定人心。

草原悲剧正按着一般人所予〔预〕想到的情节在慢腾腾地挪向结局，乌兰察布盟盟长巴王底长子林庆僧格最近曾来张家口面谒绥署傅主任，我们更可以神经过敏地揣测着说：他底来张尤其是这幕悲剧底尾声。

林王是乌拉特中公旗底扎萨克，他这次经由绥、包赶来张垣除掉他自称的"述职"之外，老盟长曾经嘱咐他路过西公旗时代为调查七二〇事件底真象。本月十三日上午这位事实上代表乌盟盟长的林王携带着次公子雄诺（现在任中公旗保安司令）和该旗小学校长贺守先一行到包；他对包头人士曾经透露过一些足资左右政府对策的意见，他表示：视察底结果西公旗目前非常安定，至于西公旗将来的政治制度应该很快地选择扎萨克底袭任者，而不应像准格尔旗似地设立旗务管理委员会，因为两者底环境极为不同，乌盟是最北端的国防前线，必须建立顺应民舆〔意〕的安定的政治制度；同时在乌盟里面"茂明安"和"达尔汗"两旗底王位继承方面现在还都有着隐伏的问题，所以西公旗万不可轻易开了推翻扎萨克制度的先例。

　　林王曾经再三说他要尽量向有关当局强调这个意见，因而我们或者也可以从而找到政府底最后决策。

（4）两个《紧要启事》

　　八月十五日奇俊峰女王底母亲奇月朋从五原赶来包头，这个七十岁的老太太就下榻在包头彭贵人巷的康王府，她对女儿和外孙底惨死感觉异常悲愤，准备到归绥对省当局有所表示，据说她还要到南京走一趟呢。

　　这个老人自从到包后的第二天就开始在报纸上刊载了一个《紧要启事》，约有四五百字，文章虽然写得相当蹩脚，然而它开首没有几句就从天而降猛猛地对额宝斋开了几发当头炮：

　　"额宝斋早与伪敌已订卖身文契，其事可作，何所不为？"（照抄原文）

　　接着就从头到尾叙述女王参加抗战和去年绥、包被围时坐镇公庙子的经过，最后老太婆一口咬定召开"编组会议"和拍发拥护总动员令的通电就是叛军谋杀女王的直接动机，对女王私生活底浪漫她仅仅含糊地说过一句：

　　"谤死已无对证，辱生岂容污我门庭？"

　　末了她以这样的目的结束了这段启事：

　　"老妪只身孀妇，据此要点希列位纠正事实，我虽瞑目亦无憾矣！"

　　这个"文告"在二十二日就邀得了反响：《西公旗全旗仕官紧要启事》，里面有着这样一些驳斥的文句：

　　"……言词荒谬，文过饬〔饰〕非，对其女奇俊峰与奸夫李隽卿妍居，肆施淫威残害民众及冒认螟蛉为骨肉等丑行一字不提，而对私人毁谤备至……"

"……查奇氏以罪恶满盈，遭人民之正义所毙，非任何私人所仇杀，事实俱在，非徒托空言；闺门出此，足遗门庭之羞，而为西公旗全旗人民之耻，人民不欲蒙其耻于永远，愤而杀之……"

"……总动员令为政府颁布，本旗人民忠诚拥护，奇母欲以此掩其女滔天之罪，遮人耳目，诚属愚笨……"

然而，这些笔墨官司不过是"政治"波澜外面的余污罢了。

《西北之声》（月刊）

张家口西北之声月刊社

1947 年 4 期

（丁冉 整理）

东北与蒙疆

楚明善 撰

东北一区为世界第二次大战之导火线，人类死亡，物资耗散，其价值不可以数量计。然而第三次大战或将仍以此地为爆炸点，亦未可知。鉴往知来，能无警惕，团结预防，宜早为图。然蒙汉杂处，日人分化之余毒甚深，沦陷过久，人民国家之观念不强，如何唤醒民众，化除畛域，以奠定我东北盘〔磐〕石之根基，而防备将来不测之风云，实当务之急也。故谈东北应注意整个之团结，尤宜注意久经日人分化之蒙疆。

一 东北蒙疆在地理上之地位

东北十省内之蒙旗，包有卓、昭、哲、呼四盟部四十余旗，其面积五〇，九七八，〇〇〇平方公里①，为东北十省面积三分之一强。不过分省设县以后，旗县错综，非复昔日直隶承德府以北，奉、吉柳条边西北，均蒙旗区域之旧观耳。然西包外蒙，北邻苏联，虽尚未独立自主，惟若以阋墙之争，愤作引狼之计，亦不可不注意者也，故东北现有蒙疆，在地理上之形势仍不可忽视。

---

① 原文如此。——整理者注

二　东北蒙疆在历史上之演变

蒙古大帝国之前身，原出于鞑靼族之黑靼。其发源地即今兴安省呼伦池之左右，其始与契丹、室韦角逐于满蒙交界处，迨后辽、金坐大，蒙族西迁，南侵西伐，而成为振〔震〕撼欧亚之大帝国，此为蒙族西迁后之最盛时代。待大帝国瓦解，退处漠北，其偏居东北各地者仍称鞑靼，袭旧称也。支派之大者，为太祖弟后哈布图哈萨尔后之科尔沁，及功臣济拉玛后之喀拉沁，即今辽北哲里木、热河、卓索图之各盟旗，多其遗裔也。清室崛起，科尔沁首先降服，喀拉沁继之，从龙入关，厥功甚伟。故科尔沁各王公爵位之尊，为蒙古各旗冠，民初因袭未改。九一八后，日寇怂恿王公土地奉上，于是爵位世袭制度打破，而蒙政部、兴安四省之设置，又为统制东北蒙旗机构之改观。八一五后，东北行辕政委会成立，对于东北省制更张，并制定《省县市旗暂行组织大纲》，欲纳旗入省，旗县并存，机构虽由繁而简，但蒙民仍希望盟旗系统之独立存在，至今仍在中央研讨及蒙民渴望中，亦一应注意及早解决之问题也。

三　中央对东北蒙疆应有之措施

东北蒙疆经十四年敌伪之压榨，又经苏联之劫掠，"奸匪"之诱胁，财竭民穷，人心动荡，应善为抚绥，纳入正轨，方不至误入歧途。

（一）政治上　伪满时期曾标榜"蒙人治蒙"，蒙旗内以蒙人为对象，汉民视同附庸，废县存旗，将东北内四省内之蒙旗分设兴安四省，直隶于"国务院"之"蒙政部"，体制颇崇，实权甚少，而尤注意蒙汉感情之离间挑拨，扶蒙抑汉，使蒙汉自相水火，以便于日伪之统制。针对此种病象，我施政方针，应复员东北九一八以前各蒙旗，以免蒙人对中央之疑惧，且可以恢复蒙汉之旧感。惟旗县之界线，既经划清者，宜仍维持敌伪时期之原状，不必再行更张，致蹈过去政权重复之流弊。

（二）文化上　日伪对蒙疆实施分化与奴化教育，成立专以蒙人为对象之专科学校，以蒙、日语为必修科，并为驱蒙古壮丁作炮灰起见，于王爷庙设立兴安军官学校，而灌输以"王道乐土"、"道义世界"、"五族协和"、日本天照大神等迷信，并伪造汉人奴视及欺侮蒙族之事迹，以激起蒙族仇汉之恶感，而便于蒙族为日伪之"圣战"而牺牲，所以一般青年轻汉崇日，至今尚不知其所以然也。针对此点，中央应尽力复员伪满时期各级学校，阐明日伪分化、奴化教育之诡计，使明了蒙汉数百年共存共荣、相依为命之历史，不要兄弟阋墙，引狼自残，方可协力"戡乱"，同享康乐。

（三）经济上　日伪对蒙疆实行经济统制与掠夺政策，以"出荷"方法，搜括粮谷及牲畜，同时以配给方法，计口授粮，余者自取。对于蒙地公有及王公私有者，以"蒙地奉上"为名，一律征税。而王公及人民所得者，仅王公津贴，及裕生、厚生等会基金数百万而已，其他奉上大宗所得尽被囊括以去，故蒙疆经十四年之压榨，已近枯竭，不意最后又经苏联之洗劫，所余牲畜被取殆尽。东北蒙民之痛苦，可想见矣。针对此点，我中央应尽力扶植其地方农牧之复兴，及地方灾难之救济，尤其领导民众之旗政府，及维持地方治安之保安队，应予以相当之补助，使其力自振拔，为国效命。

以上所述不过系针对现实，略举应办之荦荦大者。其他对于蒙疆之用人上，应不问王公平民、老年青年，应以能拥护中央，领导地方者为重。对于蒙疆之地方问题，应以地方负责人士之意见为对象，不宜专听少数政治掮客，欺上冒〔瞒〕下之言论为转移，如是，则派别之争可泯，而壅隔之弊可除，东北蒙疆问题之解决，庶乎有豸。

《中央训练团东北分团团刊》（半月刊）

沈阳中央训练团东北分团

1947 年 4 期

（朱宪　整理）

外蒙人民共和国之成立

作者不详

一、人民革命党

1. 蒙古天下红色旗

在"温克尔"率领之白军，于外蒙被红军打败前，一九二一年二月，（又有一说是一九一八年），"布利雅图"族与"哈尔哈"族之革命分子一百六十人相集于"加夫达"，组织蒙古人民革命党，前印刷工人"斯黑巴都尔"指导之。他怪死于一九二三年，蒙古人称他为"蒙古革命的列宁"。他的肖像，不但在今日蒙古兵营、学校等处里挂着，并且蒙古人民共和国新政府所发行的邮票上的肖像，也是他的，并且还用他的名字命名军官学校与航空学校。

在组成蒙古人民革命党第二个月，复在俄国"加夫达"成立蒙古人民政府，改"斯黑巴都尔"与"乔义巴尔山"（现蒙古首席）之部队为人民革命军，编为四个联队。在"加夫达"第一次会议所议决之人民革命［革命］党纲领之一节，其目的之规定：

蒙古人民革命党，将蒙古由外国支配下的政治、经济压迫里解放出来，免除人民大众的封建神权的榨取，以实现人民主权，发展蒙古生产，普及公共教育为目的。

人民革命党与政府虽由亲苏联分子而组成，但未必均是共产主义者，当然以后由其数次之流血肃清，逐次属于左翼派之胜利；但是其初已有不少贵族、喇嘛之进步分子包含其中。关于这一点，今引用德国杂志《克欧包利梯克》一九三九年三月号所登之"谢发"论文中之一节，亦足以证明笔者所言无大差错。其内中一节：

蒙古人民革命党，对于共产主义之所以能协助，并非出于相信共产主义理论或信仰马克思主义，乃是为发展蒙古而求欧洲近代科学知识与技术上的进步，故蒙古人即在其进入最剧烈的共产化之阶段，欲如说其是蒙古关心马克思主义宣传与苏维埃化之实验工作，勿宁说是蒙古借与苏联之接近与协手之手段，而努力获得苏联科学与技术上的实际利益。

一九二一年八月，在进攻库伦后，在俄罗斯蒙古留学生三十人，组织"蒙古革命青年同盟"，为莫斯科共产主义青年同盟一支部，专与右翼与妥协主义而斗争，以谋急进的工作。并主张同年"蒙古革命由民族革命阶段扩大至阶级革命"。如打倒"包德"政府，是其一例也。

人民革命党，亦系第三国际蒙古支部。

在最初数年，实行新制度，安定人心，推库伦活佛为共和国君主，据苏联之关系蒙古资料考之，活佛之为君主，并非完全君主，乃是"限制君主"，第一次独立时代，虽给与全般的权限；但此次仅给与在宗教上范围内之无限权利，对于国事，则不得干涉。——这是一九二一年宣誓文中的大意。

该蒙古"包德"政府在同年七月末曾向莫斯科要求："在共同敌人威胁之完全消失以前，请苏联军队驻在外蒙古国内。"苏联遂通过其要求，使红军第三百零八联队驻在库伦，此时库伦已改名为"乌兰巴多尔厚达"。

一九二一年十一月五日，缔结《苏蒙修好条约》，遂为两国关系之基础，其条约要点为：

> 两国政府须互承认两国现政府为唯一之正当政府；在各两国之版图内勿使其他外国有军事行动或敌对组织；两国政府如遇必要时，可在各对方国内设立领事；国境划定问题，可委苏蒙混合委员会决定之；在各两国居住之两国人民民事与刑事，可适用各该国之法律；蒙古政府须承认在蒙古苏维埃市民土地所有权，并须在最惠国人民之条件下许与苏联人一切之权利……

这样以来，蒙古政府的组织，以外蒙人在其表面上而作美观之修饰；用布利亚〔雅〕图人执行其实际政务；苏联人则充当其顾问。

在这种政权之下，在一九二二年，即产生了政治的阴谋，政府秘密警察，在同年夏天即开始检举，不但对于旧势力之代表，即新政府之大员，已被检举在革命法院，在处死刑十五人之中，还有一九一一年第一次自治政府大臣"达喇嘛"与前官府卫兵司令"厚德库德"与革命政府总理"包德"三人。

据苏联杂志《诺维俄斯得克》一九二七年第一三四卷之所载，蒙古政府除右述阴谋事件外，在一九二二至二四年，已清算三种反革命阴谋。

2. 蒙古人民革命党宪法

自一九二四年活佛入寂时，左派已完全占在政府重要地位，活佛在入寂中间死去，亦有传说被左派暗杀，政府于是遂巩固左派化之基础，决定不再承认次代活佛之转生，留活佛之职为空位，蒙古当即宣明为非宗教之共和国，当时政府主班"粹轮得尔基"在同年第一次"大富尔鲁旦"（国民议会）会议上，即宣明左述之政策。人民革命党在掌握政权之初，鉴于旧制度上榨取人氏〔民〕大众之倾向，遂即宣明政府须立时建设共和制度，然则民众信仰宗教程度仍甚深切，故主张"包库多肯肯"为主席，仅限制其权利而已，但今年"包库多肯肯"已进入涅槃，主权须□于大国民议会，但在该议会未开时，其主权则归属于政府。

政府基础在表面上虽已整备，但其部内〔内部〕左右两派之争斗仍未终结。其内部暗斗，时有所闻。在人民共和国宪法起草时，军总司令兼副总理"谭赞"，已被人检举，遂于一九二四年八月三十日人民革命党第三次会议之决议，而处为死刑，时后蒙古内之势力，已完全为左派所占，第三国际第五次大会之决议：

> 蒙古人民革命党之内部，革命的左翼势力，已由劳工与牧民大众而支持，故近来其势已见庞大，蒙古革命分子一切之基本任务，以释放农奴与封建制度之国内劳工大众之目的，而努力支持左翼之发展。

"蒙古欧罗斯"（蒙古国）之宪法，即在此种情势下而编定的：根据人民革命党之意思，在人民革命党第三次会议，即开始起草，后经过一九二四年十一月八日至二十八日在"乌兰巴都〔多〕尔厚达"召集之第一次大国民议会之承认者。

该宪法之序文：自一九二一年政府驱逐外国之压迫后，政府遂为民众利益而努力；并由国家旧元首"包库多汗旦巴，厚德库德"之入寂，为革命人民而组织之政府，将包库多汗之印玺移于政府而管之，发布共和制，将全主权移于人民大国民议会或政府。

同宪法由十章五十条而草成，今列其章目如下：

第一章　关于共和政体制定之原则

第二章　蒙古劳工人民权利宣言（第一—第六条）

第三章　大国民议会（大富尔鲁旦）（第七—第十一条）

第四章　小国民议会与小国民议会干部会（小富尔鲁旦与小

富尔鲁旦干部会）（第一二—第二六条）

其第一条，规定蒙古为独立人民共和国，一切权利属于劳工大众，人民可在全国民大国民议会与其选举之政治下，而行使其统制权。

蒙古共和国之根本任务：须打破封建神权制度，与巩固完全民主化基础上之新共和制度。（第二条）

为巩固国家统制之政体与真正民主的实现，须确认以下之根本原则：撤废天然资源之私有权；废弃一九二一年前条约与债务；实施外国贸易国营；使劳工武装化；政教分离与信仰自由；组织国家新报杂志；援助贫困劳工民众之合作组织，民族、宗教、男女之公民同权；撤废前支配阶级的王公、喇嘛之支配权；并须指导共和国之外交，须与解放全世界被压迫弱小民族与革命劳工大众之根本任务相一致。（第三条）

第四条以下，是述说最高权之归属与政府之组织等项，其详细在下一节另述之。

在该宪法成文之末尾："本宪法为共载〔戴〕十四年十月三十日即阳历一九二四年十一月二十六日四时十七分，由蒙古人民共和国第一次大国民议会第十四次会议所承认者。"

至外蒙古国旗与国玺，亦在编订宪法时而制定者，首府库伦之名称，亦由第三国际代表"瑞斯库罗夫"之提议，而改为"乌兰巴多尔厚达"（红色英雄之都）。

考蒙古宪法之内容，颇多苏联宪法之影响。

蒙古除采用该宪法外，在大国民议会里，并选"加里宁"、"迟其林"（当时人民委员）与其他苏联之委员为名誉议长，足见外蒙在苏联下之地位。

二、蒙古人民共和国之组织

2〔1〕. 最高权利〔力〕与中央政府

蒙古人民共和国宪法第二章蒙古劳工人民权利宣言之规定，国之最高权须归属大国民议会，在闭会中须归属小国民议会，而小国民〈议会〉闭会中须归属于其干部会与政府。

属于这些最高机关掌管之事项：

1. 国际关系上共和国之代表，外交上之交涉，与外国缔结条约。

2. 国境变更，宣战媾和与国际条约之批准。

3. 募集内外公债。

4. 监督外国贸易，设定国内商业制度。

5. 国民经济计划组织，专卖权之许可与其变更及废弃。

6. 运输、邮政、电力事业之组织。

7. 国军编组与指挥。

8. 批准国家预算，设定租税与收入。

9. 设定通货与金融制度，发行纸币与铸造货币。

10. 设定土地使用一般原则，制定地方境界，制定天然资源便〔使〕用规章。

11. 编订法院构成法、诉讼法与民刑法。

12. 制定国民教育法。

13. 制定国民保健一般方策。

14. 制定度量衡法。

15. 编组国家统计。

共和国根本法律之承认与变更，须由大国民议会专管之。

大国民议会，等于立法议会，由十八岁以上之男女公民与军队代表而组成者，由特别选举法而选举之。议员任期为一年，每年开一次通常会议，但根据□令之规定，如有必要时，得招集临时会议。

代大国民议会闭会中而行使最高权机关为小国民议会，其议员为三十人，于大国民议会而选出之，其任务为决定法律，发布命令，监督政府，并对于大国民议会而负责任，且须提出业务成绩与一般政务之报告。

小国民议会者，设常任干部会，以互选组织之，会员为五名，专为指示小国民议会，准备资料，提出命令案，实施决定事项，并决定大赦或特赦等项。小国民议会议长，与总理大臣专充共和国政治指导之责，因而小国民议会类似苏联中央执行委员会。

宪法第五章第二十七条，则为行使一般行政上政府之组织，自宪法定后，其各机关时有废除和新设者。就其现在之组织而言，有（一）主席，（二）副主席，（三）外交部长，（四）国防部长，（五）教育部长，（六）财政部长，（七）司法部长，（八）卫生部长，（九）牧畜农政部长，（十）经济（商工交通邮政）部长，（十一）内防处。由十部一处而成。内防处者，系秘密警察机关，类乎苏联之 GPU。及至一九三九年以后，又另设一工业建设部，使工业部门由经济部而分离。据最近之消息，"乔义巴尔山"主席兼国防部部长。

此外为经济产业发展为〔之〕目的，尚有国家经济会议，为政府直属之机关。

2. 地方行政

蒙古人民共和国地方行政区，由宪法第三十条之规定，分为（一）"阿乂马库"，（二）"厚西群"，（三）"索门温"，（四）"巴库"，（五）"阿尔班"与（六）"厚达"。

"厚达"者，乃为蒙古话之"都城"，如外蒙古"乌兰巴都〔多〕尔厚达"，其意义为红色英雄之都城，内蒙古"康克厚达"，其意义为厚和毫都——蓝城。这个外蒙古地方行政制度，类乎普通特别市制度。自人民革命新政府成立以来，这种"厚达"制度仅限于首都"乌兰巴都〔多〕尔"一处，自一九三九年四月以后，复在"巴音图门"、"斯黑巴多尔"实施"厚达"制度。

至于其他蒙古文："阿乂马库"者，其意义为"部族"或"部"；"厚西群"者，其意义为"旗"；"索门温"者，其意义为"佐领"；"阿尔班"者，其意义为"十户"。其上下之关系，类似省、县、区、村、保上下之关系。

自清朝以来，外蒙古之区划为：

A. 科布多

1. 山音恰克图右翼盟

2. 山音恰克图左翼盟

B. 哈尔哈

1. 比图利雅诺尔盟（加察克图汗部）

2. 其旗尔利克盟（山音诺音汗部）

3. 哈干乌拉盟（图西图汗部）

4. 克尔累巴尔乔盟（暂□汗部）

各部均有汗王，称谓成吉思汗之后裔。"科布多"分为十九旗，"哈尔哈"分为八十六旗。

自蒙古人民共和国成立后，即打倒王公贵族之旧有支配阶级，先于一九二三年"哈尔哈"四部布行自治制度，次又在一九二四年在"科布多区"、"大林干加"地方"克索克尔"地方公布自治制度。

"大林干加"本为内蒙古"西林克尔"盟北部突出之牧地，原非属于外蒙古，当时本为清朝直属"哈尔哈"部之管辖，今应属于内蒙古，但自民国以后，因内蒙势力微弱，竟被外蒙划为其一部分。

一九二六年，蒙古人民共和国已改该七区域之名称，一九三一年一月六日，以经济条件作标准，而实行区划之大改正，分全外蒙古为十三"阿义马库"：

阿义马库名称	行政厅驻在地	索门温数目
东（得罗加多）部	巴音图门	二七
肯梯部	温多尔汗	二七
中央（都罗）部	乌兰巴都〔多〕尔	三二
农业（岁轮加）部	阿尔谭布拉克	一四
克索克尔部	哈图非鲁	二五
后汗肯部	碎碎尔利克	三五
前汗肯部	拉么克克尼	三六
炸布汗部	吉布厚兰多	二一
图尔北都（乌布山克尔）部	乌兰克木	一五
科布多部	鸦尔克兰多	二三
阿尔泰部	汗泰西利	一七
南戈比部	大利吉尔汗加	二六
东戈比部	山音乌斯罗尔	二六
包罗干部		

一九三四年，"阿尔泰"部为"炸布汗"部所并合，已成为十二部，及至一九三九年，复使"炸布汗"部而复活，另又新设"包罗干部"，故现在共有十四部。

一九三一年一月六日，自新地方行政制度实施后，即废除"厚西群"，仅在"科布多"地方，因情形特殊，尚留有"乌里雅泽"旗。

自"厚西群"撤废后，"阿义马库"直接下位之行政体为"索门温"，一九三四年，其数目为三百零九个。

"索门温"之下，有"巴库"。"阿尔班"本为最小之自治单位，及至一九三三年已废止矣。故现在之行政仅分为"阿义马库"、"索门温"与"巴库"三级而已。

该三级地方自治体之权利与义务，宪法第十三条——第三十三条有其规定，皆系地方国民议会之组织，每经过一年之期限，为当前之行政、经济事务，而选出地方权利之执行机关，该执行机关蒙古称为"卫牟义尼"，如称"索门温卫牟义尼"，其意义则类乎公署之意，或为汉语"卫门"之转讹。

3. 人民革命党与革命青年党

蒙古人民革命党与外蒙古政府之关系，恰如苏联共产党与苏联政府之关系，实现党独裁。而人民革命党隶属于第三国际之机关，实行本国民众与全世界劳工与被压迫阶级大众共同与帝国主义者而斗争。

一九二四年十月第三次蒙古人民革命党大会之决定：（一）实现"阿拉图"（民众）之独裁；（二）以民众为革命党之基础；（三）外蒙古经济之发展须以非资本经济的方法而实行之，革命党之政策，虽提倡无产阶级之独裁，但党内部左右之抗争，仍时有所闻。

现下之革命党的纲领，乃为一九二五年九月第四次革命党大会所采用者，及至一九三五年四月修正后，由革命党中央委员会而公布。

人民革命党之党则：由第一章，人民革命党及党之主义；第二章，入党与开除党籍；第三章，党支部全党员会议之权限任务与党支部书记长与委员任务；第四章，阿义马库党机关与其他；第五章，党大会议与党中心地；第六章，党中央委员会；第七章，人民革命军之党机关；第八章，党机关外之组织细胞；第九章，党员之权利、义务与戒律并举手采决规则与党之会计，共九章而成。

革命党之根本主义：为蒙古人民共和国之安全，而防卫外来之侵略或威胁，并以党为图谋本国国权发展上之最主要机关。

站在这个立场下，树立完全之国家权利，润养保护国家力量，努力生产发展，发展文化，启发民众，打破封建主义，铲除各地资本主义。

蒙古人民革命党，虽不直接参加国家行政机关之业务，但在适合本国主义进行行政事务之进程上，检讨其要点。

为达到这个任务的完成起见，对于党员则施以下的工作：

（一）共和国建国之精神与时局之认识。

（二）革命党方针的国家方策，与国家方策的社会主义经济发展与使命。

（三）与帝国主义同封建主义斗争之革命精神，革命发展进程上之方策，民众宣传。

党员应守下列规章：

1. 凡为党员者，须明了党则纲领，中央指导委员会，"阿义马库"委员会团体之规则，并更须明了革命政府生产训练之主要方策以谋国家之进步。

2. 党员须学习识字，否则不能实行政府所定之法规，教育训练亦成困难。

3. 党之团结。

4. 党员须注意牧畜生产。

5. 军事的技术研究。

6. 不问其职业种类，均须参加党支部之事业。

7. 须养成捐款与拿义务会费之心理。

8. 须守党律。

9. 节约物资，勿须掠夺人民国家财产。

10. 信仰宗教与赠送寺院喇嘛礼品，须视为私人关系；如为发展宗教而煽动人民者，立即开除党籍。

11. 如有榨取之行为者，开除党籍。

人民革命党之最高机关，为人民革命党大会，每三年开一次大会，一九三四年曾招集第九次革命党大会。革命党中央委员会、中央政务委员会与中央政务监察委员会之委员，由革命党大会而选出之。

按革命党之党则，有下列各组织：

1. 蒙古人民革命党中央委员会——负革命党之全般指导之责任，研究大会决议事项实施方策，并指导革命党事业与国家生产、教育各机关团体之党员与革命青年同盟事业。每年招集一次全体会议。

2. 蒙古革命党中央政务委员会——尊〔遵〕守革命党训练规则，监督党员，每月开一次会议。凡为委员须有入党后四年以上之资格，而委员长须有六年以上之资格。

3. 政务监察委员会——研究党员捐款状况与党委员会会计情形，调查职员的党委员会规定实行与党内各机关报告内容状况。

地方革命党之最高机关，为"阿义马库"或"厚达"之党小会，每一年半开一次会。"阿义马库"党委员会与"阿义马库"政务监察委员〈会〉之委员，由"阿义马库"党小会选出之，其各机关之任务，大体上与中央各机关相同。详细言之，"阿义马库"

委员会，为"阿乂马库"闭会中之地方最高机关。"阿乂马库"党委员会全体会议每年开会一次。其书记长亦用互选之方法而选出之，但须入党后五年以上为其互选之条件。

革命党之下级机关为党支部，以"索门温"居住之党员而组织之。党支部每月开一次全体会议，由入党一年后之党员中而选一人为书记长。

人民革命军与内防处之内部，设有蒙古人民革命军国家训练处，以实行革命党之国家训练。训练处关系军事事业者直属于革命军管辖衙门；关系革命党事业者则受党中央委员会之指导，其作用与苏联政治部相似。

革命军设有全军小会议，以选革命党大会代表。

革命党中央委员会与"阿乂马库"委员会为彻贯〔贯彻〕党机关以外之各种机关团体事业内之党政策，在各机关团体选派二名负推行党政策之责任。

党员数目：在第一次革命党大会当时为一百六十名；一九二二年为一千五百名；一九二三年二千五百名；一九二五年六千三百名；一九二九年一万二千名；一九三〇年三万名；一九三二年则增加为四万二千名。在这一年因为实行一次大规模的清党的关系，在这一年末，仅剩下一万二千名；到一九三四年更减少为七千五百名。一九三四年全国支部数之总计为四百六十处。

蒙古革命青年同盟，实为蒙古革命中之前锋，曾打破人民革命党之妥协倾向，于一九二一年打倒"包德"政府后，其势力更为活跃，使人民革命党承认同盟之独立团体，不得受革命党之干涉，政府之中坚分子，须由同盟员出身充其地位，而且军政部长一职亦须由青年同盟中央委员会长兼任。

一九二二年七月，招开第一次大会，决定由民众与下级职员选派青年送到莫斯科东洋学院留学，今日蒙古掌握同盟之指导权者，皆为莫斯科留学出身之青年。

一九三二年，蒙古革命青年同盟之独立性质，已渐取消，遂从属于蒙古人民革命党，以变成其帮助团体。

凡为蒙古革命青年同盟员者，普通以未满二十一岁之青年男女皆可加入同盟；如过二十一岁后，虽有蒙古革命青年同盟之盟籍，但仍可以正党员之资格而加入蒙古人民革命党，至二十五岁后，须脱同盟之盟籍。

同盟员在一九二九年为七千名，一九三一年为二万二千名；后因肃清工作，一九三四年则减为五千名。

蒙古革命青年同盟，加入"基牟"（国际共产青年同盟）而受其指导。

《太平洋》（月刊）

北平太平洋月刊社

1947 年 8 期

（丁冉　整理）

蒙新界务与民族纠纷

沙戟　撰

新疆阿尔太区，最近发生蒙古人民共和国的军队，侵入国境，进攻我北塔山驻军的事件。据说，冲突开始于六月二日，到五日而益形扩大，目前还正在继续。

北塔山，虽然是阿尔太区专员撤离承化后的临时驻节之地，但一般地图上却寻不出她的所在。中央社的报导，说是在奇台东北三百五十余华里，而距离蒙古边境约有六百华里（？）。

关于冲突的详细情形，各种报纸都还缺少有系统的记载。我们仅仅知道有蒙古骑兵一营，配合飞机五架，于二日起发动攻势，五日就到达北塔山，当地驻军于六日一度撤出北塔山，经七日晨反击收复；八日午北塔山北麓战斗激烈，九日、十日续有蒙机轰炸，到十三日双方仍在相持之中。

然而，此次冲突竟是怎样发生的呢？

外交部长王世杰，在十二日向立法院临时会议报告说："该事件之确实原因，目下实难判断。"南京《中央日报》十一日《北塔山事件》社论中也说："边境纠纷是常有的事情，我们今天对于阿山专员与外蒙之间，边境纠纷的起源与经过，尚不完全明悉。"联合社十日电说："起因于上次边界纠纷中被中国军队捕获之八个蒙古兵之释放问题。"另有一种传说，谓阿尔太区蒙古族与哈萨克族间发生纠纷，政府处理纠纷时，被认为有偏袒处，甚至涉及外蒙方面，因而引起冲突。

这样说来，事件发生的具体原因，未经官方公布，自然还无法明悉；可是大致上不外乎由界务纠纷，间杂着民族纠纷所引起。而所谓界务纠纷和民族纠纷，又都系历史所造成，汇集了若干年的一点一滴，然后发展成为今天事件的酵母。

因之，为了进一步了解这次的军事冲突，我们首先得对蒙、新之间的界务和民族纠纷，作一番历史性的考察。

在我们的国境北端，原只存在着中苏之间的国界；自从外蒙古独立以后，就又发生了所谓中蒙间的界务问题。尤其是，政府承认外蒙独立，为时已经一年另五个月，而彼此之间，东起兴安岭，南沿大戈壁，西达阿尔太，这漫长的国境线，还一直不曾勘测清楚；更何况许多地方，并没有山脉、河流为地形上的界限，自然最容易发生纠纷。

我们仅仅从国内一般的地图上去观察，则中蒙间的边界，就和事实上有着很大的出入。比如兴安省呼伦贝尔的巴尔虎旗，有一部分地方，已于诺门坎战役后划入外蒙；而察哈尔北部，原受察哈尔都统管辖的达里冈崖牧场，也已被外蒙划入苏和巴图鲁爱马克；绥远北部的达尔罕旗的一部分，被划入了南戈壁爱马克；而新疆阿尔太本部阿尔太山地和布尔根河上游一带，被划入巴彦乌儿爱马克。不但外蒙古早就在那里施行治权，连上次为外蒙独立举行公决时，这些地方的人民，也都参加了公民投票。

上面这些纠纷的地段中［地］，论地域，要算新疆方面的范围最大；论形势，也最为重要。大致承化以东，奇台以北，东达甘边马鬃山，当富蕴与科布多间，连布尔根在内，几乎有浙江一省大的地面，事实上早在外蒙控制之下。所以法国新闻社三月十九日南京电说："外蒙古自去年一月五日实行独立后，其与新疆接壤之问题，并未解决，政府现拟与之进行谈判。"

如果双方为蒙、新之间的界务而进行谈判，那末，这种谈判将以什么为依据呢？

记得一九一三年，政府和帝俄在北京签订中俄协定，其中《声明附件》的第四款，有所谓："外蒙古自治区域，应以前清驻扎库伦办事大臣，乌里雅苏台将军，及科布多参赞大臣所管辖之境为限。"但接着又说："惟因现在无详细地图，而各该处行政区域，又未划清界域，是以确定外蒙古疆域，及科布多、阿尔太划界之处，应按照声明文件第五款所载，日后商订。"可是关于这，日后并未举行商定，以致此次中苏盟约，有关外蒙照会原文，也只得含混地规定："中国政府当承认外蒙古之独立，即以其现在之边界为边界。"

所谓"现在之边界"，是指治权所及的实际情形呢，还是根据地图上的区分？倘使根据地图，则苏联和外蒙的地图，又和我们的地图出入很大，究竟以何为准？也许这就〈是〉成为悬案的一个原因吧！

★

其实，蒙、新界务纠纷，完全关系阿尔太与科布多之间的问题。

从地理上讲，阿尔太山来自苏联境内，东南伸入新疆北部，其支脉延及蒙古沙漠。西边下陷面成斜坡；山北为科布多盆地，山南为准噶尔盆地，因受西伯利亚冷湿空气的影响，北麓气候寒而草苔较多，南麓较暖而土地沮洳，所以山北为游牧民族的夏窝，山南为游牧民族的冬窝，人民随季节而移徙。

山中有横断山脊的著名山口三处：北端的乌尔霍盖图山口，为经承化入科布多的要道，全长两百余公里；中部的大贝斯台山口，为迪化经奇台、元湖入科布多的咽喉。两山口因季节而交互通行，冬季乌尔霍盖图山口冰雪封山，除六月至十月外，皆须取道大贝斯台山口，而后者于夏季，因雪水溶解，倒反有碍交通。此外，南端的塔穆成山口，则为奇台通乌里雅苏台之孔道，全长八百公里，为蒙、新间的重要通商路线。

奇台，一称古城，为蒙、新交通的重镇，距迪化仅二百三十公里。而承化，一名萨拉逊美，或作图尔塔，城居阿尔太山的南坡，额尔齐斯河的北岸，背山面水，形势险要，从来就是边防要地。东北距科布多二百五十公里，为阿尔太区的经济、文化、政治的中心。

从历史上讲，阿尔太山地及其两翼的盆地，原系厄鲁特蒙古的牧地。清初噶尔丹的准噶尔帝国，曾从伊犁徙居阿尔太山麓，然后以居高临下之势，东向而兼并喀尔喀；直到满清屠灭了准噶尔之后，造成赤地千里的惨象，才有俄境的哈萨克族渐次移入。但当新疆建省的时候，阿尔太仍然保持着原有的地位，不在省境之内，所有地方蒙族，所谓金山厄鲁特的七部三盟二十二旗，尽受科布多参赞大臣管辖。就在民国初年，也还称阿尔太区，设有长官治理，在新疆省之外；到民国八年，杨增新调兵平乱，才呈准改区为道，划归新疆。

民国元年，库伦宣布独立的时候，立刻南并达里冈崖牧场，西攻乌里雅苏台和科布多。科布多参赞，一再电请新疆出兵解救，新督杨增新才于六月从古城和迪化两路出援；但因交通不便，和沿途遭受当地蒙人的阻扰，不及到达，科布多就于八月间陷落。于是蒙古军队又乘势进扑阿尔太，杨增新不得已急调援军改趋阿尔太。民国二年十月，阿尔太帕亲王，与俄国领事从中调停，订结临时条约六款，双方停战，限期撤兵，各不侵犯。结果于民国三年三月，蒙、新双方部队，都从阿尔太撤退。

民国八年，阿尔太驻军哗变，长官兼都统张庆桐为叛军所囚，乱首冯继冉自称统领，宣布独立；经杨增新派兵敉平后，才呈准改为阿尔泰〔太〕道，并以之隶属于新疆。民国十年，开始设县，划分为承化、布尔津、吉木乃、哈巴河、布伦托海五个县，青河、柯克托海、布尔根三个设治局。二十二年，外蒙古乘新疆发生事变，进占布尔根，迄未归还。到了三十年以后，省政府将剩下的两个设治局都升为县，改布伦托海为福海，柯克托海为富蕴；并增设乌河设治局于富蕴的东方，和丰设治局于福海的西方，以控制东南和西南的交通。

自从布尔根被外蒙所占，以后就一直没有消息，因之外蒙方面在这一带积极经营。而他们所持的理由是：根究历史，是依据所谓民族的意愿。最近冲突之所以发生，当然不能说与此无关。

原来，科布多与阿尔泰〔太〕的蒙古族，是所谓漠西蒙古的厄鲁特族，与外蒙古四部的喀尔喀族，不相统属；还从明末以来，就一直互相杀伐，结成仇敌。不过这些都已是过去的事了；由于满清政府将他们一同列入外札萨克，并划阿尔泰〔太〕地方各旗，归科布多管辖，经过中俄协定承认科布多参赞大臣所管之境为外蒙古的自治区域之一；这样一来，至少在心理上，外蒙古总认为阿尔泰〔太〕地方应该在他们范围以内了。

目前地图上，在布尔根以南，奇台以北的新土尔扈特两旗，和布尔根北，青吉斯河流域的新和硕特一旗，以及在德伦河、库伊尔齐斯河流域的阿尔太、乌梁海二部七旗，就是原属科布多的所谓青塞特奇勒图盟，都划入新疆境内。加上三四十年来新疆的种种设施，实在难以使人感到满意，少数汉族，在那里又往往以统治者自居，不能尽扶持少数民族的责任，激起了当地蒙古族人民的无上反感！可以说，他们一面对当年屠灭准噶尔时血的记忆并未淡去，而现实生活所感受的多种压迫，更挑起他们对汉族之间的民族仇恨！致于民国元年杨增新出兵援救科布多的时候，沿途蒙古人将所有水井一一堵塞，以阻军旅！而此次公决外蒙古独立，边境蒙民又都前往参加投票，对中国政府表示离心的倾向！

此外，由于哈萨克族乘蒙古族丧乱之后，大批移入侵占牧地，影响了蒙古族的生计，彼此之间也因而孕育着不少纠纷。

哈萨克，原本是生活在吉尔吉思草原的游牧民族，因为他们的土地和伊犁、塔城一带相毗连，曾经有不少流入新疆。特别在一七五七年，满清屠灭了准噶尔之后，他们因势利便地大量移入，代替蒙古族来填补当时准噶尔盆地的一部分空缺。第二次在俄国大革命的时候，为了反抗沙皇用武力强迫他们去参加战争，又有二十余万人逃入新疆，就是历史上有名的俄哈窜新之役。俄国革命成功后，虽有不少归去，但也还留下很多。

在天山与阿尔太山之间，哈萨克族与蒙古族，双方牧地错杂，互为生活而斗争；同时，宗教上佛、国的对立，和历史所造成的种族歧视，而经常发生冲突。最著名的一次，在乾隆年间，出亡俄境的蒙古土尔扈特渥伯锡汗，率领了四十万人，从伏尔加河的西岸归回伊犁，立刻受到哈萨克族的袭击，以致中途被阻。其实，这是准噶尔屠灭后，哈萨克与土尔扈特间发生的争夺牧地之战！一直到今天，由于蒙古人比之哈萨克人浑厚纯朴，故而常常为哈萨克人欺凌与劫掠的良好对象。

★

在新疆的伊犁、塔城、阿尔泰〔太〕三区，总共有四十多万的哈萨克族，特别在阿尔泰〔太〕区，全区人口六万三千另四十人中，他们占五万三千三百五十二人，形成压倒的优势。

由于山林草原间游牧打牲的生活习惯，锻冶成哈萨克族的战斗特性，是一种勇敢而粗犷，甚至爱好劫掠的种族。他们不能容忍任何压迫，到处表现反抗的意志；但性情浮动，颇易发生变化。

为了反抗俄国人的统治，可以血战十四年之久，一旦反抗无效，又可以举族远迁。一般的说来，他们文化比较落后，而思想也近乎保守。

哈萨克族与汉族之间，过去处于统治与被统治的地位上，也存在着一种敌对的关系；经过盛世才血腥的手所造成的虐政，使他们终于在阿尔太首先举起了叛旗，酿成全疆的民族事变。在事变前后，他们一部分是向甘肃逃亡，去过劫掠的生活；一部分则挺而走险，向汉族的统治作无情的进攻，甚至还发生了原始性的报复行动。

正因为到今天还不曾彻底解决的新疆民族事变，是发难于阿尔太区的哈萨克族，以后下塔城，入伊犁，扰南疆的各路叛军武装，也都以他们为骨干，而获得了叛变中的军事地位。可是，当一旦需要展开政治谋略的时候，就不得不将领导权让渡与文化较高的维吾尔族。于是，一部分哈族的领袖人物，对于去年六月协议后的人事配备，发生异议，因而跨上了被分化的道路。

首先，是阿尔太哈族领袖乌斯满和达里列汗二人不来迪化就职，继着就有第六监选小组哈族涂专员的被刺，给哈萨克与维吾尔中间划上了一条裂痕。于是而有阿尔太哈族代表来迪化与政府首长举行密谈的传说，有遣送流亡甘青的哈萨克去南疆参加特种训练的谣言。同时，省政府内部，哈族委员哈德曼、萨力士，厅长如里木汗，与维族委员的对立，最后爆发了今年二月二十三〔五〕日的迪化事件，一部分哈萨克人连合一部分东干和汉族，发动一次向维族的攻势示威；另一方面，伊宁的武装也就和乌斯满的哈族武装，在阿尔太正式开仗。结果，乌斯满所部节节败退，并且搬出承化，移向北塔山暂驻。

但是，阿山区专员乌斯满治下的五万三千哈萨克人，在四十万总数中，只占一个绝对少数。另有更多的哈人在伊犁和塔城方面，

似乎还没有和乌斯满一致行动。究竟哈族一部分领袖的主张，能
〈否〉获得若干群众的支持，是值得加以研究的！何以几个月的斗
争过程，连素所特长的军事方面都感得〔到〕难以应付？而不幸
的竟又在北塔山发生了与蒙古的纠纷啊！

★

　　阿尔太区所发生的民族纠纷，是非常错纵复杂的；界务方面，
实际情形也不单纯！虽则如此，然而根据事实来判断此次蒙、新
冲突，可能还只是一种地方事件，基于界务纠纷而羼杂着民族纠
纷所发生的局部冲突。甚至可以说事件的造成，多半属于内政的
因素，而不是国际因素，用不着过分强调！因为蒙古人民共和国，
在今天不会故意将事态扩大，除非客观情势使这事件变质；而苏
联之并不介入其间，乃是必然的事实；如果有人企图以此向对峙
中的国际局势，投下一块开路石，得到的仍将是失望！

　　总之，关于蒙、新边界，应以外交方式着手清整，民族纠纷则
采取政治解决，一切须凭自己主观的努力！

　　当我们明白上述这些历史因素，然后去和当前国内外的形势相
配合，就不致贸贸然称这次蒙、新冲突为"西北的九一八"了！

《文萃丛刊》（周刊）

上海文萃社

1947 年 8 期

（朱宪　整理）

谈谈清水河的县政和民意机构

玉舆　撰

提起清水河的县政，我们就要连想到抗战以前的政绩了。那时候的县乡政治，说来虽然不免有点腐化，但在人才方面，却还相当令人满意。上自县长、秘书，以至科长、主任、科员等，大都是有资历、有学识的杰出人才；就连一般录事，说上也都是写的一手清俊秀丽的好字，决没有折〔拆〕烂污之流的二流子混迹其间。

至于行政效率呢，也都在按部就班的推进着，较之其他各地，亦毫无逊色。要不是倭寇发动了旷古未有的侵略战争时，想来我们的政治早已步入正轨了；尤其蒋主席领导下的新生活运动的蓬勃进展，连倭寇也很坦白率直的承认是一件惊人的建国杰作。

抗战军兴，绥省沦陷，各级政府不得已也都被迫后撤了。原有的一般政府人员，稍有骨气的，差不多仍然追随在政府的后面，不惜背井离乡，抛妻别子，为国家而效命，为抗战而牺牲。死的是死啦，活着的呢？有的因为意志薄弱，而消极的堕落了，有的是受了敌人的诱惑而中途变节，做了千古罪人，当了汉奸；剩下的也就是少数不为利诱，不为淫威，坚苦卓绝的忠贞之士了。

胜利之后，各机关也因为这些个原因，而闹着人才荒，所以七拼八凑，就混进许多南郭先生；其中尤以发国难财的汉奸和穷途末路的小商人或逃避壮丁的青年为最多。就以清水河来说，这种现象，更为显著。好在有几个学识渊博、能力健全的老干部来作领导，还不至于把艰巨的复员工作，搞的一塌糊涂。关于这些事，我们不愿多所论列，获罪于人，只有让事实证明去吧。

本来清水河出类拔萃的人物，压根儿就寥寥无几，本年元月又经过"奸匪"一次劫持，和彻头彻脑的破坏，人事方面，首先就感到贫乏，那么推行县、乡行政，显然是困难重重，不无障碍。不过像县长栗兴汉先生这样一个粗通文字的武人，即或是国家的政策，法令规章，也都是瞠乎其舌，莫明究竟；那么，要想做出优良的政绩，谈何容易！何况又任用了些汉奸和不学无术之徒呢。至于一般人所传说的贪污事迹，也只有待诸事实的证实了。风闻派至土沟子的几个什么人员，竟敢公然没收过境粮食，他们的后台老板就是县太爷。以这些人物，来收拾那样的局面，县政前途，实在不容我们乐观。又如现任财政科长李蕃先生，在敌伪时代，就是□位非常活跃，而且最红的角色。换句话说，也就是日寇最忠实的奴才。他与诸奸狼狈勾结，狐假虎威，利用职权，大发国难财。胜利后，父（曾任伪乡长）子二人，曾被羁押多日，后来利用金钱，交结权贵，始得免脱。脑袋上的枪痕，那就是当汉奸的标志。现在摇身一变，却又跳上政治舞台，担任着主要角色。又如现任民政科长孟庆熊（敌伪时期名孟征贤）曾任伪县署实业股〈股〉长及邮局局长（系日籍参事官亲自推荐），也就是一个煊赫一时最会逢迎而为敌寇极端信任且大发国难财的汉奸。他如毫无学识的商人和逃避壮丁的青年，比比皆是。真是形形色色，不一而足。从上自〔至〕下，以至乡镇保甲，除一部分学识丰富、能力健全者外，充其量，也不过是些行尸走肉，衣架饭囊者流而已。以这些个人物，来推行县、乡行政，来争取民众，来领导毗连"匪区"的人民作斗争工作，那就不啻是痴人说梦了。不信，你看看政治方面的表现和政府方面的成绩，都在哪里呢？

　　我再举一个简单的例子，对于县政与民意机关的德政，或许比较更为明显一点。

　　本年由春天到秋季，本省各县普遍的闹着水、旱、冰雹等灾，各县当局和地方人士，莫不以十二分的热诚，与最大的努力，到处呼吁，并且派员晋省，请求救济，招待记者，扩大宣传。据说每次也都能获得政府的同情，收到圆满的效果。可是清水河处在与伊盟同样严重的灾情之下，谁听见地方政府为灾民出过一口气，谁又听见所谓地方士绅和代表民意的参议员先生们放过一个屁？至于请领现成的工赈面粉和水利贷款，也不过为的揩油而已。他们只知道按月领薪，领粮，讲究享受，至于别人的死活，谁待要管它。

　　至于本县的民意机构呢？我们着实也不敢恭维。先是于去年四月间成立民意机构之初，曾因选举还一度表演过精彩的争夺战呢。那是工商团体选举时，当时参加竞选的现任财政科长刘镒，因竞选落选，而大发醋意；并且编捏了一篇慌〔荒〕诞不经的报告，在电话上向省选举事务所申诉苦情，说什么监选员不合格啦，选举舞弊啦，要求改选。于是当选之参议员乔志俶，也就知难而退，不敢出任了。后来当局为避免事态扩大，乃决定改选。刘先生虽仍参加竞选，但结果却被商界巨子王锡恩获选了。王氏是一位老诚持重的商人，对于地方事业，亦极为热心，故而颇得人望。而那位堂堂乎的财政科长，却落了个强奸民意，硬干议员的话柄，这也不在话下。

　　我再把当选的那几位参议员分析一下，以见一斑。

　　古城坡镇选出的参议员是赵古铎先生，他是一位学识丰富，能力健全，有魄力，能号召的人物，所以当推选议长的时候，他就轻而易举的坐了第一把交椅，干上了议长。如果真能振刷精神，认真办理，领导着民众脚踏实地的向着民主大道迈进，相信前途是很光明的。可惜他意志消沉，极端腐化，因之，一年以来，死气沉沉，毫无进展，直把个神圣事业的民意机关，简直弄的形同虚设了。这是多么可惜的事呢！这是如何令人失望的事呢！至于南王庄选出的参议员胡振山（县党部秘书），当选后，旋即被调省党部服务了，所以实际上已经是有名无实，虚此一席了；教育会产生的参议员杨良田先生，表面上似乎很能嚷嚷几句，实际上也只是嚷嚷而已。他不但自私自利心太甚，并且听说还有贪污腐化之嫌；工商会产生的参议员王锡恩先生，因为在省垣经营着商业，根本就无暇及此，所以也只是挂一个虚名罢了。其余的几位参议员，大体说来，都还差强人意，可惜很少有过惊人的表现和领导作用。因之，自去年春季成立之后，一直到年底，仅仅举行过两次大会，和一次临时会议，这又是多么泄气呢！本年元月二日县城被"奸匪"陷落后，除副议长李运禄被俘外，大多蛰居省垣，度起寓翁生活来了，好在都是多年来腰缠累累，大腹便便的官儿了，花个千把百十万的，那算什么呢？即或不愿意掏自己的腰包，好在每月在原服务机关也可以领到大把钞票，真比住在穷山饿石头的县城里要舒服痛快的多哪！所以参议员这个名词，也几乎被人们忘的一干二净了。

　　日前报载本县各乡民代表，以议长与若干参议员，多不称职，而要重行改选。我们对于这一措施，是积〔极〕表赞同。不过我们希望改选出来的新议员，是真正能代表民意，能给人民谋幸福的人物，而不是那些变相的汉奸。如果像古城坡镇选出的参议员贾珠先生一类的人物，小民们实在有点不敢恭维。因为他在沦陷期间，任伪县署庶务股〈股〉长的时候，也曾狗仗人势的煊赫过一时，同时掌握着全县乡行政的半个大权，谁不害怕！胜利后，惟恐人们以汉奸罪予以检举，所以逢人软说，到处下蛋，并且利用已经刮好了的地皮，作为钻营、拢络的利器。后来混迹于教育界，总算无事一大堆了。谁想人家福至心灵，现在又出头露面，公开竞选，居然又当上了代表民意的参议员啦，这岂不是世界之大，无奇不有吗？

我们并不是反对何人，攻讦何人，我们认为在这实施宪政之前，准备行宪之初，要树立起一个良好的选举作风，给后人留作榜样。那么对于选举出来的人物，也一定要真正能代表民意的那才好呢。像那些敌伪时期的走狗爪牙，我们认为是些魑魅魍魉，决对代表不了民意，相反的或者旧态后〔复〕萌，假面毕现的再来残害人民，摧残民意。这样重大的事情，哪容小民们缄默呢？所以我们要公开的揭发，也希望县民公开纠举。须知汉口就曾经撤销过六个参议员的资格，北平的市民也正为选出的一部分参议员在检举一些问题人物呢。

《农村周刊》
归绥中国生产促进会绥远分会大黑河实验区委员会
1947 年 13 期
（李红权　整理）

东蒙人民自治运动真象

赵 展 撰

如能尊重蒙民的特殊生活习惯与宗教信仰，保障其经济生活和政治地位不受威胁，蒙民的欲望是很容易满足的。能够事事关怀蒙民，总比想尽办法去统治能收良好效果。中央要以蒙民的福利团结蒙民，而不可〈不〉造就一些会做官会做事的蒙古人。

"边疆"是中国历史上一个不吉祥的字眼。历代边疆酿成的民族屠杀惨剧，如定期泛滥的洪水，每隔一些年代便冲破堤防。滚滚血浪淹蔽了边地原野，经过一阵子厮杀，又埋下民族仇恨的种子，候待春天到来，一番风吹雨打，又发芽生长，又是一阵砍杀。边疆悲剧的形式是如此简单，它的内容却随历史的演进而有不同的变化。边疆因为地理关系，常伴演三角悲剧！

由西北角的新疆到东北角的东北，屠杀的惨剧都惊心动魄的吸引着国人的注意。边疆少数民族之不能宁静，便是中山先生的民族主义不能实行的铁证。这个问题吵吵嚷嚷，由边地到首都已吵成一片。国民大会第七次会议之中，也曾掀起民族自治的巨浪，我们应该考虑这个要求是很合理的，在新的宪法中将给予保障和试验的机会。在边地的自治呼声便没有这样和平，恐怖屠杀是常用的手段，屠杀最刺激感情而不能解决问题，边疆的悲剧是如此酿成的。

自日本投降以后，东北蒙旗就陷于骚动状态中，至今局势没有好转。关于东蒙情况，一鳞半爪的散见于报章，许多人对于蒙旗的知识，仅止于"蒙旗"二字而已。我留心搜集东蒙问题的资料，辛苦所获，虽不足以了解蒙旗全貌，对于光复前后这些成吉思汗的子孙所制造动人的政治场面——"东蒙人民自治运动"的真象，可以得到清楚的认识。

鲜血的故事

让我们看看鲜血与墨汁写成的历史。

在九一八事变当时，蒙民对祖国的政治离心力已发生到最高点。民国二十一年三月间，蒙民首领巴特玛拉布坦及各王官首领，召集部落内蒙同胞在葛根庙开援日大会，议决援日方策，其要点为蒙人军事化，与日军共同进攻中国。日人允军事后在政治上给予蒙人以最高待遇。当时马占山、邹作华将军之抗日部队适经过江桥（齐齐哈尔），不意蒙人甘珠尔扎布领导的武力拦途袭击，马军蒙受损失不小，同时西科后旗也爆发惨杀汉人的悲剧，据估计死五千余人。

任何帝国主义统治殖民地的法宝，都是一套分化政策，激起仇恨，日人可以利用这仇恨间隙，作为统治者的鬼符，它一方面挑拨仇杀，另一方面又会以和事老的态度拍拍蒙人和汉人的肩头。伪满时代蒙民会请愿于日本，要求压迫汉人。日人之离间手段得逞，曾强迫汉人迁徙，没收其土地财产。廿九年日人曾想出一个办法，勒令汉族农民预缴二十五年的耕地租金，作为购价以取得土地权，把这笔款子存入伪满中央银行，以每年利息拨给蒙民。由蒙民组织裕生会，充作蒙民的生产教育费。日人对蒙民的这点小恩惠，足以说明日人在任何经济机会上都把握分化蒙汉的企图。日人不但是分化蒙汉，对蒙民内部也使用离间政策，使蒙民自相残杀。于是蒙民内部便有后王宫〔官〕派与博彦满都派之争，后者占胜，起而控制蒙政，东蒙的政局开始急变。至伪满兴安总省成立之后，"蒙古独立国"的口号就喊出来了。

日人更以蒙民成立的各旗治安队改为警备军，后又改编为兴安军，由甘扎〔珠〕尔〈扎〉布率领，全军进攻华北，复组成铁石部队，以塘〔唐〕山为根据地，加入日军转战河北，正式加入日本军阀的侵略大本营。蒙民这一段历史很不光荣，这应该归咎于满清政府的腐败。民国以来没有把边地拉得更近，使边疆陷于游离状态，蒙民则过着暗无天日的生活，同时，历史上传说的中央集权，造成内地与边疆隔阂的专制政策也要负责。蒙民的叛离，有历史的因素，这一段不光荣的历史，正可以作为我们以后对蒙旗政策的借镜。

博彦满都的女儿

日人对蒙民的侵略有不少的成就，去年日本降伏之前夕，蒙民还像一只忠实的猎狗，护着日本的尾巴。八月十一日，苏机轰炸东北，蒙军仍与日本军共同防守，直到苏军入境。汉人曾一度组织治安维持会，维持了两天治安，可谓昙花一现。蒙民知大势已去，乃派遣代表玛尼巴达拉与苏军拉拢。据说博彦满都将其十八岁之三女，嫁与苏军兴安城防司令官巴拉巴什，以联络感情，过了三个月，该司令官怕招惹是非，又把女儿送回娘家。

中央的政治势力一时达不到，蒙民的欲望逐日而高，独立运动便蓬勃展开，为首的都是伪满时代的从政人员，博彦满都、哈丰阿、玛尼巴达拉都是很重要的角色。八月间，他们在王爷庙发了长达万字的宣言，同时发表一通独立通电，分致苏联、延安、外蒙、朝鲜。通电原文如下："此次解放世界弱小民族之赤军到来，对之深表感谢。蒙古民族亦世界弱小民族之一，应有独立自起之机会。祈鼎力提携及援助，以达成独立自由之目的，实为至感。博彦满都。"

　　独立宣言的内容，在于申辩必须脱离中国之压迫一点上。那时热烘烘的宣传标语传单使荒寒的蒙旗部落生色不少。他们还创办了《黎明》报宣传自治，指责国民党一党专政。那里的刊物有毛泽东之《论联合政府》，报纸有《群众》及《东蒙人民之友》。

　　独立宣言是东蒙自治运动的第一炮，由独立宣言到自治政府，中间外交、军事、政治的活动是值得注意的。他们曾讨好于苏联、外蒙、延安，但三面都不着边，他们便感到蒙古独立国的希望是渺茫了，于是降低要求，要求高度自治，转变关键是他们又倾向中央的表示。

　　博彦满都于三十四年十月上旬，率领随员哈丰阿等八人，乘苏军汽车往库伦与外蒙联合，希望援助其独立，历二个月之折冲研讨，没有什么结果。博彦满都返兴安省后，立即召集干部会议，发表向国民政府呈请高度自治之决策，对汉人平等待遇。

人民代表大会

　　三十五年一月十七日，蒙民在葛根庙召集了一次东蒙人民代表大会，到会人数仅及原定人数的十分之三，情形并不热烈，共党及苏方均派有代表参加，大会的任务是讨论成立自治政府，起革〔草〕自治政府组织法，会后向史达林及外蒙首领缺巴桑赠送金牌，致对援助之谢忱，金牌面书"解放纪念"，背书"东蒙人民三百万敬赠"。

　　东蒙人民代表大会是自治运动的高潮时期，随后于二月十五日匆匆成立自治政府。典礼会场为伪满时代之官吏会馆，门前平悬国旗及自治政府旗。场门中悬史达林像，左为外蒙首领缺巴桑，侧为博彦满都；右为毛泽东，左为总理遗像。博彦满都于典礼致词中谓："东蒙民族此次崛起争取自由平等，不达目的不止。倘或

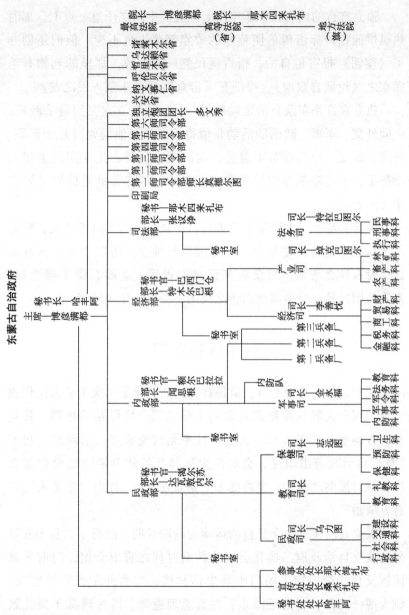

请求不准，则请中国将我内蒙民族完全消灭。"这话是出于感情之

冲动。其他代表均有致词，大意谓蒙古民族自古强悍，惟少谋划之智，今后须谋勇兼行，方能达到目的。中共代表张义成亦有致词。自治政府成立之后，他们想急于得到中央政府的承认，二月二十三日玛尼巴达拉率领随员六名赴长春，转赴重庆向国府请愿，飞至北平见到熊式辉主任，商谈没有结果，重庆没有去成，玛尼巴达拉回来害了肺炎。

与苏联军事关系

蒙民对自治政府的认识并不一致：有一部分外来蒙民对于苏联的民族政策很感兴趣，对于外蒙古很热心；有一部分土著蒙民及知识分子，觉得东蒙与中国之关系太密切，自治固属可喜，如参加上外力因素与中国不睦，则是无理取闹的行动，极不赞成。由此可以看出蒙民的希望与向内心理。

东蒙自治政府与苏联尚未见有何联系，仅在苏联十月革命纪念时，曾大示庆贺，进行讲演，并致史达林贺电。电文如下："苏联革命成功即世界弱小民族解放之成功，蒙古民族受惠匪浅，实深感谢。东蒙古人民共和国主席博彦满都。"

苏军对于东蒙之军事援助确有其事。苏军将接收之日军武器，计步枪三万支、轻重机枪一万挺、野炮山炮一千门，给予蒙军，并以汽车二百七十辆，苏军用之冲锋式轮盘枪五百支给予蒙军。东蒙军对共军之援助亦有迹可寻，共军于三月间攻四平之际，有东蒙军助战，其他如镇东、洮南、洮安、泰来、大赉等地之役，均有蒙军参加。这一种军事连锁关系很不合理，试问一个友邦岂可以武器供给另一友邦的地方叛军，自治政府的军队何能攻击国军？

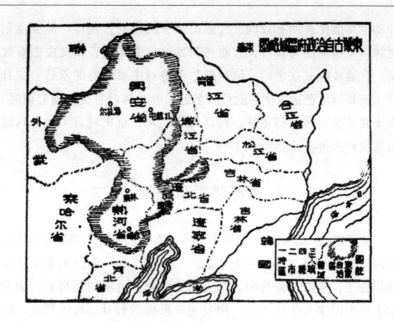

惨杀汉人

　　骚乱激起了血浪，在民族史页上抹下一个污点，血的记忆是鲜艳的。东蒙自治运动之中，汉人先付出了血的代价。惨杀事件迭起，已知者计有：三十四年九月十二日西科后旗屠杀汉人百余名；十二月二十五日马家沟（距兴安三十里）为蒙军炮火击毁，除少数汉人逃出来，其余数百人均遭死难；三十五年二月十九日王家窑（兴安西八十里）因二次抵抗蒙军之骚扰，蒙军即以山炮十门、骑兵一千二百名围攻该村，发炮四百余发，亦用火焰放射器将全村焚毁，全村皆罹难。

　　日人曾利用蒙民之保守特性，施行深刻的奴化教育，并深深种植蒙汉不合的种子。当时日人的教育设施：（一）蒙汉留日学生数为六与四之比；（二）设立蒙古军官学校；（三）设立兴安及育成两中学，为蒙民子弟之学校；（四）增设蒙民之初高两级小学。东蒙古自治政府成立后的设施：（一）成立党政学院，是一个共产主义的学校；（二）派留学生五十一名至外蒙古留学，内有女生十六名，于本年二月间赴外蒙。

东蒙的穷困

战乱滚到东蒙的草原上，蒙民的经济生活蒙受最大的损失，因之造成了东蒙的穷困。穷急发纸币，东蒙自治政府成立之初，因经济上的穷困，乃采用发行大量纸币的办法，发行大量的临时流通券及政府银行券。第一期发行临时流通券二百万元，票面为百元、十元、五元券，以小兴安岭之天然森林一部及伪满时代残存之不动产为基金。第二期发行流通券二百万元，票面为百元、十元、五元，无基金。第三期发行政府银行券二千万元，此外并动用伪中央银行残存之二十九万伪币，更将伪满不动产之一部出卖，计以满畜、管烟所价值三十万元，残粮二千吨价值四百万元，作为独立时期之各种支出。这大量的纸币，是蒙民一笔最大的负担。

东蒙自治政府更仿效日人的办法，实行统制经济制度，对于商店及货物皆须严格登记，并设置专卖机关，其所设专卖机关有东蒙贸易公司（输出输入业）、东蒙人民合作社（配给统制人民生活）、东蒙木业公司（兴安岭采伐）、东蒙皮革公司、东蒙银行、东蒙造酒公司、东蒙交易局（粮食、柴草统治）、东蒙陆运公司，最奇怪的是有一个鸦片专卖公司。

东蒙自治政府在各地设有税捐局，苛征税额，使小本营业倒闭，完成其营业政府化之目的。其征税项目及税率如下：酒税，百分之七十，每斤外加勤劳所得税四圆；饮食税百分之二十；一般营业百分之十。

天然及人为的因素，使东蒙因经济的苦闷更迫切作政治要求，蒙民一向是生活在他们自己的经济圈中，能自得其乐，现在情形不同了，交通的阻绝及经济的封锁，使蒙民生活改变了样子。今年冬天的日子是很悲惨的，没有粮，燃料也盛〔甚〕缺乏，无法可以温饱。

在东蒙问题上，经济问题比政治问题更为重要，首先求使蒙民能以安乐，才是善策；不然，饥寒也会把他们逼上梁山。东蒙问题不是什么主义问题，而是一种政策与作风的问题。东蒙接近外国，最易受外力影响，对付外向的办法最好是发挥最大的磁力，吸引其内向。如能尊重蒙民的特殊生活习惯与宗教信仰，保障其经济生活和政治地位不受威胁，蒙民的欲望是很容易满足的。能够事事关怀蒙民，总比想尽办法统治蒙民，能收良好效果。中央要以蒙民的福利团结蒙民，而不可造就一些会做官的不会做事的蒙古人。住在中央的蒙古大员，对中央知道得多，对蒙古知道得少，能说中央的希望，不能道蒙民的痛苦，这种人只是一个废人而已。同时中央不可一味利用蒙古的封建王公一派旧人物，他们的利益，与大多数蒙民的利益是对立的。蒙古不是停滞不前的社会，今天蒙古的封建制度已经破产，蒙古智识青年的政治意识有尖锐的进步，广大的蒙古智识青年才是蒙古中坚。中央要把握这些人，才能得蒙民大众的信仰。

蒙旗问题，从民国创元以来就没有好好的解决，现在应该赶快设法保存这些水草丰饶的国土，保存蒙旗，就是保存沙漠之中的绿洲。

十二月二十五日于沈阳

《新闻天地》（周刊）
四川新闻天地社
1947 年 20 期
（刘哲　整理）

内蒙古的自治运动

东北通讯

孟铭　撰

我国在东化〔北〕角的大兴安岭以南，洮齐铁路以西，兴安省、辽北省大部，热河和察哈尔北部的广大土地上，居住着二百万左右的内蒙古民族的人民。这些成吉思汗的子孙们，一年来曾经进行了轰轰烈烈的自治运动，并且在五月六日正式成立了自治政府。这是内蒙古历史的创举，为中国境内少数民族放出了万丈的光芒。

数十年来，内蒙古民族受尽了各种压迫，过着痛苦的生活。前年"八·一五"日本法西斯宣告投降，曾在内蒙古人民中间燃起了希望的火把，他们天真地相信：从此以后，不再受帝国主义与大汉族主义的压迫了吧，特别是去年初政治协商会议的完满闭幕，更使他们热烈地憧憬着孙中山先生的"中国境内各民族一律平等"的实现。可是，政协决议很快就被中国大汉族主义的独裁者蒋介石一手撕毁，大规模的内战跟着在关外也打起来了。特别是蒋军傅作义部侵占了张家口以后，广漠的塞外草原，更没有平静的日子过了。内蒙不少地区被反动派侵占了，土地和羊群遭到了掠夺。被占区的内蒙古人民，没有例外的受到惨无人道的摧残，无数人民被蒋军屠杀。在蒋家伪国大和伪宪法中，是根本否定国内少数民族的自治权利的。

这些血的教训，使内蒙古人民从天真的期望中惊醒过来，他们懂得自由与平等是必须靠自己双手去争取的。于是，从去年五六月起，他们就一天天加强和发展了自治运动，进行了各种建设和改革。悠久的王公制度首先在袭林根勒废除了，察哈尔盟等各盟旗先后自下而上地实行了民选，建立民主政府，普遍的提高了人民的政治觉悟，改喜〔善〕了蒙汉间的关系，同时改善了人民的文化生活与经济生活。东科中旗二龙山一家十口人，过去只有一件皮袄，现在已穿得暖和吃得好。另一方面，他们又建立了民兵联防，组织了数万人的内蒙古人民自卫军，给进犯的蒋、傅军以严重的打击，在自卫斗争中锻炼和提高了保卫内蒙的力量与信念，使得内蒙古的面貌大为一新。

在这样情形下，内蒙古人民代表会议的召开，就日益具备了充分的客观条件。

今年四月二日起，内蒙古自治运动联合执委会，一连开了十九天的扩大会议，通过了内蒙自治政府施政纲领，政府组织等草案，并准备了提交人民代表大会的参议员候选名单。到了四月廿三日，辽北省洮（安）索（伦）铁路上有名的王爷庙，一个隆重的内蒙古人民代表会议举行了。出席的除了十六个盟和区〔外〕各旗的人民代表三百九十八人外，中共西满分局、西满军区代表张平化，黑嫩省于天放议长，以及以阎宝航主席为首的辽北代表团等，都到会祝贺，济济一堂，真是内蒙民族历史上空前的一次盛会。内蒙人民领袖云泽被选为主席团的主席，他在开幕词中指出："内蒙人民代表大会的召开，是内蒙人民数百年奋斗的结果，革命先烈的前仆后继，特别是中国共产党的帮助与领导，使得内蒙人民取得了自治运动的初步胜利……"

张平化代表中共西满分局向大会致贺，赠送"团结自己，战胜敌人，实行自治，争取自决"四句警语，使得大家的精神都振奋起来。他说:"今后内蒙自治政府的成立,是实行自治及争取自决的必要步骤,而实行自治则是今天蒙古民族解放斗争的中心环节……"

阎宝航主席向辽、吉的邻居民族道喜说:"我们的奋斗已争取到很大的胜利,今后要团结到底!奋斗到底!争取民族自卫战争的彻底胜利!"

大会一直持续了几天,代表们提出口头和书面的意见共一百三十多件,都给大会主席团归纳后讨论通过。廿七日,大会一致通过了《内蒙古人民代表会议宣言》、《临时参议员选举条例》、《内蒙古自治施政纲领》以及《内蒙古自治政府暂行组织大纲》等草案。这些重大的历史文件的通过,曾经各盟旗十六个代表团充分讨论,各阶层代表争起发言,极为热烈。五十三岁的农民代表陶克陶及省外回旗〔族〕农民代表戴连祭的发言,博得了全场热烈鼓掌,他们坚决拥护发展生产,减租减息,改善人民生活的规定。陶克陶在讲话后热烈的高呼;"革命万岁!"医药界代表提出"减少蒙古人民的死亡,应提倡采药,制药,禁止堕胎,奖励生育";军队代表提出"军队应成为人民军队";青年代表们提出"爱护青年,培养革命干部,应为今后政府施政方针";妇女代表提议:"实行一夫一妻制,禁止买卖婚姻,废除蓄奴纳妾与童养媳制度"……

代表们的认真精神,正象征着内蒙古旧统治塌台和广大革命人民的抬头。

四月廿九日,大会胜利闭幕。五月二日,为大会所选出的一百二十一个参议员,又紧张地召开第一次临参会会议,经过了民主选举法定的程序,以云泽为首的内蒙自治政府就在五月六日正式诞生。政府委员和参议会议员庄严地宣誓后,王池〔海〕山将军所率领的内蒙人民自卫军骑兵通过阅兵台前时,群集观礼的群众一再发出如雷的欢呼。此后一个月时间中，内蒙自治政府收到各地祝贺的函件，真的有如雪片飞来。

六月四日，成吉思汗七百八十五年诞生的纪念日，许多地方都召开了热烈的庆祝大会。出席的代表回到各地以后，都在人民中间广泛地传布他们对云泽主席的印象。他们的意见是一致的："云主席精明周到，一定能引导我们走向胜利。"一个巴彦和硕庙的第九代喇嘛特格希巴集对人说，他在人民代表大会中最关心的是宗教问题，他热烈赞扬有宗教自由的明文规定。他说："我们应该在喇嘛庙中开办学校，并在诵经节日多多宣传政府的政策法令。"西科中旗桢海顺王公的继子萨菩雅札希也对人说："蒙古人民多少年来一直都是在受压迫，只有现在，在中共帮助下我们才得真正的自治呵。"人们〔民〕自卫军的士兵代表华生□等回到军队，就被大家围起来，问长问短。这些曾被老百姓称为"蒙古八路军"的英雄们，高呼着拥护云泽主席的自治政府，为人民为民族去打仗的口号。他们立即通过了决议，要求政府多发给子弹和枪弹，去打击进犯内蒙古领土的敌人。

今天，东北广大土地上，正展开了一幅二百万人民（包括喇嘛、王公）团结在云泽旗帜下，为争取民族彻底解放而一致奋斗的光明画面和胜利远景。

《群众》（周刊）
香港群众周刊社
1947 年 30 期
（朱宪　整理）

外蒙古是怎样独立的？

扬义旗　撰

外蒙古曾经长时期为中国的疆土的一部分，但实际上却一直保留着特殊的状态。特别是在满清统治时代，专制王朝为着便于对异民族的统治起见，曾经尽力挑拨离间蒙汉民族的感情，直到清代末年，内蒙古若干地区的蒙人，才逐渐"汉化"，但外蒙古的基干民族喀尔喀人（这是保留成吉思汉子孙的血液和风习最纯粹和浓厚的蒙古部族），一直和汉人保留着极大距离，他们对于中央集权政府诚然是表示"慑服"的，但是反抗的怒火星在下层牧民间潜流着。当孙中山先生领导国内民族革命之时，他们也乘机为摆脱北京帝国政府的暴虐统治而奋斗。

在初期蒙古革命运动中，领导者是蒙古的王公、喇嘛，他们企图利用下层的民众求解放的情绪，以夺取政权。而他们又不相信民众，不敢武装人民，结果只有依靠外力，以致日、俄两国帝国主义野心家便乘机加以利用。很明显，这样复杂的情势，对于外蒙民族的真正解放是不利的。从宣统三年（一九一一年）宣布自治以后这十年之内，他们并没有获得真正自由，只是变成帝俄争夺的对象，后来又成为白俄残余、日本帝国主义和中国军阀交互蹂躏的地盘。

民国六年俄国大革命之后，日本帝国主义开始和反革命的白俄勾结，提倡建立"大蒙古国"及"泛蒙古主义"，由白俄军谢米诺夫和日本特务铃木等合作，于一九一九年二月在赤塔决定军事侵蒙计划，发动泛蒙武装暴动，并与东北某大亲日军阀暗中勾结，一时声势非常浩大，企图以外蒙为反苏反共的大基地，但出乎他们意外，白俄军很迅速地被红军击溃了。日本特务团又勾结北京政府安福系的徐树铮，侵入外蒙，建立军事独裁。可是当时我国革命势力日益抬头，反日反军阀斗争从广东向全国开展，亲日的安福系军阀政权很快崩溃。日本人又改而利用白俄温甘伦男爵组织蒙古政府，号为"自治"，实则是日本制造的傀儡政权。蒙古牧民再也忍受不住了。而俄国的苏维埃政权已在国内成功，也不允许白俄在蒙古建立反苏基地。他们在一九一八年向蒙古人民宣言愿意建立友好关系，鼓励蒙古人民反对自治政府。到了一九二〇年就有新的革命势力在外蒙发生。

外蒙革命势力在苏海、巴图鲁的领导之下，在一九二一年三月成立人民革命党和人民革命军，不久就获得苏联红军的援助，在各地起义，消灭蒙古的白俄军队，经过了艰苦的战斗，五月廿二日占领库伦，宣布蒙古独立。以后有好几年之久，与苏联合作，肃清反对革命的势力。至一九二四年正式宣布成立"蒙古人民共和国"，通过新型民族资产阶级民主共和国的宪法，开始推进民主建国工作。以后又经过了反对极右派和极左派的斗争，经过反对日本好几次的侵略的斗争，一直到一九四六年才获得我国正式承认其独立。

《书报精华》（月刊）

西安书报精华社

1947 年 31 期

（朱宪　整理）

美国专家所见的外蒙近情

译自《远东概览》（Far Eastern Survey）

拉铁摩尔夫人（Eleanor Lattimore）　作　　余为群　译

自从一九一一年满清倾覆时起，蒙古宣布了独立，在一九二一年"蒙古人民政府"建立以前，它一直自称"自治的蒙古"。当一九一一至一九二一年间中国军阀割据形成四分五裂时，外蒙曾一度落入沙俄的统治之下，而一九一六年之后，日本借助于"白"俄军官如谢米诺夫，"疯男爵"史登堡与安福系等势力渗入蒙古，一九一九年于徐树铮指挥之下曾图征服外蒙。

在外蒙独立最初十年中，外蒙自治政府系为有势力的政客官僚所控制，以库伦活佛为元首。可是一九一八年后，由苏海巴都领导的"革命党"崛起，它主张不仅中国的控制应予抑制，"所有黄（僧）黑（凡人）封建贵族对平民的压制也应一概消除"。苏海巴都的革命运动系纯粹蒙古精神所鼓舞。到一九二〇年，另一革命领袖乔巴山出现，他受有苏联革命与马克斯理论深刻的影响，他也就是现任蒙古人民共和国总理。

一九二一年二月，史登堡占领库伦，赶出徐树铮，但不久就被红军与巴都，乔巴山等游击队所组联军击败与击毙。可是此后他们并不成立左翼的共和国，倒推库伦活佛为权力有限的君主，为"蒙古人民政府"的元首。

以后几年，政府内左右两派曾有激烈斗争，发生过武装暴动，清除异党，与屠杀。这期间集体化计划因失败而放弃，重新承认并鼓励私有财产。一九二三年巴都为活佛所派拉嘛"医生"毒死。第二年活佛自己去世，无继承者，于是外蒙成为"外蒙人民共和国"，以乔巴山为国务总理。库伦被改名为乌梁巴都。

一九二一年苏联正式承认蒙古人民共和国政府为蒙古的合法政府，并宣布放弃一切治外法权，成立混合委员会以勘定国界。一九二五〔四〕年中苏签订协定，宣布"苏联政府承认外蒙为中国的一部分，尊重中国的主权"。但不到一年以后，苏联外交委员会〈发表〉"苏联政府承认外蒙为中华民国的一部分〔发表〕，但它享有自治之权，内政不受中国干涉"。

直到中国一九二七大革命告终时为止，外蒙与中国一直保持接触。可是一九二七年以后，外蒙的内部情形与发展，外界就很少〈得到〉消息了。

与苏联的关系

在四十年代，外蒙与苏联都受到日本侵略的威胁，发生许多次边境冲突，因而使苏蒙的军事合作更加密切。一九三六年后，苏军开入外蒙，当时中国政府并未抗议，因为中国当时宁愿苏军开入，而不愿外蒙被日本占领。

在以后的情势之下，如果苏联要使蒙古人民共和国归并于苏联，它很可以这样做，但是它没有。而且俄罗斯也没有在外蒙境内殖民。据曼斯维托夫先生于一九四五年十月在《外交季刊》上撰称，在外蒙的俄藉〔籍〕居住民为数一向不多，历年来只有减少。"在外蒙的苏人多是军事教官，政府雇员，新工业聘用的专家，医生，军医等。当局正竭力设法使蒙古人代替这些暂留的苏人。"

曼斯维托夫并认为外蒙与中共之间并无联系，同时虽然"大蒙古主义的宣传如有苏联支援，而苏联又有意侵占的话，当是使内蒙、青海、西藏等脱离中国，归属苏联统治很有力的武器"，可是大蒙古主义在外蒙人民共和国与在苏联的布利亚蒙古共和国都一律被禁止宣传。换句话说，"虽然苏联对于蒙古人民共和国，可以任意采行任何政策，可是事实上它审慎地避免进行足以引起中国敌视的任何事端"。

目前蒙古人民共和国的宪法系在一九四〇年施行。它规定土地、自然资源、工厂、矿场、五金工业、交通、银行与机械化干草制造站一律国营，牛、工具、住所（营帐）等为私人所有。该国设有两院议会：一为大呼拉尔，由各地方政府选出，一为小呼拉尔，由大呼拉尔选出。部长会议由陆军、外交、畜牧、农业、劳工、交通、商业、财政、内政、教育与司法等部组成，负责执行政府经常事务。地方政府系民选，男女人民在十八岁以上均有选举权。宪法保障人人享有工作、休息、教育与社会安全。

中苏协定之后

按中苏协议，一九四五年十月中国派代表团访问外蒙，以观察为解决独立问题而举行的公民投票。当时中国代表团团长即内政部次长雷法章，他曾在一次广播中描述乌梁巴都的情形，说它"具有现代都市的基础，有许多多层石建的大厦，有文化事业、学校、大学、博物院与戏院。音乐颇有发展。全城使用电力电灯。我同时看到了蒙古人民在文化领域内所得巨大的进步"。

一九四六年二月由蒙古副总统盖普率领的代表团到重庆，与中国政府订立修好条约。盖普在渝曾作广播，略谓："蒙古人民安居乐业，独立而自由，牲畜已增多了三倍，成立了四百个兽医站，有三十个兽医院，开办了几百种国营合作性工业，设立了五百多个医院、药房、包扎站、卫生所、休憩所，五百个流动初级小学，五十多个高级技术学校与中学，发行着十七种报纸与十种杂志，创办了一所国立大学，一个国立音乐剧院，一个马戏团，十三个俱乐部，二百五十个文化会所，十九个图书馆。"他说为独立问题举行公民投票时，选民四九四，九六〇人中有四八七，四〇九人参加投票。

蒙古代表团曾向美国驻渝记者宣称，蒙古有一支机械化部队，一支空军，并举办着一条通向苏联的民航线；乌梁巴都是"一个部分设置水汀的现代化城市，房屋大都四层楼，雪白而清洁"。政府印刷工厂设有苏制轮转机，承印着四种日报，乌梁巴都的国立乔巴山大学，有学生六百人，教职员六十，教职员中半数为苏人，高级课程均由苏人以俄语讲授，人民一律需受初级教育三年，俄文在中学里为必修科。据另一代表称，新式农具与方法已使蒙古农产大增，谷物已能自给自足。他又说，公路、航空线、无线电、电报、电话等业务已使国内最辽远的地区联结起来。

进一步的收获

在一九四五年十二月的一本俄文杂志《煽动老的同路人》上报导着一些蒙古共和国新的消息。据这文章说蒙古人民共和国目前的人口为九十万，平均每两方公里有居民一人。人民百分之九十为卡尔加蒙古人。乌梁巴都有人口十万，另有七个城市大小相仿。一九二七年前外蒙人民因疾病日渐减少。一九二七年俄罗斯社会主义苏维埃共和国联邦派去了一个代表团，经办了各项初步卫生措施。现在已有九十所医院，五十二个施药所，二百卅四个各种性质的医疗站。一九二一年全蒙仅一所学校，到一九四四年已有二八五所初级学校，卅六所中学，八所技术学校，一九〇所流动学校。识字〈者〉已增加到几近人口百分之卅五。

这篇写蒙古政府成就的文章特别注意于若干经济部门，如畜牧，干草制造的改良，牲畜看护，仓房与井的开建等。在一九一八年蒙古家庭平均只有六十头牛，一九四一年，每家已有一百卅头，平均每人卅二·六头，这数目已超过任何其他国家的人民。一九四一年牛数共二千七百万头，羊也有半数之多。蒙古革命时无农业可言，可是现在已耕植着七万四千百阿尔（合十六万三千英亩），不少国营五谷农场使用着新式技术。

《国讯》（周刊）

上海国讯书店

1947 年 418 期

（李红权　整理）

董主席向全省同胞、同志广播词

三十六年九月　日

董其武　讲

各位同胞，各位同志：

其武自到绥远省政府，由一月到现在，在时间上说，将近九个月了，从没有机会与大家讲多的话，今天将我一向要讲的话，提出来以作共同勉励。

我们绥远省党、政、军、团各级工作同志以及人民在傅主任领导下，一向过着艰苦奋斗的生活，但自交通畅通之后，奢侈的风气不断的向我们这里侵袭，多多少少染上奢侈的习气，例如饭馆中吃饭，在实行新生活节约规定，本应受一定之限度，而有一部分的人仍不免过于豪奢，更如过中秋节，我们统计这一天全省的消费不下数亿，我们听了这个数目字，觉得非常惊人！但是要知道，我们伊盟和清水河等地有将近三十五万同胞无衣无食，正在饥饿死亡线挣扎，到目前为止连树皮也吃不到，这次据伊盟勘察团回来报告，看见沿途将近十万儿童赤身无衣，连草也吃不上，这些儿童都是被逃难的父母因为没有吃的把他们抛弃了，同时又有许多青年妇女，不独没有裤子穿，即如一片遮羞的布子都没有，看到许多人因为吃草根与树皮，面肿色黄，即有饿毙之虞。说到牲畜，现在正是秋高马肥之时，但是伊盟的牲畜多数饿的不能行动了。我们同志、同胞听了以上伊盟同胞被灾状况，大家一定同情他们，为他们掉泪。这在公务员讲，自己的职务责任交付不了，因为公务员的责任是要使得各个人有饭吃，有衣穿，有工作，有自由，有幸福，尤其公务员是先知先觉者，必须有先忧后乐的抱负，而今天数十万同胞无衣无食，壮者流离失所，老弱者转死于沟壑，公务员与先知先觉之士的责任实在交付不了，我们应当如何简朴节约，克尽自己的职责，以唤起多数同志与同胞自动捐助以救数十万灾胞于不死；在同胞们讲，道德责任交付不了，因为人类具有同情心与互助精神，这数十万灾胞无衣无食将要死于冻饿的境地，相信广大的同胞，一定能启发恻隐心与同情感，以集腋成裘的精神自动捐献，拯救这数十万灾胞逃出死亡的境地。

在我们全国八年坚苦抗战，牺牲同胞的生命不下两千万，资财的损失更不可以数计，同胞颠沛流离，转移死亡，遭受痛苦与耻辱简直不可以言宣，而总算把敌人打的无条件投降了。在此时，在全国同胞讲，应当家庭团聚，各安乐业，在国家讲，应当赶快从事生产，建设教育，以使的我们国家，于十年乃至二十年成为世界上现代的国家，这是全国同胞的希望，也是世界人类对我们的期望。谁知"祸国殃民的共匪"，违反民意，逞兵作乱，始而破坏和平，破坏统一，破坏团结，继而破坏交通，破坏教育，破坏资源，破坏生产，更进而清算斗争，用种种残酷的手段，来杀害无辜同胞，因此人民对"匪徒们"的愤恨，希望在"匪区"里投下一颗原子弹，情愿同时毁灭，这真是逼得人民到了时日曷丧，予及汝偕亡的地步。我们现在有伟大无比的力量，替这些苦难同胞复仇，拯救这些同胞到自由幸福的境地，希全国的同胞、同志，大家集中意志，集中力量，要在政府"戡乱"救国的目标下有钱出钱，有力出力，一致削平叛乱，建设我们理想的民有、民治、民享，真幸福、真自由、真平等、真民主，独立自主，三民主义的新中国。同胞们！我们知道中国有两句古话，是"得民者昌，失民者亡"，"奸匪"今天如此残暴，天怒人怨，我们同志、同胞，要加倍努力，以我们大家的力量，消灭惨无人道的"奸匪"，来拯救"匪区"水深火热、朝不保夕的广大同胞，这是天地、父母付与吾人不可逃避的使命，希望我们同胞、同志，集中力量，以完成这种伟大任务。

我本年一月五日就职时，我们长官曾训示我们大家的话，要我们大家共同检举贪污，并且告诉我们，铲除一个贪污，等于打一次胜仗。本来在我们这一个区域里，党、政、军、团同志多年来在我们优良传统的作风下，百分之九十几，都能够艰苦奋斗，洁身自爱，但个别的意识不够，把握不坚，贪图自利的行为，不敢说没有，希望我们同志、同胞，为了尽国家责任心，要不客气的检举，以使的任何一个意识不够的分子，不能潜伏我们这个区域内，希望将这种精神普遍于社会，以期根绝贪污，如此，不独可以防止"奸匪"的产生，并且可以促进"戡乱"工作早日完成。我再讲，有钱的人，为的是有荣誉，惟贪污的人，不独没有光荣，而且处处遭人看不起，甚至于儿孙也遭鄙视，处处是耻辱的，并且为国法所不许，何苦心劳日拙，自陷于苦海，这种人真是不聪明，在国家为罪人，在人群为人所不齿，应当自反自省，走向光荣救国路上去。

其次我临时又想起来，以做我们大家共勉互勉的几件事，就是政治，惟有实行民主，国家才有前途，个人走向民主，个人才有结果，因为时代要求，我们必须走向民主道路，谁能把握时代，一定得到成功，否则，不惟国家没有前途，而且做人也没有希望。关于实行民主，应当如何做起呢？我以为公务员应遵守几件事：（一）公务员必须尊重人民的正确意见；（二）公务员必须尊重人民的合作权利；（三）公务员必须尊重人民的合法自由；（四）公务员必须尊重人民的合法地位。在一般人说，大家也有应遵守的几件事：（一）民主时代人人必须守法；（二）民主时代人人应当负责任，即是不独个人为国家负责任，而且就是个人说一句话也得负责任，否则，任意诋毁他人、侮蔑他人，乃成为无公道或无正义，根本谈不到民主。以上几点，希望我们全体同胞、同志共体时艰，为己为人，互勉互守。

《绥远财政年刊》
绥远省财政厅
1947 年第 1 辑
（丁冉　整理）

告省保甲长书

董其武　撰

可爱的保甲长先生们：

你们是人民的直接领导者，你们是政府的基层干部，也就是说民间的是非，政令的推行，都在决定于你们。你们要讲公道，谁又敢不公道。你们要存心廉洁，谁又敢妄谈贪污。因为这些事，都逃不出你们的手眼。你们的责任的艰巨，关系的重大，政府企望的殷切，确实无可比拟。可是听说：民间不公不平的案件仍有，甚而个别认识不够的保甲长，借权滥行摊派，仗势欺压人民的情事，仍然时有所闻。因此，我提出几个问题，愿各位作为作人处事的借镜：

（甲）积极的：

（一）为人民服务：我们既为人民所推崇，就应该忠实的为人民服务。人民所不明白的事情，要详细的解说。人民所不会作的，要切实指导。人民有怠忽的行为，要严厉的督促。人民有争讼的事件，要迅速的平息。人民偶有灾难，要认真的帮助。我们一定要领导着人民认识是非，明辨善恶，一齐走向光明的前途。

（二）替政府负责：政府征兵为的保护人民，征粮为的供给军队，运用捐税来发展农工商学，以改善全体人民的生活，其他都是事无大小，完全取之于民，用之于民。所以政府的事，也就是人民的事。我们为着忠实于人民，也必须忠实于政府，假设以支差摊害的想法，来对付政府，那是最大的错误！一位爱名誉、爱人群的保甲长，一定会挚诚的替政府负责。

（三）扶植贫民：天赋人权本来是平等的，我们不能以贫富分善恶，我们更不能欺压贫民，使他走头〔投〕无路。我们要廉价的租给他耕地，贷给他籽种和金钱，发展贫民的副业，救济鳏寡孤独的苦难，使人人有饭吃，个个有衣穿，大家和乐融洽，相亲相爱，也是维护治安的一件大事。

（四）维护治安：我们要把户口登记清楚，把居民的身份检点明白，没有坏人隐藏，地方就可以安宁。再把碉堡修好，情报办好，粮食、柴草埋藏好，道路、电线保护好，一处有匪情，大家都知晓，调集各地团队，一齐来清剿。

（五）帮助军队：军队是我们的，军队为我们打仗保家乡，我们要爱护他、帮助他："磨米面，送柴炭，抬伤兵，运子弹，引道路，烧茶饭，发动人民抢着干，自卫队、捕奸队，帮助国军去作战。"检举个别的坏军人，确保军民打成一片。

（六）完成任务：对公家的事情，不推诿，不敷衍，运用自己的聪明能力，打破一切障碍，总要百分之百的对〔兑〕现。

（乙）消积的：

（一）不准非法摊派：不是政府明令课定人民的负担，就叫非法摊派，保甲长不准巧立名目勒索人民。军公人员外出办公，不须要你们招待，你们与军公人员接洽事情，更用不到请客送礼，保甲上因事开会，也用不到准备吃喝。我们为人民服务，应该怜爱人民的疾苦。

（二）不准欺压人民：人民的知识程度不齐，推行政令的时候，应该多开会，多说话，使人民彻底明白法令的真义，自然办理顺利。假设真有刁玩的人民，你应该报告上级依法处理，千万不准利用职权，胡打乱骂，更不准威胁恫吓，借势欺压。

　　（三）不准摊派不公：保甲长存心必须公道，派摊必须公允。征粮、征兵、征车、征工，政府都有规定，我们不应该徇情徇私造成不公，你偏袒富人，富人不一定感激你，你欺压穷人，穷人真的怀恨你，你捣乱了法令，造成了社会的不平，招致了人民的怨谤，留下了永久的朽名。

　　以上各项，不过略举大端，应该积极推行的，总希望各位能以谦和、奋斗、牺牲的精神努力为之！必须消极禁止的，也希望以戒慎恐惧、临深履薄的态度，切实遵守，我们要为自己为子孙争取未来的光荣，千万不要以身试法，遗朽于人民。

《绥远财政年刊》

绥远省财政厅

1947 年第 1 辑

（丁冉　整理）

绥远省政府合署办公施行细则

绥远省政府　撰

第一条　本细则依据《省政府合署办公暂行规程》第十一则〔条〕之规定订定之。

第二条　本府左列各厅、处均合署办公：

一、秘书处；二、民政厅；三、财政厅；四、教育厅；五、建设厅。

第三条　秘书处置秘书长一人，简任；主任秘书一人，秘书十人，科长三人，法制主任一人，编译主任一人，均荐任；视察十人至十四人，内七人至十人荐任，余委任；法制专员四人至六人，二人至四人荐任，余委任；编审四人至六人，内二人至四人荐任，余委任；科员六十人至七十人，委任，其中六人至七人得为荐任；办事员三十人，委任；并得酌用雇员三十人。

秘书处设会计室，置会计主任一人，荐任；统计员一人，会计助理员四人，统计助理员二人，均委任。

（附注：原送细则秘书处列有主任参事、参事、卫队长副、分队长、无线总台长副、分台长、报务员及人事管理员、助理员等，拟均予删除，所有卫队编制及电台工作人员由该省政府另以编制定之；至于人事管理业务可由省府人事室兼办，不必另列。）

第四条　民政厅置厅长一人，简任，由本府委员兼任；主任秘书一人，秘书三人，科长四人，技正一人，督导员四人，均荐任；

科员四十七人至五十五人，委任；并得酌用雇员十五人。

民政厅设会计室，置会计主任一人，荐任；统计员一人，会计助理员二人，统计助理员二人，均委任；民政厅置人事管理员一人，佐理员二人，均委任。

第五条　财政厅置厅长一人，简任，由本府委员兼任；主任秘书一人，秘书三人，科长四人，均荐任；督导员五人至十人，内三人至五人荐任，余委任；科员四十九人至六十人，委任，其中五人或六人得为荐任；办事员二十至三十人，委任；并得酌用雇员十五人。

财政厅设会计室，置会计主任一人，荐任；统计员一人，会计助理员三人至五人，统计助理员二人，均委任；财政厅置人事管理员一人，佐理员二人，均委任。

第六条　教育厅置厅长一人，简任，由本府委员兼任；主任秘书一人，秘书三人，科长四人，督学四人至六人，均荐任；科员二十四人至四十人，委任，其中二人至四人得为荐任；视导员二人至四人，办事员十二人至二十人，委任；并得酌用雇员十五人。

教育厅设会计室，置会计主任一人，荐任；统计员一人，会计助理员二人至四人，统计助理员二人，均委任；教育厅设人事管理员一人，佐理员二人，均委任。

第七条　建设厅置厅长一人，简任，由本府委员兼任；主任秘书一人，秘书二人，科长四人，技正八人至十人，均荐任；工程师四人，聘任（相当荐任）；科员二十八人至四十人，委任，其中三人至四人得为荐任；技士十二人，技佐六人，办事员十二人至二十人，均委任；并得酌用雇员十五人。

建设厅设会计室，置会计主任一人，荐任；统计员一人，会计助理员二人，统计助理员二人，均委任；建设厅置人事管理员一人，佐理员二人，均委任。

第八条 本府设会计处，置会计长一人，简任；专员四人，聘任（相当荐任）；科长三人，荐任；科员二十五人至三十人，委任，其中三人得为荐任；办事员十九人至二十三人，委任；并得酌用雇员十五人。

第九条 本府设统计室，置主任一人，荐任；专员一人，聘任（相当荐任）；科员十人，办事员四人，均委任；并得酌用雇员四人。

第十条 本府设人事室，置主任一人，荐任；科员十二人至十六人，委任，其中一人或二人得为荐任；助理员八人至十二人，委任；并得酌用雇员五人。

第十一条 本府得置顾问八人，聘任（相当简任）；参议十人，咨议十二人，派任，均相当荐任。

第十二条 本细则自呈奉核准后施行。

《绥远财政年刊》

绥远省财政厅

1947 年第 1 辑

（丁冉 整理）

绥远省政府所属各机关职员请假规则

绥远省政府　撰

第一条　本府所属各机关职员请假悉以本规则行之。

第二条　非有左列事故之一者不得请假：

一、疾病；

二、婚丧；

三、生育；

四、其他不得已之事故。

第三条　请假者须亲笔填具请假单，依左列程序办理之，但因急事或疾病不及自行填写时得托同事代填：

一、本府各厅、处、局、会、室、各专署、各市县局长副请假须呈经省政府核准；

二、本府各厅、处、局、会、室、直辖各机关主管人员请假须呈各该直接上级主管长官核准，但请假人员系荐任以上而请假逾一星期者并应转呈省政府核准；

三、其他职员请假须逐级呈请该管长官核准，但在一日以内者得由科长（主任）核准，一日以上者得呈经省政府核准。

第四条　给假期间及限制如左：

一、因疾病请假在三日以上者须缴验医生证明书，如因重病经延长假期至三星期以上尚无治愈希望者，得由主管长官另行派员代理其职务；

二、因婚（本人）丧（直系尊亲）大事请假者，除计算往返路程外，酌给假十日至十五日；

三、因生育请假者酌给假四十日；

四、因其他不得已事故请假者，须呈明事由及具相当证明，经该管长官查明确实后酌量给假。

第五条　假期已满而续假者须呈明续假事由，依请假之手续办理，并将原请假日数说明。

第六条　请假人员非经核准不得擅离职守，违者严予议处，如有特别原因确未能先行请假，而假期在一日以内者，准于翌日补呈事由请求给假。

第七条　请假已满无故仍未销假者以旷职议处。

第八条　请假日数列入各该员年终考核之一项。

第九条　请假及销假报告单另定之。

第十条　本规则自公布之日施行。

《绥远财政年刊》

绥远省财政厅

1947 年第 1 辑

（丁冉　整理）

外蒙古内幕

——本文原载美国《亚细亚杂志》

[苏联] 孟斯维托夫　作　　李联　译

作者孟斯维托夫是一个生于西伯利亚的俄国人，革命前曾访问过外蒙古数次，作各种科学的、政治的和合作事业的调查。作者最近住在纽约，对蒙古仍有密切的联系。

——《亚细亚杂志》编者志

一种新型的，反流血，反帝国主义的布尔乔亚式民主，正在非资本主义发展的道路上，为这种渐变的时代铺下路面——这是外蒙古人民共和国政府和外蒙古革命党所选择的路。

革命的外蒙古，从一九二一年的古老政权，获得了一种社会秩序，其组合如下：1. 七百个泰达兹（蒙语，即封建贵族的意思）的家族，其中一百个均拥有巨量财富，牛羊和宫殿。2. 约十二万喇嘛（约占男性壮丁人口百分之四十）。有些高贵的喇嘛，其权势与财富均胜于泰达兹，统治着其余非常贫困，甚至常常饥饿的人民。3. 相当少数的加兹库（蒙语即农奴）。4. 其他大部分就是逐水草而居的游牧民族，他们现在被叫做阿拉兹。

封建贵族与喇嘛　除了革命复〔后〕新兴事业不计外，畜牛及游牧的天性仍然是这国度的经济生活之基础，它仍大部分决定其社会机构。对政治生活非常倔强而正直的革命政府，当它遇到社会和经济生活上的事务时，常变得很谨慎，甚□恐惧。封建阶级的特权，包括农奴保有权与强迫征税权，起初是逐步的削减，要到几年后才能废止，而封建贵族们的财产之充公，直到一九二九年才完成，那时是革命第八年。有些封〈建〉贵族似乎仍享有若干特权，但其巨量的财产和数目惊人的牛，现在早已经由国家充公了。

关于那些喇嘛，政府对他们显现的更谨慎。一九二八年仍然有八万二千个那样的和尚存在。若干证据表示，喇嘛数字已经减少了。然而自苏德战争开始后，激烈的步骤已经采取了，这是极不可信〔行〕的。反之，我们可以假定对他们的压力也许〈该〉减轻，因为要他们对政府忠诚的缘政〔故〕。

使〔为〕了使喇嘛和寺院衰弱，若干手段渐渐非常温和地实行了。从前寺院征收的税是被褫夺了，他们牛羊的头数也由各种方法，特别征税而减少了，总之，他们的经济力，已经由较充公更常用的特别抽税法而削弱了。

有些企图实现了，他们建立一个（类似俄国正教礼堂的）活佛教堂，由蒙古革命党支持的，去和喇嘛教顽强的权力抗衡。后来这尝试因失败而终止，因其产生一种过分左倾狂热而被清算。一九三九年，活佛教堂完全被清算，党中通过了一个法案，就是要"自由阿拉兹的虚伪宗数〔教〕思想之废止"。

一九三〇年，法律禁止十八岁以下之学生加入寺院学校，那里面的功课是用藏文教授的。四年后，学校中强迫教授蒙文字母之时，这种学校仍有四百七十六所，十八岁的喇嘛学生有一万六千名以上。

一九三七年，政府开始把幼龄儿童从寺院中拉出来，并开设了十二间有寄宿设备的学校，每间均可容纳七百五十学生。这似乎表示着，要教育脱离寺院之计划，必需要一个冗长的时期来完成的。

反"野蛮的"西藏医学生是十分慎重的进行中，大多是靠宣传，和建立些西药房和他们竞争，只是在一九三九年，政府预算中藏药是被减除了，但后来共和国的医学校中，又有西藏医学系的踪痕发现。这一切表明，喇嘛教的社会势力和影响仍然是根深蒂固，革命政府所采取的手段，仅触及其表面而已。

极重要的阿拉兹 阶级最低的农奴，是由革命政府解放了，而给自由的阿拉兹吸收了去，这些人现在有二十万个家族或是经济单位。自革命以还，阿拉兹的经济力量，在各方面都是在急剧增高。一九一八年，是活佛博格多吉根的神权治统治下的蒙古自治区最后一个太平年，那时牛有一千二百万头，其中〔只〕有百分之三十是属于寺院和封建贵族的。一九四〇年，产牛二千五百万头，几乎完全〈归〉自由的阿拉兹所有。革命前，阿拉兹是给封建贵族和寺院的利益——所谓"天然"税，所束缚。如果负债人不能清付欠债，他的家庭，他的部落，他的邻居，甚至他的管理区，都要义务光荣地，拿去低〔抵〕偿。家庭里有什么大事，如出生、死亡、结婚，必定要送礼物给封建贵族和喇嘛的，在这样的佳作中成群饥饿的喇嘛便"降临"到他们的家里，把东西吃得一根骨头也不剩，如果他们很快的就走，那是顶幸运的事。

这国家的贸易是操在外国人手中，即俄国和中国人手中①。当他们要出卖牧牛及打猎所获产品，或购买日用必需品等，阿拉兹是完全无助的。商人们自己标价，单独进行信托业务，因为阿拉兹人都是十足十的愚汉，不识字。

革命政府逐渐的把革命前人民的负债，一笔勾消，首先是勾消外国人的，其次是封建贵族的，然后是寺院的，所有交纳与贵族们和寺院的税，一律取消。出于风俗使然，许多事实证明着，阿

---

① 原文如此。——整理者注

拉兹□持封建贵族，以自动的赠送礼物的方式支持他们到今日，这情况一点也没改良，是由于没有强迫命令的缘故。

在革命前，阿拉兹的重税和重役所收回的，差不多等于零。这国家以前没有路，也没有兽医或其他对牧牛者之帮助。没有学校，甚至文字也没有，医药设备也没有，除了那些喇嘛用的西藏药，他们诊病的时候，往往索取大笔报酬。司法与警察的保护，是在一种原始的状态中。执行书记官的犹尔泰，他是管理司法的；任何原告、被告、证人，没有使〔任〕何刑罚不是依照他个人的妄念而行的，不论民事诉讼或刑事诉讼。刑法中有斩去手足之刑的，甚至民事案如欠债之未清付也适用。

革命废止了或改变了许多种刑罚，但仍然有许多令人难以忍受的条件存在。对畜牛，经济改善，教育，医药的助力，已经有了很大的成就。法院和古代风俗习惯之改革，成就仍然很少。

牛差不多供应了阿拉兹生活全部基本的要求——如肉类、牛乳、皮革、毛发、可作燃料用的粪干等。蒙古牛全年都靠草料而生活，在严寒的冬季，他们成千成千的倒毙。革命前，牧牛是完全靠运气的，现在由种种方法，其中包括牧草刈割基地之建立，私人培养牧草之免税，政府鼓励多用冬季刍草。一九四〇年，有二十五亩田万〔万亩田〕是用来种上了牧草。革命前，只有少数的戈萨斯（蒙语），或是半遮蔽的田地，隆冬大风雪可供耕牛避躲，今日有十四万以上的戈萨斯，差不多可以够全国的牛用了。一九四二年井的数目达到了一万二千口，比革命前不知多出几倍了。除了奖励开掘新井，政府还设法改良现有之井，并增加其容水量。

有助于牧牛的兽医，革命前差不多完全没有。今日大约有一百五十个兽医和他的助手，在一百个兽医站在服务着。这些助手全都是蒙古人，没有例外，现在每年有许多人在苏联学兽医。

　　所有这些步骤使得牛的头数得以加倍，今日之经济发展能高度化，更进一步的成绩，只要特别重视牧草的生产，并不是不可能的。

　　共和国所有的土地早已宣布为国有了。这宣布对那些自由的阿拉兹也没有很大的影响。他们仍然带着他们的牛羊，在他们父亲和祖父游牧过的地方游牧。打猎在他们的经济中占相当重要的位置。兽皮和皮革是他们付税之重要物品，约占全国出口货百分之二十，每年的产量组合如次：塔巴干（蒙古种土拨鼠）一百五十万张，松鼠八万张，狐皮二万张，狼皮九千张，其他二万张。

　　百分之七十五的阿拉兹——就某程度说来，是中等阶级——每家有七十五至二百头牛。阿拉兹的其余百分之二十五是贫人和富人。就所得资料而言，较贫阶级，占不到阿拉兹人中的百分之五，而富的却达百分之二十。然而自革命以来，这种一般的革命概分法，仍没多大政〔改〕变：其异点在于一般全人口经济水准之总提高。高级的有钱阿拉兹，无疑代替了喇嘛和封建贵族。

　　两种经济　一九二七年，政府开始把国家工业化起来。工人的数目现达到五千，其中三千五百人为蒙古人，其余是俄国人和中国人，共和国东部的煤矿每年出产十万吨。工业企业中，最大的是皮革和纺织联合公司，设于首都库伦，设有最新的制鞋、制羊皮的机械及其本身的动力厂。联合公司大约有一千五百人，其中百分之八十是蒙古人，工程师、技术精良的工人是俄国的。为了逐步用蒙古人代替全部的俄国人，许多蒙古人被送到苏维埃的工业学校里去了，现在工业职业学校也已在蒙古本部开办了，他们将来就不必到苏联去学。

　　除了皮革〈和〉纺织联合公司以外，还有一家肉类联合公司，几间机器工场，木料工场，自己有木材森林的□锯木厂，和一间大动力厂在库伦。还有几间印刷工厂，供给政府各部门及机关报之需要。

除了一些政府所有，或地方管理的工业之外，尚有各种细工业，从古老的政权遗留下来的。政府也很努力使这些工业现代化。把这些工人组成合作社。苏德战争初期，合作组成的细工工人有一千个单位以上，虽然，显而易见，未组合的数目仍然很多。

批发和进口贸易是政府的专利。指定的政府公司把货物供应商人，又把他们从阿拉兹那里弄来的产物买去。但是这种专卖制，几乎大多数人不注意到它。

摘要的说，共和国有两种经济的——政府经济与个人经济。政府占有了一切的工业，除了细工业外，它支配了一切批发商业与一半的零售商业。它管理所有的进口商业。它拥有一切的运输系统，海陆空的，只有地方性的骆驼和马队是例外，它拥有一切的电报、电话、无线电。它统制［的］银行及信托事业。它拥有并且开办所有的戏院，学校（除了宗教的），电影新闻，出版康采因及其他类此事物。个人经济在畜牛，打猎，一半的零售商业和些小工艺方面得势，换而言之，政府掌握了所有重要的经济企业，正在为新国家生活的伟大威权而努力。虽然个人企业繁盛，但是站在领导私人企业之地位的政府不愿意的话，它必然难望有所成就。

《文化学园》（校庆专刊）

广州中华文化学院学治会

1947 年校庆专刊

（朱宪　整理）

内蒙民族的今昔

半疯　撰

蒙古民族，在七百年前于伟大祖先成吉思汗贤明领导下，曾建立过横跨欧亚两洲之空前大帝国。当时其军事组织之健全，战术战略运用之成功，以及政治文化之进步，交通驿站之整备，在在均有其独特之成就，不惟在中外历史上留有光辉灿烂之纪录，即对近代文明之进步，也厥功非浅也。

岂奈盛衰无常，隆替有变，曾经雄飞一世之蒙古，于数百年后之今日，竟成雌伏狮睡之状态，抚今追昔，盍胜感慨。良以蒙古民族，远日之旧病既深，近日之感染复重，元气大伤，精力亏损，死亡灭绝，危险堪虞。

所谓旧病，实起因于满清入主中国之后，鉴及蒙古雄武强悍之风，乃思有以削弱控制之策，遂封王锡爵，裂土分茅，更复广修庙宇，提倡佛教，奖励喇嘛，崇尚迷信，削除蒙人进取尚武之精神，降低人口蕃殖之效率，文化为之低落，产业为之凋零，分崩离析，弱象形成，贫困颓废，恶因已种。

所谓新感，乃自民国以来，军阀跋扈，内战频仍，兵燹迭至，民命垂绝。继之日倭入寇，铁骑凭凌，更饱受蹂躏摧残之苦，辗转呻吟，哀诉无所。得〔待〕至敌寇投降，抗战胜利以后，方幸和平有望，建设可期，安居乐业之生活，当在不远。熟料胜利之欢声未息，战争之烽烟又起，共产党徒，暴戾成性，不惜民命，不顾国本，以财穷力竭之人民得〔及〕贫困残败之社会，重遭此无情之摧毁，严重打击，民族命脉，社会生机，诚有如游丝临风，危险万状矣①。

际此严重关头，凡我蒙胞，均应缅怀先烈，追思往迹，再进而针对民族衰弱之原因，研讨对其有效之方剂，凡有施为，均应以和平、团结为前题，民族利益为依归，和衷共济，群策群力，挽救危亡，共谋复兴，前途虽艰，不难有成，富强中国，庶乎有待，有志同胞，希共勉之。

《蒙声半月刊》

张家口察哈尔省盟旗文化福利委员会

1947 年 1 卷 1 期

（朱宪　整理）

---

① 污蔑之词，照录原文，请读者明鉴。——整理者注

写给蒙旗的同胞们①

镜清　撰

我们忘不掉过去十二年间，那一串伤心悲痛的日子，民国二十四年，日本帝国主义的魔手，由东北伸进了察北，由那时候，我们的这块疆土上，便被敌人的铁蹄踏遍，我们便开始看不见中国国旗的飘扬。由那时候，我们蒙旗的同胞们便开始了吞声饮泣，泪咽在肚里有话含在口里的苦难日子，日寇用什么"蒙疆特殊化"、"大东亚共荣圈"等一套虚伪的欺骗和宣传，建树起傀儡的伪政权，把握了我们的政治，攫夺了我们的经济，垄断了我们的生活，亦操纵了我们的生命，贪官污吏的勒索，警察、特务的压迫，更使我们喘不过气来，好容易经过了一段长期的悲惨的抗战，与各同盟国的密切合作，终于战胜了敌寇，继德、意两国降伏之后，于前年八月十五日日本也投降了，这一段艰苦的正义的〈抗〉战，才告结束。我全国人民，正欢欣鼓舞，方庆更生之际，咳！万恶的"奸匪"，又割据了我们察哈尔，大好的青天，又罩上了灰暗的云雾，清算呀，斗争呀！闹的各地乌烟瘴气，民不聊生。起初，政府尚一本宽大为怀和平团结的方针，隐忍持重，委曲求全，采取和平谈判的方式，希冀中共自觉，而迅速放弃武力夺取政权迷梦，参加政府，共商国是，然中共方面，万恶性成，蓄意寻衅，

---

① 作者的反共立场十分明显，请读者明鉴。——整理者注

不以民命国脉为虑，而到处发□战乱，袭击国军，破坏交通，杀戮人民，政府忍无可忍，乃应全国人民之请，吊民伐罪，察哈尔遂在英勇果敢的傅司令长官的指挥所部，奋勇杀敌下，完全光复，察哈尔的人民遂得重回祖国温情的怀抱。

可是看一看目前的错综的国际关系，复杂的国内情形，凡我同胞，必须深刻认识目前的时局，并确定最大的决心，脚踏实地，在政府正确的领导下，奋勇迈进。尤其我们盟旗地方，由于外蒙古的独立，而加重了形势上的重要，同时也加重了盟旗同胞的任务。在这重大的时代下，希望我们盟旗的同胞，惕励龟勉，放大自己的眼光，坚定自己的时代意识，完成这大时代下的重要任务。

经过了这一段长期抗战后的中国，已取得了国际间的信誉，而提高了我们的国际地位，加强了国际间对中国的援助和团结。可是这种信誉，只有在和平团结的基础上才能巩固，但是我们国内目前的情形，确实在使我们感到抑郁忧虑。一年来中共尽量蹂躏□和谈协定，最近更爽性撕破了面孔，而关闭和平谈判之门，提出"（1）恢复一月十三日以前的军事位置，（2）重制国宪"两个问题的先决条件，政府为了和平建国，虽仍愿继续和谈，而中共方面，迄无表示，不可讳言的，中共为了夺取政权，不惜牺牲整个民族利益，已置国本于不顾，遂发动战乱，屠杀人民，此种暴政，实中共自绝于人民，自取灭亡之途。

国际间的情势，因当此次世界大战之后，由于日、德、意及其附庸国的战败投降，由于作战期间同盟国力量的对比，由于各国本身内部情形的不同，由于各殖民国家与其殖民地关系的变化，整个世界正存在着数不清的新问题，事态忽弛忽张，人心亦随之忽松忽紧，我们中国北部，广大的外蒙古地区，成立了所谓人民共和国，东蒙方面亦有些丧心病狂者作着分割国土的丑剧，啊！盟旗的同胞啊！切须认识清楚！来！我们要振奋龟勉，盟旗地方是中国防卫的前哨，是世界安全的心脏，我们要贯彻汉蒙的团结精神，来坚决保卫我们的疆土。

中共的虚伪宣传和欺骗，经过了这一年间的认识，其阴谋诡计，出卖国家和民族，早已暴露无遗，由这次热河、察哈尔的作战，更确切证明中共已趋于日暮途穷的末路，由于我们身临目睹的中共杀人放火的暴行，使国人已对之心寒齿冷，内蒙地方，幅员辽阔，不免有残留未退的"残匪"潜伏，逞其挑拨扰乱之能事，盟旗的同胞啊！要在政府的援助下，巩固自卫组织，以□残余"共匪"，一鼓荡平，而使社会秩序安定，人民得以安居乐业。

目前的中央政府，领导全国人民，建树了辉煌不朽的基业，开掘了光明进步的道路，功绩伟大，不可泯没，同时未来的建设事业，亦有待今后的逐步完成。我们全国同胞，必须坚定立场，集中力量，与政府通力合作，携手迈进，决不容许任何人巧言鼓惑，煽动挑拨。战乱，灾患，使我们盟旗同胞，遭受深重的创伤，流匪的蹂躏，使盟旗同胞所依为生命之源的牲畜，损失极大，我们盟旗的同胞，已感受到生活的威胁。政府方面闻已有缜密的擘划，准备迅速有力的救济措施，同时，我们蒙旗同胞，亦应发挥力量，克服艰巨而渡此难关。

政府方面，对盟旗同胞，无时不在万分关切中，我们察哈尔的施要纲中特别提出"增进蒙胞福利"一项，为了实践这重大的使命，在傅主席之倡导及各方面的援助下，更产生了"盟旗文化福利委员会"。蒙胞们密切携起手来，使我们的文化、经济等各项建设与日俱进，开出灿烂的花朵，结出美满的果实，蒙胞福利的增进，庶乎有待，愿与我全察盟胞相互勉励。

中国的宪法，已于本年元旦公布了，刻已开始准备施宪，宪法中明确的规定"中华民国各民族一律平等"，中华民族应一扫已往的种族畛域之见，莫再存丝毫的隔膜和歧视，一秉至诚大公，完或〔成〕三民主义新中国的复员建设！

《蒙声半月刊》

张家口察哈尔省盟旗文化福利委员会

1947 年 1 卷 1 期

（丁冉　整理）

救救蒙胞

壮飞　撰

我们察哈尔大部分的地区，已在国军的光复下，重回祖国的怀抱。可是，在盟旗境内，因为地势辽阔，不时有"奸匪"盘据滋扰，社会秩序一时不得安定，蒙胞们无时不在水深火热中。同时，在前年日寇投降时，苏联盟军进驻，蒙胞们依为生命线的牲畜，也被勒夺一空，蒙胞们的生活，陷于极度的威胁与窘困里，这两个严重的问题，亟待政府予以解决。蒙胞们望政府解决这两个切身的问题，有如大旱的望云霓，甚盼政府作速设法，在政府的大力协助下，建立强固的地方自卫组织，训练青壮年，培育他们爱国家、爱乡里的思想，以担当起靖卫地方、肃清"奸匪"的任务。同时，由救济总署发予大批救济物资，救济赤贫蒙胞，更由政府贷予巨款，振兴畜牧，发展生产，以增进蒙胞福利，则盟旗地方不难化凋敝为繁荣。同时，其他庶政的刷新，文化的发扬，庶乎有待。

《蒙声半月刊》

张家口察哈尔省盟旗文化福利委员会

1947 年 1 卷 1 期

（朱岩　整理）

从中苏盟约臆测外蒙古的未来

〔苏联〕Fedor S. Mansvetov 撰　　叶世将 译

F. S. mansvetov 君是寄寓在美国的苏联作家，它〔他〕曾经在蒙古住了多年，对于蒙古的风俗、人情、社会、政治，各项情况都有极深刻的认识。这一篇关于外蒙古未来命运的检讨，是写在当时中苏盟约公布之后的。它完全根据过去的历史和现在的情况把中、蒙、苏三国间的关系加以论断，加以推测，极其精确，极其详密，实系一篇可贵之政治评论。爱特译出以供留心世事者之参考。原文系载于美国杂志《外交评论》（Foreign Affairs）——译者识。

介乎中苏两国之间，通称外蒙古的蒙古人民共和国，他的国际地位——多年都是惝恍迷离的——已经步向明晰之途。在前年八月十四日，中苏两国外长交换的备忘录里，两国同意，一经蒙古举行公民投票后，就承认它在它的现有疆域内独立。这项决定可能肃清中苏两国间的一个焦点。至于蒙古人民的生活，此后是不致有什么大变更的，地大物博而人稀，蒙古人民早就享受着一种高度的自治了。他们一向最关切的就是如何避免被任何一强邻来开垦，使他们主国成为祖国的殖民地。去年发表的这种处置，无论如何似乎可以把中国方面的威胁取销，同时还把苏联外交政策的性质昭示于世界各国。

要明了这新发展的重要，我们必须回述已往的历史。蒙古人民共和国乃是前此奄有大部分亚洲，和一部分欧洲的成吉思汗帝国遗留的残余部分。它的居民，和邻近它的中国各省人民，土耳其斯坦、新疆的游牧民族一样，时时仅因为游出疆界而更换了他们的国籍。一九四四年报上刊载的所谓新疆事件，主因就是为了中国军队企图阻止成群结队的游牧哈萨克人从新疆越境进入外蒙古。依照当时苏联方面的消息，则谓系中国军队侵入外蒙古，并且从飞机上向哈萨克人扫射。这类事件近年来曾经不断的发生。

　　从成吉思汗帝国没落后，遍布在土耳其斯坦、新疆、内外蒙，以及南西伯利亚里的各种民族，自己制定法律，有时独立，有时则承认中国或是俄国的宗主权。但是中国的宗主权通常总是虚有其名的。税收的数目，不是遵奉着中央的方针，而是决定于各省的督军们的。几十年来，蒙古人民对于一种双重国籍制度已经习以为常了。它们既是本国的公民，又是中国、俄国，或任何其他侵占它们领土一部分的国家的公民；这种双重国籍，阿尔泰地方的居民就享受过，直至一八六五年疆界大体划定后方才消失，但是在上叶里瑟——现在独立的唐奴乌梁海——则仍旧沿用着。

　　国际上最初承认蒙古是中国的一部，开始于一七八九年中苏密约里面①。这密约虽然只涉及东蒙古，但是对于中国的制服蒙古，则极具功效。从那时起，蒙古就没有能离间中苏两大强邻，使它们相互争执，于是中国便得以逐渐的统制了蒙古全境。不过一直到十九世纪中叶，中国都还把它当着自己和俄国间的一个绥〔缓〕冲地，对于它的内政以及开发富源问题，则绝少兴趣。

　　前清嘉庆年间（1796—1820）曾经草订一冗长的条文，规定管理蒙古人民生活，以及蒙古和它宗主国——中国——间的一切事务。虽然嘉庆条文仅仅是中国帝王单方面的意旨，中蒙双方对它

―――――――――――

　　①　原文如此。——整理者注

都极重视，认它为一个有国际性的条约，管束双方；非得双方同意不能修改。直到现时为止，虽然蒙古政体已经改变多次，虽然中俄两国把蒙古的土地分而又分，蒙古人民仍旧重视这条文，看它如同它们的宪法一样。就理论方面而言，这条文调节蒙古各王公间的关系，以及各王公和中国间的关系；就实际方面而言，虽然条文内曾恳切的申说："所有居住在中国边境内的人民，不准越境去蒙古耕种。"并且列举忽视或懈弛这项决定所应受的惩罚，这条文的唯一利益就是让中国人民移往蒙古。

直到现在，外侨入境问题还是为蒙古人民昼夜关注的一件事。它〔他〕们晓得如果允许中国人民或是俄国人民自由入境，就无异预示它〔他〕们祖国末日的将临。所以蒙古人民未来是亲华、亲苏或是都不相关的，全要看这二强对于蒙古的政策而定。本来处在中苏两强之间，真正独立是一件极困难的事，好在蒙古人民一向都极愿意接受任何邻国的协助，只要这种协助能担保制止外侨的蜂涌入境。所以一切涉及蒙古的问题以及解决此项问题的方策全要凭依着这个基本因素而来决定。

俄国的敷设中东铁路，使中国对蒙古的政策一变。中国停止把蒙古当作一缓冲地，它开始拿它作为一个安置过剩人口的区域。同时为防止俄国夺取起见，决定移民殖边。所以在十九世纪末叶，二十世纪开始时，中国移民人数日见增加，大批侨民像潮水似地涌入满洲、内蒙，而开始伸入外蒙东面的各部落。

蒙古人民在一九〇七年的反响，就是一连串以"蒙古独立"为口号的激烈暴动。这暴动当初是针对日本而发的。开始时只把几个日本观察家杀了，但是从一九〇七年到一九一〇年，地方上的暴动蔓延到整个的内外蒙。

在一九一一年一次全面暴动里，中国的戍卒和官僚全被驱逐出境，侨民的田产被焚毁了，家畜等等不是被杀就是被充了公，连耕种了的农场也被破坏。那年王公、大喇嘛聚集开会，宣言蒙古独立，推呼图克图活佛为新政府——统制内外蒙——领袖。

此新政府初成立时极脆弱，虽然中国当时内部骚乱不安，要恢复它在蒙古的地位还是十分便当，不过那时俄国已经迅速的进入了。一九〇七年俄国和英国所订的协约——后来促成英、法、俄三国协约——使它在远东得以行动自由。这条约订立后，日本立时就与俄国妥协，并且在随后两国的协约里面，规定两国必需联合处理所有威胁远东现状的各项问题。这条约还附有秘密协定，划分在华的势力范围；全部外蒙，和内蒙、满洲的一部是划入帝俄的势力范围圈。

当中国微露有意再来统制蒙古的时候，俄国就正式承认外蒙的自治，并且在一九一二年十一月三日和呼图克图政府签订一条约。这条约的第一款——"俄罗斯帝国政府决意协助蒙古维持其自治体制及其固有之国民军，并且决不容中国军队或是中国人民进入蒙境。"——显然是针对中国而发的。在这条约和后来的其他条约里俄国获得很多的利益作为报酬（包括敷设铁道的专利在内），但是在所有这些条约里，俄国始终审慎的避免要求在蒙境殖民的种种权利。就连两国国界也没有勘定。

一九一三年十一月五日中俄两国签订条约，俄国承认中国对外蒙的宗主权，中国承认外蒙的自治。在附款内并且声明："中国政府必需停止干涉外蒙内政，不派遣军队进驻外蒙，不在外蒙设置任何民政或军政长官，并且不移民于该区域。"俄国政府也必须恪守上项同样的限制。在这个条约里这新兴自治国的疆界也划定了一部分。中国虚有宗主权的得以保存，实在是用来避免征取其他列强承认蒙古新地位的棘手问题的。

一九一七年俄国革命之后，帝俄在远东势力暂时消灭，蒙古立刻就陷入混乱的局面。蒙古政府取得呼图克图的认可，请求与中国重建"前此友谊上的接合力并且取消自治"。中国大总统立即公布蒙古自治取销，宣言说："在此共和体制之下，凡我五族均享有同样权利；蒙古地方……已成为中华民国之一部分……"一枝大军在徐树铮将军统率之下迅速地进驻外蒙。徐将军是安福系的将领，他在蒙古成立一清一色的中国统制机构，开始移殖大批农民于外蒙。这种土地政策和高度军〈事〉管理的效果对中国在蒙古的威望是极不利的。暴动和叛乱遍及全蒙古，到一九二〇年的下半年中国军队就只保有首府库伦（后更名 Ulan-Bator）和其他少数据点而已。至于其他部分则完全陷入无政府状态。

　　一九二一年白俄将领史丹堡男爵在俄境被苏维埃军队击败，遁入外蒙，攻占库伦，但不久它又被蒙古苏维埃军队逐出。一个人民政府就在蒙古成立，同年十一月苏维埃俄罗斯共和邦（当时组成苏维埃联邦的七个共和邦之一）和蒙古人民政府签订条约，苏联正式承认人民政府是蒙古的唯一合法政府。这项协定包括治外法权的撤废，可是外蒙同时得还给苏联在帝俄时在外蒙的邮政和电报事业权利。

　　依照中俄间的各条约，以及后来和自治蒙古订立的三国条约，乌阳克海省——后称唐努乌梁海——是自治蒙古的一部分。这一省在叶里瑟河发源地处包括着一极大的盆地，四周是被萨彦山和唐努山所包围，天然资源都很富饶，周围山脉险峻峭立，豪〔毫〕无隘口。俄国掌握这区域后，西伯利亚南疆就为任何敌人陆上部队难以攻陷的地域，它在战略上的重要性早在彼得大帝时就被承认。那时俄国人民还没有伸入乌阳克海省，只有少数侨民在萨彦山北部，但是一七一五年登加里亚政府想攫获该省时，俄国政府和他所订的条约里面已经坚持着说："自一不可记忆之时间开始，西伯利亚三大河流——鄂毕河、叶里瑟河、勒拿河——自河口至发源之山地早即属于西伯利亚。任何河流入此三河者及其上游周围地带，尽为沙皇陛下之领土。"

内战在西伯利亚结束后，苏联政府开始注意及乌阳克海，于是根据人种志的研究更名唐努乌梁海。在一九二一年八月十三日首次召集一唐奴乌梁海人民议会，苏联政府和外蒙古人民政府全〔各〕派有一全权代表团预会旁听。这一议会宣布唐努乌梁海独立，草拟宪法，树立政府。苏联政府立刻撤销自己保护人的权利，承认它的独立（一九二一年九月九日），并且和它建立巩固的外交关系。十二月里议会（克鲁尔登）举行首届会议，蒙古人民政府的继承者——蒙古人民共和国——也步着苏联的后尘承认它的独立。假如我们还能够记忆唐奴乌梁海共和邦地形上对苏俄的重要，它那不满七万五千人的人口，以及它那比战前捷克还大些的疆域，我们就可以发现这些外交上的成功对苏俄是何等重要了。一九二五年孙逸仙和苏联代表霞飞交涉后，中苏签定一个公约，后者（苏联）宣布："苏维埃政府承认外蒙古系中华民国之一部，尊重中国政府之宗主权，一旦苏军自外蒙撤退……系有益于外蒙……则全部苏军立可撤退。"

此条约缔结后不满一年，苏联驻华大使正式通知中国政府，苏军已经撤离外蒙。不过同时苏维埃外交人民委员长翟趣林对新闻记者作如下的谈话："苏维埃政府承认蒙古系中国之一部。但蒙古应享有不受中国干涉内政之极端自治……经数次危乱之后，蒙古内部已渐安定，且已基于类似苏维埃之制度，而趋于团结矣。"

这些条文显然的是被中苏两国不同的解释着。俄国革命的第一阶段终了后，苏维埃政府似乎对蒙古事实上已经取沙皇政府的态度而代之。在几个条约里它并且暗示蒙古不是中国的一部，中国政府抗议这些条约，但这些抗议里面没有一次曾经正式提及唐奴乌梁海共和国，中国政府显然认为该共和国的成立仅仅是蒙古问题的一个片面而已。

蒙军和日、"满"两军间的边境冲突开始于一九三六年，结果苏维埃军队进入蒙古。嗣后和日本的冲突有时竟成为主要战争，中国政府对苏军的再度进入，并不抗议，那时大概是宁愿让苏联而不愿让日本来占领蒙古了。

中国一向都没有能和蒙古人民共和国进入直接关保〔系〕。除了和苏联接壤的部分外，外蒙古和唐奴乌梁海的全部边境仍然封闭着；但是纵使有这些困难，中国政府和蒙古政府之间由邮寄中曾数次接触，这种接触蒙古政府机关报中偶尔也曾提及。虽然这些接触在中蒙间没有能促成法定关系，但是却曾把两国政府态度上的基本不同点加以阐明。中国政府一向是注重五族共和，五族均享有平等权利、平等义务；蒙古政府一方面对这种见地坚持反对，一方面始终反唇相讥的说：一个真正的共和国在中国应该成立，这种改组应立即施行，让五族中的每一族都有机会享受和平、自由、平等。不然的话，它们中的每一个就应该各自保持处理自己事务的权利。

现在让我们把要点来重述一遍：中苏条约签订之前，中国的态度是这样：外蒙的领土——包括蒙古革命前的界限——无论如何特殊化，总是中国的一部分。几百万的中国人民只等边境障碍一旦消除，就预备涌入蒙古，耕种那富饶高原，并且开发那蕴藏在地下的一切富源。

蒙古自己的态度也很明白，它始终坚持着那保证不让中国人民大量移入的嘉庆律文各项条款。任何国家，只要能保护它们的土地而不行殖民，它们就愿意作为它的被保护国。

至于苏联对蒙古的态度，那就比较稍为复杂些。沙皇时代，俄国对西伯利亚和其他空旷土地，一向是遵着一个开垦殖民政策，苏俄在表面上虽然脱离了沙皇时代的外交政策，但是在事实上它仍旧依照着那种开疆扩土的旧制，不过就蒙古而言，主张缓和扩展的人士在大体上获得胜利，下列各点就可以证明：

（一）蒙古人民共和国并没有并入苏联。当我们回忆乔治亚、亚美利亚、阿色贝加、立陶宛、拉脱维亚和爱沙尼亚的命运，并且联想起蒙古的并入苏联毫无物质上的困难时，我们就可获得苏联在这方面自行遏制的有力证据了。

（二）苏联在蒙古疆域之内并没有殖民的举动。俄国农民移入的数目，本来不多，现在反而减少；俄人在蒙古的只是些军队里面的教官、政府雇员、新工业的技术家、医师、兽医等等；但是就连这种临时俄人，各方面还在设法逐渐用蒙人来代替他们。

（三）中共和外蒙的中间是毫无接触的，代表苏维埃观点的新闻记者，近年来曾反覆的申说，苏联政府只向中国在重庆的中央政府输入供应品和军火。这种消息或许是言过其实，可是绝对不是荒诞无稽的。据作者的观察，那一些供给中共和满洲游击队的少数资助是沿着蒙古边界，而不是经由蒙古境内输去的。蒙古人民共和国的位置，在战略上是中共和满洲的一理想军械库，可是事实上苏联始终审慎约束着不利用它来达到是项目的。

（四）凡蒙古主义在蒙古人民共和国，和苏联的布利亚蒙古自治共和国邦内是受着抑制的。如果苏联的意思是在夺取内蒙、新疆、西藏，那么凡蒙古宣传（为苏联所赞助的话）是一个夺取上列各地的强有力的武器。

（五）唐奴乌梁海境内苏俄殖民的增加，反映出苏俄对蒙古的政策。俄国大革命以前，俄人在唐奴乌梁海的不过二万五千，现在却已超过土著的人口了。很明显的苏联政府企图保持严密管理那富饶和战略上的要地，在那里现在已经获有较彼得大帝还稳固的权利了。

前年中国国民政府行政院院长宋子文和苏维埃联邦外交人民委员长莫诺托夫在莫斯科磋商的盟约公布后，里面还附有两个特别涉及外蒙的照会，在一个照会里面，中国政府竭诚表示，只要经一次公民投票后证明蒙古人民确系一致希望独立，中国政府就可以承认外蒙古在它现有的疆域内独立。在第二个照会里面，苏联确认中国预备承认蒙古独立的诚意，并且声明它尊重外蒙独立和领土完整的决〔诚〕意。不过苏联是一个包括几个工业独立共和邦的国家，所以这项信条里面的措辞，或许仍旧不能防止苏联的吞并外蒙。但是就蒙古人民的理想而言，这种保证全要看苏联将来是否仍旧限制移民入蒙而来决定了。

《学风》（半月刊）

上海益智出版社

1947 年 1 卷 1 期

（聂慧英　整理）

新蒙边界之研究

本社资料室　撰

清代之蒙古

蒙古之属中国，历史最远最久，满清盛时，全部内属，曾成为中国北部屏障，及清廷规复西域之基地。按蒙古地区因自然环境关系，素分为漠南、漠北，汉匈奴之有左右贤王，后汉之有南北单于，以及其后之东胡西胡、东西突厥，大致均以瀚海为界。迄明季，又以地理环境，蒙古被分为四，即漠南内蒙古、漠北外蒙古、漠西厄鲁特蒙古、青海蒙古。除内蒙与青海蒙古无关新蒙边界外，兹将外蒙与漠西蒙古分述于次。

外蒙古在元时隶和林行中书省，元亡，太祖十五世孙达延〔臣〕汗留牧该地，其季子格将〔埒〕森扎〈扎〉赉尔，分授七子为七旗，分左右翼，是为喀尔喀各部之祖。其孙阿巴岱建土谢图汗，并其族车臣汗、扎萨克图汗而三，称臣清廷。康熙二十七年，喀尔喀为噶尔丹所败，全部奔入漠南，清圣祖至塞外多伦泊，令分为三十旗，成左、右、中三路，割内蒙古地俾其游牧，仍留汗号。及噶尔丹平，喀尔喀仍返漠北，增编为五十五旗。雍正九年以固伦额驸策凌击准噶功，又增三音诺颜部，共前三部为四部，计七十四旗。乾隆中增至八十二旗，建城乌里雅苏台及科布多，驻定边左副将军及参赞大臣，喀尔喀四部之兵，统于定边左副将军，节制四汗八十二旗及金山、天山间乌梁海等数十部，与内扎萨克之兵即统于各部汗王者不同。其会盟分四路，土谢图汗二十旗为中路，盟所名罕阿林；车臣汗二十三旗为东路，盟所名巴尔和屯；扎萨克图汗十七旗为西路，盟所名毕都里雅；三音诺颜汗二十旗，兼辖厄鲁特二旗，盟所名齐尔里克。各盟均有正副盟长。

又外蒙西北部科布多、乌兰固本〔木〕一带为杜尔伯特牧地，系当年杜尔伯特因不堪准噶尔压迫，奔入外蒙，后遂留牧该地，清廷即封彼该部于此，共二部。

西域厄鲁特蒙古原分四部：绰罗斯（即准噶尔部）牧伊犁，杜尔伯特牧额尔齐斯河，土尔扈特牧雅尔（即现在之塔城），和硕特牧乌鲁木齐。和硕特固始汗于明末袭据青海，又以兵入藏，灭藏巴汗而有其喀（即现在之西康）之地。绰罗斯据伊犁，兼胁旁部，康熙时其酋噶尔丹杀侄自立为准噶尔汗，旋娶青海和硕特鄂齐图汗女而袭杀鄂齐图汗，土尔扈特北徙俄罗斯，杜尔伯特迫处下属，准噶尔遂兼有四卫拉部，并南下回疆，东摧喀〈尔喀，历〉康、雍、乾三朝，为患西北，迄乾隆二十二年始定。〔尔喀，历康〕〈清〉廷依其旧部建（一）乌诺恩素珠京图盟，计南路旧土尔扈特部，分南、中、左、右四旗，牧地在焉耆西，天山之阳；北路旧土尔扈特，分中、左、右三旗，牧地在塔尔巴哈台东；东路旧土尔扈特部，计左、右二旗，牧地在乌孙西南；西路旧土尔扈特，牧地在晶河（即精河）东岸。（二）巴图色特启勒图盟，为中路和硕特部，分中、左、右三旗，牧地在焉耆之珠勒都斯山。（三）青色时奇勒图盟，统三旗，新土尔扈特左旗，牧地在乌伦古河东北，科布多西南；新土尔扈特右旗，牧地同左旗；新和硕特部，牧地在青格里、库伊尔齐斯河流域。此外准噶尔一部之孑遗，经清廷于伊犁建为厄鲁特营。随清军征新而戍留伊犁之内蒙察哈尔人，经清廷建为察哈尔营。又阿泰山南北境之乌梁海部，清盛时内附，迄清末季，几经俄人侵蚀，所余者只阿山境内七旗，分左右两翼。

按满清规复西域后，阿尔泰划科布多参赞大臣管辖区内，道、咸以后，俄势深入，时假蒙、哈冲突，制造事端。光绪间经伊犁将军长庚奏请，置阿尔泰办事大臣、与科布多分治，凡新土尔扈特、新和硕特、乌梁海左右翼牧地均划入阿尔洋〔泰〕办事大臣管辖区内。

民国以来之外蒙与新蒙边界事端

民国成立之初，即遇外蒙独立问题。按清季于库伦置办事大臣，乌里雅苏台置将军，科布多置参赞大臣，地方尚称安宁。道、咸以后，俄力东渐，辛亥武昌义军起，库伦之哲布尊丹巴在俄人怂恿下宣布独立。民元九月俄密派前驻北京公使郭索维慈与外蒙独立政府订《俄蒙协约》，重要者为俄国扶助蒙古自治及编练国民军，蒙古准俄人在蒙古享用所附《商务专条》内各种特权，并蒙古如与中国或外国订约，非经俄国允许不得变更此条约及专条内各条件，其《商务专条》内允俄人在蒙古有自由居住、贸易、租地及设立银行、邮政、工厂、免纳各税等特权。同年十一月间此约发表，我外部即向俄声明，蒙古为中国领土，与他国订约，中国不能承认。几经交涉，于民国二年十一月五日，签订《中俄声明文件》五款，重要者为俄国承认中国在外蒙古之宗主权，中国承认外蒙古之自治权，中国允许不干涉蒙古内政，不驻军队，不办殖民，但可任命大员带卫队驻库伦，派专员驻各地。至关于外蒙自治区，《声明文件》中详载"外蒙自治区域应以前清驻扎库伦办事大臣、乌里雅苏台将军及科布多参赞大臣所管辖之境为限"，此外又有《声明另件》四款，即俄国承认外蒙为中国领土之一部，而关于政治、土地交涉事宜，允与俄协商，外蒙亦得参与。根据此一声明，乃产生民国四年三方商订之《中俄蒙协约》，其中一、二两条为外蒙承认民国二年之《中俄声明文件》及《另件》，外蒙承认中国宗主权，中俄承认外蒙自治，为中国领土之一部，其他有关行政、司法、交通等之详细规定，共二十一条，中国在外蒙之地位乃全与俄国相等，仅驻库伦大员之卫队较俄领事稍多，活佛汗号，由中国大总统册封耳。

当民元外蒙独立时，外蒙曾由库伦进兵科布多，中央电令新疆出兵往援，新督杨增新派兵入察汗同古，九月科布多失陷，新省军队乃严守察汗同古。二年七月外蒙军来犯，均经击退。俄国当局深恐我军前进，除自库什莫敦调军五千，进驻科布多东南之葫芦库勒及喀喇乌苏外，并于二年三月由其驻北京公使及迪化领事照会我政府及地方当局："中国万不可逾越阿尔泰山之北，如果贵国军队调往萨克赛，我国自有对待之法，其阿尔泰及沙拉苏美（即承化——编者）等处，难免我国不发军队占据。"（按萨克赛在阿山东北部，因萨克赛河得名，该河为科布多河之一支）源〔原〕时民当〔当民〕国草创，外强环伺，中央不得已在北京与俄订《中俄声明文件》（即前述之二年十一月五日《中俄声明文件》）。二年十二月二十一日阿尔泰办事长官帕勒塔与俄国驻承化领事库申科亦签订《中蒙临时停战军队驻扎界线条约》，其第一条全文："中国军队与喀尔喀军队，自此条约有效力期内，均以阿尔泰最高分水界，自森彼得堡条约第八条内载之奎屯山起，东至江噶什，顺布尔根河至济尔噶朗河口，再东南经察汗同古之西北陶甘策凯，至哈尔根图阿满为界，彼此不得越过界线，更不得彼此开仗。但驻察汗通〔同〕古一带中国军队，于此条约签字后三个月内退回新疆元湖地方。再，此条约系指双方驻军地点而定，与料〔科〕、阿疆界问题决无干涉。"

此后外蒙兵退出布尔根，新省军队亦退还元湖，然蒙、阿及新、蒙边界并未重新划分，仍照旧日界限，各自治理。民八阿尔泰并入新省为一道，布尔根设治局于民十正式成立，外蒙与俄人均无异说。盖当时俄国内部发生革命，外蒙脱离羁绊，仍欲投归祖国，故匪特无边境纠纷，即一般问题亦不难解决。

民七，外蒙政府鉴于俄乱蔓及蒙疆，故迭电北京政府，请求保护。八年一月十七日库伦政府并自动请求取消自治，取消前中、蒙、俄三方条约及《俄蒙商务专条》并《中俄声明文件》。我中央即于当年十二月二十二日颁布撤消自治命令，且将前订中、俄、蒙条件，概行取消。然当时我国内部军阀混战，无实力亦无良策保护蒙疆，十年二月俄白党谢米诺夫在日本支援下攻陷库伦，组织蒙古中央政府，外蒙青年乃与俄属之布里雅特蒙古同志组织国民党，招集蒙古军，由俄红党协助，于同年七月逐谢米诺夫，成立蒙古国民政府，仍以哲布尊丹巴为君主，然实权则操于苏联。民十三哲布尊丹巴逝世，改外蒙为外蒙古人民共和国，召集国会，产生宪法。我外蒙已名存实亡。

按俄国革命之初其新政府对我国曾连续发表所谓一九一八年、一九一九年宣言，声明新俄愿取消前俄政府与中国缔结之一切条约，放弃前俄政府所占中国领土、租界……等，然直至民国十二年三月十八日北京政府始任命王正廷氏为中俄交涉督办，与俄代表加拉罕进行交涉，十三年三月十四日王、加两氏拟定《解决中俄悬案大纲协定》十五条……等，先在草约签字，三月十五日北京内阁会议时，对该协定，提出异议，据同年三月二十日国务院报告中俄交涉争点通电内载："……现所争论之点，如（一）俄、蒙所订各项协助，政府主张在协定内载明立时废止，俄代表仅允将俄帝国政府与第三者所订条约等，有伤中国主权者废止之，而于苏俄与外蒙所订之条约等不肯明白取消。查苏俄与外蒙所订条约，系认外蒙为独立国，且外蒙在俄派有驻使，此实与尊重中国主权一语相抵触，关系不可谓不巨。（二）撤退外蒙俄军问题，政府主张即行撤退，俄代表仅允声明一俟蒙古撤兵之条件（即限制及制止白党之办法）在会议中确定后，始尽数撤退，嗣政府拟改为声明一切军队应尽数撤退，其撤兵期限及关于双方边界之安宁问题，于会议中商定之。因俄军入蒙原系侵损吾国主权之举，原则上似应即允撤退，若以条件之商妥与否为撤兵之标准，将来转多纠葛……"按内阁认为王、加二氏已签字之草案有三点不能承认处，其中二点均与外蒙事件有关，乃加拉罕竟坚持已签字之草案，不听再有更动，交涉乃陷调顿。

俄人于中俄交涉停顿后，一方与日本进行交涉，放出将以东铁南段与日本之空气以威胁我政府，同时分别与奉天、新疆当局进行各别交涉。北京政府乃于十三年五月与俄恢复交涉，五月三十一日成立《中俄解决悬案大纲协定》、《暂行管理中东铁路协定》及《声明书》八件，在《解决悬案大纲协定》中第四条内载："苏联政府根据其政策，及一九一九与一九二〇两年宣言，声明前俄帝国政府与第三者所订立之一切协定、条约等项，有妨碍中国主权及利益者，概为无效。"第五条内载："苏联政府承认外蒙为完全中华民国之一部分，及尊重在该领土内中国之主权。"同条第二款："苏联政府声明：一俟有关撤退苏联政府驻外蒙军队之问题，即撤兵期限，及彼此边界安宁办法，在本协定第二条所定会议里商定，即将苏联政府一切军队由外蒙尽数撤退。"

按此协定关于外蒙部分几全根据王、加所签定之草案，并无变更，内阁当日所争，乃归徒然，而对苏联与外蒙所订之条约如何处置，竟只字未及，苏联驻外蒙军队亦未明文规定撤退之期，盖边境何时始可谓安宁，实未易言也。此后我国家内部，纷乱无已，外蒙乃全陷于苏联掌握下。惟以当时苏联内部问题尚多，国势未振，故暂尚维持外蒙原有疆界，未再向外发展。

民国二十年哈密事变发生，外蒙曾派员与变民首领和加尼牙孜接洽，供给变民机〔枪〕械，并招诱哈密维族青年至外蒙就学。二十二年阿山区亦发生变乱，东山哈民，时有潜入外蒙境劫掠之事，同年秋且伙劫科布多附近之苏蒙贸易公司货仓，外蒙乃出兵追击，并以飞机助势，侵入我青河及柯克托海领空，大部哈民，逃散于布伦托海境内，外蒙利此时机，遂侵据布尔根河。

按自民八阿尔泰办事长官撤消，阿山并为新疆省之一道后，经首任道尹周务学之经营，地方各项事业，均有进展。布尔根设治局地近蒙边，水草丰足，其北之青格里、察罕河，其南之察汗同古均辟有农田，驻有军队。至于居民，乌梁海左右翼因不断为外蒙劫掠，迄民十三后，户数余已无几，新土尔扈特于民元时移居孚远北部，新和硕派〔特〕亦无发展，牧地乃逐渐为迁入之哈萨克人所据。最初哈民与蒙民订有租约，每岁尚付给蒙民地租，年久渐不履行。金树仁时期，蒙、哈间诉讼经年，当局未能予以妥善解决，故二十二年阿山变乱时，蒙民组织武力自卫，不与哈族合作。乱平后，东西山蒙、哈二族，仍有龃龉。

盛世才主新时期，布尔根并未收复，而外蒙复逐渐向新疆内侵。二十四年阿山区行政长公署秘书长满凯（哈族）与外蒙科布多行政长贡布在岳尔毛盖图会议，议定："以阿尔泰山正干分水线为界，即凡阿尔泰山之水流向新疆者，属新疆，流向科布多者，属外蒙。"此议定书系两地方当局临议定者，不足为据，且科布多河上源在我阿山境内，如依此议定书，则阿山区东北角将不复为我有，仅布尔根一带之河水流入新疆耳。然此有利于外蒙之议定书，外蒙仍不愿履行，盛氏慑于外势，布尔根设治局乃于新省行政区域中无形取消。

二十五年夏，外蒙边卡复将我察汗河边卡派驻三个海子之卡兵逐回，新省府通过苏联与外蒙交涉，九月苏联驻迪化总领事通知新省府，谓可派员往蒙边与蒙方重勘边界。十一月新省府派阿山区行政长〈官〉公署外交科长周春晖、区公安局长曹天爵到布尔根，屡向外蒙官吏交涉，经拒以未奉其政府明令，无权接受。二十七年六月二十日外蒙边卡又进占我本布图及哈拉巴尔克齐克、也楞齐一带，迫我卡哨撤退，我青河设治局长郭永隆亲往本布图与也楞齐中间山头与外蒙边卡官材楞会面，交涉无效。至二十九年，苏联版[将]之地图竟〈将〉阿尔泰山脉南面全部山岳地带，分别划入苏联、外蒙，出版图之内，界线达于北塔山及元湖，侵我地数万方公里。

三十二年十月，外蒙因我军在阿山与变民作战，曾向新省当局提出警告，谓戡乱部队倘越界线，外蒙决采断然行动。当时我边卡前哨仅设青河之大部逊，较前述外蒙于二十七年侵占之察罕河流域本布图地方，又南却百余里，距布尔根线已二百余里矣。至三十三年三月外蒙飞机部队协助乌斯满部变民犯我乌河及外蒙与乌斯满勾结情形，已详本刊创刊号，兹不赘。

按关于一九四四年三月事件（即外蒙飞机轰炸我乌河总指挥所事）我外交部驻新疆特派员吴泽湘曾向驻迪化苏领晋式庚提出抗议，三月十四日苏领派康斯坦丁诺夫及顾德夫两副领事口头答覆称："查关于我国飞机似有越境轰炸中国驻阿山区军队一案，我等认为系对于苏联关系有计划之挑拨，在此种根据上的贵特派员之抗议，我等自应予以断然之拒绝。自然，由于在尊函中所述之反苏的不合理之归咎，余已将此项有计划之挑拨，立即报告总〔苏〕联政府矣。"但同年四月三日塔斯社竟声明："中国在外蒙边境有军〈事〉行动，苏联根据与外蒙缔有攻守同盟之关系，有援助外蒙之义务。"云云。

以上为民国以来外蒙被帝俄及苏联控制经过与新蒙边界纷纠情形。

新蒙边界考

新蒙边界素无明文规定,而蒙、哈牧地范围亦常变更,过去均以多年之习惯,各牧相安于其牧场。当民初外蒙自治后,中俄曾言及勘定自治蒙古之疆界,但迄未举行。抗战胜利后中国承认外蒙独立,亦言及将勘定外蒙古人民共和国与中国之边界,蹉跎至今,恐一时亦难进行。兹就各方资料,先予考定。

据《新疆图志·建置志》哈密项下载:"其界……东北六百二十余里至阿达什山、双井子,接喀尔喀蒙古。"镇西项下载:"其界……北四百里至沙滩,北沿苏海图,接乌里雅苏台……东北五百四十里至沙滩北沿,接蒙古扎萨克图汗部之明岗。"又同书《道路志·镇西厅》内载:"城北十里头道河、十里水磨河、十里大河沿、十里大有庄、四十里双墩子、三十里马王庙、二十里沙沟、二十里都兰喀喇山,入蒙古扎哈沁旗牧地,达科布多境。又赴老毛湖东小径一,七十里树窝子,二十里三塘湖泉淖,二十里风神庙,十里戈壁,至苏海图,亦达蒙古游牧地。""厅北八十里沙沟峡,八十里三塘湖,二百余里苏海图,又北入蒙古界(喀尔喀扎萨克图汗部)。"

以上为哈密、镇西二地距蒙边之里程。至阿山境内与外蒙交界,按阿山与外蒙交界处,系新土尔扈特、新和硕特、乌梁海左右翼蒙古牧地,新土尔扈特乃乾隆三十六年所建,当时诏书内书明之牧地为在金山南,东至奔巴图、扪楚克乌兰、布勒干(按即布尔根),接新和硕特牧,南为胡图斯山、乌陇古河,西至青依勒河（即青格里河）、冒罕阿满、那彦鄂博，接乌梁海牧，北至绰和尔淖尔、那郭干淖尔，接乌梁海牧，东南接拜达克山，西南接乌兰波木，可通古城，西北接绰和尔绰尔，东北接哈弼察克。新和硕特部建于乾隆三十七年，其牧地在金山东南，西接青吉斯河，东至和托鄂朴，接扎哈沁旗，南至布勒干，接新土尔扈特，北至奔巴图，接乌梁海牧地。至乌梁海左右翼，依前乌梁海镇国公楚勒图玛所持之清同治十六年清廷赐发该牧之封地图，东接杜尔伯特牧，北接大阿尔泰山，西括宰桑全境，南至乌伦古河。

就上所述，今日我国舆图所划新蒙边界，并未越此而入外蒙境。即苏联一九三〇年前所出版之地图亦根据此牧地界线而绘者，兹再述如次：

新蒙边界自东经九十六度四十五分、北纬四十二度四十分处起，西行四十公里达哈日根巴兹温乌门鄂博，折北二十公里为塔拉衣涅提申斯鄂博边线，再西北折三十公里，更成一百一十公里之弧形至诺明明哥戈壁，百二十公里，边线直北，经巴彦鄂博、波日布拉克、托勒布拉克，折西北经查罕休日山、才宰各苏木共三百四十公里，入阿山区境。至才宰各苏木西北向七十公里盐湖，又七十公里和硕，又七十公里阿拉胡都克，又九十公里毕列淖尔，又七十五公里那木达巴山口，又三十五公里喀喇朗胡山，又六十五公里达赛留戈敏奴鲁山，为新蒙边界顶点，在东经八十八度五十分、北纬四十九度三十分。新蒙边线全长一千一百三十余公里。

就边线与我边境各要地之距离言，距伊吾一百二十公里，距三塘湖一百三十公里，〈距〉老爷庙一百三十公里，距苏海图二百六十公里，距布尔根一百二十公里，距察汗河一百余公里。

新蒙边线上山川形势极胜，以之为线界，自可永久固定。然自二十二年以来，外蒙既侵据布尔根，现其军队已达北塔山北，则将来画界问题必多，盖外蒙必要求将阿山区东部拼〔并〕入其领土内，且一九四〇年以后苏联与外蒙所印行之地图亦如斯绘制也。

按本文纯系资料性质，力求公正，不加议论。

《西北论坛》（月刊）

兰州西北论坛社

1947 年 1 卷 2 期

（李红权　整理）

苏俄侵吞外蒙古秘闻

本刊资料室　撰

外蒙古远在秦汉两代，即与我国发生关系，以后五胡乱华，政府南移，中蒙相接，机会至鲜。迄十三世纪中〔初〕叶，蒙族英雄铁木真成吉思汗出，称霸欧亚二洲，继而于公元一二一五年占领燕京，一二七五〔一〕年忽必烈更定都于此，改国号为元，至是汉蒙文化，水乳交流。一三六八年，明太祖继元之后建立明朝，但以国都金陵，偏近南方，二百多年帝业，未克联结汉蒙一家；直至十七世纪，满清入主中原，通联汉、满、蒙、回、藏五大族，蔚成大清帝国，殆民国成立，五族共和，关系益形密切而成休戚相关！

在法律上言，外蒙古列入中国领土主权，乃康熙三十年四月（一六九一年五月），清圣祖仁皇帝大会蒙古各族于多伦诺尔，外蒙哲不〔布〕尊丹巴呼图支〔克〕图和喀尔喀三汗、三音诺颜部长、内蒙古四十九族〔旗〕扎萨克等向清帝致最隆重之一跪三叩臣服礼，从此，蒙古便正式为中国之领土，一七一五年（康熙五十四年），中国又取得乌梁海之主权，此时中俄两国既订定一六八九年之《尼布楚条约》，则俄国实已郑重尊重中国在外蒙之领土主权。

雍正五年（一七二八〔七〕年），中俄两国代表先后签定恰克图东西鄂博案、《布连斯奇约》、《阿巴哈依图约》和《色楞额约》，划定中国外蒙古与俄国西北利亚之界线，以恰克图为中心，东至额尔古纳河，西到沙宾达巴哈岭，共建界碑八十七个，中俄国界，更形清晰之确定。清中叶后，国势日衰，帝俄侵略我蒙疆及西北境界愈力，故一八六〇年，中俄有《北京条约》之订，一八六四年，又签定《塔尔巴哈台条约》，中国乌梁海十佐岭游牧地、阿尔泰绰尔二游牧地、哈萨克游牧地、布鲁特游牧地皆丧失而为俄国所有。再后同治八年（一八六九年）所定之《中俄乌里雅苏台界约》与《科布多界约》，光绪九年（一八八三年）之《阿拉克别克河口界约》，中国皆失去领土于帝俄，然约内俄国仍尊重中国在外蒙之主权。

其后清廷更日渐颓丧无能，故乃赐予俄国可乘之机会。一九〇七年七月三十日，俄与日本签定一秘密协定："日本政府承认帝俄在外蒙享有特殊利益，担任禁制可以妨害此种利益之任何干涉。"此乃帝俄破天荒第一次于暗中企图动摇中国在外蒙之法律主权之阴谋。一九一〇年七月四日，俄国与日本缔结第二次密约，重申一九〇七年《日俄密约》之继续有效。一九一〇年十二月十日，俄外长沙逊诺夫更进行破坏中国在外蒙的主权，彼训令俄国驻英大使，希得到英国对帝俄侵略外蒙之谅解。一九一一年英国以交换互相承认英俄两国在西藏与外蒙之侵略势力，英乃默认俄国之破坏中国之主权。同年十月十日，我国革命推翻满清，清帝溥仪退位；此时外蒙便于俄人嗾使之下乘机宣告脱离清廷而独立，红色之傀儡库伦活佛，遂于十二月二十八日于库伦称帝登位。

外蒙独立后，俄国即进行与日本签一九一二年七月八日之日俄第三次密约，日俄划分内蒙古为两部，使日本间接承认帝俄在外蒙之侵略成果为既成事实。换言之，除外蒙古外，内蒙之一半亦划归俄国之势力范围内。

一九一二年至一九一五年四年间，俄国更与外蒙伪政府订定许多协定，尤以一九一二年十一月三日在库伦签定之《俄蒙协定》中之第一条："俄帝国政府扶助蒙古，保守现在已成立之自治制度及蒙古编练国民军，不准中国军队入蒙境，及以〔以及〕华人移殖蒙地之各权利。"又第三条："蒙古政府以为须与中国或外国立约时，无论如何，其所订新〔新订〕之约，不经俄国政府允许，不能违背或变更协约及专条内列条件。"于此协定中，吾人更可知俄国目无中国之一班〔斑〕矣！一九一四年八月二十日，俄外长沙逊诺夫宣称："吾人使蒙古成为吾人非正式保护国之努力，现已见成功。"此乃好一个帝国主义者之自供，与残酷所为之写真！

　　一九一八年帝俄为共产党赶走退位，一九一九年七月二十五日俄国苏维埃劳农政府宣告："自愿将俄皇政府自行侵夺或偕日本及其他联盟国公共侵夺之中国人民之所有者，一概归还中国。"同年十一月七日外蒙古自治政府向中国大总统呈递请愿书，表示自愿取销自治，并请取销关于外蒙自治之中、俄、蒙一切条约，十一月二十二日大总统徐世昌正式颁发取销外蒙古自治的命令，外蒙遂重返祖国怀抱。

　　一九二〇年九月日本唛使傀儡恩琴开始进攻库伦，一九二一年攻克，即起而建立"大蒙帝国"，并大杀俄人及亲俄之蒙人，因此激起蒙人之反叛，加以苏联红军热烈帮助组成蒙古国民革命军，至一九二一年七月六日，革令〔命〕军进入库伦，随即建立蒙古人民政府，同时苏联于《苏蒙友好条约》第一条，即认蒙古人民政府是蒙古唯一合法政府，从此，外蒙又为一红色世界！

　　自一九二三年一月廿六日苏联外交代表越飞与国父孙中山先生发表一联合宣言，越飞两度表示："俄国政府决无亦从无意思与目的，在外蒙实施帝国主义之政策或使其与中国分立。"一九二四年春，苏联外交代表加拉罕继越飞后在华表示愿澄清苏联对蒙之态度，俄外使在中国虽然显得语调漂亮，但在另件事件中，苏联即表现其对外蒙态度之真相。当一九二四年一月苏联新任驻蒙外交代表瓦西里夫莅临库伦发表谈话："环境仅能许可蒙古自治，而并非独立，但此区别乃幻觉而非真实者。"苏联外交家唯实主义，则于兹可表露其狰狞面目于无遗。

一九二四年五月三十一日中俄签订《中俄协定》，其第五条原文为："苏联政府承认外蒙为完全中华民国之一部分，及尊重该领土内中国之〈主〉权。"然至同年年底，苏人民外交委员长契秋林对此协定向其政府报告，则有云："吾人承认蒙古人民共和国是中国之一部分，但吾人承认其自治权广泛至不容中国干涉，其内政以至蒙古可采取独立之外交关系。"于此，凡是每一个中国国民，须要明白苏联对协定、对条约乃如此解释！无何，外蒙即奉苏联之命，制定宪法，自行宣告为一独立国。

一九三五年夏，日本向外蒙提出"泛蒙古主义"，开"满"蒙会议于满洲里，虽结果是不欢而散，然苏联遂感受最大之威胁，故一九三六年三月一日史太林发表一篇著名之谈话，表示准备迎击日本入侵外蒙，随于一九三六年三月十日苏蒙即签定《苏蒙军事互助协定》。当时中国政府曾提出严重抗议，但苏联外委长李维诺夫则重申承认中国在外蒙之主议〔权〕，彼认为《苏蒙协定》不改变蒙古地位之一篇骗词，其实此时此地之外蒙，已完全为苏联所吞并！故一九四一年四月十三日苏日两国即签定中立协定，苏日两帝国主义者竟互相交换承认伪满州〔洲〕国与伪蒙古人民共和国！

一九四四年底，我军在贵阳附近战事失利，对日本实力估计错误之美罗斯福总统与英邱吉尔首相，希望苏联亦对日本参战以迅速结束全面战争，因此签定一九四五年二月十一日压迫中国承认外蒙古独立之《雅尔达秘密协定》，此乃苏联百年来侵并外蒙达到目的之日，中国之人民乎，其谁能忍忘此国耻日？

至一九四五年八月十四日中苏两国遂签定一《中苏友好同盟条约》，我外长生〔王〕世杰致函苏外委长莫洛托夫，代表中国政府申明，经过外蒙公民投票后，中国政府当承认外蒙古之独立，即以今之边界为边界；一九四五年十月二十日外蒙举行公民投票，结果乃赞成独立，一九四六年一月五日中国国民政府公告承认蒙古人民共和国独立，从此中国之外蒙古遂正式为苏联吞侵，呜呼哀哉！秋海棠叶之领土图，何日方复能恢〈复〉完整？

《纵横天下》（半月刊）

广州纵横文化事业公司

1947 年 1 卷 4 期

（李红权　整理）

"察蒙"近况一般①

允中 撰

一、察境蒙旗包括察哈尔部及锡林格勒盟两部分。察部分八旗一处，计正蓝、正白、襄〔镶〕黄、襄〔镶〕白、明安、商都、太仆寺左、右旗及多伦喇嘛印务处，人口三一，三一九人。锡盟十一旗，计东、西苏尼特，东、西阿巴嘎，东、西阿巴嘎那尔，东、西浩济特，东、西乌珠穆沁，伯里亚特旗，人口五四，二八六人。其行政组织，战前原袭清制，各旗由扎萨克（锡盟）总管（察部）综理政务，其下设协理、章京、佐领等职办理事务，盟设盟长，由扎萨克轮流选任。沦陷期间，日寇始并察北各县及察部各旗，改组为察哈尔盟，并正式成立盟旗政府。因察北沦陷最久（民二五年至民三四年计十年），故各旗饱受日寇压榨；一般蒙民精神上遭受奴役，横被摧残，物质上驼、马、牛、羊等牲畜及皮毛、盐、绒诸特产尽被剥削，以致民穷财尽，十室九空。胜利前夕，苏、蒙军侵入蒙旗，大肆劫掠，民间损失尤为惨重。胜利以后不幸又遭"奸党"割据，清算斗争、横征苛敛，其惨暴行为，几倍于敌寇，以致人民流散，庐屋为墟，实为蒙旗有史以来之惨遇，言之实堪痛心。去岁省垣光复后，傅主任关怀蒙胞，首先收复察部太仆寺左、右旗及多伦喇嘛印务处，招抚锡盟伯里亚特旗，

---

① 作者的反共立场十分明显，请读者明鉴。——整理者注

并策动各旗反正。本年正蓝旗、厢〔镶〕黄旗、商都旗，相继来归。目前察部盘据蒙旗之"奸匪"实〔势〕力，除云泽领导之"伪"内蒙联合自治政府残党一部仍在贝子庙一带外（云泽已赴东蒙王爷庙），"匪军"则以乌勒吉瓦齐尔为主干（"伪"内蒙人民自卫军十一师），约七八百人，其余李秀山、海福龙、苏剑啸等部约千余人，各旗蠢动之"奸匪"行止无定，颇难统计。现除正白、厢〔镶〕白、明安三旗外已全部收复，锡盟则仍在"奸匪"制下，收复各旗已由省府任命总管，正式成立旗政府，计正蓝旗代理总管素那木陆都普，厢〔镶〕黄旗代理总管塔尔布扎那，多伦印务处因隶属章嘉呼图克图活佛，仅协助其推进复员建设工作，并补助大旗厢〔镶〕黄、商都、正蓝每旗每月经费三百万元，小旗太仆寺左、右旗、多伦印务处每月经费二百万元。各旗设保安总队，由总管兼任总队长。另设察哈尔盟旗第一区保安司令部，统辖指挥各旗保安队，以穆克登宝兼任司令，色楞那木济勒兼任副司令，担任各旗绥靖保安工作，受张垣绥靖公署及察哈尔省保安司令部之指挥监督。此外产业方面，往昔仅察哈尔部每年即可输出驼、马、牛、羊约十万头之牲畜及皮毛，已荡然无存。锡盟大布苏诺尔年产青盐万余担，亦成泡影。本省现正计划分年辅助复员中。对蒙民人、畜两方最严重之卫生问题，已呈奉蒙藏委员会，将设置察、锡两盟卫生队，并计划成立兽疫防治所。教育方面，将由本省盟旗文化福利委员会及察哈尔省蒙旗教育复员委员会共同负责，拟先复员收复各旗旗立小学校及中学，及社会教育，目前国立察盟师范，已在张垣开课，裨益蒙旗教育复员上实匪浅鲜。

　　二、察境蒙汉两族，感情素极融洽，尤以察哈尔部各旗，境界相接，蒙汉杂处，各就所长，互营生业，通商之外，并通婚姻，故蒙汉族间，勿论在社交上、血族上，已〔已〕形成不可分离之关系，其间虽不免小有冲突，亦仅属普通地方问题而已。去岁张垣光复以后，傅主席因关怀蒙胞，除派军极积〔积极〕收复各旗外，并在三分政治、二分军事、五分经济之施政原则下，特别着力于改善蒙旗经济工作，决辅导其迈入安定富裕之境。因列"增进蒙胞福利"为本省施政要纲之一，并成立盟旗文化福利委员会，负责提高蒙旗文化、改善蒙民生活之研究辅导事宜。兹分述其具体工作如下：

1. 恢复蒙旗各级学校。察蒙小学教育，战前已具规模，沦陷期间，敌倭为培养多数青年干部，以利统制起见，更成立中等学校多处，蒙旗〈教育〉随益形发建〔达〕。不幸胜利以后，遭"奸党"割据年余，一切设施损毁殆尽，殊堪惋惜。令〔今〕后当逐步恢复各级学校，俾于比〔此〕废墟上重建蒙旗教育之新生。

2. 训练蒙旗青年。蒙旗文化落后，人民知识较低，故政治能力薄弱，且一部分知识青年，因受敌倭及"奸党"之熏染，思想复杂，皆须予以严格训练，俾养成思想端正、学识丰富之行政干部，使担当今后蒙旗建设之繁巨事业。

3. 改善蒙民经济。蒙旗人民以游牧为业，逐水草而居，其生活一任自然力之支使，对牧畜经营、环境改造、产品利用，皆墨守陋规，不知改进。近年来更遭受天灾人祸之摧残，以致畜业日趋不振，地方亦日渐衰落。今后当多方导入科学经营方式，如畜种之改良、牧草之栽培、兽疫之防治等，以增加生产。并拟利用合作组织彻底改善蒙旗商业制度，沟通蒙汉贸易，以树立健全的蒙旗经济体制，同时对封建式的剥削制度，亦拟逐步汰除，以轻民间负担。

4. 充实蒙旗自卫力量。蒙民体质强悍，办理自卫组织早著成效，今后除于编制上拟予充实外，拟并实施官兵训练工作，使养成现代军人之风范，期以蒙民力量，保卫蒙旗地方，将来于治安确立后，更可使担当保卫国防之重任。

此外，对当前琐细纠纷，如旗县疆界、旗产权益等问题，决在可能范围内，于不损蒙民权益原则下，予以合理调处，以免伤害蒙汉感情。

三、蒙汉合作情形：

1. 经济方面。察境蒙旗，以地广人稀，蒙民知识落后，技术幼稚，故除牧畜而外，一切生产事业多赖汉人经营，如各旗庙租银地、香火地之耕种，盐碱诺尔之开采、熬晒，蘑菇、皮毛等特产之采掘制作，皆须招致汉人操做，彼此相依为生，已具极悠久之历史，主佃雇佣之间，其纯朴之感情，实非外人所能料及。至蒙民对外贸易，无论为产品之销售，生活品之购入，已往皆赖旅蒙贸易商之承办，因商人重利，其间不免发生敲诈欺骗行为，致影响蒙汉两族感情者非浅。今后本省拟利用合作组织，以改善蒙汉贸易关系，于友爱互助之精神下，纠正其弊，以促进蒙汉间之团结。现已成立察哈尔省盟旗产物运销合作社一处，将来随治安之开展及业务之发达，拟逐步推广其组织，使深入蒙旗地方各部落，以为改善蒙旗经济之枢纽。

2. 政治方面。蒙民知识落后，已如上述，加以蒙旗地方遭"奸匪"年余之割据，政治设施摧毁殆尽，欲使蒙民自力更生，困难实多。故光复后，省府即招致各旗王公、总管，协助其返旗，招抚流亡，整顿地方，并积极□划恢复旗政府，遴用各级人员，补助各旗经费等，以期推进蒙旗复员工作，现已复员旗政府五，任命总管五，如第一节所述。除发给复员补助费各一百万元外，并补助大旗三（厢〔镶〕黄、商都、正蓝）每月经费三百万元，小旗二（太仆寺左、右旗）每月经费二百万元，更拟于察哈尔省行政人员干部训练团，附设蒙旗行政人员干部训练班，分期招训蒙旗青年，使担当蒙旗建设工作。

3. 军事方面。为确保蒙旗治安，安定蒙民生计，光复以后即协助其恢复蒙旗保安组织，使配合本省保安部队担当蒙旗自卫工作。现已有各旗自卫队百人，蒙旗联防保安骑兵支队〇百人，由省保安司令部补助弹药及一部服装给养，今后并拟扩充组织，改编为各旗自卫总队；另设察哈尔蒙旗第一区保安司令部统一指挥，由省保安司令部补助弹药、服装、给养，各旗总管兼任总队长，穆克登宝兼任司令，色楞那木济勒任副司令，以使担当察蒙防卫之责，而招抚流亡，并开展复员工作建设。

《蒙声半月刊》

张家口察哈尔省盟旗文化福利委员会

1947 年 1 卷 5、6 期合刊

（朱宪　整理）

察哈尔盟旗正副保安司令及各旗总管就职，傅主席亲临监誓并赐予训示

作者不详

仪式隆重、情况热烈

六月十九日，察哈尔盟旗第一区保安司令部穆克登宝、副司令色楞那木济勒，及各旗总管兼保安总队长，在省府礼堂，举行宣誓就职典礼，当兹"奸匪"窜扰，边地未靖之际，意义至为重要。

天气晴朗，春风和畅，中山公园的门前，已高搭着彩楼，会场中亦布置得非常庄严，会场门口，挂着"蒙汉团结"的金色大字，会场正面，悬着国旗及国父遗像，挂着鲜明的"察哈尔盟旗第一区保安司令副司令及各旗总管就职典礼"的布帏，墙壁上满贴着蒙、汉文字的标语"蒙汉一体，精诚团结"、"巩固边疆，充实国防"、"扫除奸匪，完成统一"、"发展盟旗，建设中国"、"确保盟旗治安，解除蒙胞疾苦"、"充实自卫力量，发展国防建设"、"增强蒙民自卫组织，确保盟旗安靖秩序"、"蒙汉团结，建设三民主义的新中国"，语句甚为精辟。

九时半，各机关首长及职员代表，纷纷进入会场，傅主席亦惠然莅临，保安司令穆克登宝，副司令色楞那木济勒，及各旗总管兼总队长，胸前配着红花，陆续来到。十时，军乐声中，典礼开

始，首由盟旗文化福利委员会主任委员报告开会意义，继即举行宣誓，由傅主席监誓，各宣誓人排列台前，齐举右手，朗诵誓词，在安静肃穆的空气中，完成了宣誓的仪式，傅主席即恳挚的赐予训示，语语中肯，句句切要，对蒙胞关切的情意，表露无遗，听者无不动容。继而穆司令、萨总管、索总管分别答词，最后来宾讲话，对今后盟旗的绥靖工作，中国北部的国防建设，均寄以无限的热望云。

兹将张主任委员之报告，傅主席之训示，穆司令等之答词，各来宾之讲话，录之如后。

张主任委员报告开会意义

今天，在此举行察哈尔盟旗第一区保安司令、副司令及各旗总管宣誓就职典礼，承蒙主席莅临监誓，各位来宾，拨冗参加，仪式隆重，本人深觉荣幸！溯自民国二十五年，日寇之铁蹄，伸入察蒙，用政治、军事、经济、文化种种手段，实施侵略政策，十年间的日子，蒙胞们便生活在这暗无天日的环境下，生杀予夺之大权，完全操之日寇手中，物资为其掠夺，生命感受威胁，痛苦日深，创伤甚剧，期待重回祖国怀抱之心情，愈益殷切。及至"八一五"日寇投降，全国人民情绪高涨，喜极欲狂，而察蒙却迭受苏军进驻之扰，"奸党"割据之苦，征敛勒夺，杀烧抢掠，凌虐百端，惨绝人寰。去年十月，国军光复察省，锡盟伯里亚特旗长仁勤多尔济，察盟副盟长色楞那木济勒等前后偕代表多人来张，晋谒傅主席报告一切，并陈诉蒙民向内之诚意。傅主席对蒙胞极为关切，慰勉有加，并发予弹药及慰劳金，使返归旗下，招抚流亡，从事复员工作，并组织人民地方武力，充实自卫力量。伯里亚特旗保安队，数次主动的截击奸匪，察蒙骑兵支队收复正蓝旗，

厢〔镶〕黄旗总管穆克登宝率厢〔镶〕黄，上都保安队二百余人
翻然来归，这一连串的事实，说明了察蒙的竭诚拥护中央，政府
与盟旗间之关系益趋密切。同时，察蒙的前途，殊堪期待。现察
哈尔各旗，大都光复，为谋地方自卫组织之日益巩固，而积极推
进蒙旗地方复员工作，安定蒙旗地方秩序，改善蒙胞生活，配合
全般省政之进展。傅主席特秉中央之意旨，并经省政府会议之研
讨确定，成立察哈尔盟旗第一区保安司令部，委派穆克登宝，色
楞那木济勒，为正、副司令，吴伯仁为参谋长，组织保安队，并
遴选各旗总管，以使负起军政专责，确实发展旗政。察哈尔盟旗
保安司令、副司令及各旗总管之就职，是今后旗政迈入健全发展
之开始，穆司令及各位均系盟旗素孚众望人士，且在傅主席之领
导下，当能发挥全力，挺身迈进于盟旗复员建设事业，完成巩固
边疆、统一建国之重大使命。

傅主席训词，剀切说明过去现在将来
中央地方对蒙旗之建设

今天，是我们察省盟旗第一区正副保安司令及各旗总管就职
典礼，我觉得非常光荣。同时借这个机会，把大家所不容易知道
的内心情绪和所想要向大家说的话，都可以痛快的说出来。各县
复员已经好几个月，到今天各旗总管才任命、就职，同时盟旗各
地的匪患，也还没有肃清，这里边实在有不得已的苦衷。第一，
比如，在穆克登宝来张前，我们如果派军队到厢〔镶〕黄旗"剿
匪"，在共党的操纵下，很可能演出蒙汉惨杀的悲剧。第二，剿平
各旗"匪乱"，打容易，而常期维持治安，必须有许多蒙胞能负起
责任来。第三，蒙旗人事之间，本身有着矛盾，我们不愿让这种
矛盾加深，因为那是一个损失。以上各种原因，就使得蒙旗复员

工作，不能顺利进行，现在各旗都已知道"共产党的罪恶"，知道应该怎样保护人民，大家互相连系起来，由军队协助复员，由各旗内有声望人士出主旗政。政府并决心协助察、锡两盟迅速复员。近十几年来，我个人始终在察、绥地区，与蒙胞在一起生活，免不了有许多不同的看法，和不同的意见。譬如，有些蒙胞为自治而联日，我是抗日的，这就使我很难过。抗战期间我曾屡派代表见德王，而且对他说的，只是一句话："你是为求自治，不是亲日。我是为抗日，并不是反对自治。其分歧点是，我认为抗日自治才有前途，你认为亲日才有自治前途，因此而发生误会。"我对蒙胞充满热诚，但我主张团结的自治，反对分裂的自治，这些年来，我从没有让各旗有任何负担，更没有因政治斗争而杀过一个人。过去日人是在分裂中华民族，不是扶植蒙胞独立，德王现在或许比我更明白，政府的责任是协助蒙胞，决不是夺取蒙胞的政治权利和经济利益。现在，从事实经验中，蒙胞对日本的侵略、"共党的恐怖"，都亲自经历过，在各旗杀的蒙胞的牛羊，烧的是蒙古包，这是大家都可看到的血的事实。为蒙胞的生命产财〔财产〕设想，我希望各位就职后，负起责任来，政府决对替各位负责，并且有什么意见，随时提出来，大家讨论研究。中国今天，只有国家的统一，民族的团结，才是生路。这个观念，经长时期的考验，大家一定会有同感，现在蒙旗最需要的是安定，希望各机关代表注意，凡有关蒙旗福利的事，我们要优先办理。最后，我祝贺蒙汉团结起来，为国家统一民主而奋斗。敬祝诸位先生健康，前途光明。

穆司令答词

回想过去八九年来，在日人压迫下，无论在精神上，在物质上，都受到很多的打击。胜利后在"奸党"统治期间，蒙民所受到的压迫打击之惨重，较日人时尤甚。抗战时我们无时无刻不在希望国家胜利，中央协助盟旗走上繁荣安定之路，但胜利后，我们所领受的是加倍的水深火热，因此鄙人等不避艰险，代表了蒙民的意志和蒙民的要求，来到此地，希望政府将蒙民的意见转达到中央。到张垣后，谒见傅主席，主席除热情的慰问外，并予我们很多的援助，我们实在感谢。刚才傅主席已允许尽全力发展盟旗教育、文化、经济，我们致十二分的感谢。现蒙中央及主席把重大的责任放在我们身上，在拜命之余，是感觉着有不能胜任的恐惧。除抱最大决心对所负责任努力外，希望中央和地方政府，随时予以指导。并希望政府在施政方面，多采民意，顾虑盟旗人民的需要，以上很简略的作为谢词。

萨总管答词

　　鄙人从民国三年就在太仆寺左旗办事，到现在已三十余年了。自从"八一五"胜利后，地方为"奸匪"割据，鄙人不甘他们的压迫，以平民的身份来到张垣已一年余了。回想日寇压迫，"奸党"侵据，蒙民都一致希望着中央早日前来解救我们，这种要求是一致的。自从去年我们英明的傅长官来到张垣，我们察境民众一致欢腾，鄙人此次以平民身份得到本旗民众的付托，来张进谒傅长官，报告蒙民痛苦，希望政府早日设法来解救这些痛苦，这就是我们来张的任务。

　　色副司令到张后，现已六月之久，屡蒙傅长官的很大援助，并拨给械弹，无论在经济，在军事，都给我们很大援助，我们对此已感激到无话可说了，又蒙长官以维持治安的重大任务与我们，我们只有对"奸党"来彻底斗争，不过以个人能力与经验所及惟恐难以胜任，尚望长官多加鞭策指导，才不致有所陨越，此是所最希望的，同时受命之余我们恐惧的是：

一、"奸党"动作，非与其他匪类可比，其烧杀掠夺，实为人所痛恨，他们才是我们的敌人，我们对地方能收复，还须能保卫。

二、在过去办事，是本民众要求和希望来做，受命之后，是否能满足民众所要求所希望，这是感觉着任务的重大。

最后希望主席与在座的各位长官要随时加以指导才好。

索总管答词

过去盟旗遭受日寇十年余的摧残迫害，"奸党"一年余的清算斗争，蒙民所受的痛苦，已非语言可能形容了，我们希望政府来急早解救，为此才不避艰险带着蒙民的愿望来到张垣，进谒傅主席。傅主席对蒙旗情形已十二分的了解同情，并予以很大的援助。今次拜受大命，恐惧万分，惟以国家兴亡，匹夫有责，这两句话来自勉自励，不过尚望各机关首长指导，无论中央、地方党政军各位首长随时不吝指教，我们才好有所遵循，方不致陨越，同时希望政府随时注意蒙民的呼声、意志和要求，来决定施政方策。

来宾致词

马特派员希望蒙胞发挥力量肃清地方"奸匪"

今天参加这个盛会，非常高兴。在座的每一个人，都非常高兴，现在有几点希望向大家说明。一、就历史来说，察省盟旗为成吉思汗嫡系，希望本照成吉思汗勇敢团结的精神肃清地方"匪乱"，加强对内对外的团结。二、就察省形势来说，察省盟旗为通

外蒙要道，在国际上和国防上的地位都非常重要，希望各位首长
本照人民的需要和主席的指示，努力发展盟旗文化、福利事业，
改善蒙胞生活，增进蒙胞福利。三、在制度方面上说，诸位总管
不是世袭职，而是选任，寓有选举贤能之意，这象征着蒙旗渐渐
走上民主之路，所以今天不仅为各位先生就职贺，还为中央选拔
得人贺，为蒙胞得福利贺。

曾秘书长报告施政纲要关于盟旗部分

略称：在本省施政纲领中，有两条是，促进地方自治，和增进
蒙胞福利。增进蒙胞福利拟从文化、教育、经济、卫生四项要政
着手，力求盟旗教育发展，改良畜牧，向善救分署请拨打草机及
防疫药品，办理合作社，使生产、消费得到合理的交换，组织防
疫巡回队，现卫生处正征集是项人才。希望各位首长，加强努力，
完成提高蒙胞生活的任务。此外关于工作方面，自从色副盟长，
穆司令，仁勤旗长等来张，数月来对盟旗事务积极努力，已经收
复了好几个旗。中央同省地方在经费困难中，筹到五亿七千多万
元，补助盟旗复员，并补助弹药，以加强盟旗自卫力量。此外，
尚有善救分署配拨本省盟旗救济物资九十余吨。一俟各总管返旗
后，即运往各旗分发。最后以省府同仁资格，希望诸位加强努力
来完成任务。

《蒙声半月刊》
张家口察哈尔省盟旗文化福利委员会
1947 年 1 卷 5、6 期合刊
（李红权 整理）

蒙事述要

作者不详

一、厢〔镶〕黄旗总管穆克登宝，上都旗总管额勒恒格，率部反正，察蒙治安，益臻巩固

厢〔镶〕黄旗总管穆克登宝，商都旗总管额勒恒格，因不满"奸匪"暴行，倾心向内，于四月二十九日率两旗保安队二百一十名，携步枪一百七十一支"反正"，伪旗长华贤宝，科长都根尔扎布、郭勒民色等三名追随来归，穆克登宝、额勒恒格总管于五月十二日、二十日先后率员来张晋谒傅主席及本会张主任委员，报告一切，并请示机宜，一行颇受省方欢迎。自省垣光复以后，察蒙各旗相继来归，今后察北治安当益趋巩固云。

二、谋改善蒙胞生活，发展蒙旗经济，盟旗产物运销合作社成立

本省政府以察蒙各旗一部尚未收复，行政未能贯彻，民间救济工作亦难彻底，特应各族人士之请求，经省府例会之决议，以蒙旗急赈款两亿元，创办盟旗产物运销合作社，交由盟旗文化福利委员会筹办，当由本会召集在张蒙旗王公、总管，蒙务救济机构代表，组织筹备委员会，经月余之筹备，现已筹备就绪，聘唐鸿业先生为经理，即辟福利委员会房舍一部为社址，并设立门市部，供应张市蒙胞生活必需品，该社已定于七月一日正式开幕云。

三、为推进蒙旗教育复员工作，席振铎返张，察哈尔蒙旗教育

复员委员会成立

为推进察境蒙旗教育复员工作，教育部特拨察哈尔盟旗教育复员补助费一亿元，并成立察哈尔盟旗教育复员委员会，由本省蒙借参政员国大代表席振铎先生任主任委员，监察委员贾鸿珠，本省教育厅长胡子恒，察蒙党部主任委员于绍文等八人为委员。席主任委员已于五月十日来察主持会务，五月二十日该会正式成立，并觅妥本市花儿巷内十八号为会址，今后即可正式展开工作，本省蒙旗教育复员前途实堪期待。

四、救济蒙胞急赈款两亿元及大批善救物资即分发察蒙各旗

中央拨给本省急赈款三亿元，除两亿元拨产销合作社基金外，其余一亿元及蒙藏委员会转拨灾害赈款一亿元，分发察哈尔八旗、处及锡盟十一旗各一亿元，除太仆寺左旗已于去岁发放完竣外，已依照各旗人口、灾情分配竣事，并饬已收复之厢〔镶〕黄、商都、太仆寺右旗、正蓝旗、多伦喇嘛印务处及锡盟西苏尼特旗、伯里亚特旗总管具领转发云。

五、善救分署以结束在即，蒙旗救济物资移交盟旗文化福利委员会保管处理

善后救济总署第四工作队以该队工作结束在即，而本省蒙旗救济物资因治安关系，部大〔大部〕仍未发放，兹为使各旗蒙胞均□实惠起见，特商请省府将大批蒙旗救济物资移交本会，计有汤粉、衣、鞋、棉布、棉花、棉被、毛毯、纱绒、针、扣子等物，今后随治安之扩展当可逐旗发放。

六、厢〔镶〕黄旗遭"匪"袭击，刚图保安队长激战殉职

六月一日，厢〔镶〕黄旗保安队于该旗毕力克以北二十里地带，遭"奸匪"八百余人袭击，我厢〔镶〕黄旗保安队长刚图木尔率队迎击，激战竟日，终以众寡不敌被迫撤退，"匪"部事前即派强力"股匪"截通〔断〕康保路线，致援军未能如期赶到，

"匪部"进占该旗后，大肆杀掠，我保安队损失颇重，刚图队长殉职，各旗蒙胞对"奸匪"暴行，莫不痛恨入骨，六月二日我军方派有力部队"往剿"，"匪"等不支溃退。

七、伯里亚特旗遭"匪"袭击，损失惨重，省方已派员前往救济

六月九日晨，伯里亚特旗突遭番号不明之"奸匪"三千余名袭击，我保安队三百余名被迫撤退，进犯"匪部"附重武器，多蒙人，且有操俄语、唱外蒙歌者，缘伯里亚特旗保安队自胜利后，屡次打击"奸匪"，本年春曾两次击溃"奸党"林东〔大会〕代表大会及伪巴乌军区乌力吉敖齐尔部队，致遭"奸匪"嫉视，"匪"等"侵入"该旗乌特图特夸后，焚烧抢掠无所不为，该旗损失极为惨重，旗民千五百余人失散，并损失牛羊马驼六万余头，帐房四百余顶，连同什物焚烧尽尽，现在一部难民，已逃往多伦一带，省府接报后已拨急赈款一千万元，救济物资一批，运往救济，又闻进犯"奸匪"，遭我有力部队往剿，被歼二千余名，已不支溃退。

八、为积极推进盟旗复员工作，省府发表察哈尔各旗代理总管，成立各旗旗政府

本省政府为积极推进各旗复员工作，除多伦喇嘛印务处因情形特殊仍维现状外，特遴选各旗代理总管先行发表，计厢〔镶〕黄旗代理总管穆克登宝，上都旗代理总管额勒恒格，正蓝旗代理总管索那木隆都普太仆寺左旗代理总管萨穆丕勒诺尔布，太仆寺右旗代理总管诺尔布托那并拟定旗政府暂行编制，令饬各旗迅速成立旗政府，加强工作。并为体念蒙旗疾苦，减轻蒙胞负担起见，由省预算每月补助大旗经费三百万元，小旗二百万元，各总管已于十九日在省府中正堂宣誓就职，不日即行返旗。

九、为加强盟旗治安工作，成立察哈尔各旗保安总队及察哈尔

盟旗第一区保安司令部

为确保盟旗治安，安定蒙胞生活，省府特饬各旗就原有自卫队，扩编为保安队，多伦喇嘛印务处，因情形特殊成立保安中队，任鲍乌格勒为中队长，并设立察哈尔盟旗第一区保安司令部（即以各旗总管兼任保安总队长），以穆克登宝兼任保安司令，色楞那木济勒任副司令，吴伯仁任参谋长，担任各旗剿抚治安工作，受张垣绥署及本省保安司令部之指挥，并由省府补助保安司令部［经］每月〈经〉费一千万元。

十、伯里亚特旗旗长返旗整顿保安组织

伯里亚特旗旗长仁勤多尔济，自去岁来□晋谒傅主席报告锡盟情况后，因病赴平疗养，该旗事务即由副旗长尔达那负责处理。本月九日该旗突遭"奸匪"袭击，损失惨重，仁勤旗长闻讯后由平返张，拟近日返旗整顿一切。闻此行由北平行辕领得步枪○○支，轻机枪○○挺，并由行辕调拨十六军所属前德王卫队○○余名，由该旗长率领，以期加强自卫力量，绥靖地方，巩固边防。

《蒙声半月刊》

张家口察哈尔省盟旗文化福利委员会

1947 年 1 卷 5、6 期合刊

（李红菊　整理）

谈蒙胞们的生活[1]

田润　撰

沙漠、驼群、蒙古人三者，互有密切连系的关系。倘提起沙漠，便想到沙漠地带里的驼群，还有游牧草原上的蒙古人。沙漠称戈壁，汉人古时名瀚海，没有绮丽的山和水，也没有碧绿地茂林和物质的文明，而是个一望无际茫茫草泽的地带，当然生在这个环境里的人是坚难困苦。然而由蒙胞传统的职业性，向以游牧为业，逐水草而居的生活，颇能适合于这个环境。在别人看来，沙漠里生活的人是苦闷的事，但在蒙胞的眼里却寄予了无限快乐。骆驼是负重任远的动物，运用柔软宽扁的四足，踏在了松壤的沙漠里，跋涉千里，足痕遍野，所以人称骆驼为"沙舟"。我们想向〔象〕沙漠里的驼群是怎样的伟大，而联想到蒙胞的个性更是如何沉毅、吃苦、耐劳……当为人来敬佩。蒙胞的体格多是虎背熊腰，一生仰仗牧畜为业，不喜交通，他们的产业是牛、羊、马、骆驼，他们的生产而是那些动物的皮、毛、肉、乳油、乳茶、乳饼等，承平时颇可自给自足，而且用了他们生产的东西，来和汉人换取他们物质的需求。他们婚姻、丧葬、衣着、娱乐等样样都有特异的色彩，走起路子，左右摇摆，黧黑的脸，布满风尘，看起来憨

---

[1]　作者的反共立场十分明显，为保持资料原貌，照录原文，请读者明鉴。——整理者注

直可爱。他们普遍的性格是忠实、悍勇，可惜他们的生活久受暴风凄雨的袭击，现在可怜了！我们不妨把蒙胞的生活分成三阶段来看：

一、相安时期。一直蒙古有内外之分，以大漠为限。但外蒙早受了某种关系的压迫，已呈隔离状态，现在美其名为独立，想象中他们的生活是苦闷，不自由，受压榨。我们单就内蒙的同胞来说，事变前，虽曾感受外蒙割据的威胁，但在我政府庇护下，尚能承平一时。他们依靠勤劳辛苦的所得，而将大批的性〔牲〕畜输入内地，换取他们生活上的享受，和汉人打成一片，融融乐药〔乐〕，也颇安一时。

二、沦陷时期里。这个时期里不但汉人受尽了敌人的宰割，蒙胞一样受到敌人欺骗与摧残，虽然敌人高唱着动人□□的善美的歌声，而趋〔驱〕使着大多数蒙胞被他们利用，更作了些无味〔谓〕的牺牲，敌人充分统制了蒙胞各种生产，攫取了他们应有的利益，他们所有得那一批批地可爱的动物群——牛、羊、马、骆驼等，和一切所有的产业被敌人夺取殆尽。他们在穷困不自由的生活里可以体验出来，由丰衣足食的过程，被挤进拮据桎梏的圈子里，挣扎奔命，八年统制下，日日喘息。蒙胞文化程度素即低下，兼受了敌人深入的鼓惑，究竟为了谁？而断送了不少热血头颅，时时导演着父离子散的悲剧，田园家舍，变成了废田荒墟。这个时期里的蒙胞生活如风前残烛，大有摇摇不定之势，立在了生死明灭的锋刃上。

三、匪扰时期。敌人降伏，"共匪"复□，以投机手腕窜据了察省，虽然时间是短短地一段，没有八年的悠久，但所受得惨酷极重。"共匪"祸国殃民本来有他的作用，其丧心辱国中，甘心作出红颜卖笑丑态，给第三阴谋者造成了坐收渔利的机会，在短短的时期里，内蒙无数牲畜大批的被抢夺了去，更有一切富庶的天产物全被运了走。蒙汉很多的同胞变成了俘虏，受尽了宰割的苦刑，青年男女作了别人的手中玩具，被掳蒙汉同胞至今未见释回，生死不明。在沦陷期唱着父子离散的哀歌，而今是扮演了家破人亡的悲剧，这种凄惨的情景，不是一部分，蒙汉无辜的同胞共受了同病相怜的蹂躏，这种日子正是生死存亡的关头。

蒙胞所以能形成现实的生活阶段，首因敌人长期的摧残，复遭"共匪"及外来的重重斫丧，现在已成了彷徨迷途的可怜虫！蒙汉两胞而今站在同一艰苦疲敝的线上，我们期待着的可爱的动物群，还有天富的产物，曾在蒙汉相依为命中过着的一片欢欣融洽的生活，都历历在目，这不幸的命运，我们要在内心里了解，谁是我们的敌人，过去的□子清晰的摆在面前，我们大家都需要重温美满的梦，那只有把握了现实，大家站在一起，共同奋斗，铲除建国的障碍，恢复畜牧美的旧观，开发蕴藏于地下的特有富源，不要忘了"天苍苍，野茫茫，风吹草低见牛羊"的桃源，还有沙漠、驼群和那里的主人！

《蒙声半月刊》
张家口察哈尔省盟旗文化福利委员会
1947 年 1 卷 7 期
（李红菊　整理）

宣布自治的内蒙古

倪曙光　撰

边疆问题在历代政府矛盾心理的错误政策下，始终还是一个悬案，人民的痛苦日益加深，而问题的严重性，也就愈显尖锐。自外蒙古独立以来，成为我国北部国防最前哨的内蒙古，也由于边疆大吏的残暴无能和当局的压制政策，最近宣布自治了。

内蒙人民高度自觉

这是不可否认的，一九三三年以前的内蒙古，在那六十二万六千余方里，占据了约有一十六万七千余人的地区，依然是喇嘛、王公的天下，封建迷信，专横，一切显得那么的陈腐，腐化，活佛大喇嘛是左右一切至尊无上的最高权威者，平民是天生的奴隶胚子，被人们视为最下流而"死不足惜"的。政治、社会、经济都停留在上古、原始、封建、奴隶经济时代的社会形态。但自第一次欧战以来尤其九一八以后，内蒙人民的高度自觉，却也不能不令人感觉惊异。

第一次欧战以来，民族自决的思潮波涛汹涌地泛滥在世界的每一个角落，好几次世界各次的会议中，间接直接都有支持民族自治或自决的决定，以及苏联对于其国内各民族给予充分之自治权利。而九一八之后，广大的蒙古草原上，已经过了侵略与反侵略的炮火，很显然，这些事实更间接地启发了内蒙人民的觉醒。大西洋的皇皇宪章，与大战后世界民族的高度自觉，如火如荼的民族运动，这一切都坚定了他们要求自治的信念，加强了他们要求自治的力量。

所以，政府的一贯治边政策，便处处和现实脱节，渐渐失去了蒙人的信仰，以为内蒙还是个神权王国，但事实上今天的蒙古社会却一转而为活泼好动觉醒了的知识青年所控制，他们深知清朝的宗教与封建，是统治者的毒化政策，王公、喇嘛大部已变得开明，也认为应该打破神权与封建的束缚，神权封建制度是十足的破产了。

然而，为什么到今天，问题始终悬而不决呢？首先，我们得归结于政府治蒙的缺乏诚意，一再开支票，却又永远不兑现，当然，反感与离心就接踵而来了。

皇皇诺言一再失信

政府的空头支票，是不止一次的了，远的近的都有事实可证。中国国民党第一次全国代表大会时便宣言："国民党之民族主义有两方面之意义：一则中国民族自求解放，二则中国境内各民族一律平等……辛亥以后满州〔洲〕宰割政策既已摧毁无余，则国内诸民族宜可得平等之结合，国民党之民族主义所要求者即在于此。然不幸而中国之政府乃为专制余孽之军阀所盘据，中国旧日之帝国主义死灰不免复燃，于是使少数民族疑国民党之主张亦非诚意，故今后国民党为求民族主义之贯彻，当得国内诸民族之谅解……国民党敢郑重宣言，承认中国以内各民族之自决权。"同时《建国大纲》第四条亦有"……对国内弱小民族，政府当扶植之使之能自决自治。"这些都还是很早以前的皇皇诺言，看近的就有六届二中全会对边疆及内蒙的决议，也说："一、在根据三民主义、五权宪法组成统一民主国家之原则下，宪法中应有明白规定，保障边疆民族之自治权利。二、改组后之国府委员、行政院均须有蒙、藏、回三族忠实干练之同志参加。三、蒙、藏、回三族贤能人士须有充分机会参加各院、部、会实际工作。四、于新增之国民大会代表名额中酌增蒙、藏、回三族代表名额，由中央推选之。五、改组蒙藏委员会为边政部，使蒙、藏、回三族干练人士，得参加实际工作，担负实际责任。六、在边疆民族所在地，各级学校之施教应注重本族文字，并以国文为必修科，由教部斟酌施行，各级机关之行文以国文及本族文字并用为原则。七、中央对边疆各地自治制度，须按照各该地实际情形作合理规定……"

这张白纸黑字的诺言，是动听更堂皇了，但一切的一切，到如今，还只是一张白纸而已！内蒙人民觉得受了欺骗，而要求自治的呼声也就日益高涨。

移民屯垦问题症结

其次，则就是所谓"移民屯垦"，这就是今日内蒙之所以如此动荡不安的主因。历来内蒙纠纷，事无大小，都一贯的与移民屯垦有密切关系，政府以此侵蒙，窒息蒙人生计，从历史上看，多少流血惨剧因而发生，但当局者执迷不悟，竟至于今。

本来，为国家着想，为工业打算，移垦实无其必要且是有百弊而无一利，内蒙的土地，正如众所周知，大一半为荒凉的不毛之地，适宜于牧畜，不适于农耕，山陵起伏，高原遍野，气候干燥又少雨量，加之终年奇寒，稻麦种子，未及数天，早已枯死，只有内蒙的东南部分尚宜于农耕，但此种土地早如〔为〕捷足先登者开垦殆尽，产量都也少得可怜。

同时据有经验者谈，蒙地开垦困难甚多，今年耕了这块地，明年便须任其荒废，另找对象，实在，草原上的暴风太顽强了，整年吹来吹去，地面草根均被彻底破坏，那么这块开垦而不能再耕之地，便会自成沙漠，利多呢？弊多呢？读者当然挺清楚的。

以当局的眼光看，内蒙的牧畜，似乎是落伍的，其实不然，内蒙住民有他们的习惯传统及历史，生长在蒙地的，对牧畜都有极熟练的技巧，两个男子可放牧一百头马，以此而作农耕，则不胜念念，何况，中国工业已经被摧残得那么奄奄一息，为了保护工业，使中国近代化，不能否认，内蒙牧畜非特需要保存，更须奖励发展，利多弊少之事，政府反欲阻碍，真何苦自寻烦恼。

前车可鉴，欲以移民屯垦侵蒙，又何异于作茧自缚，互〔老〕套陈腐的政策，是万万不能施之于今日的了。

盟旗省县冲突至今

再其次就是盟旗与省县的划分问题了，这也是造成内蒙问题的因素，这是不可忽视的。

简单说来，也即为权力的划分，很明显，盟旗代表着蒙人，省县则代表了政府的统治，若两者能够"河水不犯井水"地互不侵犯，内蒙情形也就不至于闹到今日这样的严重不安。

本来，盟旗制度也是清廷的一种分割内蒙的手段，但何以蒙人坚持保存盟旗而与省县划分呢？这里需要考证一番。盟旗制创于清初，虽然封建，阴毒，但从历史上看，仍不失为是"蒙人治蒙"的一个自治良策，所以内蒙地方行政，不受其他行政机构管辖〔辖〕，应由盟旗直接处理。康、雍、乾间，清帝借以内地荒旱"借地养民"之名，并征得王公首肯，汉人即渐渐移居东南蒙开垦，清设县管理移民事务，绝不干涉蒙旗行政。至后，清廷恐蒙人不稳，在内蒙各地分设绥远将军、察哈尔都统等官，绝不干涉蒙人，专事处理驻蒙之军务，这是清廷"帝皇万世之业"的妙计，的确是令蒙人心悦诚服，施行以来，从未有纠纷发生。

但民国以来，政府便大展高压手段，表面上装模作样，在民国二十年十月，还公布了《蒙古盟旗组织法》，民国二十三年二月十八日中政会第三九七次更决议了《蒙古自治办法》八项，冠冕而堂皇，但实质上则强化都统、县治职权。民国十八年加强县治，改设宁、绥、青、热等省，同时再由于当时边疆官吏多为旧日军阀，残暴贪利，汤玉麟之流更横征暴敛，民不聊生，引起蒙人普遍极端不满，而盟旗与省县冲突频繁，渐成水火，民二十三年百灵庙以撤废省县为口号之自治运动，也就可看到蒙人不满之一般了。

血的事实坚强反抗

像这样众多的问题，接二连三地激起了蒙人的愤怒，压力愈加强，反抗也就更烈，一连串血的事实，便连续以行动表现，也真令人惨不忍睹，更不忍握笔书写。

从历史上看，蒙汉两族因纠纷而发生斗争的，可以科尔沁右翼前旗亲王乌泰的发难为嚆矢，之后巴修扎布在海拉尔的起义，带了四千人进击洮南，可惜曾为日人利用，其后又有民国十九年的绥远蒙古骑兵团的哗夏〔变〕。这些都是血泪写成的史实，当时斗争之激烈，可想而知。

非军事性的反抗更多，远的不说，即如去年十一月"国民大会"初期的内蒙代表坚决要求自治来说，波涛是够汹涌的，也曾哄动一时，震醒了好些达官贵人的一统好梦。当时内蒙参政员，蒙古各盟旗驻京人员，蒙古旅京同乡，蒙古文化促进会，抗日蒙旗庆祝胜利还都代表团……在会外喊出了"内蒙要求自治"的呼声，而内蒙各旗国大代表团团长荣祥还大声疾呼："如果国民大会不能解决自治问题，全体代表即退出国大。"闹得很凶，但后来因种种关系，才渐渐沉寂下去。

　　更有甚者，内蒙的军事力量，是够庞大的，内蒙古自治运动会自治的民族武装，就有十万蒙军，绥远方面还有蒙古纵队韩丰部，内蒙解放军副司令海策龙部，察东和东北各地的内蒙解放军，鄂克托旗司令顾寿山部，东蒙自治军，其他更有乌审旗西官府保安司令阿拉宾族约尔，在今天大规模的内战中，这些军队的离心，可以说有着相当的作用，若是再加之东北与察、热军的蒙古骑兵，绥远的一派武力，那时候他们的力量，更不可忽视了，改变作风的时候了。

《现代新闻》（周刊）

上海联合编译社

1947 年 1 卷 7 期

（李红权　整理）

外蒙人民共和国革命之起因

王明 撰

一、清朝与帝俄

1. 帝俄势力之侵略

白俄帝国与我中国发生关系，首在三百年以前，自十七世纪以来，俄罗斯帝国与我大清国，即发生了交涉，自以"达莫佛维基"为首领之"俄罗斯京察克"，在"乌拉尔"东方踏进了第一步后，仅经过六十年，——在一六四七年，俄罗斯势力，已达于"鄂霍次克"之沿岸。

初在一六八九年，首因"阿穆尔"河（即今日之黑龙江）流域之归属问题，两国即发生了纠纷，结果，以《尼布楚条约》而有效解决，时后白俄罗斯国势力日渐旺盛，清国腐败势力日衰，在经过不足二百年之间，"阿穆〈尔〉"河之左岸与"乌苏里"江之右岸各地方，□□归属于白俄罗斯，及至十九世纪末叶，白俄势力，已侵入我国之东北。

此种白俄势力的膨胀，外蒙古既位于白俄罗斯国境，其影响于外蒙古将来的命运，这是势所必然的，不仅东北、外蒙，而新疆亦与俄国相接，占我国领土大半之三大边疆地方，已受帝俄包围，及到"亚历山大"三世（一八五五年——一八八一年），则专心经营中央与远东亚细亚，其侵略之情形，有不知止境之慨！

蒙古、东北向为封禁之地，但大清有鉴于俄罗斯帝国之侵略，为防备白俄帝国之来袭，遂奖励汉人之向该两地方植民，以求开垦政策之发展，然因汉人与蒙族之关系，时时发生纠纷，所期并不顺利。

据"约瑟夫"著书里说："汉人是殖民中最顽强的民族，在今日所不能得在手里的东西，则必努力明天或者十年以后也要得在手里，并且一旦得在手里以后的东西，决不放松，这不但是在历史上汉人在蒙古是如此，试看今日在海外之华侨，也都是汉人，他们初到海外，本是一光身，过几十年后，便是华侨财主！蒙古人既看到汉人移民这种办法，蒙古人性本悍慓，亦决不示弱，专取汉人使用之牛马，破坏汉人耕种用之锄具，于是汉人则不能忍耐，以证据而诉诸法律，并且汉人与汉人结成团体以击蒙族，蒙族则打成一片，以敌汉人。纠纷百出，诉之于汉人衙门，故如是以来，今日东北之北部，内蒙、察哈尔之大部分，'乌兰察布'与'耶夫尧'两盟之一部，已不多见蒙古人之踪迹。后来德王崛起，遂用蒙古人而治理蒙古，其原因是产生于上述历史上的关系。"

白俄败于日俄战后，其势力由旅大败退，则专心经营外蒙。

2. 外蒙与中国脱离关系

北京政府的"汉化政策"，蒙古人虽抱不平，但内蒙古，与中国本部，在地理、经济、社会、政治上已发生密切的关系，虽屡次产生了与我国脱离运动，但经未果。且时后我政府方针遂加改善，经〔终〕使该地人民得以安居。

外蒙古则因其背后有白俄势力，情形大不相同。当时蒙古人对于库伦办事大臣三多之汉化政策大为不满，遂着手进行独立运动，清国北京政府遂于一九一一年，在外蒙库伦建筑军房，选派将校多人，以检举亲俄派之外蒙分子。

外蒙独立运动，并未因此而终止，当时外蒙古宗俗主权人"厚德科德"在同年七月，招集蒙古王公、喇嘛会议，派送密使至"圣彼德尔斯布尔古"以乞白俄罗斯之援助，其乞援书谓：

> 晚近以来，清国拥有大权，玩弄手版〔段〕，干涉蒙古，尤以改革蒙古为其名义，实行殖民，改变蒙古旧习，以破坏蒙古权利，此实影响蒙古之将来。蒙古人民向为尊重"厚德科德"之善政及其法令。然则清国口头虽云善政，但实际上徒增蒙古痛苦。大俄罗斯帝国，素行仁政，保护弱小民族，德慈俱重，故蒙古敬恳贵国援助与保护……

在同年九月，因辛亥革命清朝已结束了其三百年的历史，正在中华民国成立当初，蒙古人认为这是蒙古独立千载一遇的好机会。

二、第一次独立

1. 非真正独立之独立

一九一一年十二月一日，在哈尔哈招集王公会议，决定与中国本部脱离，以谋蒙古独立，推"厚德科德"为蒙古元首，改元为共戴，民国三十六年为蒙古人民共和国三十七年。

于是库伦办事大臣三多与我国军队已由外蒙撤退。外蒙官府遂宣言说明其果断的政治：

> 我蒙古为保护领土与宗教，今宣布独立……并驱逐汉人在库伦之官员，以绝后患。

在政府设立五部，以开始办理政府应行各项。

一九一二年前半年，外蒙古新政府为"乌里雅苏台"与"科布多"扩地方，扩充其势力，而"巴尔哥"蒙古人亦与其合之。

自外蒙古自治政府成立以来，俄国则出面调处外蒙与中国之关系，考当时俄国之调处方针：如公然合并外蒙为俄国之一部，按当时俄国之势力，亦惟恐不足；如使外蒙为新中国之一省，因而四〔西〕比利亚受其威胁，亦为帝俄所不欲。维帝俄玩弄种种外交上的技俩的结果，则成立了一九一二年十一月三日签订的《俄蒙条约》与翌年十一月五日的《中俄宣言书》。

俄蒙条约所含的条疑〔款〕：

第一条　俄罗斯帝国政府对于蒙古自治制度与军队权利而维持之，并援助蒙古不许中国在该版图内驻军与殖民。

第二条　蒙古君主与蒙古政府，须许与俄罗斯帝国臣民在本协定附属议定书里关于通商上一切的权利与特权，凡俄罗斯帝国臣民在蒙古未享有之特权，不准许与他国。

第三条　蒙古政府如认为与中国或其他外国有单独缔结条约必要时，如没有俄国政府之同意，其成立之新条约，不得侵犯或修正本协定与其附属议定书。

考该条约之内容，外蒙古实一俄国势力下之一保护国而已。

再看关于外蒙古的《中俄宣言书》：

第一条　俄罗斯帝国承认中国在外蒙古之宗主权。

第二条　中国承认外蒙古之自治权。

由这个《俄蒙条约》与《中俄宣言书》观之，俄国已取外蒙之实，中国仅得其名；而外蒙古则大抱不平，遂发其抗议书。然就当时俄蒙势力之比较，蒙古虽抗议，终属无用。

一九一四年，俄国外交部长为反对内外两蒙古的合并，曾作过以下的说明：

　　吾人与蒙古内阁总理"山因诺人汗"之会议，对于全蒙古国家之统一与求列强承认之该政府希望，认为既非现实，又非合理，且各列强不希望瓜分中国，而且外蒙自治有俄国的援助一节，又属各列强所反对，蒙古独立实引起当时日本与英国之不安。

在同年九月，中、蒙、俄全权委员，遂在俄国"加夫达"相会，根据前年所订定之中俄条约，为决定中蒙关系，而进行会议。

"加夫达"三方会议，延迟日久，在一九一五年六月七日，三方委员才签字了三国协定。其大意谓：

外蒙古须承认中国之宗主权，并承认一九一三年日〔中〕俄交换公文；中、俄两国须承认自治的外蒙为中国版图之一部；外蒙古关于政治与领土问题上，没有与第三国缔结国际条约的权利，如有发生此类问题必要时，中国政府使外蒙古官宪参加与俄国政府协商而处理之；至于商工业各问题与缔结国际条约之权利，专属于外蒙古自身处理；中俄两国不得干涉外蒙古之内政……

这个三国协定，已成为俄国政府"志阿尔"大帝对蒙政策之基础，外蒙的地位，已成了北亚细亚俄国领土与中国之缓冲国家，条约上所规定外蒙古中国之权利，不过一名目而已，在该地驻有"我国之大官"，在待遇上虽有特权，但在事实上，不过一个领事而已，至于财政管理与其他内政，均在俄国人顾问的手里！

二〔2.〕泛蒙古运动

第一次世界大战，终于一九一四年开始了，帝政俄国在其最后几年，仍能维持其对外蒙关系一节，实由于"日本把持东北，俄国把持外蒙两国默约"而受日本支持的所赐。

然则极东的关系，自一九一七年俄国革命，与俄国独立红色政府以后，则发生了空前的突变，故外蒙古之所以不能幸免其直接的影响，亦势所当然。第一次大战俄国既败退，又忙于国内革命，对于蒙古之将来，与我国在蒙古实质上主权的复活，我国之所以另行方针，亦当然之理也！

"泛蒙古运动"者，乃产生于一九一八年十一月十一日大战结束后，当时美国大总统"维尔逊"主张"民族自决"之新理想主张下而反响弱小民族呼声。

当时西比利亚，有"克尔察克"提督白军之势力，以防卫红军之侵入。

一九一九年二月二十五日，"俄罗斯布利雅图"之斗将"岁密约诺夫"，自充指导员之地位，在俄国"赤塔"招集"泛蒙古会议"，"布利雅图"、"巴尔哥"以及内蒙古，均选送其代表；惟外蒙古各王公，则拒绝其参加该会议，其详细理由固不得而知，但据当时在蒙古与中国做洽谈工作之俄国外交使"高罗斯得维耶夫"之著述："泛蒙运动时期尚不到，而且又违反'加夫达'之协定，——有这种王公、喇嘛会议后决定的关系，因之外蒙未参加该泛蒙运动会议。"

该"泛蒙古运动"会议，外蒙虽未参加，其余参加之各代表，仍纠合一起，以进行其初衷，该会议之决定：建设独立蒙古国，该国临时政府须设军政、财政、内政与外交四部，至于国体，或为立宪君主国，或为共和国，须在宪法会议上决定；新国家首府须设在"海拉尔"……

及〔既〕而巴黎讲和会议开会时，复又提出"泛蒙古临时政府"之宣言，该宣言中之一节：

　　美国大总统"维尔逊"自和平会议开会以来，根据高远的人类爱之精神，使各弱小民族而自决，因之蒙古民族，亦得有自行建国之机会，其正义之主义，实为各小民族所赞同。故蒙古民族已自知各"阿义马库"复兴之可能，今蒙古已招集泛蒙运动之会议，决议创设蒙古临时政府，以求蒙古固有版图之再建，扩充宗教，而建设名实双全的独立国家。

然则其宣言虽如此之理想，但未得当时俄国白军"克尔察克"提督之支持，复遭内外之反对，因之未果，其所期待之发展，在无形中而告终焉。

三、徐树铮与"温克尔"

1. 我国之对外蒙

"泛蒙古运动"，既始终未得外蒙古之支持，"泛蒙古"一派又无相当之武力，故不能强制外蒙而参加该运动。两者之关系既如此而不一致，故我国政府自不能袖手旁观，遂于一九一九年三月，声明废除一九一五年订定之中、蒙、俄三方条约，加强库伦政府，派驻保安队，遂于同年四月，在大总统之命令下，设西北筹边使之职制，派徐树铮将军充任之，在内外两蒙古，行使其行政之职权。

徐将军于同年十月，带有四千大兵，赴库伦接任，以行使在蒙古我国之主权。

一九三六年七月，人民革命政府小"富尔鲁旦"议长"得库斯牟"在第二十一次会议席上，他曾作外蒙共和国历史发展的报告：

> 中国将军逼迫活佛"蒙古复归中国祖国请愿"签字，中国军阀政府的政治，比蒙古自治制度时代是苛刻的，蒙古封建领主对于中国政治的复活，决不满足，试观一九二〇年春徐树铮为得王公、喇嘛之声援而招集他们开会，亦未得其所希望之结果，亦可明了。在该开会里，王公、喇嘛始终一言不语，原因是他们自知当时蒙古人反汉的倾向甚重，而他们自身也没有满足我国参助外蒙的表示，但王公等对于汉人不满，又没有甚么斗争的态度，而且他们确又不知道怎样斗争才能得胜利。

这个报告的真实与否，我们姑且不论，但"厚德库德"与徐树铮会商之际，他已拒绝他的要求，后又经过王公、喇嘛会议之决议，遂表示正式拒绝。徐将军处在此种情形下，只好对他声明限三十六小时内，须向中国政府提出呈请书；否则下令逮捕"厚德库德"与其国务总理送到张家口去。于是，"厚德库德"为讨论该问题又召集会议，会议结果，对于徐树铮这种声明，益感不平，前对呈请文而表明赞同之王公，对于徐将军之恫吓，亦反对蒙古复归于中国。

然则徐将军见秩序不妙，遂派大兵包围各衙门，而蒙古要人，遂于一九一九年十一月十六日签字呈请文后而交于徐将军。

外蒙古第一次独立，遂告终焉。

二（2.）"温克尔"

"克尔察克"提督之白军，一九二○年在"伊尔克图库〔伊尔库图克〕"而告溃灭，"温克尔"则率其残军而侵入外蒙，此时残军共有六千，经过数次的进攻，于一九二一年二月三日已将库伦占领，我徐树铮将军遂已撤退矣。"温克尔"库伦入城后，即行大杀汉人、犹太种之俄国人与红色分子。

"温克尔"生于"巴尔多"沿岸之"俀斯多尼亚"，原充帝俄海军将校，后又转任"克〈尔〉察克"将校，世人称他为"鲜血将军"，足见其残虐性质之甚！

当时，"温克尔"在库伦曾遇见一位知名朋友，"欧生得维斯基"，在他的所著《野兽，人与神》一书里，他很详细描写了"温克尔"的性格，"温克尔"对于共产党之憎恨，决非笔墨所能罄示，并指着革命是做了饥馑，破坏，文明的死亡，国民的死灭，这些恐怖，都是他亲眼睹的。

"温克尔"，自从憎恨俄国革命，他想在东北与蒙古建设一满蒙独立国，推清朝皇帝为元首，蒙古独立国是他梦想的第一阶级，故他先占领首都库伦。

蒙古"厚德库德"遂遂亲王称号与"温克尔"；温克尔遂使"厚德库德"复位，以亲帝俄派蒙古分子组织政府，并以帝俄财政部部长"维耶特"与前"伊尔库图克"财政部长"罗巴罗夫"数人充任该政府俄人顾问。

"温克尔"独裁政治之实行不久，而俄国红军已迫至外蒙国境，经过六个月作战后，遂告失败，复又被红军逮捕，已成刑场中之鬼了。

据"高罗斯得维基"① 新著述：

"温克尔"虽犯过谬误与□□，但他认为蒙古独立复活是可能，而且也很得蒙古人之信仰。

俄国红军在同年七月，已突破外蒙国境，在□□□外蒙各地之"温克尔"蒙古军与白军四散，以"布利雅图"人喇嘛"鲍德"为首班之亲共产党派新政府创立于外蒙。据苏联之考察外蒙资料："一九二一年七月十一日，革命军主要部队，已占领库伦。"

于是革命的红旗，已高悬在外蒙的天空，蒙古军遂开始行军于库伦中央行军区，该中央行军区为蒙古人民革命党所创设。当时蒙古人民革命党第一代司令为"斯黑巴都尔"，故命各该行军区为"斯黑巴都尔"中央行军区。于是蒙古开始解放，政府以占领库伦日为国民纪念日，民族独立纪念日，蒙古人民革命的纪念日。

《太平洋》（月刊）
北平太平洋月刊社
1947 年 1 卷 8 期
（朱宪　整理）

① 似即前文的"高罗斯得维耶夫"。——整理者注

外蒙古人民共和国新政府之内政

作者不详

一、外蒙政治三大阶级〔段〕

1. 政治三时代五期

自一九二一年至一九四七年，外蒙人民共和国这二十六年的政治，以苏联支配外蒙方针为中心，可划分为三时代五期，今试述外蒙人民共和国成立后的政治的梗概。

第一，左翼政策强行时代——自一九二一年至一九三一年

    1. 初期妥协期——一九二一年至一九二四年

    2. 急道左倾期——一九二四年至一九二九年

    3. 左倾战败期——一九二九年至一九三一年

第二，右翼政策转换时代——自一九三二至一九三六年

第三，左翼政策还原时代——自一九三七至一九四七年

蒙古人民共和国，借苏联共产党红军之援助而告成立，外蒙急进派分子，沿莫斯科指导之方针，在共产党之指令下，以进行外蒙人民共和国之运营，故必采取苏联之政治原理与方法，自属当然之事。今将其第一时代苏联化之进程，试作一简单之论述。

第一期为蒙古人民共和国之草创时期，故独立蒙古民族政权为

其第一步，在此时期政治舞台里，除共产主义者参加外，尚有旧支配阶级参杂其中。故"雷文"在他的著述里，他说这时期政治特征为：

> 这个时期，在民族独立口号下，以抵抗外国压迫而求民族战线之统一，所以在此时期，蒙古人民革命党，对神权封建分子之斗争，并未干得彻底，蒙古人民革命党，为结成反帝国主义统一战线，在国内政治上，对神权、封建分子而让步，以求包括全蒙古人民打成一片，以与外国抗争。

蒙古共和国首脑之权利，虽有限制，但尚推崇宗教君主"季善尊日巴尔德库德"为蒙古首脑，推喇嘛教士"鲍德"为总理兼外交部长，又推革命以前外交部长"其沿林得尔其"为司法部长，以组织所谓妥协政府。

及至活佛入寂后，蒙古政治情势遂为之一转变，此为蒙古政治已进入第二期。政府在一九二四年，已略强化其政策，遂决议不承认次一代活佛之转生，立即阐明蒙古为非宗教共和国，此可谓蒙古社会主义前进第一步。在同年编定宪法，及至一九二五年，第五次第三国际大会，即承认蒙古革命的左翼分子势力业已增厚，并宣言绝对支持左翼分子为政治上的中心。

自一九二五年至一九二九年之间，可谓社会主义强行斗争时代，在此时代，国内有不少反革命分子，为肃清此等分子，曾用恐怖手段，故此时又可称谓恐怖时期。

"爱华德〔德华〕旦"在他的著述《外蒙古真相》里，他说："蒙古人民共和国建国后五年之间，革命指导员，沿苏联顾问所指示之政策，无不盲目的服从，在此时期，为蒙古游牧民众，决未负任何责任，社会上下，始终混乱，而库伦政府，编组军队，在苏联军事指导员下，以期施行其政策，如有反对者，立即枪毙。"

在这军事武力帮助之下，强化了对封建旧有势力的斗争，渐而达到了极端改革的高潮。在同年第六次"大富［尔］〈鲁〉旦"大会上，已判断社会主义革命的发展，达到其从根本上的进步，遂宣明其发展的程度：

> 外蒙革命社会主义发展，现已进入第三发展阶段。

考外蒙自一九二九年至一九三二年四年之间蒙古人的政治，完全在饥饿动乱、暴动恐怖之下而进行的。

于是蒙古政府遂在一九三二年召开特别会议，由极左政策转向右翼政策，在一九三四年，在"根都□□"蒙古□□□报告里，蒙古政府当局已承认其前期政治之谬误，这种外蒙政策之改变，其理由不外是因为蒙古国内情形已陷于不安；而且又因为一九三一年九一八事变，继而伪满洲国因而成立，苏联大感恐慌之所致，自一九三二年外蒙发生大规模暴动以来，外蒙红色政权，有败于民族主义运动之倾向。

苏联之此种突变政策，决非其倾向于右翼，仅□过在推进其红色政策的进程上，为防止外蒙人心的向背，暂时收拾人心计，暂取缓和一步而已，此种怀柔政策，直继续到一九三六年，民众生活亦大行改善。在苏联的眼光里，因行此种政策，反动派已解消矣。此后虽难得外蒙政府报告，但自一九三六至一九三七年后，苏联自必再换左翼政策，以进行其根本方针。在此转变左翼政策以前，正值日本占领东北发生第一次所谓满蒙国境纷争之际，虽为解决该纷争而在满洲里召集会议，但亦未有任何结果；且在一九三七年夏芦沟桥事变发生之际，因在满洲为会议出席外蒙政府要人有受日人之贿赂与煽动，借而认为有反革命的嫌疑，遂被苏联当局逮捕枪毙。在一九三六年三月，苏蒙之间，遂成立《苏蒙互相援助条约》，蒙古在此时期，复转换其社会主义之方向，亦苏联在二次世界大战前对日战争之准备也。

外蒙古之政治动向，业已经过上述五期三大阶段，其转换右翼之一段，并非根本的转变，乃是列宁所谓"战术的后退——一步后退，二步前进"的方策。

二、左翼政策强行时代

1. 推行极左政策

一九二四年，蒙古君主活佛入寂后，苏联立即开始肃清封建分子，以强行极左政策，因而民族共同战线，自必受其影响，缓和派虽希望民族独立，但决不肯放弃财产与特权，遂惹起他们的反抗。然政府采用秘密警察与恐怖政策以肃清反对派，于一九二九年遂声明社会主义革命已进入第三阶段，极力推行极左政策。

一九三六年四月八日苏联《真理报》，以《蒙古人民共和国发展之进程》为社评之论题，叙述反帝国主义革命已转变为反封建制革命之经纬，并说明因内政改革而引起封建分子与喇嘛高级人员之反抗。其改革之主要者，为撤废封建特权阶级，公开牧场使用权，取消旧王公、官宪无限制权利，树立地方行政人员选举制，铲除寺庙征税，撤消寺庙属下人制度。在一九二六年，公布政教分离法律，限制寺庙数目，限制喇嘛之榨取，并没收寺庙财产之大半。

这样以来，加强压迫封建王公与高级喇嘛，实行蒙古大众独裁，化土地资源为国有，编定累进税，以课私人企业高率税则而压制私人经济，组织协同合作社，创设国营企业，以导入于苏联社会主义经济之规范。然而其结果反发生两大矛盾：生产力虽因改革而增加，但旧封建分子亦因而增厚其财产；而资本主义亦因之而发生。

例如家畜数目，一九一八年蒙古共有三百四十万头，一九二七年增加为五百四十万，其一百分之七十为王公与喇嘛所有。且据一九二九年第七次大会一代表之陈述：蒙古大众，因贫达于极点，不能担负租税，故如不变卖家畜以纳租税，则必课一监狱之罪。因此贫困者则益形贫困，富裕者则益形富裕，在商业界上，亦只见富裕阶级之经营；在农业上，则发生地主与租地人之纠纷；在城市里，则产生富裕商人、高级政府大员与人民革命党员之有产阶级。例如政府大员月薪自五百至一千卢布者，可雇用贫穷大家为佣人，以自行牧畜业之经营。至选举为中央大员，或拨选为地方行政人员〈者〉，亦多为旧王公、喇嘛〈及〉与其有关系之富裕阶级。

在这个情形下，政府欲实行左翼政策，自必引起反抗，因而出于暴动之举者，不胜枚举。于是苏联于一九二八年，遂选派"鲍罗金"，调查蒙古真象，以决定强化左翼政策，企图政治、军事、经济、警察左翼理论之彻底化。

1.〈撤换〉政府右翼指导人员，选派左翼青年充任指导人员。此派青年，均在莫斯科受过教育，忠守第三国际指令之一派人物。

2. 肃清政府右翼派。

3. 实行外蒙古左翼化。

4. 决定没收封建分子财产之全部或一部，例如没收五百三十七名贵族财产的五百二十万卢布，取苏联为模范，用作集团农场之基本财产，并提高喇嘛负担税率，设立处分财产制度，创设喇嘛限制规章。

5. 废止私营商业，仿照苏联，限制私营农业。提倡家畜集团化，改游牧民众为集团化工作员。在一九三〇年至一九三二年，蒙古已组织共有七百之集团化牧场，各均拥有大部家畜。

6. 妇女须与男子受有同等权利。

莫斯科政府为外蒙革命，选派指导委员来蒙古政府，开始对富

裕阶级与私有财产之斗争，而实行极左化生产方之增厚，此可为
外蒙史上一重要转换期。

2. 急进左翼斗争之失败

然而急进左翼斗争，已告失败，据"爱德华〈旦〉"著书里
所记外蒙主席"肯都温"之报告，其成绩很坏：

牧畜：第七次"大富［尔］鲁〈旦〉"会议（一九三四年），
则承认前会议所规定之政策，实有□于私人之创意，因为无准备
而强求集产经济化，人民受害非浅，因此游牧民均放弃牧畜事业，
为免去租税负担，出卖家蓄〔畜〕。为保守旧来传统，游牧大众，
大都逃避深山僻地，因之牧蓄〔畜〕业大形衰退，在强行极左政
策之三年中（一九二九—三一），家畜已减去七百余万头。

私人商业：因限制私人商业，故供给游牧民之商品或由游牧民
购买原料，均为国家机关所经营，蒙古中央合作社为其主要国占
机关，但旧机关不能胜任其任务，反而因各零星之设施，徒费经
费而已。或过小评价进口货之必要量，或过大推算家畜之出口，
商品流通极为困难，或逼迫游牧民购买货物，因而演成商品竞卖
之现象。

一九三一—三二年，因固执实行此种政策，遂产生必需品缺乏
之现象，因而游牧民已陷入困难之境，尤其蒙古西部与南部"两
阿义马库"地方为最甚，某一地方游牧民曾以干兽粪用以代纸烟
而吸之，以干草用以代茶而饮之。

运输：外蒙本系人口稀少之地，旅行、交通颇为困难，复因共
产政策，限制私人输送发展，而兽力拉运又归于集团化经营，因
此兽力颇感缺乏，又因兽类化为共有之关系，兽因欠缺康健，因
而难以耐劳。国内全交通机关均被蒙古运输总机关所独占。

汽车为蒙古运输主要机关，走兽补助之，但因蒙古公路不甚发

达，故输送殊感不便。

手工业：凡未开化国家，手工业必为其产业之中心，但在前定政策之下，限制私人手工业之发展，组织手工业联合合作社，但其范围，仅限于库伦工厂，且又不能得民众之协力，故不得已雇佣个人以进行其手工业，此实为蒙古政府限制汉人劳工进入蒙古法令之矛盾。

农业：蒙古人口，大都属于游牧民众，但蒙古政府改游牧民为实行农业之农民，并未考虑蒙古经济在于游牧牧畜，专以游牧大众转变为农民，以求生产为目的，创设数处国立农场，以作实验之用，以国立农场作实行耕作斗争。在一九三二年，国立农场开垦二万"对夏琴"之土地，预定生产九万头羊，但结果仅达到其半数之成绩，政府为组织国立农场，徒费经费而已。

于是政府方觉悟游牧人转为农民，并无利益，且因转为农民关系，大为影响牧畜事业，故改为新政策：奖励游牧民自行其牧畜之发展；改国立农场仅为试验之用，并扩大其任务，以指导游牧民大众。

宗教：外蒙宗教政策，可为第六次"大富［尔］鲁〈旦〉"会议所犯谬误中之最大者，蒙古人民共和国在一九二四年建国时，规定宗教为人民信仰自由，然而政府在一九三二年却实行宗教压迫政策，前后矛盾，莫此为甚。

政府对于人民，不仅在物质上多加限制；即在精神上亦加统御，故自当引起民众之反对。政府政策，在攻击封建主义与打倒反政府之寺庙，故其首领在共产主义侵蚀之前，颇感威胁，故设种种手段以对抗其威胁，而人民自体和巩固其宗教信仰，对喇嘛庙民众之影响颇大，盖因蒙古人民家庭，均须有二三人服从宗教的义务。故寺庙中上下僧侣与民众，当必结成坚固之纽带，以对抗革命政府之政策。政府对寺庙僧侣则出一高压手段，赋课大庙财产重税，剥夺全喇嘛之基本权利，因而引起民众反宗教〈政策〉之斗争，政府遂关闭喇嘛〈庙〉。

进行此种方策，徒引起民众之反抗，故革命政府在统制寺庙，可另用别种方法，以求解决问题。

行政：革命政府，在行政上，更感困难，因外蒙古行政，须沿共产制度，故其障碍之发生，理所当然。且行政长官，大都不能忠守法规，且各地方所任用之人员，亦多无大学识，对于法律上之解释，大都根据私人的成见，故当时所制定之法律，对于外蒙民众，多为不适合者，故民众对于新制定之法律，大都认为于自己之成见相抵触，故民众均希望撤废此种法律，且中央政府有怠于监督地方官宪之点，而地方官宪则利用机会以私行其利己行为，一般蒙古民众，受其牺牲者，再再〔在在〕有之。

教育：革命政府，为革命教育与养成指导员计，特别努力于教育一事，此可谓理所当然。然而在天然的大自由里所生活惯的游牧民众大多对于教育或教室或类乎此等之对象，并不欢迎，革命指导员所树立之教育要纲，并无任何根据，只以苏联之思想，移入于蒙古，故万难以收预期之效，而且又因缺乏经费与适当教育人材，只由苏联"加尔马克"自治共和国，聘请该"加尔马克"人数名，以助蒙古教育之振兴。然蒙古人对于"加尔马克"人之教育，不仅不欢迎，反认为于蒙古有害而无益，遂群起而排斥之。

革命政府，在教育上，并无任何之进步，故政府在第七次"大富〔尔〕鲁〈旦〉"会议上，已承认教育失败。据"富〔尔〕鲁〈旦〉"召集以前之调查：国内熟练工人，仅达一千五百人，其中百分之三十为文盲；百分之十为受过初等教育；百分之十九为受过专科学校教育。据"富〔尔〕鲁〈旦〉"之报告：其剩余百分之四十一者，并无任何说明之记载，各政府机关持有职务责任者中，百分之二十七为目不识丁字〔者〕；关系保险卫生事务者，为百分之十四；关系农业牧畜委员会公务员者，为百分之二十五；关系经济施设企业之劳工者，其比率最高，为百分之四十二。在革命政府里人员教育尚且如此文盲之多，至于在人口中占大多数之游牧民众中之目不识丁者，当大有人在。

总之，据"爱德华〈旦〉"之著述，以现阶段外蒙古政府社会主义化之政策，而实行现代外蒙共产主义化一事，实等于在"戈壁"大沙漠中建设汽车工厂一样，决不足一谈也！

三、一九三二年的大转变

1. "肯德温"主席之报告

革命政府虽实行社会主义的建设政策，然而蒙古民众决不接受，因而反政府运动，遂在各地发生，虽以武力压迫，亦未能收其效果，故政府不能不变更其政策。一九三二年，蒙古人民革命党召集第三次临时"布雷那木"会议与"小富〔尔〕鲁〈旦〉"第十次特别会议，以研究游牧民众不满于政府方针。

第十七次"小富〔尔〕鲁〈旦〉"会议所采决主要之更生方策：回复私人所有权，限制合作社公共企业之享有独占权。

关于该政策之转变，在一九三四年第七次"大富〔尔〕鲁旦"会议里，共和国主席"肯都〔德〕温"曾作报告：

> 自第六次"大富〔尔〕鲁旦"会议至今已经过五年，在此时期，国内各种情形，颇为纠纷，对于我共和国独立，有反革命封建分子与喇嘛僧侣作电〔乱〕四起。第六次"大富〔尔〕鲁旦"会议，虽决议现阶段革命已进入社会主义发展第三阶段，但其根本错误，乃在于私经济、商业、宗教与集团化

之谬误。

我国现为反封建主义与反帝国主义的有产阶级民主主义国，并在非资本主义发展之渐进途上。我民族民主主义的反封建革命，现尚未达到社会主义之阶段。

此不外为创造蒙古经济之根本，并不受例外之任何束缚，此乃发展私经济之所以也。鉴于蒙古经济现状与社会关系，吾人须容认私有财产之进步，并不任加任何压迫。然而吾人并不偏重任何一方，即对于榨取阶级亦努力逐渐限制其范围，吾人须改善极贫与中产蒙古大众之福利，以各种方法，图谋私营牧畜之发展，为增〈加〉家畜［加］收入，提高物质的向上，政府须援助之。

不顾时期与地点，而只求创设国营农场一节，这是错误。根据第十七次"小富［尔］鲁旦"会议之决议：废除现有国营农场，解消私经济之压迫原因，乃是根据这个理由。对外贸易须根据保护我国民独立方针，但国内商业勿须独占，并许可个人经营经济。

第六次"大富［而］鲁〈旦〉"所规定农业方针，亦改其过误，过去为发展小麦生产是而扩大农业，但此对于过去为蒙古经济根干之牧畜事业，无形□□□减少，而且农业之扩展政策，亦未收其效果。至于创设国营农场，亦徒空费大批经费而已，故政府撤消此种政策，改国营农场为模范牧场，以奖励蒙古游牧民之牧畜事业，为奖励此种事业之发展，自一九三一年银行贷款十五万"都古利克"，及至一九三四年其贷款数目已达七十万，收相当之成绩。

家畜头数，一九三三年增加为三百五十万头，一九三四年增加一百十万头。并又废止手工业之限制。

在极左政策时期，不准人民信仰宗教，肃清寺庙喇嘛，但实际上，不唯未收其效果，且反而引起喇嘛之反感，惹起喇嘛对反宗教而作乱。故自一九三二年，政府承认信仰宗教为私人之自由，并不加任何限制。然则遇有在表面以信仰宗教为号召，而其实欲图谋反革命者，政府则断不能对其停止斗争。政府认为寺庙与低级喇嘛于政教分离等法律有障碍，故委大寺庙喇嘛为委员，限制其活动。但对于一般喇嘛，因他们受高级喇嘛之榨取，故另定规章。对于高级喇嘛，不给予投票权利，亦不准进入军队。

为与封建主义斗争成功计，图谋一般喇嘛与高级喇嘛而行分离，置一般喇嘛于革命民族政权下，确为重要政策。且对一般喇嘛自行进取学习蒙古国字者，可免除租税；进入各企业里而工作者则赋与选举权。

我民族文化发达之最要者，须铲除封建制度之渣滓；肃清一般大众封建思想；养成爱国独立精神；发展生产力量。民族文化，须注重革命，并不许与资本主义国家并中国等国家而接近。

蒙古因过于加紧经济的发展，对于民族文化，有努力过少之感，经济发展与文化建设并重，尤其教育国民干部，更属重要，自一九三五年为在官厅与各机关工作人员而目不识丁者的教育起见，则实行义务教育，故公共教育经费亦必增加。

"肯德温"主席，末尾并言明苏蒙关系更须接近；对于帝国主义必须警戒。蒙古一切改制必须仿效苏联，以求建设外蒙共和国家。

2. 右倾暂时转换的成绩与内里的左翼政策

虽一时改为右倾政策，但决不能放弃其根本左翼，仅为安抚一时民心与救正生产混乱而暂行改变方策而已。苏联指导人员，虽高唱"左翼的谬误，转向右翼"，此不过鉴于过去左右两派抗争中左翼政策的失败，临时改行适合蒙古游牧社会之政策而已。自改行新政策以来，乃努力扩充生产，安定国民生活。乃规定以下各种方针：

1. 牧畜事业，为蒙古经济的基础。然由国防观点，须树立食粮自给自足政策，以扩展住民必需量之谷类生产，因而忽略了牧畜经济，牧畜本为蒙古经济之根干，故自改方针后，即行扩大牧畜生产。

一九二九年，牧畜头数为二千一百九十五万头，但在一九三〇年减为一千五六百万头，自一九三〇年后即行第一次增产五年计划：

一九三一年　　一八，三五一，〇〇〇（头）

一九三二年　　一九，四四七，〇〇〇

一九三三年　　二一，〇三一，〇〇〇

一九三四年　　二二，八六〇，〇〇〇

一九三五年　　二五，〇六〇，〇〇〇

其成绩虽未达到预定计划，但亦略见其增产效果：

一九三四年　　二一，一〇七，〇〇〇

一九三五年　　二二，三七二，四八〇

自改为右倾政策后，经过三年，方才达到一九二九年原有的生产量。

2. 农业之生产量，虽不过蒙古游牧民全人口需要总量的三分之一，最利于农民，免税三年，免租供给土地与人民而耕种之。

3. □□□为蒙古经□□之一，故施行兽类营业免税办法，给予人民利用森□权利□□。

4. 矿工业，为救济非家畜业之贫民，进入矿工业界，而从事工作，蒙古全工业劳工，一九二七年仅有六十名，一九三五年已增加三千多名；劳工条件亦行改善，从前每天须工作十四五小时，如今已实行八小时制度。

5. 奖励家庭工业发展，给予家内工业合作社特殊权利，对于非加入合作社者亦行援助。

6. 商业，奖励商业合作社之进展，并谋私人商业之经营。

除此六项工作外，对于一般文化事业与保健工作，政府亦行奖励之策。政府为实行转换政策与内面左翼工作起见，其所需经费，常超过每年之预算。

然而政府虽采取此种政策，究竟不过系一临时办法；为共产化之基础工作，在行缓和政策之下内面仍以进行左翼政策：

1. 对神权封建势力喇嘛，仍行破坏政策。此一九三四年第七次"大寄〔富〕［尔］鲁旦"会议所规定政教分离办法：不准活佛转生；严禁建设新寺院；不准十八岁以下青年充当喇嘛；禁止强制密附各制度；限制寺庙买卖。并于一九三六年复行严禁家族中二人必须进入寺庙之制度。

一九三六年第二十一次"小富［尔］鲁旦"会议议长"德库斯本"曾说明喇嘛封建势力甚大。据该议长在会议席上之报告，虽已没收喇嘛财产，但一九二九年尚有王公封建领主四百二十七，喇嘛封建领主三百〇二。在一九三一年至三二年之间，王公领主为六百二十二，喇嘛领主为二百〇五。至于王公家畜已全被没收。喇嘛家畜在一九二五年为二百六十四万九千头，但到一九三五年，已减为二十二万四千头。此种现象，足见其内面实行左翼政策之结果也。

2. 一方面□奖励私人牧畜，私人商业，私人运输与各种家内工业；但在另一方面，设立国营企业公司，实行国营运输、商业与金融。并更促进家畜共同合作饲育，发展合作组织。在王公、寺庙所没收之家畜，用以充当合作社之基本财产。在一九三三年，改运输上旧有驿递法为新驿递法。

一九三二年以后，仍继续表面右倾内面左倾之两面政策。据苏联研究蒙古专家之所述：蒙古私人经济，逐加限制，国家与合作经济为非资本主义发展之基础工作，此于左倾进程上发生指导与调整之功用。现蒙古外国贸易、批发商工业、金融与汽车运输等重要基础，均在国家掌中所掌握。至于工业与零卖商之百分之七十在合作社权利下而经营。

3. 文化政策，所有文化，必须在共产主义化政策下而进行。如识字运动，学校、病院、新报、杂志各机关，均须为反封建反资本主义的共产主义思潮斗争的工具。以教育手段而启蒙共产主义，并以剧演与电影为教养游牧民之共产化。至于保健教育、一般文化事业，自一九三〇年起始，即实行其普及运动。此种消灭文盲识字运动与各种文化发展之源泉，系来自苏联，故苏联评论家"雅鲁季克"评蒙古现阶段文化："现在蒙古文化建设，在表面上虽是民族文化；但在实际上，的确是反帝国主义与反封建的文化。"

蒙古文化建设，乃注意在共产化运动，虽在认为"左倾是谬误"的时期，仍推进其共产政策，并在政治方面，力求生产扩大，图谋国权统一，并宣传帝国主义胁威蒙古，以谋蒙古大众服从苏联，实行渐进的左倾政策。

四、左翼还原时代

外蒙之所以采用临时右倾政策，决非外蒙苏联化不适合外蒙实情之苏联反省，乃是因当时实行左倾政策而发生生产低下，为挽回此种生产低下之恢复提高而对经济修正之一临时方针也。只是根据唯物论的思想里，谋蒙古□众享受□资快□生活，以减除反抗左翼政策的势力。故生产力之复活发展，在其非共产制进展的进程上。苏联逐渐采取方策之再转变，亦系预想中能料到之事。

一九三六年，据苏联研究蒙古专家的评论，当前蒙古势力确为资本主义所占，此种资本主义，仍是由单纯的商品经济发展而自然产生的，故为改行非资本主义发展之方向，需要积极的阶级斗争。这种结果，是由缓和政策所产□一般经济的倾向，故左翼之再转皆当然之步骤也。为实行左翼之再转变，遂于一九三七年，又开始肃清工作。

外蒙新主席"乔义巴尔山"在议会演说中，关于左翼政策还原方针，他宣明了新纲领：

1. 促进牧畜农业合作，政府应即下令实行。

2. 决定养成牧畜共产制特别技术人员，由一九四〇年实行。

3. 改国内商业机关为共产制文化商业机关，撤废一般私人商人。力求收入与支出之合理化，以增加国家收入。

4. 运输劳工须自行参加共同劳工，此于国防有重要关系，故须特别努力，政府立即下令民众训练马的运送。

5. 决议强化工业建设劳工，以备国防。

6. 决定资本家与反革命分子关系人的增税，并决定中产阶级减税与贫穷阶级免税。

7. "乔义巴尔山"在一九三八年由喇嘛收税约达二百万"得〔都〕古利克"，自今日起始，实行旧喇嘛关系者之增税。

据其他书本之记录，共产化政策是与肃清工作并行的，自一九三八年以后，外蒙古革命政府撤废右倾一切政策，开始外蒙古苏联化，采取全面的共产主义政策。

（下期继续刊登）①

《太平洋》（月刊）
北平太平洋月刊社
1947 年 1 卷 8 期
（李红权　整理）

---

① 未见续文。——整理者注

外蒙革命中秘密反苏独立运动

王明　撰

一　暴动之政治意义

一九二一年，自外蒙古脱离中国关系后，按照屡次的中俄条约，外蒙古虽是独立，但这不过是表面上的独立，在实际上，则等于隶属于苏联，故外蒙古依然的是继续着努力独立运动。然则既在苏联势力支配下，因为苏联势力强大，而且苏联的组织又很整然，在这种情形下的外蒙古人，又加上外蒙古人自己的组织力不怎么样的强大，外蒙古人自己虽希望完全自治与独立，但在苏联想扩张苏联革命计，在强大势力的苏联立场下，则认为外蒙古人自治与独立的活动为"暴动"、"叛乱"、"反动"与"反革命"，因此苏联则用苏联方式、最令人不忍听见闻的严苛的手段去压迫外蒙古自治与独立的运动。然则苏联愈压迫，外蒙古这种运动，或所谓"叛乱"与"反动"、"反革命"的活动，则愈接二连三的甚至于无限度的而发生。

这种反苏运动，其主要分子大都为外蒙古旧有的封建王公与外蒙社会特有的寄生阶级的喇嘛。外蒙古这种运动包括的中心，虽也有外蒙旧社会传统与墨守旧规及社会坏现象的复活的活动；但根据外蒙古大众的希望，民族独立与民族自治的运动也是事实。

自一九二一年外蒙古脱离我国关系以后直到今日，连年叛乱，继起不断，而且这种叛乱一年比一年的严重。这样看起来，苏联在外蒙古之支配，并非是民族解放，而是以外蒙民族隶属于苏联的结果。

考其每次叛乱的事实，固属为无组织的、非现代的，而苏联因此可以借其辞，但在肃清反革命、反动派分子前后，外蒙古自治独立运动，逐渐的而变成组织化。关于这一点，我们试看"宾巴"上尉外蒙古脱逃记的所说，足证其与事实不违。

苏联在外蒙古愈行外蒙苏联化政策，而外蒙古反苏运动则愈甚，然则外蒙古自亲苏派"乔义巴尔山"掌握实权后，其胜负之属于谁，虽不言可知，在此小文里，我们不必论其胜负，只就其叛乱之经过，按历史经过之程序，试作简单之列述。

二　自建国时起至肃清之间

一、"包德"之叛乱——一九二一—二二年

一九二一年七月十一日，自外蒙革命军攻入库伦后，即将人民革命政府由"加夫达"迁移至库伦。外蒙古人民革命党之发起与组织人，本为喇嘛"包德"，故此时自当推"包德"为第一次喇嘛总理，但自同年冬至一九二二年之间突起政变，"包德"总理与其一派五十余名，立即被处死刑，此即所谓既一九二二年九月第一次反革命之阴谋。据同年九月五日在库伦所发出蒙古通电之消息称："包德一派，共谋打倒人民政权，图蒙古仍归属于中国，借可复活旧贵族政治，因而通谋美国领事、中国军人与帝俄白军。"

考当时蒙古人民革命党外，尚有蒙古革命青年同盟，其组织分子，均系蒙古人留苏之留学生所〈组〉织者，而其革命青年同盟

员，亦均为由莫斯科回国之蒙古留学生，故其亲苏色彩与共产急进，自属意中之事；而蒙古人民革命党，名目虽亦曰革命，但其组织分子与党员，大都为王公、喇嘛与离不开蒙古传统性的主要分〈子〉，此等阶级分子，为右翼。故"包德"当时失脚之原因，当为代表急进努力之革命青年同盟所策动，自属无疑，以铲除"包德"一派之右翼，而谋加强自派之左翼化。

二、沙治喇嘛之暴动——一九二二年

在"包德"叛乱之前后，在"乌兰克牟"——前科布多即"乌布沙阿义马库"公署驻在地，有喇嘛暴动。

沙治喇嘛，原为西藏人，平素对于压迫宗教左派之行动，颇抱愤怨，遂于一九二二年，率领二百多人喇嘛，高唱拥护法灯，而赴"阿义马库"衙门政府，请愿容认喇嘛宗教，然而不得其结果，遂于是年冬季，与"包德"互相呼应，包围衙门政府，遂以兵火相交。不久，及到一九二三年即被政府军攻打四散，在同年二月，沙治喇嘛与其他一派高级喇嘛，已被枪毙。

三、"厚修佛连"之暴动——一九二三年

沙治喇嘛叛乱肃后不久，一九二三年春，在蒙古东方"肯梯部"，有"厚修佛连"喇嘛百余名者，包围部公署衙门，要求保护喇嘛庙所有财产，未果，遂起暴动。

四、"欧罗治克尔布利雅图厚修"之动乱——一九二三年

在前项暴动不久，在"肯梯部"此〔北〕部与"布利雅图"共和国南部地方，发生一大暴动，该暴动分子，系由"布利雅图"共和国之苛政而来逃难者之"布利雅图"蒙古人为中心而大起暴动，并有"哈尔哈"人参加，共达二千余人，包围部公署衙门，

以打倒革命政府与清代蒙古再兴之口号，大为武装蜂起。反军屠杀"索门温"公署，包围部公署衙门，一时大见优势，但因兵器供给不足，遂被政府军大破，反军头目以下一百余名被处死刑。

五、"谭赞"阴谋——一九二三—二四年

"谭赞"，原为蒙古人民革命党之组织人，革命政府成立后，即任为财政部长之要职，自"包德"政权瓦解后，曾历任革命军总司令与人民革命军本部长两要职，被当时一般认为稳健派。

一九二三年十一月，"谭赞"于中苏协定前，曾到北京政府交换关于蒙古政治组织之意见。

翌年五月，活佛入寂后，人民革命党内部即发生两派互相对立：主张立宪君主政体之"谭赞"一派；主张共和政体左翼青年一派。两派经过奋斗之结果，及到同年六月三日，共和派战胜，遂实行共和国宣言。于是"谭赞"一派则大为不甘，遂暗中计划打倒革命政府之阴谋，及至同年七月，不幸阴谋暴露，"谭赞"一派遂处死刑。

蒙古政府仍照往例发表："谭赞通谋汉人，纠合同志，暗结中国军人头目，借其援助之势力而谋打倒人民革命政权，以图蒙古归属于中国。"

六、"布利鲁布"喇嘛阴谋——一九二五年

"布利鲁布"喇嘛，为"科不多"生人之高僧，他鉴于喇嘛教之被压迫日甚一日，遂与外蒙各地僧侣互相通谋，并期待西藏与中国本部"班禅呼图克图"之政治势力，秘密进行喇嘛教再建运动，及至一九二五年，事已暴露，教徒三百余人虽拥护"布利鲁布"而举叛旗，终因寡不敌众，死伤百余人而败矣。

这个暴动直接原因，乃是在同年开第二次大国民议会时，曾决

议废除"夏比"特权，禁止喇嘛庙捐款，并强制喇嘛负担纳税义务。

七、"科布多"与"乌布斯"两部之叛乱——一九二五—二六年

一九二五年，苏联红军撤退后，"乌里雅苏台""厚顿加细拉干达尔加"市长之〔及〕贵族，乘苏联红军撤出之机会，与"科不多"及"乌布山克尔"两部之旧王公、喇嘛，纠合而蜂起。

在一九二五年末二六年初，该市长与前"科不多"所属之右述两部同南方新疆打成一片，以标榜建设蒙古帝国，而大举反旗。然而亦未得与新疆中国政权之连系，不久，兵势不得已而败，该市长被枪毙。

八、"旦巴库得尔基"与"基旦巴"等之阴谋 ——一九二七—二八年

"科不多"方面动乱尚未完毕，继而各地右翼派之暴动四起，因而致死者颇多。一九二七年至二八年，自人民革命党头目"旦巴库得尔基"（蒙古人民党中央委员长兼青年同盟中央委员长）与"基旦巴"（中央军事会议长）两人失脚后，而蒙古右翼派之势力，即大为减低矣。

一九二八年十月方七次人民革命党大会，这两人被左派打败后，遂被苏联开除，"旦巴库得尔基"一九三五年客死于"列宁格勒"，"基旦巴"被软禁于该地，其生死不得而知。

九、"耶轮古顿"与"达库巴"喇嘛等之动乱——一九三〇年

一九三〇年三月，"乌兰巴多尔厚达"人"耶轮古顿"与"达库巴"两高位喇嘛，与"乌兰克牟"地方之喇嘛相通谋，与民众打成一片，以寺庙为根据地而反抗政府军，于同年九月末，高僧

等三十余人亦被处死刑，内有一人，名为"山音诺音汗"的"德尔凹"，逃难于内蒙。

十、"扎义万得图汗包呼图克图"杀害事件——一九三一年

"阿尔汗加雅"部人，"扎义万得图汗包呼图克图"者，为蒙古人社会之所最崇拜者，在前述动乱前，"呼图克图"由乡里而赴库伦，对政府当局提出建议：如政府仍继续压迫宗教政策，或将发生意外，故政府应即解除反宗教运动之举！但政府当局，不但不接受其建议，反而将他投入狱中。经过三年出狱后，遂向当局责问政府之不法。当局于一九三一年以"呼图克图"置于汽车轮下而轹死，当局因恐引起民众之反动，遂使各报登载"呼图克图"入寂而转生，以掩饰民众之耳目。

十一、"多布金山宝将军"西部地方大叛乱——一九三二年

参谋部"多布金山宝"将军，平素即抱反苏之思想，对于苏联在外蒙玩弄傀偏政府，大为怒愤。一九三二年初，自"乌兰巴多尔"回到家乡"乌布尔汗加义"部，以省亲为理由，秘密在各地纠合不平分子为同志。

在同年五月，与"乌布尔汗加义"、"阿尔汗加义"、"乌布沙克尔"、"扎布汗"各部——前"科不多"与"山音诺音汗"西四部地方，与前王公、喇嘛结成一片，并有其他官兵加入，共达一千余人，一举而进攻首府库伦，政府军虽苦战亦不支，后得苏联之援助，后经三个月之久战，方告终结，政府军与叛军之死伤颇重，"山宝"将军于一九三三年春被处死刑矣。

十二、"散基得尔基"喇嘛之阴谋——一九三三年

在这个动乱之前后，一九三〇年，有"散基得尔基"喇嘛者，

与"耶轮古顿"喇嘛秘密而相结，以拥护法灯为目的，而作暗中活动，及到一九三三年曾与"班禅呼图克图"所交换之机密文件，被政府内防处采〔探〕知，遂被政府而杀死。

自此以后，喇嘛势力大减，政府通过宗教法案，实行限制僧籍，新定破坏寺庙等等法条。

十三、"斯温普"等阴谋——一九三四—三五年

"斯温普"系政府要人，曾任人民革命党与中央会会长，反抗极左政策，自一九三〇年起，即秘密与各机关主脑及有知识阶级取密切之连系，以谋打倒现政府。

一九三一年，日人侵略我东北时，日人曾勾结"斯温普"，用大批款项收买蒙古重要人物，开始大规模反革命运动，日人欲使被收买一派蒙古人作由外蒙中央部到东外蒙古各地方与伪满洲国合并运动，及至一九三四年，其阴谋被政府内防处发觉，遂在"乌兰巴多尔"枪毙同志四十五人中之三十六名。

十四、"公包加普"放火事件——一九三五年

"公包加普"者，为蒙古"工业家同盟"之头目，一九三五年，有大批向苏联输出之羊毛，放在库伦羊毛仓库里，他愤恨苏联已极，遂以一桶煤油，点火烧尽。

据"公包加普"愤恨苏联之理由：外蒙羊毛与其他原料品均输出于苏联，所由苏联换来的外蒙必需品，其价目不知高到〔高到不知〕其止境，因之民不堪其痛苦，远不及昔日与中国之往来通商而蒙古民众实大受其利益也！

政府当场立即逮捕"公包加普"而杀之。

三　作乱组织化第一步

十五、"巴达马耶夫"、"公包马达马耶夫"
的反叛——一九三四年

一九三四年十一月十四日，"乌兰巴多尔"、"巴音图门"、"达木斯克〈斯木〉"各地叛乱四起，这些叛乱彼此都有连系，较比以前规模很大，但蒙古政府得苏联红军之援助，叛军均被平定，今将其经过略述之。

1. "乌兰巴多尔"地带

十一月十四日，蒙古骑兵队长"巴达马耶夫"、司法部长"公包马达马耶夫"与医学博士"那拉沙林"一派反苏分子，兴〔与〕外蒙古军一部及蒙古大众二千人纠合一起，煽动全国蒙古民众，大行反对苏联，杀死苏联要人二十八人（内包括女人六名），与苏联共产党员十八人，遂大示其威风。苏联鉴于情势不利，遂在四月十七日派飞机三架，红军六百，急派汽车到"加夫达"而作攻击，经过五天后，时局方才平定。

当时枪毙首领"巴达马耶夫"联队长与其他三名，并逮捕"公包马达马郎〔耶〕夫"与"那拉沙林"数人关在牢狱里。

在四月十九日，约有三百蒙古军，飞机七架与炮兵将校若干人（亦有苏联人在其内），正在企图逃走之际，忽被发现，当即枪毙八人。

苏联为善后计，遂派红军于"乌兰巴多尔"各机关，监视反苏分子。

2. "巴音图门"地带

在"乌兰巴多尔"大叛乱起时，"巴音图门"方面亦作响应叛乱之举，苏联红军急派骑兵三百、飞机四架，战车、装甲车共约三十辆，增驻于该地，时〔随〕后该地方亦平定。苏联在此时后又派苏联共产党员四人，由"达乌略"急到该地，不幸在途中竟被反军杀死。

3. "达木斯克斯木"

十一月十四日在"达木斯克斯木"地方突起暴动，杀死苏联指导将校二名，苏联急由"乌兰巴多尔"派送飞机、战车与机关枪队到该地方，十一月十八日叛乱始告平定。

4. 西部地带

外蒙中央部与东部方面叛乱虽告一段落，但其余波复波及西部，该地方之平定，较需时日，因此，劳工与游牧民大众得以积极加强暴动，遂大破坏"吉布哈兰多"各方面之警察机关与宣传机关。不久，苏联又以飞机与装甲车大行平定。

这次叛乱，全外蒙古各地均在十月十一〈至〉四日一齐蜂起作反，且苏联急派共产党员走在途中而被杀死，由这两点考察之，足见此次作反比以前是有计划有组织的，可为外蒙反苏经过中之一大转变，其原因不外以下四点：

一、反对共产化；

二、反对犹太人；

三、建设民族独立；

四、苏联内部不安。

总之，外蒙古人民已有民族的觉悟，因之而反对苏联外蒙之强制共产化与苏联之支配；而且因大批苏联顾问与指导员之在外蒙须需大批经费，财政亦大感困难。一为民族独立，二为解决财政，才实行反苏而作叛乱。详言之，向来称谓急进左派分子的蒙古青年同盟干部，在一九三三年十一月小国民议会里，提议现政府财政极端穷乏，故须另行设法一案；青年同盟主张减裁现政府之人员，要求民众赞成其主张，以该方案为民众之意见而向政府提出要求。然则青年同盟所主张减裁政府人员一节，在实际上，乃是指减裁苏联政府派来之顾问与指导员须减少而言。试看以下之决议文，足见笔者言之不违：

> 我们外蒙古人民共和国建设之在当初，多劳苏联政府之指导与援助，而且外蒙建设后，为外蒙古开发各种事业，亦多劳苏联之指导。而且外蒙古人民政府厚蒙苏联援助之结果，借而大可向中外宣扬外蒙古民族之价值，因而外蒙古得以自治与独立，并又完成各种建设事业，一切大告成功，此无他，乃苏联政府与现在各顾问、指导员努力之结果也！

> 然而目下，我们外蒙古人对于各种事业，已有熟练的把握，独立的立场，业业完备。然而第十三次小国民议会会议之报告，政府财政并不丰富，据过去三年的统计，政府支出均超过政府收入，故政府之将来，如遇必要时，可恳请间接的援助与指导，但决不需要直接之指导，并为解决财政困难起见，外蒙古人自身所选任之顾问与指导员，亦须辞退之。

莫斯科政府认为这个小国民议会之决议为苏联的"极东风云告急"，于是苏联不但不戒〔减〕裁顾问与指导员，反增派五十四人直接指导军事教官，强制外蒙古人民共和国政府负担其费用；同时并派 GPU 秘密警察逮捕外蒙古青年同盟干部，重者杀之，轻者投狱。因此遂惹起外蒙古军队服务中之爱国青年斗士之愤怒，〈以〉该爱国青年志士为中心，各地私取连系纠合同志，团结一致，即于十一月十四日各地一齐蜂起反苏暴动。

考苏联所谓"极东风云告急"者，不外以下三点：

一、外蒙古完全自治；

二、外蒙古人民自有把握；

三、为苏联所实行之组织反而反抗苏联，因之而变为外蒙防卫苏联之组织。

外蒙古发展既然达到这个阶段，这于苏联支配外蒙古的大方针上，当属外蒙古对苏之一大反抗。这个足以证明外蒙古经济，其生产力已见扩大，而且自一九三二年以来，所采取右倾缓和政策，又给予外蒙古人一个活动的机会，所以苏联在这个机会一方面采取弹压右派，另一方面则采取左倾政策之转变。试观一九三五与三六年苏联之出版物，足见其反资本主义与反封建主义之加强。

苏联之在此时，为把握外蒙古人心起见，适利用日人之占领东北后，一时亦感日本进攻之危险，苏联则采取以下之政策：

一、对国境上东北方面之蒙古人与〔民〕宣传日军不久即将来袭，蒙古人需到外蒙古避难，并对外蒙古人民宣传日苏即将开战，但外蒙古人并不置信，仅在当时伪满国之蒙古人一部分逃入"达木斯克斯木"方面。苏联之用意，在于将外蒙人心向国境而集中，籍〔借〕而苏联可以大批军队驻于外蒙。

二、苏联一方面这样的宣传，一方面则在伪满与蒙古之国境上，苏联与日本时有小规模冲突，第一次苏联越境因而国境纠纷之开端适在这次大叛乱之后，或不无其意义也。

三、因在国境发生此种情形，故苏联有理由可籍〔借〕，因而得以加强驻蒙苏军，当时由"阿尔旦布拉克"增派红军二千、飞机五架、炮十门、汽车三百辆，及到一九三五年一月，将其兵力撤退一半，下余一半仍驻于该地。

四、收买肉类，强制捐助家畜。

五、重要人员之任期从前虽为一年，但此后改为三个月，以便反苏人员之调换。

四　一九三七年大肃清以后

十六、"堆密德"等暗杀事件——一九三七年

　　外蒙独立派运动，既经过上述之一败涂地，此后自当强化其组织；而苏联GPU活动，自一九三五至三六年后，更加紧其监视与调查：故外蒙独立运动，在极严秘里而进行策谋，前总理"肯德温"、陆军部长"堆密德"、陆军次长"达利加布"、参谋总长"马尔基"、陆军政治部长"罗德俄基尔"、第二军团长"旦巴"、总理"阿茂尔"、外交部长"山包"以及其他政府要人团结一致，并网罗其他政治、军事要人，将外蒙古由苏联羁绊解放出来，使外蒙古完全独立，互相策谋，共同准备，以窥其机会之来临。

　　一九三六年，苏联对高级喇嘛每年加课一百到一千"道古利克"之特别税，或杀大喇嘛，或监禁普通喇嘛，或压迫封建教权，且应强化军备之必要，为谋财源之丰富，对于一般民众之必需品增加百分之十或十五之税率。外蒙古共产化之矛盾愈发生〔难〕，则民心离反愈重。

　　一九三七年六月，蒙古开始肃军，继而七月，芦沟桥中日战发生，外蒙古既得此种消息，独立运动一派，则认为千载难遇之机会，即将由天而降！果然，独立派立即开始连系准备开始行动！

　　不料"堆密德"元帅应莫斯科之电请，向莫斯科走在西比利亚半途车中，已被苏联毒死，继而"肯德温"等重要人物以及各地独立派要人，均被逮捕送入监狱，恰如苏联进行肃清工作，尔后时常实行逮捕，到一九三八年三月则又逮捕总理"阿茂尔"，其逮捕总数共达一万余人，其中重要人物，殆皆杀之。今将其逮捕主要人物列后：

肯德温——前总理

推〔堆〕密德——元帅——陆军部长

达里加普——次长——第二指导处长

马尔基——参谋总长

罗德俄基尔——军政部长

潘索厚尔——兰巴多尔第一军团长

旦巴——乌巴音图门第二军团长

第一、二、五、六、七、八各师团〈长〉（全军十一个师团）

山包——外交部长

敏推——商工部长

乌尔基耶巴都——保健部长

巴达茂图尔——教育部长

顿德普——司法部长

姚斯尊汗喇嘛

达母金汗喇嘛

满谬西瑞呼图克图

罗布斯温海木西库喇嘛

（以上诸人系第一次检举）

那木沙拉□——内防处长

那木海加斯轮——商业合作处长

敏基俄尔——得罗加德，阿义马库党秘书长

西木旦毕——教育部长

（以上诸人系在一九三七年—三八年之间而逮捕者）

阿茂尔——总理

图布新——财政部长

得尔基——经济部长

（以上诸人系一九三九年三月逮捕者）

真为外蒙古着想的外蒙人，接二连三的都被苏联人逮捕而枪毙，不仅政治关系范围内的人均被逮捕，即王公、喇嘛与布尔乔亚阶级，凡除信仰苏联以外诸人，早晚殆皆被捕。一九三四年叛乱后，蒙古革命青年同盟，遂编入蒙古人民革命党。伪满洲国时代，日本在行蒙古政策里，曾收买蒙古青年同盟多人，故青年同盟虽一向为亲苏之先峰〔锋〕，自此以后，亦有逐见〔渐〕反苏而与日本接近者，亦有真正为蒙古独立而努力克服苏联而研究苏联者，故蒙古青年同盟苏联留学生之分子，亦有在苏联毒手下而牺牲者，例如一九三七年由莫斯科归国之蒙古留学生六百余人中，大都参加空军、装甲车部队与战车学校，在这些地方工作的蒙古留学生，与一九三八年五月在莫斯科与"阿利尤尔"等地方之蒙古留学生，亦多被苏联大行检举。

苏联对于地方政治之头目，亦大行彻底的人事调动，并肃清"阿义马库"长官九人及副长官九人，"阿义马库"商工局长十一人，中央合作社长十一人，（阿义马库）党本部秘书长十人。盖苏联之肃清方法，颇为阴险，先行人事调动，使各在职者调动后，仍给与一新任地位，该本人接任安心后，在你未料及之中，就把一个人肃清了。

自"推〔堆〕密德"急死以后，于八月廿一日，即开始逮捕。

苏联发表："推〔堆〕密德"之死，原因是因吃罐头盒子中毒而致于死。但另一方面，当日在"巴音图门"开国民大会，"阿义马库"长与GPU队长的宣传发表："推〔堆〕密德"将军急逝之原因是日本间谍所毒死的。

其中真伪，局外人难以得知真象，不过"推密德"在行反苏之间，正适日本对苏积极行动之时，而日本在伪满洲国收买蒙古人策动蒙古反苏亲日一事，这个日本对满蒙政策中秘密活动也是事实。但考"推〔堆〕密德"之死的原因，苏联在一月廿一日发表与在当日"阿义马库"长与GPU队长所宣传的发表，或是偶然的凑巧，也许是预定的计划。

自十一月起，蒙古政府即开始撤废关于"推〔堆〕密德"在世时之一切方针：烧弃"推〔堆〕密德"元帅所规定之法规与其签字之公文，又烧弃"推〔堆〕密德"肖像及"推〔堆〕密德"手作之歌。并布告凡违背国家宪法者，均认为日本间谍。"推〔堆〕密德"之死，在表面上被日本人毒死，同时又是通谋日本的间谍。恰如"图哈其耶夫斯基"通谋德国因之而致于死的完全相同。

"推〔堆〕密德"元帅与"肯德温"主席，均为蒙古大众所信仰之人物，蒙古大众对他们崇之如父母敬之如上帝。故民众愿发起追悼大会以慰在天之灵，但苏联外蒙古政府下令不准大众有此举动，并向民众表其理由："推〔堆〕密德"不能脱其资本主义之残滓，通谋资本主义国家，以谋打倒共产主义国家，忽感觉自己身边之危险遂服毒自杀，故蒙古民众自无必要为这种反革命分子而开追悼会。

政府又宣明：此次所逮捕之一万余人，因其仍墨守资本主义与封建主义之旧习，通谋资本主义国家，当作侵略国家走狗的间谍。

或推测为类乎"图哈其耶夫斯夫基"元帅之事件，或想像与"托洛基"事件相似，虽各均不无其理由，但总而言之，外蒙古势力一天强起一天，人民都努力自治运动，而其自治运动又经过十余年之长年月，因之已渐为组织化一节，这是事实。

十七、一九三七——三九年之暴动

自世界二次大战开端后，苏联对蒙古政策更加紧起来，因而封锁国境，更为加紧，因此研究外蒙内部，愈感困难。

一九三七年秋冬之间，有"乌兰巴多尔"小规模反抗事件发生，与反苏分子搅乱金融界工作。

因为前次检举外蒙古一万多人，并且又包括蒙古主席与陆军部长等等巨头，所以因此给予了蒙古大众一个深刻的动摇，而苏联又采取恐怖政策、GPU 之制度，实为〈令〉外蒙古人［一个］战栗的〈一个〉组织。因 GPU 的监视，外蒙古中央部与东部虽已陷于沉默，但蒙古西部，仍是继续不断的暴动。

十七〔八〕、少数民族的暴动——一九三八年

一九三八年六月，"科布多""阿义马库"内的"加扎克"与"维连海"两族，通谋新疆与其西方"加扎克"回教，使该回教向"科布多""阿义马库"内而过境，以实行抢夺家畜与杀人。

同年六月，有国外回教徒袭击"阿尔泰阿图略图"之监视前哨，并大杀其全□。又"科布多阿图略图"参谋长在视察其管下途中，被二百人回教徒军虏去，因而由"科布多"派约一中队军兵，在轰炸机之援助下，进行讨伐，约十五日，始扫荡平静。

十一月东部国境，在"阿图略图"有反革命分子之暴动，检举八百名。

东部反革命活动，考各暴动之动机，大都相同或类似；但西部少数民族之暴动，其性质则略不同。查"科不〔布〕多"向为信仰"夏满"教与回教之异种民族所居住，蒙古政府对于该民族与"哈尔哈"族实行不同的待遇，以该民族所住地方为特殊地域。因此该地少数民族不能领受政府之〈不〉平等待遇，因而时起不平，又以一九三八年强化该地共产化制度，遂引起该地大为愤怒，暴动四起。

考外蒙昔日脱离我国而独立，但今日在隶属于苏联之下，仍努力争取其独立，其国家地位何如，自不难于了解。

《太平洋》（月刊）

北平太平洋月刊社

1947 年 1 卷 10 期

（李红权　整理）

外蒙人民共和国新政府之国际关系

王明　撰

苏联在蒙政策

　　蒙古问题，在一九二四年五月三十一日中苏关系条约成立以前，向为两国交涉一个最难解决的问题。据第三国际战略，东半球各国与西欧不同，如我国、伊朗、阿剌伯等等各国，属于半殖民地，在名目上虽是独立国家，然而在事实上，确在资本主义列强经济与政治之支配下而生存的国家。据列宁主义之理论，这些半殖民地各国与殖民地之榨取，实为帝国主义体制最后之牙城，从殖民地与半殖民地弱小民族之剥夺，势必达到不可能之阶段，因而难免于崩坏。据共产主义理论："向为资本主义一环的殖民地与半殖民地各国革命运动，自必成功。盖因这些国家民族大众，已在陷于悲惨的环境，劳工工资极为低廉，而且拼命的榨取与各非公正之根源的资本家，均为外国人，故阶级斗争，即民族布尔巧亚亦必参加布罗累达里亚而动员于扩大斗争。如中国拥有数亿穷人，对外国人之憎恨，以暴力举动而报复之，例如义和团之对外运动，是其一例。在共产党主义宣传上，这是最好的机会。"

　　所以苏联共产党在打倒帝俄政权之当初，即在中国地域里，开始其在中国第三国际代表部之活动。

一九二〇年九月，苏联外交人民委员代理"加拉汗"曾向中国政府提交国书，该国书之明文，乃为莫斯科政府放弃前帝俄时代强求在中国之一切权利与在东北所剥夺之权利的声明。

我国政府之在此时，以解除外国对我不平等条约为国家政策之中心，故我国政府，当无拒绝之理由。

考苏联当时之国内外情势：在第一次欧战后，经过革命尚且为时不久，国内极为纠纷，劳农政府亦系临时性质；且各列强对莫斯科尚抱敌意，对莫斯科新政府又未表明承认，故我国政府对莫斯科政府之提议，在未表明进退之情形下，即提出先决条件，而外蒙问题，乃系条件中之一。

一九二一年十一月五日苏蒙条约成立，当初极为秘密，及至翌年春发表后，我国外交部即向当时驻北京苏联政府代表贝克斯提出抗议：

苏联政府曾向我国政府声明过去中俄条约无效，放弃在我国所剥夺之侵略与租借权利，并废除帝俄政府在我国之一切压迫。

然而事实上，苏联政府不仅不遵守前言，且反与外蒙私自缔结秘密条约，考苏联政府之此种行为，与前帝俄政府之对华政策，决不两样。蒙古当属我国版图之一部，古今东西各国皆承认之。惟苏联与外蒙古单独缔结秘密条约，自行推翻前言，破坏公正原则，我国政府当不能默视其行为，特此严重抗议。

我国虽主张蒙古之应归属于我国领土之一部，但苏联仍玩弄其狡猾之外交手段，乃答谓为防卫蒙古之自由，苏联之在该地驻军，乃蒙古民众自己之要求，决非苏联之本意。

一九二二年夏，苏联曾派"尧夫耶"为苏联政府特命代表，来到北平，借驻北平苏联情报机关，声明蒙古问题苏联之见解，其声明全文之大意谓："苏联并未占领外蒙库伦，仅为防卫苏联与极东共和国领土之威胁，进军扫除匪军'温克尔'之军队，以匡救蒙古人民而已。红军之使命，乃在防卫蒙古人民生命与财产。中国政府与舆论，理当认为苏联此种手段为必要。俄国白军之一日存在，乃为苏联与极东共和国和平一日之胁威，故苏联由蒙古撤退红军，俄国白匪军势必由中国领土而进军共和国。及而'温克尔'白军大败后，苏联虽预定由蒙古撤兵，但蒙古人要求苏联军队驻军于库伦，决非苏联在蒙古存有帝国主义的野心，盖因此种野心，乃系违反苏联对外之基本方针。"

一九二二年十月，苏联又向北京政府声明，大意谓："苏联军队仍不能由蒙古撤兵，盖因俄国白叛军虽于中国也有危险，反而中国拒绝援助苏联红军讨伐白叛军。苏联政府屡次声明：白俄反革命分子欲以蒙古为根据地而进行攻击极东共和国，故苏联击破白叛军后，方自当由蒙古撤兵，且又况为中国独立而奋斗之中国民族中，亦多有不愿苏联红军早行撤退驻蒙之红军，盖早行撤退红军，于中国亦无利益之故也。"

当时我国政府正在与帝国主义抗争时期，故我国左翼分子亦主张蒙古复归我国，但苏联政治家始终不离狡猾手段，玩弄花样，以应付我国之抗议。我国在此时，国民党之权力仅限于广东，正在准备打倒张作霖、吴佩孚、冯玉祥北洋军阀，并为撤废外国帝国主义不平等条约，正需要同盟国以推进国内外之政治方针。

一九一七年苏联革命后，苏联政府即宣言放弃苏联在我国之治外法权与其他一切权益，我国国父则乘北京军阀政权对苏联不表示其进退之间隙，即表明赞美列宁与俄国革命之热意，并进一步，仿共产党之政策，从列强之压迫下，决定解放弱小民族。

中苏两国既然这样，莫斯科共产党与中国国民党之合作，遂宣告成立。此种两国友好关系，继续到我国蒋主席在一九一七〔一九二七〕年所行果断政策时止，始告一结束。在中苏两国合作期间，第三国际以积极之态度，支持南方国民党派，并派送包罗金与加伦为我国国民党顾问。

当时，第三国际议长基诺维耶夫，在极东革命委员会会议席上，关于蒙古问题曾作一段的声明，大意谓：

> 现在蒙古问题，乃在于是否蒙古应归属于中国与否之一点。然而以吾人之观点，在中国南方革命派中，仍以蒙古在原则上须归中国领属之云云者，实出于吾人之意外。中国欲解决蒙古问题，中国须在自身脱离外国压迫之桎梏后，中国自己完成驱逐中国边疆上外国帝国主义者的军队后，国内革命成功，并且在中国民族自能充为国家主人地位之后，方能着手进行。但是整个的解决，必须蒙古自身以革命的解放运动而进行之。

> 查南方革命派自身尚在敌人包围里，而与帝国主义抗争，中国南北分裂，继续内战，在各帝国主义支配下，不顾民意，专以苦心于原则，以求蒙古归属于中国一节，自属谬误。此种问题解决之方法，不论于蒙古，即于中国，亦为最重之负担。

苏联以上述这个理由，遂在蒙古驻军。时后加拉汗继驻华后任之代表来到中国，与北京政府外交部交换数次意见。然北京政府始终到底主张蒙古为中国之一部，我国为明示蒙古在中国之权利，在一九二二年末，遂即布告在库伦、科布多与乌里雅苏台使办事大臣权利复活。然而外蒙政府，竟受苏联人之蒙蔽，不欢迎汉人到差接任，故北京政府所出之布告，在实际上未发生效果。

中国在外蒙古仅有名义

及至一九二四年五月三十一日，中苏两国遂恢复邦交，缔结条约，其第五条关于蒙古者：

> 苏维埃社会主义共和国联邦政府，须承认外蒙古为中华民

国领域之一部，并且须尊重在外蒙古中国之主权。

在该条约里，苏联承认苏联军队须由外蒙古撤回本国，但在事实上，苏联自翌年初方实行其撤兵之一部，及至一九二五年三月六日，驻北京加拉罕〔汗〕苏联代表，遂向北京政府外交部声明："苏联政府在外蒙古并未有于苏联之利己的利益，且关于此后蒙古与北京政府之关系，完全委于两方当局，苏联红军撤退后，蒙古之新制度，须在现代军事技术之下而组织之，仅留苏联将校为外蒙军事顾问。"

这样看起来，苏联以前狡猾的态度，表面似若大行转换，其实在此时外蒙内部新政府之反苏派"鲍德"与"谭赞"等分子业已肃清，在缔结该条约一星期以前，活佛元首业已下台，并且在此年秋天，外蒙古人民共和国正制定新宪法，故苏联仅承认中国之在外蒙宗立〔主〕权，仍不离苏联方式之狡猾外交手段。

例如试看该条约缔结后尚未经过一月时，在一九二四年六月二十一日，在莫斯科开第五次第三国际大会席上，蒙古人民革命党代表演辞：

> 我们蒙古人民革命党的任务与斗争，是与封建的神权制度而抗争，我们革命党这种活动，当必引起稳健分子与平民的反对。这是因为我们受第三国际的指令的原因。我们的任务是重大的，我们的障碍是难以通过的，但是蒙古人民革命党，领受了第三国际之指令，当即继续国内革命的努力，借可推进蒙古劳工大众与各落伍被压迫民众共同携手，以维持无产阶级革命之发展。

在该第三国际第五次大会之决议里，已同意该代表之演辞，对于外蒙复归于我国之一部一节，并未有任何的表示。

不仅如此，苏联外交人民委员"其其沿林"在前述条约缔结时，在"其夫利斯"召集苏维埃执行委员会议席上，说明苏联对外政策的方针：

> 苏联政府，虽承认蒙古为中华民国领土之一部，但蒙古须享有自治之组织，中国不得干涉内政，仅保持其对外关系之权力。

较第一次蒙古独立时帝俄所承认在蒙古我国之宗主权，其范围更为狭小。

蒙古对于这种宣明，并未表示反对，虽反苏联势力之蒙古分子，亦未赞成蒙古应归属于我国，故苏联前向我国政府所宣明蒙古应归属我国领土一节，仅不过一纸空文而已！自此以后，外蒙古与第三国际并苏联之连带性，益加紧密。一九二五年初人民革命党中央委员会全体会议所采用纲领中第十二、第十三条，有下记一段宣言：

> 蒙古劳工大众，数世纪以来，终未脱去外国压迫之桎梏，今日蒙古民众，已理解资本主义制度不能导人类社会之将来与公正。故蒙古民众认为蒙古人民在伟大的十月革命之下，借苏联势力对极东帝国主义干涉之斗争发展成功，而解放、而巩固其独立，蒙古有鉴于世界之现势，蒙古劳工民众须积极的与第三国际并苏联之努力接近。因为惟有这一路线，方是东半球被压迫民族惟一的共同的革命中心。

我国鉴于此种情形，当然不能满足其形式上之宗主权，于是遂与库伦政府进行种种劝说，但终无何结果。一九二一年中华民国新宪法里，以蒙古为中国版图上之一点，我国以对新疆、西藏同样方法而处理蒙古。在中华民国国旗所表示五色旗中，蒙为蓝色；汉为红色；藏为黑色；满黄为〔为黄〕色；回为白色。北京政府经过种种之考虑，遂在一九二五年，召集中国全体会议，对外蒙政府亦发送召请公函，但外蒙政府，并未出席。并在同年六月十日，外蒙政府在《外蒙新报》公表向北京政府蒙藏院之答覆，其大意反责我北京政府：

> 敝外蒙政府于民国政府各种悬案，虽早欲解决，但因中国内乱，至今未达成目的。至于邻邦苏联在外蒙驻军一节，更非事实。中国政府至今尚未承认外蒙政府，系全世界周知之事，敝政府希望中国早日结束内乱，并希望中国早日脱出各列强侵略之桎梏。

蒙古与我国之关系，既如上述，再试看苏联〔蒙〕关系的实际如何。

一九二一年一月十五日，《苏蒙友好条约》在莫斯科成立签字。其第一条："苏维埃社会主义联邦劳农共和政府，承认蒙古人民共和国政府为蒙古正当合法之政府。"其第二条："蒙古人民共和国政府，承认苏维埃社会主义劳农共和国政府为苏联正当合法之政府。"其第三条："尔后两国国家须避免互相敌对行为。"

考苏联与蒙古所成立苏蒙条约，与苏联与中国成立中苏条约，两者互相抵触，故吾人实难理解苏联之真意何在！一方面与我国成立关于外蒙的中苏条约；另一方面苏联外交人民委员其其沿林宣言外蒙为完全独立国家，并在此次中日在芦沟桥开战前〈的〉一九三六年三月十二日，苏联观国际情形有威胁苏联之际，苏联与外蒙成立互相援助条约，该条约第二条："苏联政府与蒙古人民共和国政府，如缔约〔而〕之一方受军事攻击时，须以军事援助与其他一切援助而作互相之援助。"其第一条之规定："苏联与蒙古人民共和国领土，如发生第三国家攻击威胁时，苏联与蒙古政府根据发生之情形共同考虑，为保护两国领土之安全，复遇必要时，须讲一切之手段。"

苏联为防卫威胁于未然，与蒙古成立此种条约，在蒙古人民眼中，苏联以蒙古为独立国并且表示苏联以平等的态度对待蒙古，所以外蒙政府与要人常表明苏联是蒙古友好的盟邦，承认蒙古独立。例如一九三六年，蒙古首脑阿茂尔氏在"小富尔单"作报告演说时，他说：苏联与蒙古的关系，在根本上有两点：苏蒙两国为平等的［两］条约国；〈两〉国在互相援助条件下保持和平。这不仅阿茂尔一人作此种演辞，蒙古历代之首脑，无不作类乎此种之演说。

　　苏联在表面上，虽以外蒙为平等独立国家对待，但在实际上则不然，外蒙仅不过是苏联一个傀儡国而已，与伪满洲国是日本的傀儡国毫不两样！这当然勿须详细说明，人人都知道，例如蒙古首脑阿茂尔自身，虽曾讴歌外蒙，感谢苏联，但是他与前蒙古首脑"肯托温"同陆军部长"德密都"在一九三九年苏联曾以该三人有与通谋敌国日本之嫌疑，以反革命阴谋之罪名，而被苏联肃清，于是苏联则利用亲苏派"乔义巴尔山"为蒙古主席并兼陆军部长。

　　苏联与蒙古表面在缔结平等条约，但在实际上，苏联在外蒙都干些甚么，我们再考察一下：

　　第一，图谋蒙古完全苏联化：撤废共和制活佛、王公贵族之特权，使土地资源为国有，禁止宗教信仰，贸易与其他重要经济归为国有，政治组织苏联化等等；或没收富裕阶级之私有财产，或废除旧有阶级、社会制度等。

　　第二，苏联派送顾问，在各政治、经济、文化机关支配一切，故苏联之一动一静，均影响之。

　　第三，苏联红军驻于外蒙，表面以履行苏蒙条约防卫中国，而实行蒙古民族之压迫。

　　第四，苏联设有 GPU 监视队，以监视外蒙行政政〔人〕员与外蒙人民。

　　总之，外蒙不过为苏联一个傀儡国而已，一切政治、经济、社会、军队、外交，都须受苏联的支配，例如此次外蒙军之侵入我新疆白塔山，是其一例。

《太平洋》（月刊）

北平太平洋月刊社

1947 年 1 卷 10 期

（朱宪　整理）

蒙古人与其语言

涑之　撰

　　蒙古民族自十二世纪声名扬于世界，当时他们分成五部：最东住于今日的呼伦贝尔地方的为鞑靼部；鞑靼部的西邻在今日外蒙古的鄂嫩河、叨林河两流域中间的为蒙古部；再西方，鄂尔浑、图拉两河地方的为克烈部；北方谢列嘎河［河］流域的为蔑儿乞部；再西北方叶尼塞河上流之格姆河附近的为斡亦剌部。名震欧亚的成吉思汗出身于蒙古部的乞颜氏，他统一了蒙古诸部，于一二〇六年在鄂嫩河畔之大会上就全蒙古民族的大汗。其第五代忽必烈（即元世祖）建立了大元帝国。

　　但是蒙古民族的诸部族的结合，虽通过前史未有的扩疆展土的阶段，可是他们各部间的联合仍不坚固，以忽必烈与阿里古夫卡二人的帝位之争开端，窝阔台、察汗台、基普恰克三汗国联合与元帝国对抗，东西两部蒙古人自此以后，乃不断冲突。元亡之后，东部蒙古鞑靼部与西部蒙古瓦剌部（即斡亦剌部）长期对立，至鞑靼部出达延汗，确立霸权，置察哈尔（今日之锡林郭勒盟）、乌梁海（今日之昭乌达盟）、喀尔喀（今日之呼伦贝尔地方）左翼三万户及鄂尔多斯（今日之伊克昭盟）、土默特（今日之乌兰察布盟）、永谢布（今日之察哈尔地方）右翼三万户，造成今天内蒙诸部族的基础。明万历年间达延汗之孙阿尔坦，率右翼诸部，压迫左翼，匪特宰割了内蒙的大部，且于一五五二年出击外蒙瓦剌，俾喀尔喀部入据其地，阿尔坦汗还攻入青海。至于前述的左翼，有的且移至辽西边外。

满清崛起后，首败察哈尔部，迄一六三六年，内蒙古十六部四十九贝勒开王公大会，奉清太宗尊号，臣服满清。

西方蒙古瓦剌部于明清之交移于阿尔泰山南麓、天山北麓，分和硕特、准噶尔、杜尔伯特、土尔扈特四部。清初准噶尔独强，土尔扈特被迫于一六一六年移往窝尔加河，杜尔伯特移牧西套蒙古，和硕特大部入青海。乾隆年间，准噶尔为清军征服，土尔扈特旋即来归，自此内外蒙与西部蒙古又告安定。

现在的蒙古人大别为三系，一为东方蒙古人（或喀尔喀蒙古），属鞑靼系，二为西方蒙古人（或厄鲁特蒙古），为瓦剌后裔，三为布里雅特蒙古。

现在他们分布的情形，东方蒙古人住外蒙（除科布多地方外），内蒙及东北人口共约二百万。西方蒙古主要部分住新疆、青海、西套与科布多地方，此外窝尔加河阿斯特拉汗尚有残存的土尔扈特人，人口共约百万。布里雅特蒙古住贝加尔湖以东，人口在十五万至二十万之间，布里雅特蒙古人是现在蒙古民族中文化最高的一部。

现在的蒙古语大体可分为东方蒙古语与西方蒙古语，及布里雅特方言三大系，彼此大同小异，如布里雅特人呼水为"奥浑"，喀尔喀人呼水为"奥斯"，热河地方蒙古人呼水为"瓦斯"，甘省蒙古人呼水为"夫兹"。

蒙古的文字，起于十三世纪，当时成吉思汗灭乃蛮部，执乃蛮帝下掌管钱谷的维吾尔人塔塔统阿，成吉思汗即令塔塔统阿以维吾尔字母书蒙古文，至〔自〕十三世纪以迄今日，蒙古人所用的文字是属于维吾尔系的。但蒙古文的书法与字形，续有变更。

维吾尔式的蒙古字的最大缺陷为字母表音不足，如 O 与 U 二音，K 与 G 二音，均以一字表示。

　　一六四八年西方蒙古和硕特族中之语学家沙雅·帕造达，对蒙古文字曾加改革，所以今天的西部蒙古人的文字与东部者略异。

　　到今天，布里亚特蒙古人与外蒙地方之蒙古人已把蒙古字拉丁化了，使用纯蒙古字的只有内蒙古人与新疆、青海、宁夏、甘肃的蒙古人了。

《瀚海潮》（月刊）
新疆文化运动委员会
1947 年 1 卷 12 期
（朱宪　整理）

外蒙——苏联的附庸

田子健　撰

此次出兵侵犯新疆的外蒙，名义上虽是一个独立国，实际上却是苏联的"附庸"，处处都须仰仗史达林的鼻息。

外蒙本来辖属我国，蒙人是我五族之一。卅四年十月二十日举行所谓"公民投票"，我政府卅五年一月五日始承认其独立，但外蒙此次在苏联的支援之下居然出兵向祖国挑衅，可谓数典忘祖，不知其本了。

这里，让我们来看一看这脱离祖国，投入苏联怀抱的外蒙现状究竟怎样？

一、名称由来："蒙古"原为种族名，《旧唐书》称为蒙兀室韦，《新唐书》则称蒙瓦部，南宋《松漠纪闻》称为盲骨子蒙古，《契丹国志》称蒙骨及蒙古里，《辽史》称萌古，《蒙鞑备录》称蒙古斯，《大金国志》称蒙古为蒙骨、蒙兀，《元朝秘史》称忙豁〔豁〕勒，《蒙古源流》称蒙郭勒，皆种族名称也。

二、版图、人口及居住地：外蒙版图之面积，依据一九三一年划定之新行政区计算，为一百五十五万三千五百平方公里，外蒙之人口据一九三〇年之调查为七十六万，今则达九十多万，住居首都的约占半数，人口中依男女性别统计，自一九二七年至一九三八年间，蒙人占总人口百分之五十强。蒙人居住地，各皆称蒙古，其范围过广，因俄领及黑龙江省西南一带亦有蒙古民族居住，所谓外蒙者，乃中国方面与内蒙之对称，俄人只称为蒙古，清代亦称北蒙古，一时曾称自治蒙古。

三、政治机构：它的首都，现称"乌郎巴特尔"，按"乌郎"为蒙语红色之意，"巴特尔"为英雄之意，合为"红色英雄城"，即就我们所称的库伦，政治机构以国务会议为最高权力机关，由各部首长组织而成，国务会议正副主席各一人，下设内政、外交、军事、财政、教育、卫生、经济、粮食、实业、商务、交通、司法等十五部。

四、军队编制：军队编制，分为野战军与国境警备军二种。野战军直隶于国防最高机关"齐鲁格牙穆"（即总司令部之意），国境警备军直隶于内务部。齐鲁格牙穆设正副元帅〈各〉一人，据说所有军队，均级劲强，一因入伍时体格检查甚严，二因蒙民体格强壮，三因训练与政训工作严格，四因蒙民之程度普遍增高，五因装备齐全，对于服装质料及食品营养，均极讲求，并尽可能提高部队娱乐设备。

五、党务：外蒙之革命党称国民党，其革命政府称国民政府（成立于一九二一年），其革命军称国民革命军，并有青年团之组织，公务员分子占最多数，士兵阶层较少，但部队长官皆党团员。党团之训练工作，有相当成就，教育程度亦较高。

六、教育文化：蒙古向无教育，人民多蒙昧无知，通文字者极少。一九二一年外蒙独立时政府努力教育之普及，于首都库伦设小学一处，中学一所，更根据活佛之上谕，每旗至少设小学一处。一九三四年小学有五十九所，学生三千余人；中学五所，学生五六百人；专门学校只有库伦之人民大学一所，学生数十人。现则教育与新闻业亦极发达，首都乌郎巴特尔有大学数处，又有党务学院及中学，各艾穆克设有中学、小学，社会教育实行巡回办法，以汽车展览书报，举行讲演，成绩亦佳。三十岁以下之人民，几无不识字者。全蒙新闻业计有日报若干家，周刊、月刊多种，蒙文、俄文参半，学校课程亦皆如此。

七、区域划分及行政：全国划分为十八"艾穆克"（即有省或部落之意），下复划分若干"苏木"（即县之意），苏木设佐领统治。艾穆克为地方自治单位，人口现已由散而合，不像往昔星罗棋布。清查户口至为严密，出入境绝对限制，留人不报者受严厉惩处。年届十五岁之男子，除有特殊情形者外，均须服兵役三年，期满退伍为预备役。

八、经济及生产：社会经济及工商业均甚发达，外蒙银行为最高金融机关，大规模之工商业均由国家经营，进出口贸易由国家控制。首都库伦之康比排工厂，有毛织、皮革大工厂，有工人四五千名，每日工作八小时，给予定量报酬，额外工作，另给工资。人民生活，游牧、农业并重，变化颇多，自革新以来，农业即采国营农场及集体农场制，耕种均用机器，小规模经营不易存在。但自二次欧洲大战后，为鼓励生产，已允许私人掌领土地自耕，牧畜每年纳税二元。旧土谢图汗部有煤油汽油矿等产，蕴藏甚富，近因交通便利，开采者日增。炼钢事业近亦在积极筹划进行中。家畜为马、骆驼、牛、羊、山羊五种。蒙马体躯矮小，惟脚强蹄坚，忍耐力与持久力甚强，一日能行百二三十公里。骆驼多被用于运输、乘骑，能任七二三磅之重载。蒙牛中有一种名为"萨里克"者（又名雅克），多无角，对严寒之忍耐力，均甚强大，无角之牛，惟于此闻之。山羊被尊为羊群之向导者，其乳蒙人作为药用或贵重之饮料，其毛为家庭之绒毛。

九、交通：交通方面，铁路仅有由首都通至边境某地运输矿产之铁路一道，公路与电报、电话线均极发达。西南至里雅苏，东至黑龙江，南至内蒙，北至邻国边境，无不有公路及电报、电话线。

十、法律：法律方面，死刑已不多用，最高徒刑二十五年，遇有大典时，尚可获得大赦。

十一、生活习惯：外蒙人当喇嘛僧的，其数可惊。其对男子数之比率约自百分之二十五至百分之四十。惟自一九三〇年国民党极力禁十八岁以下之青年入僧院后，僧侣数已减至总人口百分之八。近年来大都市各庙均已拆除，民间虽有仍信喇嘛教者，但仅信仰而已，一切宗教形式，均已灭绝。蒙人多早婚，结婚期多在十五六岁，向例女长于男，惟禁止近亲通婚。订婚时，男子须赠以各色彩礼，女子则毫无所出。结婚无任何制度与仪式，离合极端自由，毫无限制。所生子女，一经商酌后，随父随母均听其便。因此，花柳病症至为流行。惟近年对婚姻问题亦有相当改变，极力倡导一夫一妻制。

娱乐除唱歌及奏乐外，则有角力与竞马。角力为蒙人嗜好之游戏，多于典祭之日行之，届时由喇嘛庙集各部落之选手，观其胜负，胜者至大喇嘛前，跪受奖品。至于社会一般情形，由于人口集中，一切较前进步，一部分建筑已洋化，起居饮食及用具亦均渐渐欧化。人民因出入境绝对限制，及财富不得移动等种种原因，尽量讲究享受，崇尚奢侈，不事储蓄。

×　×　×

由上所述，可知外蒙现在比以前是有许多改造，但我们要知道，这些改造并不是出于蒙古人的自动而完全是受苏联的支配。不但政府机构须受苏联的控制，即文化、教育也操纵于苏联人之手。如库伦大学里教职员有一半是苏联人，一切高级课程都用俄文教授，在中学里，俄文更列为必修科。凡此，都可见出苏联在外蒙的势力是如何的深！

外蒙独立后，有人就断定我国北方从此要多事了，这次北塔山事件，不过是一发轫而已。面对未来北方的危机，我们应该如何来巩固我们的国防啊!

《自由天地》(半月刊)
南京自由天地出版社
1947 年 1 卷 12 期
(李红权　整理)

国防前线之阿拉善旗

本刊特约记者　撰

中国今后命运一半系于边疆

（本刊特约宁夏通信）我们展开宁夏省的地图，会发现只在黄河两岸有十几个县份，其余十分之六七以上都是片片沙漠，沙漠几乎把整个宁夏省掩盖了。可是这片片沙漠在古代曾经是英雄们角逐的场所，在今天又成了保卫甘、宁、青，尤其是保卫河西走廊的国防前线了。宁夏全省面积九一一，六一二方里，而大部则为额济纳旗与阿拉善旗的牧地，前者在该省之西北部，以额济纳河（俗称二里子河）与后者分界，后者则由额济纳河一直东展到贺兰山西。这两块地方平沙广漠，中间不乏绿洲，因为从汉唐以来就历代经营，还不太荒凉，而新绥路通车后，又于二旗内建立了若干站口，若班定陶赖盖、乌兰爱尔根、二里子河、马鬃山，都成了交通要点，抗战之后，益形重要。记者于本年秋初曾往马鬃山，冬初又自兰州经宁夏省城西去定远营，在阿拉善旗内走了十几天，虽然好似走马观花，但愿把耳目所积，介绍与国人。当此内地高谈民主、自由之日，希望大众把眼光往边疆移一下。我们还记得，辛亥革命之后，全〔内〕地人士高谈革命、法统、内阁制度、议会制度……，结果外蒙离析而莫顾，边疆为军阀们割据而莫能复，卒造成后日的祸患。智识分子，手无枪杆，固不能有大作为，但宣传之影响却足以左右一时之人心与视听，在今天已经不是空谈的时期，中国今后的命运，一半系于边疆之守卫与开发边疆的动态，应该来认识，也必须去认识。

虽然半在沙漠并不绝对荒寒

阿拉善是贺兰山的译名（意为骏马），在宁夏省的中部，贺兰山西，龙首山北，东北隔黄河和鄂托克旗、乌拉特旗相望，西与额济纳旗毗连，南与甘肃之高台、临泽、张掖、山丹、永昌、民勤等县接壤，北逾沙漠通外蒙的三音诺颜。平均在海拔一千尺至一千五百尺，最高处海拔二千尺。面积约五十余万方里，占宁夏省五分之三，由北纬三十七度至四十二度。气候属纯大陆性，干燥而寒期较长。沙漠约分碎石戈壁与细沙地带二种，中间散着含有高度咸〔碱〕性的土壤区，雨量极少，冬季风多，雪不太大。天然植物有咸〔碱〕葱、猪尾巴、蒿、黄花菜、紫花苜蓿、野苜蓿、芨芨草、臭梧桐树、索索柴（沙漠上生长之灌木，干燥易燃），及出名的发菜。农作物有燕麦、葫麻、高梁〔粱〕、豌豆、黑豆、大麦、玉蜀黍、荞麦、马铃薯、青稞、大麻、芝麻、菜蔬与甜瓜，此外，尚产药草。

贺兰山的西麓是阿拉善旗的农作区，也是人口最密的地方。这儿地势较高，北部磴口（已改县治）正临黄河，为通归绥的要站。在东部沙漠中，有若干盐池，吉兰泰盐池周围有六七十里，其余大大小小的盐池还有许多。

直属中央的旗制未来问题正多

　　在这儿居住的人主要是和硕特蒙古。和硕特本是厄鲁特蒙古的一支，明末，其酋固始汗征服了康藏，以青海为根据地，向外发展。清初准噶尔兴，时时进扰，和硕特部酋和罗理战败于西套，逃至近边，最初常在大草滩一带劫掠，康熙二十五年上书清政府求地，清廷诏于宁夏、甘州边外，以阿拉善山为界，许其住牧，编入四十九旗，给扎萨克印。其孙汪亲巴勒巴尔勇敢善战，从征准噶尔有功，封和硕亲王，驻定远。他们这一部落虽与青海厄鲁特蒙古同族，但不隶盟、部，成独立特别旗，现在直属中央行政院。据罗家伦氏的报告有人口二万余，但据该旗自报则为八万人，其间相去太远。

　　这一旗的组织，最高为扎萨克，由现在的达理扎雅亲王兼任。达亲王有四十余岁，久住北平，幼年长于清宫，因此能讲一口很好的京话，智识也很丰富，精干而有魄力。其下有协理二员，管旗章京一员，梅林、副〔梅〕林各一员，参领、副参领各二员，佐领八员，书记、骁旗〔骑〕校、典仪副官等各一员。

　　蒙旗是军政合一的组织，除喇嘛之外，其余壮丁皆兵，但常备兵不过四百。过去曾有防守司令部的组织，司令系达亲王，十年前因为同宁夏省政府发生一回冲突，司令部裁撤。旗的基本组织为巴格（等于吾人之保），阿拉善旗共有三十六个巴格，每巴格内设有大边官一人，小边官若干人，领催若干人，办理巴格内的一切政务；巴格之上为苏木，三十六个巴格分隶于八个苏木，每个苏木内设有佐领一人，催领若干人。

　　这儿的蒙民，知识很低，喇嘛就占七千三百余名，他们的生活和他们的祖先一样，很少有进步，而且经过层层官吏的剥削，生产不克有剩余，一代一代地在沙漠边上苦挨着。在定远营有城郭，背山面水，周围有一百四十余丈，但城内住着的是亲王，府第建修得很可观，还住着寄生阶层喇嘛（他们的寺叫延福寺，也很宏大），及六七十家商人（多数汉人及少数回人），一般蒙古人只有作交易才进城。

蒙古在历史上曾以成吉思汗为代表显赫过一时，但是他们的生活则从未改进。在外蒙，二十年来，固然有许多建设，但是那里没有自由，人们还未享到幸福，享到人应该享的幸福。在内蒙，自由空气虽多些，可是旧有的剥削形态还存在着。阿拉善的地理环境，如果开发得宜，居民会渐得富庶，但是旗当局不愿改土归流，尤其不愿宁夏省当局过问他们的事务。抗战之后，因其接近绥远，地方形势重要，中央政府在定远营设有军事专员，对日寇作军事上的准备。抗战胜利后，外蒙与这里的关系，不能不令我们注意：第一，外蒙人民过去因不堪外蒙当局的控制，先后逃来阿拉善与额济纳二地方的人很多，到现在单以阿拉善一旗而论，其中有外蒙逃民一三九幕，七七七人，所有财富为羊四，五九五只，牛、马、驼二百余匹头，这在外蒙方面是不会漠然置之的。其次，在东蒙一带现正流行着分裂运动，无论这种运动其背影为何，及蒙民之反应为何，但对于整个国家前途是不利的。蒙古同胞之纯朴虽不若哈萨克同胞之浮动，易为政治野心家所利用，但是一直到现在，政府对他们的生活上还未尽提携帮助之力，在教育上还未竟开展领导之功，则来日的问题，我们不能不说是相当严重。

第一次世界大战后，人类尚存有一些正义感，国际间的问题，均获得了暂时解决；这一次大战结束那天，却正是问题开端的日子，也许各国的政治家从历史上学得更乖巧，更聪明，耍弄弱小民族，给自己创造斗争资本，前途真不堪想像。

这里有农田盐湖，工商业略具雏〔雏〕形

阿拉善旗内有许多农田，很有开展的希望，据定远营的统计：

定远营	四，〇〇〇亩	无渠
白石头	二〇〇亩	无渠
紫泥湖	二〇〇亩	有渠
大滩	四，八〇〇亩	在黄河沿有渠
四坝	一五，〇〇〇亩	沿乌拉河水利最佳
周家田	一〇〇亩	无渠
长流水	一〇〇亩	无渠
磴口	一，〇五〇亩	第一区无渠，第四区有渠
渡口堂	二，五〇〇亩	黄河沿有渠
腰坝	三〇〇亩	
上海	一〇〇亩	
三盛公	一，二〇〇亩	黄河沿有渠
补龙淖	五，〇〇〇亩	属磴口县，二、三两区有渠
共计	三四，五五〇亩	

此外可开垦的荒地，及已开垦而又荒废了的土地，总计尚有十五万亩。上述的耕地均属旗府所有，汉民白〔自〕旗府租地耕作的也不少。平均年产小麦万石以上，玉蜀黍五六千石。

至于牧畜，全旗共有羊二十二万余只，驼十余万头，马八千匹，牛三千头，驴二千八百余头，年产羊毛九十万斤，驼毛八十余万斤，羊皮五万张，牛皮五百余张。宁夏的羔皮统不若青海之出名，然亦轻暖。

盐是阿拉善的主要出产，自满清以来就很出名。这里的盐行销范围远及晋、绥，产盐之地计有吉兰泰、察罕布鲁克、和屯、雅布赖、昭化（即红盐池）、同湖、大鼓海、角鹿沟、梧桐诸地，均

系湖沼盐。每年三五月间，湖水渐干，表面结成盐块，蒙人雇汉民凿取，堆积湖畔，以驼、驴运往各处，平均每年产盐七十余万担（每担二百四十老斤），因运输力不足，年有积存。此外还有煤窑若干，古龙鄂博、白石头、玉木关、河拐子、呼鲁苏图等处，前二者产无烟煤，后三者产烟煤，平均年产无烟煤二百余万斤，有烟煤二百五十余万斤，供给宁夏省城及他县烧用。在矿产方面还有白矾、硼砂、金、银、铜等，尚未开发。

当地的手工业多系汉人经营，定远营有羊毛毡毯房三十一家，口袋房十四家，每年出产量毯子七八千方尺，毡二千五百条，口袋一千四百条。商业亦均系汉、回经营，输入以日用品、食粮、布匹、茶砖、糖、酒为大宗，输出以皮毛、甘草、苁蓉、盐等为大宗。抗战期间，一时曾为走私的大本营，日货由绥远不断输入此地，再转入甘、青。

蒙民的教育非常可怜，二万余人的户口，在抗战之前只有旗府小学一处，抗战后，在这里设有国立中心小学，学生不足百名，内中蒙民子弟，还未占半数，在磴口县四坝亦设小学一处，学生不足五十名。只是经旗府保送内地受军事教育者，却有数百名，这也许对将来的旗府教育、文化上有些帮助。

"在抗战时，人们高喊着开发西北，大部分人士为生活与环境所迫也都到西北来工作，可是胜利后，有办法的人又回到内地去，享受物质上的幸福，留下的又多注意于金钱之获取，西北漠边的情形，谁还来注意呢？"我从定远营的梨树丛骑行走向贺兰山的三关，望着边塞的形胜，心里这样想着。

《观察》（周刊）

上海观察社

1947 年 1 卷 21 期

（朱宪　整理）

内蒙自治问题

——驳"盟等于省旗等于县"说

傅斯年　撰

我写这篇文章，以响应热、察、绥国大代表招待记者的报告。

蒙胞的问题，是中国当前一大问题，中华民国内最大多数人——汉人——有在经济上、文化上、政治上提携少数民族的义务，不特平等而已。若忽略了这大问题，是很大的罪过。

不幸民国初年以来，内蒙官吏未曾于此一道上有所作为，总是认定了王公，以为最省事，幸而蒙汉人民之间，因经济的进展，有更深的结合，其间并无何等严重的纠纷，不过在汉人的立场言，总该积极改善蒙胞之一切，而不当专以开垦为事。北伐之后，虽曰统一，政府号令初未及于内蒙各省。接着就是九一八事变，日本人大大兴风作浪起来，德王一派野心家，以"走胡走越"的心理，在百灵庙、滂江大显威风；前一时李守信一股，号称蒙军，其实百分之九十以上是汉人，在张北一试，被宋哲元打回；后来德王一派去攻绥远，日军杂在其间，被傅作义将军打垮，又收复了百灵庙。事便如此多下去了，丝毫不是与蒙胞有利的，相反的，很是有害的。抗战军兴，北土沦陷，德王便以傀儡的排场组织了"蒙疆政府"（热河先已沦陷于"满洲国"）。现在国土重光，有些事很要做，要彻底的做，然而九一八以后的那一段，是绝不可以供参考的，因为那是蒙古野心家的事，而不是蒙胞所需要的。

先说原则，假如内蒙之北是个大海，毫无国际因素，要独立便给他独立好了。然而地理不是如此的，人口不是如此的，国际形势更不是如此的。现在国内的汉人在困苦中，国内的蒙胞也在困苦中，因为整个是国家的困苦，整个是弱者的困苦，在这样形势下，蒙汉分则兼受其苦，合则兼受其益。在走上宪政的中华民国范围内，自由是可争取的，这道理原不待多说，也不便多说，姑说我所拟的办法。

一、政治　彻上彻下有蒙胞参加，改组后的国府，已为"最高权力机关"，应于国民党或"社会贤达"名额中有蒙古重望之人，各省政府亦然。县政府蒙汉杂处者，兼用蒙汉，全是蒙胞者，以由蒙胞自理为原则。凡用人口比例者，蒙胞得特别提高，以保障少数。所有法律、警察之问题，均须对少数有所保障。

行政院设蒙务部或委员会，蒙胞共与其政。立法、监察两院委员应有比一般人口比例为优之名额。

二、经济　蒙胞地方必须在全国的经济系统中，因为一个国内经济，是分割不了的。但一切保障蒙民生计及提高生活水准之可能设施，均须做到，汉蒙合作开发则可，汉人开发蒙民失业则不可。

三、教育文化　蒙民小学用蒙语，中学用蒙语，而应以国文为必修科；高等教育目下用蒙语实吃大亏，将来进步后应有蒙语之大学。文化决不取同化政策，相反的，须发展其特有文化，若以与汉人接触之多自然的成了双层文化，却是不可免的，无法加以禁止。如果禁止蒙胞汉化，那正是满清政策，蒙胞非常无益的。

四、其他一切之一切，不特必须平等，并且多数民族须提携少数。

以上范围内，何者应列入宪法，何者不适于宪法体裁而于后来施政时为之，我全无成见，只求达到绝对平等而且提携之地步，是应该接受的。但是，如果无形之中种下了分裂的因素，却是万万不可以的。近来听到会中"盟等于省，旗等于县"之说法，今天与一位蒙古代表朋友谈，照他意思，宣化府都列在内，似乎是恢复盟旗制以代省县制，我实不胜其忧虑。

"盟等于省旗等于县"可以有三种做法：

一、盟与省旗与县并存 一个地方两种制度，参杂紊乱全无界限，这成了更进一步的"巴基斯坦"，一切行政全要麻痹了，而且每日生纠纷，此法万不可行。

二、废省县为盟旗 这是倒退二百年的工作。所谓"内蒙"以人口论，汉人比蒙人多过不止十几倍，而且多数地区蒙人汉化程度甚大。将来省县均为自治单位，何必在长城北有此特殊办法？这样，要废兴安、辽北、热河、察哈尔、绥远各省，并改定吉林、嫩江、辽宁、宁夏各省，甚盼代表诸先生，在作此决定前，想想他的后果。

三、划盟出省，划旗出县 这样弄得省不省，盟不盟。与第一办法同样不可能。举例言之，绥远一省之精华，在河套与绥中，此处汉民压倒多数，若以此为绥远省，而留下阴山沙漠（乌盟）、鄂尔多斯沙漠（伊盟）为等于省之盟，经济上如何维持？旗更不必说了。

清朝蒙古地方制度，就形势上讲，可分为盟（Cighul ghan）、旗（Cosighun）及佐领（Sumu，俗称苏木，乃音译）三级。其实盟是空的，佐领无权，最重要的，只是旗这个阶级。何以说盟是空的？盟是统制阶级参加的大会，几个扎萨克在"大庙"举行大会，就叫作伊克（大）昭（庙）盟，在锡林河举行大会，就叫作锡林郭勒盟，大会既不常召集，主席（盟长）也不是世袭的，号称选举，事实上理藩院要谁就是谁，所以说盟是空的，地位并不重要。

　　苏木译音箭，用箭字作政治制度的名称，是阿尔泰语系民族早有的，不过现在蒙古苏木（佐领）制度，却不是原有的，是满廷硬派给他们的，把能出若干壮丁的人户，叫作一个佐领，所以佐领可以说是抽壮丁的单位，如今之保甲长。

　　现在该说旗的成立了。成吉思汗兴起时，蒙古是氏族制度，强大以后，用万户、千户来统辖各地人民。及至元亡退回塞北，制度仍然未变，直到明末林丹汗致书太祖，不是还用"四十万户"一个相沿的老调去骇他么？明代蒙古的千户消灭，万户辖的土地、人民叫作鄂托克（Otog），明朝前半〈叶〉，蒙［叶］古中心在漠北，鄂托克的名称也少见著录，及达延汗南移，满官嗔、哈剌嗔、永谢布之类的名称便渐渐多起来了。后来满清征服蒙古，满廷觉得蒙古原来的政治制度对他们很危险，遂用古今中外帝国主义者对付人的铁则——"众建诸侯而小其力"——去部勒蒙古人。比如最先投降的科尔沁原是一个鄂托克，满廷却替他们分家，逐渐分成几个小个别区，并用自己军队制度的名称，称这种小区为"旗"。从此原属同一个鄂托克的人民，经这样一分割，便只能在指定的小范围内活动，不能出来了。总之，盟旗制度并不是蒙古人原有的政治制度，乃是被满廷割裂的伤痕而已。

　　再说历史上内蒙古地域如何汉蒙杂居。东蒙一带东区、南区极适于耕种，远自康熙年间，蒙古王公苦其生活不足，招致汉民开垦，若佃户与地主之关系。清政府是专来分化蒙汉的，不以为然，历康、雍、乾三朝禁止汉农出关多次。但清朝虽未为蒙古办好事，却把长期的和平给了东蒙古。长期和平后人口蕃殖，衣食需要大增，王公更想发财，于是到了咸、同年间，禁令一弛，大量开垦了。这不特关外为然，口北更甚。因为清朝原想保持盛京大范围虚空着，对口北更不甚注意。所以承德设直隶州（远在清初），又改为府，多伦设厅，这正因汉人开垦经商，来得太多之故。所以内蒙蒙汉大量杂居，至少有二百年的历史。其实还不止于此呢，蒙古人之粮食衣料，许多须取给于汉人，汉人之小量聚居边外，乃历代一般之事。原来长城只是国防工事，不是国界，而现在地图上的长城，是明朝下半业〔叶〕的。明朝初年长城，是在河套之外，承德（大宁）之北的。宣化、大同南之长城，更是嘉、隆、万时之内防线。必须恢复多则二百年，少则四五十年，人口之分布、疆域之组织，是办不到的。

再自东向西一盟一盟的说，内蒙最东的是哲里木盟，这是"满洲平原"的本部。其范围之大比过两三个浙江省，这是东北移民的大本营。光绪年间，俄日战后收复东北，始设洮南府，又设很多县，现在的辽北省全部，嫩江省大部，吉林、辽宁各一部，正在其中，哲盟全部久已设县了，大部只有汉人，其他蒙汉杂居，汉人占大多数，若干东北名都，如洮安、洮南、开通、通辽、郑家屯、新民、昌图、四平街，以及长春，皆在其中。中长铁路丁字形之右部，几乎全是。

其西南为卓索图盟，即热河省之南部，以及锦州。全部设县甚久，是清朝三百年陆续成就的。清初置锦州府、承德州，后来承德升府，又分朝阳为府，南区全是汉人，北区蒙汉杂居，汉人〈占〉绝大多数。北票、阜新等矿，皆在其中。

卓盟之北为昭乌达盟，即热河省之北半，全部设县，蒙汉杂居，仍是汉人比较多数。西部之围场，原是清帝猎区，同治后不出猎，便经垦殖。

迤西南为察哈尔部，此部制度与六盟不同，连扎萨克都没有，编入八旗，直统于察哈尔都统。其地为清室之牧场，设多伦、独石口、张家口三厅，属于直隶省，今所谓"张北六县"，五居其中，全部设县，全部杂居，汉人占绝大多数。

迤北为锡林郭勒盟，设县最少，然而汉人因其地有渔盐之利，自清中叶也跑了去。此盟去长城最远，原为德王一派之根据地，沦陷期间，汉人可能减少，未详。

又西之北为乌兰察布盟，在河套之北，其河南为伊克昭盟，今属绥远，绥远原为归化城土默特等地，早已分设萨拉齐、和林、武川、陶林等十二个厅，部落虽在，二百年来已成"内地"。河套开垦之历史甚久，清末贻谷，始大努力。此次抗战，傅作义将军以为根据地，遮蔽日寇、德王犯陕西、甘肃、宁夏之势，于此可见绥远设省之重要。绥远一省，汉民压倒多数。乌盟在百灵庙北者，伊盟在沙漠地区者，汉人甚少，其地整个人口亦甚少。

今在宁夏省者，又有西蒙古，阿拉善（贺兰）额鲁特一旗，额济纳（居延）旧土尔扈特一旗，每部只一旗。其地虽当几个浙江省，其人口却还不如一个浙江小县。

至于青海之蒙部，原为和硕特部，而在准部战事后，加上好些。其地为汉、[汉]回、蒙民、藏民、"夷人"，错杂而居，新近又加上哈萨克，很难想到如何分治。

新疆已那样子了，其中蒙部不再说。东北尚有呼伦贝尔一大块土，即兴安省，清朝已设呼伦厅。远到兴安省仍是汉人多数。

再总括来说，哲里木盟本属于盛京将军，是外人所谓"满洲"的整个肚子，若挖出去，现在政府军在东北所占地方，除南端外，便光了。卓索图盟原为他设了锦州府（清初）、承德府、朝阳府，清朝早已把他划入直隶省范围（锦州除外）。昭乌达盟，清朝原为他设了赤峰直隶州，开鲁、林西各县。察哈尔部早同"内地"，多伦三厅归直隶。清朝的区划，以上两盟一部皆归直隶，随便拿个旧地图，一看便知。锡林郭勒盟，去北平最远，清末置吏，而汉人去的也不少。归化城土默特及察哈尔西四旗，清朝为置十二厅，属山西，试看旧地图便知。河套的开垦最近，清末民初始大量开垦，然而已成西北屏障。

　　如上所说，再检讨"盟等于省旗等于县"之说法。假如省盟在一地并行，比印度的巴基斯坦还不了。假如废省为盟，废县为旗，便一反二百年之自然趋势，立刻一阵混乱。假如盟与省分开，则哲、卓、昭三盟，察、土两部，已无法分，因全部设县之故。锡盟尚可分三分之二不属于省，然其地国防上最重要。乌、伊两盟亦还可分，然而若把河套各县挖归绥远，两盟如何在经济上能自治？若不把河套挖去，则河套各县势须废去，而复为乌拉特前旗，这样又行得通否？

　　根据以上之历史的、地理的事实，请问如何"盟等于省，旗等于县"？作为一句抽象的话，是好说的，一经真的办起来，一切事实问题都来了。

　　不过话又说回来了，我之所以不赞成"盟等于省旗等于县"者，以其事实上办不到，强去办，召致分裂也。所有不招致分裂，一切保障蒙胞利益，提携蒙胞进步之事，我都赞成的。

《观察》（周刊）

上海观察周刊社

1947 年 1 卷 22 期

（赵红霞　整理）

东蒙独立的经纬①

　　我从东蒙"风云之都"王爷庙逃出来，至今已将近二月了。这期间，我看到对东蒙撇嘴表示不屑置谈的要人脸色，也看见了对东蒙问题凝眉深思的要人的脸色。我觉得东蒙虽然已吵嚷自治、独立了二年多，但在收复区，东蒙还是一个迷离的存在。

　　我国边疆问题的不断发生，谁都知道是系于对我国有侵略欲的邻国的野心。但如无边疆各族作为媒介或问题重心，边疆问题是不会演变到今日这样严重，这是过去历史、今日事实可以告诉我们的常识。

　　自从《中苏友好条约》把外蒙划出我国版图以来，边疆各族感及这个刺激，多半接受了新帝国主义及其走狗唆示，一面困惑在民族"自决"、"自治"、"自主"的浪潮中，一面各树旗帜，纷纷作乱，而形成了今日边疆的极端不靖。

　　在目前纷乱的边疆民族叛乱中，闹得最激烈具体的，除了新疆出现的"东土耳其斯坦共和国"，便要算"东蒙古共和国"。新疆的乱局历史颇长，又局在一隅，国人早听得耳烦，丧失了兴趣。"东蒙古共和国"其名目是陌生的，其辖域是宽广的，又插在东北问题的问题之中，和整个国防有关。虽然是一瞬间的产物，视为

---

　　① 作者的反共立场十分明显，请读者明鉴。——整理者注

严重问题也颇有理由。尤其"共匪"在东北姑〔的〕几次攻势中，都有东蒙骑兵的助纣为虐，东蒙古共和国更跌入国人扑朔迷离的臆度中，而增加着使人欲一明真象的魅惑力量。

所以，在今天来谈东蒙，不能算浪费纸张。

一　东蒙为甚么要独立

东蒙古的独立，是有他时间、空间的关联关系的。可以分远与近因来说明。

其远因：是基于蒙古人的根性。蒙古人的根性的育成，受大草原游牧生活影响最大。他们从祖先就徜徉在无边草原中，过着无拘束的生活。为了保护他们的所有、增加他们的所有，又有了勇武斗狠的精神。所以，至今虽然其本身仍未脱离半原始生活，而不受任何外力约束的意欲，成吉思汗精神却异常坚定。对"政府"一类管束他们的东西，他们没有兴趣接受。民国以来，国父虽曾极力引导国人尊重蒙胞，倡导各民族一律平等，但蒙胞并未认真接受，反而不时借为口实，约〔要〕胁自治，并不断演出藐视国家利益事件。像民国十三年的东蒙叛乱（蒙军攻入洮南，旋为吴俊陞骑兵击败讲和），九一八前的被日寇挑拨利用，九一八以后的□击抗日军，伪满时代的"满洲国是蒙古人的满洲国"等等都是证据。

次远因：在伪满时代，日本为分化蒙汉，引起仇恨倾轧，特别提高蒙人待遇。并在伪国务院里设一自决自理的"兴安局"，辖有兴安东、西、南、北四省，付予半自治权利。这诱引出他们今日的企图，完全自治意欲。

其近因：八一五以后，东蒙人民在受到外蒙独立刺激同时，体感到又变成"不幸的中国人"。其独立念头猝然超越了局限自己的恶劣条件，而暴涨起来。他们试验着向驻王爷庙苏军司令巴拉八十吐露口风，巴拉八十表示了赞许。于是作了三度野心分子领袖的博彦满都和玛尼巴都鲁便乘机而起，操纵了东蒙人民动荡的感情。

基于上述原因，他们觉得自治或独立是满有理由的，于是为了表白并实现独立，博彦满都带了七名啰喽到外蒙去连络一下，回来在葛根庙匆匆开过东蒙人民代表大会，就对苏联、外蒙、廷〔延〕安、北鲜发出独立通电："此次解放世界弱小民族之赤军到来，深表感谢。蒙古民族亦世界弱小民族之一，应有独立自起之机会，祈鼎力提携及援助，以达成独立自由之目的，实为所感。东蒙政府主席博彦满都。"更发表一篇充满"必须脱离中国压迫"谬论的宣言。在三十五年二月十五日，在来宾苏军司令巴拉八十和中共代表张义成参与之下，东蒙古共和国便在王爷庙草草宣告成立了。

二　东蒙独立途中的转变

东蒙虽然独立了，东蒙古共和国虽然发出通电宣告成立了，但各方像没有那么回事似的，毫无反响。同时，外蒙感受苏联压迫，发现过去的提携全是虚心假意的，传言也从库伦飞进王爷庙。这一下，东蒙人民全震惊失悔起来——这成了东蒙成为今日东蒙的转捩点。于是，博彦满都等较老成分子，开了个密秘会议，决定了"非作蝙蝠不可"的政策，而且背着中共代表张义成，派出到中央请愿的七名代表——团长为玛尼巴都鲁，团员为包国□、温理事等。请愿团二月二十三日由王爷庙出发，辗转到北平的时候已是三月，正值主席出巡抵平，他们虽然没有谒见主席，却得到了主席的传谕："善自把持自己，中央绝对重视蒙胞。"他们觉到没有再请愿的必要了，便匆匆返回王爷庙，又开个密秘会议，立即决定"和中共不即不离，并进行掩护真正独立"政策。而这个消息瞬即被张义成探悉，在五月间终于被证实，张义成给西满军区司令倪之〔志〕亮拍去密电，玛尼巴都鲁便被宣传着"治肺炎"调往齐齐哈尔，如石沉大海似的没有下文了。接着温理事也遭了相同的命运。这使握有大小政权的其余代表都震惊了，他们连续开了几次会，最后在十一月十六日的密会中决定了：

1. 不声援冬季攻势。

2. 把兵员撤入乡间防变。

3. 中央再不前进，必须对中共真正独立。

彻头彻尾作了个向右转的姿势。

三 东蒙真独立了

去年一月十七日，在葛根庙开的东蒙人民代表大会，那是东蒙人独立运动的最高潮。在二月十五日宣告独立之后，感于外蒙□不幸独立，又受了中共政策的拨弄，他们像被浇了冷水的发昏者，开始清醒起来，辨认自己的环境了。

博彦满都，虽然达到多年宿望，作了东蒙古共和国主席，也真像个主席似的派了不少部长、司令，但实际表现独立的工作无法展开。尤其在去年七月之后，共产党的清算斗争政策，剥光了松北蒙旗以外的各县，蒙旗地区□不变□变成了富有的福地。那时，东蒙正展开独立政府应作的工作，独行其是，很有被迫照葫芦画瓢施行清算斗争的可能。那样蒙人"私有"传统被□破，牛羊被剥夺，是会□即全沦为乞丐的。于是，为了阻挡恶运的君临，东蒙政府不得不以"工作不久展开"和中共拖，一边救济地安抚了蒙区贫民，而把"安抚的清算"加深颜色发表一番，就渡过了

"奸党"疯狂清算那严重的阶段。"奸党"虽明知其为子虚,但为了牢笼蒙人,避免腹背受敌,也只好轻轻放过。

自从"奸匪"在东北对收复区发动攻势后,为了争取"人数多",补足其没有骑兵的缺点,也为了消耗东蒙实力,"奸匪"以"共同战线"为口实,约〔要〕胁东蒙出兵参战南犯,并补给械弹、衣装。东蒙只有委屈求全地接受了配备,但却供出得到衣装、械弹数量的三分之一兵员去参战,其余的械弹、衣装呢,为了防止蒙人浮动,青年流入八路部队,便在参军的口号下吸引了那些浮动分子,装备成新兵。而参战的军队,因系骑兵,逃跑便利。又职在助战,当然可以在主力失利前即行退却。而且借八路军的威名,顺便更可以发个掳夺财。这样在只有收入没有损失的策谋下,东蒙军队日益增多,实力自然膨胀了。

"奸党"的扶植东蒙,不仅在树立帮手,乃在培育松北平原地带丧失后的游击根据地。东蒙深知此点,所以尽力充实自己,利用各种机遇走上有利自己的道路,想冲开来被搅扰的命运。于是,日子在东蒙和"奸党"各用心机中前进着,终于在"奸匪"奔命于南犯的疲倦中东蒙坐大起来。他们感到在苏联打算利用他们作外围,"奸党"打算利用他们为补给地矛盾中,可以独行其是了,有力量自存在"奸党"面前了,可能阻止未来的窜扰了,这才在今年五月一日那天重行宣告独立,把象征他们生活方式的锄头和牧鞭的旗帜正式挂出,而且迅即确立了自己的行政体制。

四 东蒙的现状

独立后的东蒙古共和国,其版图为松北各旗及热北三旗,计二十四旗。面积约占全东北的三分之一强——虽然耕地少,山地多,但人口亦少,食粮不成问题。人口九十万,兵员六万。

东蒙古共和国，为发挥独立性格，把握实力，收回利权，经东蒙古共和国参议会建议改为三级制：盟政府、旗政府、努克图苏木街（村）。各级政府首长一律民选，由政府加委（努克图苏木街由盟旗政府加委）。因此在东蒙各级政府里，非惟汉人有限，既〔即〕"奸党"也未能打入。这使"奸党"非常狼狈，而又不敢获罪蒙人。为了遍置耳目，争夺民意，"奸党"在东蒙各要地组织各界联合会。其性质像社团，而又不受政府管制，俨如上国特务机关，又无实力，仅系"奸匪"按〔安〕在东蒙的耳目而已。

独立后的东蒙，其经济的来源自依〔亦〕断绝。除食粮仅可自足，食盐（哈〔海〕拉尔一带产的土盐）勉强够用外，其他皆须用牛、马、羊和外地交易，方能入手。而和他们交易的对方，又非常善于作买卖，蒙人永远是吃亏的。东蒙政府鉴及物资的缺乏和负担的增重，自知以九十万生产力低下的人民，养六万兵和七八千公务员，实在是自伤民力，所以，便决定以自印钞票，来弥补横征暴敛的不足。这样钞票便形成泛滥，自五月到八月末，其累计数字竟是十亿。再加上五月以前的东蒙银行券、西蒙银行券、北蒙银行券和暗中流通的伪满币，其数字至低也在十五亿左右。区区九十万人被十五亿元冲洗着，其苦恼是可以想见的，所以贫穷。物资缺乏造成的贫穷正普遍袭向蒙民，一丝不挂的大姑娘和野小子，村村都出现了。

东蒙的军队虽然有六万之多，但装备和训练都很低劣。虽有不少从外蒙受训归来的军官，奈其本身亦素质不佳，自然虽〔难〕能使他们的军队现代化，尤其他们的兵种偏重骑兵，陷入畸形，不能应付现代化的主力战。所以，他们并不把这些兵力留着对付中央军，他们是为着应付未来的窜扰而养兵、扩兵的。

作为独立国，起码应有其独自的教育，东蒙自然不能例外。他们最近开办一所东蒙最高学府的"东蒙古军政大学"，课业着重在军训和"蒙古主义"（以成吉思汗精神为主）。中等学校则在王爷庙、扎兰屯、海拉尔三地成立了五所。散布在各地的小学有十八所。教材的内容特别偏重蒙古历史，渲染成吉思汗精神，文字自然是蒙文了（有许多在伪满中学毕业的蒙人教员，因为不会蒙文而失了业）。

就东蒙的教育及其方针讲，虽然教材空洞，内容简单，但文字的独立是我们不能不寄予注意的。

东蒙独立后的博彦满都，较独立前是沉默稳炼得多了，他也学会了抓替身和斯大林的铁幕，耍影人子作风，他把凡是和中共有关的事务全交给年青好胜的哈丰阿去作，和外蒙及苏联的应酬，则一概委之乌尔金。所以现在最出风头的蒙人便是哈丰阿了（他是日本士官出身的军人，今年三十七岁）。

总之，东蒙古共和国是成立了，是在"盼不来国军"又怕"共产"的情况下成立了。究竟他们未来的命运如何，固然在他们自己。但国府怎样看他们的独立，怎样对付他们的独立，确是关键。我们相信东蒙是对的，相信政府未来解决东蒙问题办法也会对的。

三六，十，十四在沈阳

《北方杂志》（月刊）

武安华北新华书店

1947 年 2 卷 5 期

（李红权　整理）

增进蒙胞福利首要安定蒙胞生活

玉镜泉　撰

建设蒙旗的最大作用，与最大目的，是要如何增进蒙胞福利，来拥护国策，来巩固边疆，更进一步来完成中华民国的建国大业。

抗战胜利以来，政府秉政诸公，对于蒙古同胞，无不本着这种作用与目的，努力推进，昕夕勤劳，世所共见，所以已具很大成果。但是如今尚有一部分蒙古同胞的生活问题仍旧成为完成建国工作中，不可忽视的重大问题。

然则要增进蒙胞福利，首要安定蒙胞生活，蒙胞生活安定，则蒙胞福利可期，蒙胞福利可期，则蒙胞必然拥护国策。假使蒙胞生活无法安定，则蒙胞福利当受影响，所以建国首要在于民生，民生之需要在于衣食住行。国父在《民生主义》里说的非常明白，他说："我们要解决这民生问题，不但要把这衣食住行四种需要，弄到很便宜，并且要全国的人民，都能够享受，所以我们要实行三民主义，来造成一个新世界，就要大家对于这四种需要，都不可短少，一定要国家来担负这种责任，如果国家把这四种需要供给不足，无论何人，都可以来向国家要求。"这一段，是对全中国的同胞说的，当然也包括我们蒙古同胞在内。在今日仍有一部分蒙胞穿破衣，受饥饿，无家归，行不得的时候，读起这几句遗教是何等感慨。

造成现在蒙旗地方情形的原因，自然是由晚清而民国，蒙古同

胞过着治少乱多的日子。前八九年，更遭受到日寇的侵袭，以至
蒙旗许多地方损失惨重。幸而蒋主席领导抗战，挽回河山，终于
获得了中国的光荣胜利，而奠定了民族的更生基础。可惜最近二
年，外患方平，内乱踵至，中国共产党又煽起战火。有些蒙古同
胞被共产主义的洪流淹没了，有些蒙古同胞在炮火中牺牲了。随
着这种状态，直接间接都使蒙古同胞蒙受莫大灾害，都是蒙胞生
活困苦的症结。这的确是事实，无容词费，可是我们要扫除这蒙
胞生活困苦的现象，为增进蒙胞的福利计，必须有两个办法，一
个是治本，一个是治标。

　　治本的办法，当然是竭力尽忠，努力国策，希望把内战早日平
息，中国得到民主统一，蒙旗得到复兴建设，这可以说是釜底抽
薪的根本办法。但是以目下局势而论，中共方面，迷梦方酣，他
们一天不能醒悟，战争就一天不能结束，战争不能结束，则蒙旗
复兴建设工作受到牵制，治本办法也难于实现，在这个时候也只
有一面治本一面治标。

　　治标的办法，是在这战争状态的现阶段，用政治的力量去安定
民生，例如：（一）救济贫苦蒙胞。（二）培植失业蒙胞参加工作。
（三）巩固防卫。（四）开发蒙旗矿产。（五）改良牧畜。（六）便
利蒙旗交通。以上六项，系举其荦荦大者，本来政府已在推行中
了。不过我们深切相信如能本此作更进一步的努力，亦必能使蒙
古同胞早登衽席，这是今日蒙旗的蒙古同胞所馨香祷祝的。

《新绥蒙》（月刊）

绥蒙指导长官公署新绥蒙社

1947 年 3 卷 1 期

（李红菊　整理）

论北方的国防尖端——敌伪时代在所谓蒙疆联合自治区内建设之分析^①

编者　撰

现在我国北方的国防，以察、绥为尖端。这个地方，自古就是中华民族和外族驰逐的战场。战国时燕、赵防御外敌，都曾在这一带地方建筑长城。自此之后，历代都用全国力量来保守这个地带，几千年来，多少民族英雄为了它马革裹尸、肝脑涂地，古诗说"不见长城下，骸骨相支柱"，这真是一寸山河一寸血了。在古时还没有注重地下矿产的时候，对于这样寒瘠区域，认为不过是一个不毛之地，无关于经济民生，为什么肯耗费倾国的力量去保守它呢？无疑的，是因为它是华北的屏蔽，山脉蜿蜒，地势雄峻，天险可守。如果一旦落外族之手，就可以长驱直下，席卷中原，所以在国防上、在战略上，都是万万不能放弃的。因此不惜巨大代价，来争取它的安全。直到明朝，鉴于宋时历受辽、金、元的压迫，对于北方国防更加重视，除了重新建筑坚固柳条边外，更于九边驻扎重兵，慎选名将扼守，还特地迁都北平，创"天子守边"的政策，把军事重心完全移到北方，作国防的后盾。所以三百年中，虽然中原屡次变乱，都能不久戡定，最后流寇窜扰各省，流毒全国，中央政府还能苟延残喘，直到居庸、宣化失守，才决

---

① 　编者的反共立场十分明显，请读者留意。——整理者注

定了明朝最后命运，这就可见这个地方对于全国的重要性了。清朝全盛的时期，外蒙归入版图，察、绥一带，才由边疆变为内地，在国防上稍稍减轻它的重任。然而它的地下宝藏又渐渐为各方所注目。在现在高唱科学国防声中，堂〔丰〕富煤铁的储量，已经足够增加它的地位，何况又拥有平绥、同蒲两支动脉。今日世界的局势不断动荡，外蒙问题，使我国重新划定了国防前线，东北现象也更增加了它的重要地位。我们如果能把握时机，把这举足轻重的要区，努力建设起来，做到国防巩固，军备充实，经济优裕，人民安乐的地步，那不但华北一带安如泰山，东北九省恃为后盾，还可以联络外蒙，提携西北，增进我国的地位，共保世界的和平。如果我国对于这样重要区域，依然沿已往作风，认为边远，漠不注意，则慢藏诲盗，将来的后患必有不堪设想者。

抗战期间，敌人看准了这个地方的价值，曾经侵占它，而且组织一个伪蒙疆联盟政府来执行侵略的政策。国人因为交通不便，对于实际情形，颇多隔膜。现在虽然已经收复，但是敌伪占据的用心和建设的情形，有的固然已经成为明日黄花，有的还依然有给国人参考的价值，所以本文特为介绍如次。

伪蒙疆组织的区域，包括察南十县，晋北十三县，察、绥五盟的地方。自北纬三八至四七度，东经一〇四至一二〇度，面积约五十万方里，等于日本本土及朝鲜的总和。东接九省，北距外蒙，西控宁、陕，南邻冀、晋。包有宣化盆地、张家口溪谷平原、大同平原、丰镇高地、后套平原、伊克〈昭〉盟高地等。地势概属高原，张家口高度为海拔七三〇公尺，气候干燥，雨量甚少。其最合农耕之厚和地方，据日人于民二十二年所测，全年雨量不过一九二·三公厘。农业方面：小麦年产约六四，五四三吨；米二六七，八四三吨，高粱六九，八四二吨；莜麦七六九，七九九吨。牧畜方面：牛约计七〇一，一〇三头；马二一〇，四二九头；骆驼六一，三六〇头；羊三，八一九，四七八头；山羊四一四，八〇三头，共计五，二〇七，一九三头。矿产方面：以煤铁为最，大同煤矿埋藏量约为四一五亿吨，煤质为最优良之高度沥青炭，灰分少，热量大，火力足。龙烟铁矿埋藏量约二亿吨，其他矿产亦多，惟多未开采。森林仅少数天然林。人口约五百万。平绥铁路由南口直达包头，支线有由大同达山西之同蒲线。七七后日寇于八月二十四日进占张家口，九月四日成立伪察南自治政府，十月十五日又成立伪晋北自治政府，十月二十八日成立伪蒙古联盟自治政府。所僭据的地盘，计有：

伪宣化省　即察南地方，包括张家口一市，宣化、万安、赤城、龙关、延庆、阳原、怀来、涿鹿、涞源、蔚，十县。

伪大同省　即晋北地方，包括大同、怀仁、阳高、天镇、浑源、广灵、灵丘、朔、山阴、应、左云、右玉、平鲁，十三县。

察、绥五盟　锡林郭勒盟、察哈尔盟、巴彦达拉盟、乌兰察布盟、伊克昭盟。

傀儡名单如下：

伪主席　云端旺楚克（本乌兰察布盟盟长）

伪副主席、政务院长　德穆楚克栋普鲁（本锡林郭勒盟副盟长）

伪总司令　李守信

伪政务最高顾问　宇山兵士

伪军事最高顾问　高场损藏

伪政务院总务部长　陶克陶

伪政务院财政部长　吉尔嘎朗

伪政务院保安部长　特克希卜彦

伪参议〈院〉议长　吴鹤龄

伪旗为赤、白、青、黄四色七条旗，赤色代表日本为中心，白代表回族，青代表蒙古，黄代表汉族。次年云王病殁，以德王、李

守信任伪正副主席。此时日人正在以全力推动侵略政策，所以一面
扶植汉奸，分化我国，一面努力榨取，采用"养鸡取卵"方法，希
望将北方造成第二满洲。借富厚的资源，来完成长期的侵略。

榨取的步骤，第一便是发行伪钞。二十七年九月二十七日，先
于张家口设立察南银行，资本百万元。十二月一日，又由三伪自
治政府各出资四百万元，改组察南银行为蒙疆银行，发行伪钞，
换取法币。又将张家口私人钱庄十家，宣化私人钱庄三家，合并
为察南实业银行。除伪钞外，仅许伪满中央银行、朝鲜银行及日
本钞票可以流通。以前通行之中、交法币及河北省银行钞票、山
西省银行钞票，悉被套窃。

第二便是掠夺物产。北方矿藏久为日寇所垂涎，尤其为大同的
煤和龙烟的铁。日寇以前曾经为了龙烟煤〔铁〕矿权费了无数心
机，现在全权在手，岂肯轻轻放过。所以便于民二十八年由伪蒙
疆联合委员会及华北开发会社共同出资二千万元，成立龙烟铁矿
株式会社，三十年开始开发龙烟铁矿。该矿位于龙关、宣化、涿
鹿诸县地方，埋藏量约为一二，二〇〇万吨，民初已设厂，未有成
绩。矿山有二，一为烟筒山，在宣化北一二里。一为庞家堡，约距
宣化六十里。日人开采后，日产铁二三万吨，大部运往东北昭和制
钢所制成钢缺〔块〕。日人并于该矿设高炉炼铁厂，内有二十吨鼓风
炉十座，日可产铁二百吨。又设机械厂，旋床、刨床、锁床，各种
设备应有尽有，制造枪械、手溜弹、炮弹等，又设火药厂，制造硝
化绵、硝化甘油、黄色火药、黑色火药、无烟火药等。又设水塔、
大楼、工人宿舍、职员宿舍等，规模甚大，工人约二万余人。

此外又由日本财阀与伪蒙政府合办蒙疆兴业股份有限公司，设
工厂于宣化城内及城外。城外者在宣化车站西半里，分为两部分，
一为高炉炼铁厂，一为石炭干馏工厂。日人本意计划于炼铁厂建
筑二百七十座二十吨鼓风炉，仅成五座，每座日产铁十五吨。适

逢欧洲战争起，日寇移其目标，改设石炭干镏工厂，设炉十五座，炼取焦炭及煤焦油，并提炼最纯轻之质液为飞机用油。此外尚有机械房、木工房、瓦工房、变电所、化学实验室等。城内者在宣化西街，机器多而精，有制钢所一处，每日产量一·五〇吨。兵械厂两处，制造手枪、步枪、手溜弹等。

大同煤矿位于大同、怀仁、左云、右玉、平鲁、朔县之间，长百二十公里，宽十七公里，煤质为高度沥青炭。战前有晋北矿务局、保晋矿务公司等，从事采掘。晋北年达二十六万余吨，保晋亦有十六万吨之多。二十九年，日人组织大同炭矿株式会社，占夺开采。已采者计有八矿：（一）永定庄；（二）保晋；（三）煤峪口；（四）同家梁；（五）白洞；（六）同保；（七）四老沟；（八）忻州窑。日人各设厂采煤，平均每矿每日可出一千吨。永定庄矿厂有发电所、发电所各一，二千基罗瓦特发电机两架。其他各厂，设备大略相似。并设平旺发电所、岩林发电所、城北变电所、机械修理厂、火药厂、材料厂等，规模甚巨。

下花园煤矿，在平绥路下花园站南二里，埋藏量约有五亿吨。二十九年伪蒙政府委托久恒矿业株式会社经营。

大青山煤区，由包头至武川、固阳，埋藏量四亿六千万吨。二十八年九月一日，日人设大青山炭矿股份有限公司，接收开采，日可出煤二百吨。

此外为便利压榨计，又设立电力、电话、商业等各种机构。兹略举其荦荦大者如下。

张家口民生电力公司，创于民国六年。日人接收后，以最佳之机器改建，改名为蒙疆电业公司，设北发电厂、南发〈电〉厂、下花园发电厂三处，宣化支店，涿鹿、怀来、新保安、康庄、沙城、下花园六办事处，张垣、宣化、庞家堡三发电所，有三〇〇KW、一〇〇〇〇KW、一二八〇KW、四〇〇〇KW发电机各一部，一〇〇〇

KW 发电机二部，机房、试验室、配电室、仓库等甚多。

大同平旺发电厂，为华北最大发电厂，有一五〇〇〇 KV
〔W〕与二〇〇〇 KV〔W〕发电机各一座，可供晋北十三县及绥
远、丰镇的电力，为日人八年最大之建设。

余如张家口电话局，有可供四千号自动电话机器。蒙疆木材公
司、蒙古皮毛公司、盐业组合、石油公司、火柴公司、日蒙酿造
公司、东亚仁丹公司、张垣烟草公司、酒精工厂、沙漠肥皂公司
等，规模皆相当宏大。

伪蒙政府对于此类商业公司，给与津贴或投资者达百分之七
十。三十三年度促进重工矿生产，一次投资，竟达四千七百五十
余万元，超过伪府年支经费之半数。然每年出超四五千万元，亦
可谓巧于卵矣。

据伪蒙疆银行调查，截至民国三十年止，日伪在蒙疆区内设立
公司、会社共计六十八家，已缴资本累计八九，六四〇，五〇〇
圆，其重要各业投资如下：

业种别	数目	已缴资金	占资金比率
食料品工业	七	一，七三一，〇〇〇元	一·九〔二·〇〕
矿山业	六	四〇，二七五，〇〇〇元	四四·九〔四七·一〕
窑业	一三	二，〇七三，〇〇〇元	二·三〔二·四〕
皮革业	二	三，一一〇，〇〇〇元	三·五〔三·六〕
机器制造业	一	一，二五〇，〇〇〇元	一·四〔一·五〕
电气业	一	一二，〇〇〇，〇〇〇元	一三·四〔一四·〇〕
交通运输业	三	一〇，六〇〇，〇〇〇元	一一·八〔一二·四〕
土木建筑业	七	四，二七五，〇〇〇元	四·八〔五·〇〕
银行金融业	六	五，四四一，〇〇〇元	六·一〔六·四〕
商业	一二	四，七三〇，〇〇〇元	五·三〔五·五〕

矿山业占投资总额百分之四五，除经营煤、铁外，其他矿产如

石棉、云母、黑铅、锰等矿，由伪蒙疆政府颁布国防资源统制命令，促进并监督此四种矿产之开发。

牧畜业方面，伪蒙疆政府于民国二十八年十月发布《蒙疆畜产政策要纲》，包含下列四项：

1. 关于马之改良增殖事项。

2. 关于绵羊改良增殖事项。

3. 关于家畜防疫事项。

4. 关于牧野〔业〕之整备及饲料之培植事项。

农业方面，伪蒙疆政府于民三十一年实施农产物增产五年之计划，内分：

1. 本区内食粮之自给。

2. 对华北各地输出之增加。

3. 纤维作物及烟草之增殖。

又设立农事协会、农业合作社、模范村等，以协助增产计划之推行。

林业方面，于二十九年，宣布林业政策要纲，开始造林三十年之计划。

其时人口总计为五，五二七，六七一人，各族数目如下：

汉	五，二七九，二九九
蒙	一五八，七〇〇
回	三七，五七二
满	一一，〇二一
日	四〇，四三八
外人	三七九
无国籍	二六二

日人的数目竟超过回族而占第三位，其移殖之迅速，委实可惊。而且这些日人都是据有军政、工商各界优越地位的，如最高

顾问、各伪省市的次长、各盟旗的参与官、各大企业的董事及董事长、铁路局长、副局长、公营事业的董事长或经理，以及军界、政界的优越职务等等，盘据整个北方，吮吸脂膏，敲抽骨髓。每年运去日本物资，填补欲壑，无虑数万万，还要美其名曰出超。掠夺物产到这样地步，可以算是完全成功了。

第三便是麻醉奴化。日人深恐同胞觉察到他们的计划，便利用奴化方面，设立蒙疆文艺恳话会、蒙疆美术家协会、发行《蒙疆文学》杂志、设文学奖金、蒙疆吟诗会、蒙古美术展览会及研究所、蒙疆书道协会、蒙疆棋院、蒙古体育会等等。并规〈定〉各校所用教科书，应采用伪满洲国民生部所编纂的。课程方面只有日本语和日本史，却没有中国史，以为这样便可以掩耳盗铃，欺蒙过去。不想原子弹一炸，全国屈膝，只得忍痛将所有建设全部交与中国。

共军时代，三十四年八月二十三日，共军接收张家口，陆续入驻各地。以晋察冀边区银行名义发行边币。一千元的正面淡蓝色，反面淡黄色。五百及百元的，正面淡黄色，反面淡蓝色。十元的正反面都是淡黄色，以一对一的比率，吸收法币。改伪宣化省为宣化市，改蒙疆兴业工厂为外新华工厂、内新华工厂。其制钢厂本有造钉部，供平绥路之用，改为制造手溜弹和轻便武器。直至三十五年十月十一日国军收复张家口，为时共一年一月零十八日。

国军进驻时，共军已陆续拆运各厂机件，最后将不能搬运者尽付炸毁。计有：

1. 宣化龙烟铁矿锅炉十六个完全炸毁。

2. 大同煤矿：

一、永定庄矿厂　拆去二千基罗瓦特发电机两架上要件，炸成废铁，发电所、变电所均炸毁。

二、忻州窑矿厂　炸毁锅炉六部及不能运走之机器，焚房屋百余间。

三、煤峪口矿厂　炸毁变电所设备，搬走电话十七部。

四、全家梁矿厂　炸毁电绞车三部，空气压缩机一部及其他机器。

五、白铜矿厂　炸毁电绞车二部，电矿灯充电设备。

3. 平旺发电厂　炸毁一万五千发电机一部，二千发电机一部，变压设备全部。焚毁三千发电机一部，发电机厂房一所，水塔座、办公室、合作社库房、宿舍等均被焚。

4. 岩林发电所　炸毁锅炉二具，变压设备、配电设备、二千发电机二座，焚去厂房。

5. 城北变电所　炸毁三千变压器及配电设备，房屋全被焚毁。

6. 机械修理厂　搬走车床、洗床、刨床二十余部，汽车十余辆，炸毁不能搬走之机件及变电设备、变压器、房屋等。

7. 火药厂　搬走研碎机七部、天平及化验设备，炸毁大锅炉一具及〈厂〉房。

8. 平旺总办公处　搬走电话交换机二台、电话机一零七部、变压器十四部，爱克司光照相机、太阳灯、无影灯各一部及医院全部器械等。

9. 材料厂　枕木、支柱、木板约值三万万圆以上全部被焚。搬走电锯、电绞车、变压器、面粉机等。

10. 张家口（蒙疆）电力公司：

一、北发电厂　拆去三百KW特尔滨发电机一部，毁坏机械零件，炸毁锅炉烟囱。

二、南发电厂　搬走一〇〇〇KW特尔滨发电机一部，炸毁一、二八〇KW特尔滨发电机一部及锅灶回水管四个，机房大楼炸倒，试验室、配电室均被焚。

三、下花园发电厂　搬走四千KW发电机各一部，炸毁一万

KW 发电机一部，又一部未完工亦被炸毁。

四、新旧仓库　存器材九百九十二吨，被焚去七百八十吨。

五、总公司及办事处、变电所各建筑均被炸毁。

11. 张家口电话局　可供四千号自动电话机器烧成焦铁。

12. 张家口车站　机房完全被烧，七丈余水塔炸倒。

13. 张家口大桥　长约一里余，以车头运炸药炸断。

14. 平绥路　东线至怀来桥梁破破〔坏〕四十二座，毁路基二十余公里，站房除宁远外均被焚毁，搬走钢轨五百五十余条，损失枕木一万八千余根。西线破坏桥梁、涵洞一百五十余条，钢轨八九百根，枕木多数失踪，电杆全毁。柴沟堡及天镇水塔全崩，搬走机车十六辆，客车十八辆，货车一百十七辆。

其他较大企业公司数十家，无不被其运走物资，并加以炸毁。退出时并带走中学师生千余人，小学教员数十人。经此大破坏之后，有名之平绥路及日人八年建设之成绩，差不多完全扫地，仅仅留下焦毁残破的碎瓦颓垣，和流离失所的无告民众。

以上是十年来北方民众所遭受到的事实。它告诉我们，日伪的建设北方，无论规模怎么伟大完美，心计怎样周密精细，民众的眼睛是雪亮的，不会震于物质面轻轻被他瞒过。他们不是有爱于北方，来开发，来建设，却是为了利用北方的天产资源，掠夺来充侵略的资本，这样的建设绝对不能得到人民拥护，只有加速走向灭亡之路。共军的建设，是一味宣传主义，到了最后，却出以破坏手段，将日人建设的完全焚毁。无论政策如何，对于国家人民总是一种损失。这种愚笨手法，实在足以丧失人民的同情心。然而这个地方，地理上的重要性仍然存在，地下的矿产也仍然蕴藏，并未曾丝毫减少它的价值，我们应该把它重新建设起来，为了国防为了民族，它依然负荷着重大使命，我们不能因为它被毁而灰心，也不能以日寇所经营为满意，应该详细计划，埋头做去。

　　我们要建设北方，第一件得先建设心理。敌伪竭力繁荣北方，建设北方，可是北方民众不但毫不感激，反有"时日害〔曷〕丧，与汝偕亡"的决心，胜利传来，雀跃万状。何以故，是因为日人压榨资源，并不是为着人民福利，只肥了日本自己。共军宣传政策，开会讲演，无微不至，可是当人民看见他们破坏许多完好的建筑和机器，拉走许多壮丁和衣物的时候，也发出抗议的呼声。这些事实都足以说明欺骗手段是不能博得民心的。在胜利之后，许多接收大员，行为不检，报纸上也往往有"莫失尽人心"的警告。所以我们要建设北方，必须先建设北方人民信仰政府的心理，要它们信仰政府，必须由铲除贪污做起，每一个军政人员都能奉公守法，清廉有耻，所有建设利益，自然涓滴归公，完全为人民谋福利，为国家增收入，人民岂有不乐于服从之理。无论征税、纳捐、抽丁、募工，一定会踊跃奔赴，事半功倍，因为他们知道，服从虽然出了一些劳费，将来也是他们自己享受，自然心悦诚服情愿操劳了。只看平绥铁路，因为是詹天佑躬亲监督，廉洁无私，所以至今还是坚固，前清海军因为把款项挪建颐和园，所以甲午之战竟不堪蕞尔岛国之一击。这种事实证明了官吏贪污不但暴虐人民，还一定侵占公款，不但失尽人心，还一定偷工减料，用这种官吏来建设北方，无论怎样完美的计划，也没有成功的希望。所以我们要建设北方，必须先铲除贪污，选择廉洁公正的人士，厉行廉洁公正的政治，来建设人民爱敬、信仰政府的心理。

　　第二我们要建立"地尽其实，人有其田"的经济政策。北方的矿产，丰富有名，不必说了，可是此〔比〕起欧美列强的储藏量，那简直是小巫见大巫了。而且只这一点矿产，还借了日人力量才能开发到现在的成绩，自己又把它炸的一塌糊涂，说起来，真是惭愧无地。我们现在应该尽量修复，及早开工。一面应当估计扩充和弥补的机器数量，在不久将来议定日本赔偿我国的工厂

机器后，就从速按数由青岛运送来北，补充发展。一则可以大量
生产，充实国防，二则矿洞、工厂均已现成，机器运到立可应用，
可免朽锈投闲之弊。其他未尽建设的事项，如矿山、牧业、农业、
森林等等，不妨参考日人已定计划改定施行。一面鼓励内地优秀
人才，前赴北方服务，在此失业众多、物价高涨的时候，如有适
宜工作，优良待遇，当不至有"才难"之叹。至于农业，虽不甚
丰，但经共军斗争之后，土地所有权，大多紊乱。宜趁此时期，
限制兼并，严定最多土地不得过若干亩，有余者以平价转让贫民，
或由官厅收买放租，务期达到人有其田的地步。这样一来，不过
数年，一定可以做到地尽其实、人有其田、家家乐业、厂厂兴工
的现象。

　　第三我们要建设北方，应当推广教育。《论语》说："既庶矣，
又何加焉？曰：富之。既富矣，又何加焉？曰：教之。"可见人民
不能以富庶为已足，必须加以教育。敌伪奴化人民，尚且知道以
毒素来麻醉。共产"歪曲宣传"，也是做了开会演讲，我政府负教
化人民之责，又当还政于民的时候，赋予人民一切言论思想的自
由，试问没有受过教育的人民，如何能懂得运用其所赋予之宝贵
的自由权，更如何能成为健全的公民？所以我们要尽力推行教育。
第一，要洗涤敌伪时代的毒化思想。第二，要利用共产时代民众
已受的开会演讲的训练加以再教育，由开会演讲中给以正确的观
念，矫正错谬的思想。第三，要指导他们明白自己对于国家的责
任，享受宪法赋予的权利及自由。我们知道北方人民在过去十年
中是从未享受丝毫自由的。敌伪时代，一切专制、压迫、掠夺不
消说了，共军时代，宣言解放，好像是给予人民自由，但是事实
告诉我们，人民对于清算团、秧队歌〔歌队〕等等，并不感觉兴
趣，相反地，他们会对记者团慨叹着说："什么叫做民主，民主就
是比专制还要利害。"孟子说："饥者易为食，渴者易为饮。"在民

众失去十年自由之后，政府宪法给予他们以应得应享的自由，他们是如何欢欣鼓舞地来迎接这一个机会，吐泄历年的积愤。所以我们应当充分利用电台、演讲、戏剧、刊物等等来开发民智，融洽种族。一面多设学校，扫清文盲，灌输智识，人民水准提高，自然会分别是非，爱护祖国，不至受人播弄为民族罪人了。这样精神、物质并重的建设，才可以把北方造成国防前线最坚固的一环。

《国防月刊》
南京国防部新闻局
1947 年 3 卷 2、3 期合刊
（朱宪　整理）

董兼主任委员对本会职员训词

提高蒙旗文化增进蒙旗福利本会职责所在
增进蒙汉团结拥护和平统一青年义不容辞

瑞华　纪录

绥远盟旗文化福利委员会，业于三十六年五月八日应运产生；董兼主任委员，于是日下午三时，假绥远省政府会议室，招集在会各委员、组长、秘书、组员等，作就职以后初次训话，以革命先烈之不屈不挠精神，勖勉蒙旗青年及各职员。职员等兴致勃然，振奋异常。兹将董主任委员训词录之如次。

（一）　提高蒙旗文化

蒙旗文化水准，比较低落；因为文化的较低，所以知识不进步，因而物力无从开发；而于知识不进步与物力未开发之下，无形之中，造成今日之蒙旗现象，即经济没基础，教育不发展，卫生不讲求，宗教不改良，政治不革新，尤足忧虑者，系人口不仅不见增加，反而日见减少……照这样的下去，蒙旗前途实不堪设想，文化福利当然亦无从增进！

现在我们的首要工作，先要把蒙旗的文化提高，而提高蒙旗文化，必须由发展教育着手。教育的功能，是无微不至，"教育为立国之本"，这是人类所公认了的定理；今日蒙旗的知识不进步，物力不开发，都是因为蒙旗教育不发展造成的。我们为达到发展教育的目的，首先要从创设蒙旗小学作起。为了实〔适〕应需要打算，首先设立实验小学校十处，使的蒙旗学龄儿童，都有求学的机会，由小学而中学乃至大学，使知识增加，人材充实，然后物力自然开发。此外，并印刷蒙汉文字刊物报章，提高蒙旗文化，如同现在国际间的风云变化，内地各省的文物交流，盟旗境地的发展进度……各种新闻消息，在在须要积极的倡导明了起来！

（二）增进蒙旗福利

蒙旗地处边陲，幅员广袤，地下的宝藏非常富厚，但因人力、财力的不够，虽有丰富的蕴藏，而不能供给群众享受，以致贫困不堪；尤其近二年来，遭受了"共军最大的蹂躏"，再加上抗战期间倭寇的剥削，使的蒙胞颠沛流离，痛苦万状；现在我们要替蒙胞解除这些痛苦。

首先筹助巨款，发展合作事业，即把蒙旗方面的地下产物和地上的生产品，用合作方式推销出去，使之得到合理价格，复以合作方式供给蒙胞所需用之各色物品。这样一来，蒙胞的生活自然会改革良好。除此而外，蒙旗多以牧畜为生，按历史的分段，最早的人类是巢居穴处，次即渔猎社会，次即游牧社会，次即农业社会，再次为商工业社会，现在已入电业的科学时代了。以那样纵的看法，似乎蒙旗社会仍然处于上古时期；其实，现在英美各国以及欧陆各大文明国家，都重视牧畜事业，他们都是用了科学方法，办理着牧畜事业，所以他们的牧畜〔畜牧〕利益，并不亚于农工事业形态，以这样横的看法，今天的畜牧事业，也是时代需要的。不过需要把上古时期的畜牧事业形态，一变而为现代化的畜牧事业。

我们为造成现代化蒙旗畜牧事业，必须创办防疫工作，倡设牲畜厩所，保护大块草原，调剂优良畜种，研究畜产卫生及饮食……此外，蒙旗的风沙灾患须防制，森林树木须倡植，交通来往须畅通……这些都是蒙旗福利事业，我们决心要在最短期间，促其实现。

（三）　扶植蒙旗政治

现在是民主政治时代，我们蒙旗的知识青年，都让他们得有参加政治工作的机会，务使蒙旗政治，随着潮流向前发展。尤其对于时代的转换，应该人人有一个正确地认识，假如共产党用了诱惑的手段，来煽动蒙胞，虽其甜言蜜语，但他的心腹是十分的险恶；这一点，刻下各旗的蒙胞，既然都已明了这个事〔是〕非，当然不会再受他们的欺骗；而蒙胞自己最注意的是确定自己的主张，抱定"蒙汉民族团结的精神，奉行三民主义的精义，销灭破坏国家的奸匪，拥护政府的巩固，实现国家的和平统一"，这个使命，是诸位蒙旗青年，义不容辞的天职。

至于内蒙各旗地的居民，多年是蒙汉民族共居一舆，彼此之间，感情甚为容〔融〕洽，相安历有年所；今后更需要相亲相爱，相助为理。设或偶然彼此之间发生小小龃龉，也应该彼此掬诚相见，用以合理的方法，迅速地加以解决，决不容奸人乘机杂入，煽动事〔是〕非；这一点固是本会的职责所在，也是诸位应负的责任。

（四）　意志坚定事必成功

古人说"有志者事竟成"，这话一点不假。本党革命先烈，没有一位不是不屈不挠，意志坚决的分子；所以革命能以成功者，良有以也。本来，一件事地成功，必定经过不少的湾转曲折，甚而至于狂风巨浪的打击；但，只要我们有见地，有主张，尤其是要有毅力，没有不成功的。我们傅主任，对于扶植蒙旗的办法，指示出六项原则和四项要政，其六项原则：（一）增进蒙旗福利；（二）促进地方自治；（三）铲除日寇分化遗毒；（四）恢复蒙汉亲爱团结；（五）提高蒙胞文化；（六）培植蒙旗青年参加政治工作。其四项经建要政是：（一）改良牧畜；（二）提倡合作；（三）发展教育；（四）推广卫生事业。我们要遵循傅主任的指示，一步一步地走向蒙旗建设的大道上，务将蒙旗人民，从苦海中扶救到衽度上！这是我们共同的责任，希望诸同志共同努力！

《新蒙半月刊》

归绥绥远省政府盟旗文化福利委员会文化组

1947 年 3 卷 4 期

（李红权　整理）

傅主任对蒙旗人士谈话①

"奸匪"不爱国不爱民实为人类公敌
政府为国家为人民决意"剿除丑类"
察、绥两省蒙旗罹受"匪患"最重

傅作义　谈

"奸匪"祸害国家，已经到了无可复加的地步！他们不爱祖国，他们不爱人民；他们对于祖国地危害，有如日寇之对于中国；他们对于人民地屠杀，比日寇还要惨忍！现在，他们又把日寇领到中国来，十来万的武装倭奴，由"奸匪"地领导，从黑龙江的北岸，进到松花江岸，复由松花江岸，沿着长白山麓，向南侵犯。日寇屠戮中国人的惨剧，因了"奸匪"地嗾使，重又演出我国领土！这还不算，他们又把苏联鼓动起来，苏联飞机掩护了外蒙军队，侵袭我国新疆省境的领土北塔山地方，被占土地六百多里（这是本年六月五日上午的事情），这本是一件非法的举动，凡是中国人民，没有不在摩拳愤慨，皆欲一雪国耻；但，"奸匪"却在东北哈尔滨的"匪区"一带，欢呼庆祝，说是"我军收复北塔山……"云，他们所说的"我军"，即指苏联飞机和外蒙军队言耳！可见，今日之中国"奸匪"，竟把日寇引为同类，且与苏联称为一家，自己的国

① 请读者留意作者的立场和写作背景。为保持资料原貌，照录原文。——整理者注

家、人民，反而大形破坏屠杀起来，这种引狼入室的行为，比张邦昌（宋奸）更显地无耻无德！

此外，"奸匪"对于蒙旗人民，特别摧残之甚。我们所知道的，绥远省境内如乌兰察布盟之达尔罕旗（喀尔喀右翼），四子部落旗，茂明安旗，东、西、中等三公旗，以及伊克昭盟之鄂托克和乌审等旗，与绥东四旗，各旗所有的牛、马、驼、羊，扫数被"奸匪"赶走了；连帐幕、饰物等事，都被抢夺一空！至于察哈尔省北境锡林郭勒盟各旗群的蒙古人，不仅牲畜、饰物尽被"奸匪"抢去，并且把年青的人悉数强迫地当了兵，妇女则被强迫慰劳军队去；所剩下的老年人和小孩子，尽数给杀死了，这是多么惨忍的事？根本，蒙古人是以牲畜为财产的，今天蒙人遭到"奸匪的蹂躏"，乃至产尽人亡，这还有什么说的？本月二十三日下午七时，张垣绥靖主任傅先生莅临绥垣后，假省垣联谊社，招集蒙旗首长及知识青年分子谈话，大意这样说：

"……奸匪并不要祖国，也不要人民；他们处心积虑地在扩张内乱！我们蒙、汉、满、回各宗族，都是中国底国民，我们都要爱护祖国。但凡危害国家和危害人民者，我们就无条件地消灭他，这是我们应有的精神和责任……这次，以奸匪所过之处，我们才知道，他们对于蒙旗地方的惨害，更是厉害，如同察北各盟旗的蒙古人，遭到了空前未有的损失——牲畜是全完了，王公及老年人与喇嘛僧和小孩子是全被惨杀了，妇女全被掳掠了；他们只要年青人，为供给他们当兵。他们这样地对待蒙古人，实在是不对的。他们为在诱惑蒙古人走入歧途，乃用一种欺骗手段，把蒙古人云泽给架设傀儡起来。假如察蒙、绥蒙的版舆要是沦于他们手中的话，那时候的云泽，绝对会由'座上客'一变而为'阶下囚'，则其他蒙旗人民，亦会尽成俘虏者！因为他们对于国家、人民都不爱护，哪能独独爱护蒙古人？不过，人类都在很憎恶他，他们一定会消灭的，只要蒙汉民族团结起来，一致拥护国民政府；一面积极地把蒙旗文化和福利之各部门，逐渐建设起来，那末，奸匪无隙可乘，短期之内即可消灭……"

我们知道：日寇侵略中国，进入东三省时，曾为设立一个伪满洲国；进入南京时，亦为设一伪南京政府；迨至进入察、绥二省后，复为设立伪蒙疆政府……这都不外是些傀儡组织。今日之"奸匪"，并无日寇之势大，也没有倭奴那样精悍，然而他们也要实行傀儡政策，在这民主政治的思潮澎湃之下，显然他们有点愚拙！不管怎样，"奸匪"总不外是人类的公敌，我们全国上下，不分种族，一致团结起来，击灭这一群"匪类"！

《新蒙半月刊》

归绥绥远省政府盟旗文化福利委员会文化组

1947 年 3 卷 5 期

（李红权　整理）

北塔山事件的真象

云中伧父　撰

新疆是中国最西北的一省，这个地方，西北靠着阿尔泰山，东南带以塔里木河；天山南路，草木畅茂，天山北路，沃野美田。地方肥渥富庶，并不亚于内地任何一省。所以，盛世才主疆的时候，关着大门起国号，竟能□潜一时——他和苏联私自订立了卖国条约，□□新疆省闹得不成世界！逮及国民政府西迁重庆之初，新疆处于国防要地，中枢重视边防关系，不能不把新疆局面使之改观；第以盛在新省，跋扈桀骜多年，绝非一蹴可以就范，于是政府采以渐进步骤，先示之以好感，使之释怀弗疑；次即开辟交通路线，深通新疆心脏，以备用兵之便；再次运用外交方法，径与苏联成立互相谅解，对于苏联在新特殊权利，我方不予否认；约以国军开入新疆之时，苏联勿得加以阻挠。一面利用金钱力量，分化盛军部下，使其武装干部，各怀贰志……陷阱布就，时机成熟以后，蒋主席□以急电召盛至渝，而盛既无以规避，强颜应电来觐，这样，才把西北的云雾拨开！谁知一波才平，一波又起，外蒙军侵新疆的警报，跟着又传来了！

有名阿乎哈斯江者，为新省哈萨克的回教人，他本留学苏联多年，为一激进亲苏分子，他们意图分裂新疆，成立所谓"东土耳其斯坦共和国"后，阿乎哈斯江便以伪代表之身份，膺选为新省副主席之地位，并且荣任新省国大代表。按理，阿应感戴政府；

诇阿不此之图，反增谋乱之念——迨省主席张治中氏辞职以后，政府对于主席人选，特别慎重，而阿却大肆活动，谋获此位；中枢深悉其好，乃委年高德劭之回人麦斯武德氏，继主新省。任命状发表后，阿甚怨怼，随向苏、蒙活动，不久，苏、蒙侵新之事件，亦即见诸事实矣！

先是，外蒙脱离中国版图之不久，伊宁事件随即发生——南京国大开会期间，阿罕哈斯江曾公开其"东土耳其斯坦共和国"之运动，径向政府要求独立，以□专门"赤化"新省。及至阿返新省以后，乃将月牙形旗高悬起来！此时，新疆奇□东北地方，居住着不少的外蒙人民，经过阿罕哈斯江之从中挑拨启衅，同时，"奸匪"也在里边播弄鼓动，使的外蒙居民和当地国民起了冲突；而当地警宪机关，调解无效，风潮越闹越大，终于六月一日乃至五日之间，外蒙骑兵，庇在苏联飞机掩护之下，侵入新疆北塔山地域，深达六百多里之长；这便是北塔山事件的真象！

《新蒙半月刊》
归绥绥远省政府盟旗文化福利委员会文化组
1947 年 3 卷 5 期
（李红权　整理）

蒙古青年的进路

毡乡弃才 撰

当兹宪政实施的初期，我国抗战胜利后的第三年，凡是我们蒙古青年，都肩负着复兴民族、建设国家的责任，尤其是身为蒙古青年的人们，对此当前的伟大任务，更不应当推委，更不应当规避，不过内蒙近十余年来，战祸绵延，生民涂炭，在这样的环境里，蒙古青年在心理上，难免有多重的苦闷，这现象是普遍的，并且也是必然的，不过我们不能因此就认为社会日趋腐化，前途没有希望，因为"多难"正可以"兴邦"，"殷忧"正可以"启圣"，单看是我们征服困难，还是我们为困难征服而已。

我们平心静气来反省一下，外蒙姑且不谈，只就目前的内蒙情形来说，强邻眈视，邪说纷歧，大部蒙古青年，好像大海里一只失了方向的船，不知道哪里是正当方向，更不知道如何把握这个正当的方向，有的蒙古青年，抱残守缺，不求进步，有的蒙古青年，虽然已经开步走了，而且走的很远，可惜路线是错了。如此种种……使整个的内蒙社会成了一只脱节的爬虫，一切都是半死不活，横陈在灭亡和新生的歧路上。但是这种现象的产生，有其很长的远因，不过这并不是我们只须听天由命，就不能为力的，虽然过去已经决定了现在，可是现在也能决定将来，历史给与人类的机会是均等的，所以，没有办法若指在片刻之间不能旋乾转坤而言，或者是对的，若指环境不良，而无法改善，则大有申辩的地步，要是只以定命论的看法，仿佛天有定数，静待末日的裁判，则适足以亡国灭种而有余，遑论自身的幸免？所以蒙古青年是不该作苦闷的呼声，作失望的慨叹，在心理上先衰颓下来！"哀莫大于心死"，这虽然是一句老生常谈，可是古往今来，却都历历不爽。

蒙古青年，具有传统的勇敢精神！蒙古青年，是蒙古文化的承先启后者！是中国国防的中流砥柱！是民族光荣与生存的先驱者！在今日的现状下，要有正确的思想，迈正当的步伐，才有光明的出路，正确的思想和正当的步伐，就是蒙古青年应走的途径。不过走的方法，各有其不同的出发点，只要认定目标，也可以殊途同归。提纲挈领，总不外下列数点：

第一，正确的思想。什么是正确的思想？正确思想是把世界上种种学说、主义加以慎密的检讨与考察，然后舍短取长，归纳一起，这就是国父所昭示给我们的三民主义思想，指示着向大同之治的一切变动，也就是开始了一条直达大同之道的大道；所以这个主义是属于大中华民族的公产，凡是中国各同宗的民族，就不能违反这个合于"真善美"的宝典，亦即不能逸出这条以大同之治为鹄的大道。所以我们蒙古青年，对三民主义思想，要审慎研究，廓清腐化的见解，而以三民主义思想指导行动，避免谬见、偏见，不盲从，不盲动，由此发生崇高的国家民族观念，为国家民族谋幸福，为世界人类生存而努力。

第二，强健的体力。优胜劣败，乃是天演公例，如果我们不甘心淘汰，那么我们就应该利用我们的身体，发挥我们的力量，应付我们的环境。西谚说："健全之精神，寓于健全之身体，有一分精神，即有一分事业。"可见精神事业的发展，全在乎人身体的是否健康，尤其是我们蒙旗各事落后的今日，更须有一个强健的身体，才能应付这困难的环境，才能使个人事业发展，才能使国家、民族转弱为强，这也是蒙古青年要注意的。

第三，自我的发展。是要自己具有奋斗力、依赖自己，养成"有志者事竟成"的自信力，向发展的途上迈进。至其步骤，要不以现实为满足，努力向上，克服一切困苦与艰难，用自强不息的精神，发动前进力与创造力，勿准备后退，勿迁延苟安，勿耽于享乐，做"造时势"的英雄，勿为时势所造的人类。

第四，生活的改进。是一扫既往萎靡不振底习气，怯懦畏葸的心理，奢侈无谓的享乐。要行有纪律底工作，有秩序的生活，把陈腐的生活方式，改为清新的生活方式，使中国边疆变为有纪律有秩序的，使蒙古民族成为有纪律有秩序的。

第五，文化的提高。一国有一国的文化，一民族有一民族的文化，就固有文化，发扬光大，其势顺而易举，把别人文化，拿来生吞活剥，其势逆而难行，转把自己本来面目失掉。内蒙迩来许多蒙古青年不知发扬自己固有文化，所以近数十年，在文化上殊少成绩的可言，这是我们蒙古青年要改变作风的，要以继长增高的手段，发扬中国固有文化，把蒙古文化提高起来。

综上所述，正确的思想，强健的体力，自我的发展，生活的改进，文化的提高，都是蒙古青年在社会动乱中，针对着驳杂邪说的无上方剂，也是祈求国家富强、民族健全，达成复兴民族、建设国家重任的途径。现在中国抗战虽然结束，内乱尚未戡定，中国的光明，内蒙的出路，是要我们蒙古青年去创造，不独在三民主义旗帜下的蒙古青年要有图强，要须搭救祖国，要有复兴民族的决心，便是徬徨在黑暗中误入歧途的蒙古青年，也要翻然悔悟，拔脚归来，共同携手，为复兴蒙古的民族，建设三民主义的新中国而奋斗，才是我们应当遵循的蒙古青年的进路。

《新蒙半月刊》

归绥绥远省政府盟旗文化福利委员会文化组

1947 年 3 卷 5 期

（李红权　整理）

北塔山的是非

作者不详

六月十五日的上午，苏联以五架飞机，掩护上外蒙军队，无端地侵犯我国新疆省境的北塔山地方，深入距离六百多里；这是一件违反国际公法的行为！

但，"奸匪"宣传说这一违法事件是"新疆省和外蒙的疆界纠纷问题"，其实，这个误谬宣传是哄不了世人的，盖中国政府根据"民族自决"原则，重视外蒙人民的意志，承认了外蒙的独立政府，姑不论他是真独立也罢，假独立也罢，总之，中国是绝无反悔之意。然而外蒙原先是隶属于中国的一个特别行政区域，这是天下人所共知晓的事实；而根据中央法规的规定："除中央政府外，地方无权勘定各行政单位之疆界"；再根据《中苏友好条约》的规定："……外蒙独立后之疆界，应以原有疆界为疆界……"那末，中国与外蒙之疆界，只有依照旧日之新疆省与外蒙区界为厘定界线之绳准，又有何纠纷问题之可言？

以上证明，其所谓"北塔山事件导演于疆界纠纷"之说，显然是"奸匪"的歪曲宣传，不足与信。根本，北塔山事肇以后，"奸匪"竟在哈尔滨庆祝欢呼，以为幸事；可见"北塔山事件系由奸匪煽动而启"者，不无可信！

不过，外蒙兵侵边舆，实有危及国内边省蒙旗之安宁问题；尤以外蒙逞兵越界，初以"奸匪"鼓励而来；而"奸匪"之于蒙旗也，窃掠惨杀，不遗余力，蒙旗人民久已恨之入骨；而今"奸匪"用以挑拨伎俩，竟然引狼入室。边省蒙旗人民，为在自身安宁起见，不能不赶快起来，群起疾呼："合力抵抗外侮！"

《新蒙半月刊》

归绥绥远省政府盟旗文化福利委员会文化组

1947 年 3 卷 5 期

（李红权　整理）

蒙旗参议会及其他

编者　撰

专制主义是封建时代的思想，专制政体是封建时代的产物，现在，封建时代过去了，封建时代的产物和思想，都已站立不稳，其跟着潮流应运而产生者是民主政治。今天的民主政治，才是时代的必需品呢；世界各国都在需要民主，中国也在必需要民主，中国的蒙古人民更在需要民主！

蒙旗文化落后，自是无可讳言，若再不迎头赶上潮流的浪趋，则我蒙旗的前途还可以设想么？根本，潮流演进是自然而然的趋势，而违反潮流便是被时代之所唾弃者；今日的蒙旗，只有大踏步地向着潮流的浪趋追赶上去，彻底废除封建的渣滓，树立起民主政治！

蒙旗民主政治，首须成立蒙旗参议会；蒙旗参议会之成立，原是蒙古人民一致的要求：因为参议会是帮助政府推行政治的机构，所以，中枢之有参政会及省县之有省县参议会者，实为民主国家必有的民主表现，而蒙旗固为中国的一员，哪能不给予人民参政的机会？不过蒙旗参议会之成立，还须要政府之督促和蒙旗自己的觉悟与推动，然后才得实现！其次，我们见到伊盟的准噶尔旗，多少年来的辗转自相惨死〔杀〕，自从一改专制政体而为旗务委员会后，再没有发生其他变故。今年七月二十日，乌盟西公旗惨杀女王奇俊峰及幼王奇法武的灭伦事件，以及事变以前石王的种种不幸遭遇，没有一件不是封建残风地影响所致！西公旗的人民代表贺守中，于事变以后尝对报界发表意见称："为了旗事安然，毋宁改用委员制度……"可见旗政应采委员制度，也是时代之所要求！

《新蒙半月刊》

归绥绥远省政府盟旗文化福利委员会文化组

1947 年 3 卷 9 期

（李红权　整理）

绥远境内留省蒙旗青年电文

驳斥立法委员吴云鹏曲解西公旗事变
文琇等二十五蒙人明辨是非发表声明

鄂尔德尼哈什　撰

颠倒是非，忽〔淆〕乱听闻，原是人类的耻辱！尤其是我们蒙古人，天性敦厚，生活纯朴，最不愿意多说谎话；这是地理环境和历史传统造成的美德，并不是一时的传染现象！本年七月二十日，绥远乌兰察布盟的西公旗，发生了一件自相惨杀的案件，这案子发生以后，国内报纸，竞相披载，乃把西公旗多少年来之内部仇杀情形，叙述至详至尽；那些内乱的惨剧，当然是他们本旗多年的不幸，不过，他们内乱的衍变，始终没有和其他各旗或省县方面发生过连带的关系，这是北方蒙汉人民，没有不知道的事实。可是，当这一次惨剧演出以后，竟有中央立法委员吴云鹏氏，发表了一篇谈话，并把他的谈话，披露在七月三十日的《中央日报》上，这篇谈话系把这一次西公旗的惨案，加以歪曲地解释，使的该一事件，不能明白真相；这，于该旗于国家，都不十分妥当，尤于遭难之人，永远衔冤地下！现在，有绥远境内各旗留省蒙籍青年文琇等二十五人，为主持正义，明辨是非，特发出联名通电，辨明西公旗之惨杀事件的真相，并致电《中央日报》，加以更正。兹将该电文录之于次：

《中央日报》主笔先生钧鉴：顷阅贵报七月三十日登载立法委员吴云鹏氏对于绥远乌盟西公旗事变谈话一节，诵读之下，不胜诧异。查该旗事变之起因，及其内容之经过，切与吴氏所谈者，大相径庭！盖自西公旗札萨克石拉布多尔济逝世以后，其旗族之间，因争袭王位而起内讧者，不知凡几，至于此次事变之起因，仍以谋夺王位不得顺手，始将记名札萨克阿勒腾鄂齐尔（即奇法武）幼王，劫持弑杀，复因王母护理札萨克兼旗保安司令奇俊峰女士，袒护幼王，亦遭同时被杀！是非曲直，姑无置论；而事实原委，本来如此。故此一事件之发生，固为该旗内部争执，原与其他各旗无何关系，尤于省县方面，决无丝毫干涉。今观吴氏谈话，言"此一事变，系与盟旗省县权利有关"，并称"奇俊峰作了盟旗与省县行政权利划分的牺牲者"云。不知此话从何说起？事实真象，尽人皆知，乌容他人曲解是非？敝人等生为蒙人，居邻其境，对于此事，深悉其情。为在主持正义，明辨是非，特作此项声明。若云知之而复曲解之，诚为敝人等之所不欲为，抑亦不甘为也。现在，绥远境内蒙、汉、回、满各民族，均能亲爱团结，感情融洽，一致拥护政府，决非如同吴氏所谈情形。尤以绥远省政府，对于各旗蒙胞，提拔爱护，无微不至。贵报主特〔持〕正论，纸贵洛阳，谨此请予更正，以正听闻为祷。八月二十一日。绥远境内各旗留省蒙籍青年巴靖远、文琇、卜文瑞、松如林、玉镜泉、多子寿、陈玉珩、云耀、杨瀛洲、额贵麟、胡喜陵、卜存厚、云麟趾、王葆仁、云蒸、云得善、巴明孝、马俊卿、持克希、靳伟仁、王铁铭、云鹏、齐祥、达林喜等同电。

《新蒙半月刊》

归绥绥远省政府盟旗文化福利委员会文化组

1947 年 3 卷 9 期

（李红权　整理）

蒙藏要人任免

誊叟　撰

行政院七月二十九日九时举行第十四次例会，张院长主席。决议事项中，有关于"蒙藏要人任免事项"的重要发表，兹特将其议案摘录如次：

蒙藏委员会委员章嘉、唐柯三、白云梯、金鼎铭、马鹤天、邱甲、达理扎雅、敏珍〔珠〕策旺多济、罗桑坚赞、吴叔仁、康济敏、王应榆、周昆田、土丹参烈、朱绥光、孔庆宗、沈宗濂、孙际旦、陈效蕃、楚明善、马步青、邦达饶干、赵锡昌、曾少鲁均应免职。任命章嘉、唐柯三、周昆田、金鼎铭、马鹤天、高长柱、李永新、达理扎雅、敏珍〔珠〕策旺多济、罗桑坚赞、吴叔仁、土丹参烈、王家齐、土丹桑布、刘家驹、孔庆宗、张镇林、黄正清、邱甲、陈效蕃、马步青、邦达饶干、赵锡昌、曾少鲁、李炜、薛兴儒、黎伯豪、吴书敖、刘华、马云文、金庸、王乐阶、吴化鹏、孙亚夫为蒙藏委员会委员。（附注）旧委员嘉木楞〔样〕、东本二名病故。

《新蒙半月刊》
归绥绥远省政府盟旗文化福利委员会文化组
1947 年 3 卷 9 期
（李红菊　整理）

张常务委员讲民族主义与边疆
政策（扩大周会报告词录）

历代边疆政策不若今日之民族团结合理
傅主任所指示扶植蒙旗六项原则可推行

张登鳌　报告　　巴雅尔达勒　录

本会常务委员张登鳌（占魁）氏，本年八月五日上午七时，于绥远省垣奋斗中学校大礼堂，举行扩大周会时，代表本会报告盟旗文化福利委员会成立之意义及其任务；并说明我国历代边疆政策不适宜，与现在民族团结之推行，适合于民族主义之表现。案现在政府正在展开边疆军政建设之际，如同张常务委员之言论，不唯蒙旗人民极堪重视者也，即久居边省之各族人民，都应该深切了解这个主张，兹将张氏报告全文，录之于次，尚希边省人民一读之——

　　诸位，兄弟今天代表蒙旗文化福利委员会来作报告，选择了这个题目，来和诸位谈。提到蒙旗福利委员会，可以联想到国父的民族主义和政府的边疆政策。在我国过去专制时代，对于边疆的政策，约分三种：（一）当国家强盛的时候采取高压政策，所谓武力征服、强制执行者便是。（二）当国家衰弱的时候，多用怀柔政策，此种政策，便是金钱、官爵，从事拉笼。有的政府于高压之后，继以怀柔，有的光用怀柔。（三）

既不高压，也不怀柔，惟求目前的苟安，做临时的应付，这便是羁縻政策。

以上三种政策，都不合理而且也解决不了问题。因为高压政策，可能加深民族间仇恨，而怀柔政策施行的久了，又容易使边胞独立求生的本能减低，增长了依赖性。至于羁縻政策不是根本办法，更不用说了。国父孙中山先生倡导革命，揭举民族主义，以求根本的团结与解决。民族主义之含义，第一步国内各民族一律平等，互亲互爱，平均发展，团结汉、满、蒙、回、藏五族为一个国族，对内先求平等。第二步对外求解放。中华民族国族得到解放以后，再对世界尽其义务，就是要济弱扶倾，使世界上弱小民族，都得了平等自由，独立解放。中枢根据国父民族主义的遗教，确定了边疆政策，就是扶植政策。所谓扶植者，就是扶助与培植，使我边胞的文化提高，生计改善，国家观念提高，团结力量加强，以捍卫边疆，效忠祖国，使我中华民族巍然独立于世界强国之林。本省蒙旗文化福利委员会即系遵照中枢的扶植政策而设立，当本会成立之初，傅主任曾指示六项工作原则：（一）增进蒙旗福利。（二）促进地方自治。（三）铲除日寇分化遗毒。（四）恢复蒙汉亲密团结。（五）提高蒙胞文化。（六）培植蒙旗青年参加政治工作。上列六项原则，就是本会的工作目标，也就是本会的工作内容。而扶植的意义，亲爱的精神也充满于其中。

现值民主时代，又处在动乱的局势，而内忧外患又很严重。我们不论汉、满、蒙、回各胞，要深切认清两点：（一）唯有整个中华民族国族，得到确切安全保障，然后各民族才有自由幸福可享。所以我们要团结坚强，保卫国族的安全。（二）本省蒙汉相处，历数百年，亲密团结，精诚无间。我们要继续以往亲爱的精神，相知相谅相忍，为国更近一步团结下去！

　　末了，兄弟附带的说一点，关于妨碍团结的就是纠纷与磨擦，在现在社会上，容易发全〔生〕纠纷与磨擦的原因，一是由于国人习性，以前美国教育博士杜威，论到中国民族性质，他说中国人性质上有一特点，也可以说是危险性，就是容易起哄，兄弟留心观察社会现象，证明杜威博士的话，的确有道理，因为有许多场合之中，如有一两个起哄的人从中作崇〔祟〕，那就把小事也可能酿成大纠纷，反之，如果有明大义识大体的人从中排解，便可以将大事化为无事。这点起哄的脾气，是我们各族同胞共有的毛病，所以每个人要知道缺点，存心去改，则纠纷磨擦自然减少。至于蒙胞特有的长处，是天性纯厚，资质聪颖。国家如能在文化、经济上深加扶植的功夫，那么将来的成就，对国家的贡献，必定很大。其次是现在国内动乱不宁，物价腾贵，生活奇苦，人们情绪不良，易于暴燥，所以容易起纠纷磨擦，这唯有平心静气，运用理智，以作调济，自可减少。至于军政负责首长以及领导社会的诸先进们，用深锐的观察，作未雨的绸缪，设法消弭制造纠纷与磨擦的客观因素，以期弥变于无形，这更是增进团结的必要措施了。

《新蒙半月刊》
归绥绥远省政府盟旗文化福利委员会文化组
1947 年 3 卷 9 期
（李红权　整理）

如何完成蒙旗大选

作者不详

全国热望的大选，依照宪法实施准备程序，国大代表和立法委员，都□于各有关选举法公布以后，在六个月以内完成选举。现在，选举总事务所已经按期成立，而有关大选的各门事项，也已按步推行就绪；法定十月二十一日至二十三日之国大代表选举，与十二月二十一日至二十三日之立法委员选举限期，距今均已临迫，当前最切要的问题，除了争取时间及提高效率外，就是如何谋求合理地配合方法；尤其关于蒙旗选举，亟应矫正过去一般的弊病。

全民政治是以自由而且普遍地举行选举为基础的，这次的选举，虽然八面顾全，但事实上，在"奸匪"窃踞区域内，人民处在"奸匪"所标榜的"三三制"劫夺伪制之下，□失去了选举自由的机会！我们办理选政的人，应与"戡乱"军事配合工作：随着"剿匪"军队，收复一地即赶办□地的选政，并将蒙旗选举尽先推动。这是应该注意的第一点。

蒙旗选举手续力求简化，诸如准以人名册代替投票□，选举证卷不必分装分发，选票、选柜简化规定而严防流弊……如此既省时而复省事，确能提高选举效果。这是应该注意的第二点。

盟旗政治，现在仍然滞留在半封建的时代，一切选举皆逃不脱权位者的包办与垄断，种种纠纷和舞弊的都从这包办和垄断中发生出来；如何防止这种不良现象，只有在积极方面鼓吹政治道德，鼓舞全民参加；一面加强宣传；当选者应以知识渊博、道德高超，并能为我蒙民谋求福利者为对相〔象〕；反之，若以权力压制，或利用贿选之强奸民意选举者，绝对遵照"选举罢免法案"，诉诸法律，以芟不平。这是应该注意的第三点。

　　总之，这次的大选，是我国政治史上最重要的一页，也是我蒙旗迈出封建时代，走上文化进步的启程；大选之成功与失败，关系着建国事业的成功与失败，尤其关系着蒙旗建设的成功与失败；我们蒙旗建设的最高理想，当然在于"民主实现"，那末，这次的大选，一定要公正廉明，"民主实现"的光芒才能射到蒙旗！

《新蒙半月刊》
归绥绥远省政府盟旗文化福利委员会文化组
1947 年 3 卷 10 期
（李红权　整理）

总动员命令下蒙旗同胞应负的责任

毡乡弃才　撰

自从国府发表总动员令，接着更有蒋主席对全国同胞的广播，为欲期达成统一建国，安定民生，必须"剿灭共匪"的坚定信心，激起了全国同胞如火如荼的热情，如铁如石的动力。同时各省、市、县也都通电国府，拥护中央裁平内乱，这正如山谷回声，海潮互应，不但在蒙旗民生安定上奠定了稳固的基础，并且在中国的统一建设上，加上了新的动力。

一个国家必然要统一，才能安定，不过民生安定，国家也才能统一，所以安定在国家的统一建设上，原是初步工作，然而从国民的身家讲，便是最后的目的，尤其在现阶段的中国，安定问题，已经是人民的死活问题，是全面问题，不能再看作片段的局部关系。过去在抗战期间的总动员，因为抵御日寇的侵略，蒋主席、傅主任、董主席永远领在前面，夙夜辛勤，睡不安，吃不饱，更有许多军民，或因公致疾，甚至受伤殒命，蒋主席、傅主任、董主席他们多是安全有饭吃的，如果不是为了争取最后胜利，不是感到自身责任的重大，恐怕没有人犯得上这样担惊受罪的。

当时由于这种精神和行动，引起了全国同胞的勇气、热情，在工作上、风气上，都有了显著的成果，但是不客气说，有些同胞依然马马糊糊，有些蒙胞还是打不起气来，只好像一干动作，都是照例文章，好像自己另有把握，沾不着什么关系，可是我们必须知道，蒙胞们照样是中国人，照样是在苦痛圈里。现在抗战结束虽已三年，但是国内各地，"共匪"的扰害却越来越炽烈，大家仍不得安居乐业，"共匪"来了，还是东溜西跑，早已不堪其苦；富裕点的蒙胞知道蒙旗草地不安全，搬到县城，县城不妥当，挪进都市，都市安全了，日久天长，经济怎么办呢？家族、亲戚丢在"匪区"又怎么办呢？其实蒙旗草地不安，不是别人的地方，受害的也不是外人，安定则蒙胞人人得安，总运员，是要个个都动，个个不动，自然人人不安，大可怪的是，有些蒙胞宁可惊忧度日，都不愿挺身去干，如果说没认清环境，最近十年的经验，总不算不久了。

　　蒙旗地方，现在有不少蒙旗军队，都很精壮，此外驻防国军也很多，他们天天不避险阻，南征北讨，不爱钱，不惜命，要的是蒙旗地方安定，何况蒙旗的地方安定，终归是蒙胞能得生活。蒙胞们，我们不能不生活，我们的家族和子孙，不能不要我们去生活，困苦也罢，委曲也罢，勉强着，忍耐着，总是要生活下去的。那么上上下下，里里外外，这许多力量和热情，该是值得感应，值得信赖，而共同兴起。我们要知道，社会一切力量，还是靠构成分子的自身。在一个动乱期间，不会长容我们静止，更不会容我们站在好势力和坏势力的中间徘徊不定。你不努力，终会有更大的力量强迫你去作。我们蒙胞不要小看自己，有一分力量，便有一分效用，好势力增加一分，坏的便减少一分，好的发动愈多，坏的也消灭愈快。

　　这次总动员令，刚好是在抗战胜利〔发动〕的十周年前后，是抗战终了后的第三年，"讨共戡乱"的开始，就这一点说，这总动员目标和抗战时期的总动员目的，根本上没有甚么不同，只不过那是御外侮，这是平内乱，而主要的，都是为求中国的统一，民生的安定。不过这次的时局危机，并不减于上次的严重，因此笔者认为我们蒙胞，要按照蒋主席说的："我们要以抗战时期同样的精神，实现全体总动员，并且要格外振奋，格外严紧，来改正抗战时期所发生的缺点，我们要毫无保留的贡献一切人力、物力和生命，共同努力。"因此：

第一，我们要把抗战时期经过的弱点、缺点、错误点，尽量交换、尽量研讨，作成精密结论，贡献当局，传布大众，同时把好的经验和成果，更实践、更延续下去，作这次"讨共"总动员的基本。

第二，过去政府耗费的心力，蒙旗应有的责任以及环境的实际情形，一切的一切，必须充分的认识，充分的信赖，使政府与蒙胞，辐射着、交流着广大的感应，以致力于共同的努力。

第三，要求总动员的普遍化、深刻化、伟大化。不拘"共匪"地区恶化的不良分子，以及被胁迫的蒙胞，均应设法以说教的精神，殉道的热力，尽种种可能方法，感化他、克服他，使他回头，使他归来。

再者我们要知道，政府对于"匪区"蒙胞，并不看作两种人民，笔者敢对这些"匪区"的蒙胞说，当局痛恨你们，同时也怜悯你们，在生活上，尤其顾念着你们。你们解放也罢，扰乱也罢，这些时土地上看不出多少变迁，每一次接触，每一次作战，总是多数善良蒙胞老百姓的牺牲，这些都是你们同一民族，同一国家的人民，中国到了这个地步，大家不必再唱高调、讲废话了，民族、国家都不是虚无空渺的东西，到处都破坏的成为了废墟，谁能建立出现代的国家？一国元气总不该斩尽，子孙的生机，也不应断绝。人民生活是不能划清轮廓的，这样混乱下去，你们胁迫的蒙胞，能不能再活，这个严重问题，怕要超过你们一切的号召吧？安定蒙旗，究竟是全蒙旗的问题，你们并没有阻碍的理由和力量，即令你们能有些阻碍，能发生些影响，也不过把建设时间延长些，蒙旗人口更减少些罢了，与其那样害人害己，何不转回头来，在中国动乱中，大家在蒙旗先树立一片安静乐土，让所有内蒙同胞将息将息，作新中国抗战胜利后应作的事业？我想总动员令已到了严重的关头，正是全内蒙同胞转纽的机会，如果你们当下觉悟，放下屠刀，政府方面也未尝不可以替你们找些出路，听不听你们自己去想！可是贤明的蒙胞们，这或者是更伟大的事业，更神圣的责任吧？

现在正是国际情势变幻不定的时候，我们为图中国的统一，国防的巩固，就必需先要安定蒙旗，惟有使蒙旗真正成为国防上的干城，然后才可以凭借它作一种中国统一的根据地，这是我们蒙胞大家都应该深切了解的。

《新蒙半月刊》
归绥绥远省政府盟旗文化福利委员会文化组
1947 年 3 卷 11 期
（李红权　整理）

本刊复刊周年纪念日再论蒙旗大选

　　立法委员会和国大代表候选人报名期限已满，候选人的竞选活动，一天一天地激烈起来；蒙旗的选举活动，一样地也在活跃。这是民主精神的表现！不过，以编者□□的经验，洞观现在竞选的现象，发现了蒙旗选举几种流行的情形，在此尚未□□问题之前，□□□流行的情形是应该特别□明的。

　　第一是各旗的有权位者，当决定候选人的时候，多有利用权势的机会，使用技术的方法，往往把那有知识及有道德而值得当选的贤达人士，未能加入候选行列，或者加入候选行列亦难得以选出；这固然是过去之杌陧情形，然而现在亦不□其趋向！关于这一点，蒙旗民众自应力争之矣！但各□的权位者也应该改正□知！第二是候选人中，甲候选人和乙候选人，因为竞选关系，彼此□□□仇，纵然过去是很好朋友，今日也会心存敌意；这是一个顶错误的观念。盖民主宪法政治，是要各合法政党团体，提出候选人来，呈现于选民面前，让他们选择一个他们所钦□的人，投他的票去；并不是候选人彼此决斗，甚至你死我活，剩下最后一人独占其选票；那就失掉了民主的意义。这一点常识，蒙旗候选人们，都应该深深了解！其次，候选人如果"达不到当选"时，多有认为"没有面子"，因为他们认为"没有面子"，那么不惜揭发人之秘密，损毁人之私德，造谣中伤，翻舌讦谤，甚而至于假用政治力量，阴谋他人生命……因为一时的意气用事，闹出长期的纠纷扰攘，这叫做"损人不利己"；我们要拥护宪法，打倒"损人不利己"的行为！今日是双十节日，为本刊复刊周年纪念之日，编者站在蒙人的立场上，写作这一篇短文，一面忝惟本刊前途无量，一面庆祝各蒙旗候选人们的前程万里！

中华民国三十六年十月十日，本刊编者

《新蒙半月刊》

归绥绥远省政府盟旗文化福利委员会文化组

1947 年 3 卷 12 期

（李红权　整理）

蒙务实施刍议

关瑞陞 撰

一、前言

在绥远管内蒙旗，可分三部，一曰乌兰察布盟所属六旗，二曰伊克昭盟所属七旗，三曰东四旗及土默特旗，其中尤以乌、伊二盟土地最广，地临外蒙，边防重要，非但中央对于边疆重视，筹有相当施策，从事建设新蒙旗，而且绥靖傅主任及本省董主席，更在积极推进蒙旗工作，妥拟复兴蒙务计划，凡在蒙古一切实施，边疆防策，莫不时时注意及之。

其次对于蒙旗实施原则，傅主任曾经指示过"扶植蒙旗六项原则，建设蒙旗四项要政"（本刊首页所揭载者），至于董主席关怀蒙胞，愈为心切，在本年成立盟旗文化福利委员会之际，指示对蒙胞施政方针为"提倡蒙旗文化，增进蒙旗福利，扶植蒙旗政治"等，由此足见对复兴蒙务，为当前最要之急务。

今者察、绥二省，业经遵照傅主任所定兴蒙计划，先后成立盟旗文化福利委员会，实为发展蒙务重要中枢机构，本着指示之原则及方针，正在积极展开工作之时期，而使蒙旗建设，达到预期效果。

余服务于本会，当然遵照首长之指示，负起复兴蒙古之责任，从事推进蒙务事业，惟在会工作，今已四阅月矣，对于办理蒙旗事务，稍有心得，嗣后究应如何发展，谨就管见所及，分条胪陈于后。

二、关于蒙旗政治应行推进事项

甲、严行清查各旗户口：

查蒙旗户口，向无准确数目，前者虽经调查，终未达到尽善地步，仍难得有确实统计数字，尤其在县旗方面，而因户口调查，不时发生纠纷，其原因由于蒙旗政府不了解在此非常时期，政府对于边疆户籍之办法，所以不但影响户政难以稽考，而且对于政府实施边防政策，亦大有妨碍，今后究应如何办理，兹略述之于左。

子、调查户口办法：

（一）在非常时期调查户口，应由县政府统一办理，凡属蒙汉人民，一律责□县府调查，蒙旗政府不得干涉。

（二）在非常时期（治安良好时间）而且旗政府一切行政达到建全完美地步，关于蒙人户口，再由县移交旗政府办理。

（三）上述二种原则，纯系为政府边防问题，及为蒙汉人民安危计，必须彻底实施户口清查。

丑、清查蒙汉人民户口应行注意事项：

（一）对于蒙民户口、人口，须确实统计。

（二）对于学龄儿童须调查清楚，以便实行强迫教育。

（三）对于青年、壮年亦须详查。

（四）对于每户男女性别、年龄等须依照户口簿式详细填造，不得捏造，更不得以多报少，致碍户政，违者惩处。

（五）调查人员须慎重选派，而不尽责者，决予惩处，其能尽心努力从事者，当予奖励。

（六）清查蒙民户口须会同旗政府协助整理，以期达到完善户政。

（七）清查蒙民户口之期间，最低限度，以三个月为限，由县政府详为具报政府。

乙、编组蒙民保甲：

子、各旗参领区编为区公所。

丑、每十户编为一甲。

寅、每五甲编为一保。

卯、办理期间，以两个月为限，并将办理详细情形具报政府。

辰、对保甲长须由人民公选之。

丙、成立旗参议会，实行地方自治。

丁、对于过去之旗县纠纷悬案应速派人调查真象，早日解决。

戊、对于将来之县旗分治办法，应早日明白规定，以免再事发生纠纷。

己、召开盟旗首长（扎萨克）蒙务会议，以资改进蒙务：

子、每年举行一次以上或二次会议。

丑、在招集县长会议同时召集蒙旗首长会议，以期达成蒙汉联欢。

庚、政府今后对蒙旗施政之方针：

子、须竭力却除旗县纠纷。

丑、促进蒙汉联欢，以期五族一家。

寅、实施蒙旗自治，俾使团结一心，以固边防。

卯、积极推进蒙旗教育，提高蒙民知识。

辰、发展蒙旗生产，充实蒙旗经济建设。

巳、增进蒙旗福利，改善蒙民生活。

三、关于蒙旗文化应行推进事项

普及教育——查蒙旗教育，向无相当设施，在民国成立之后，届至二十年以前，未曾见有在各旗设立建〔健〕全学校，只在王府设有专□先生，所教科目，为蒙文□门，至于所教学生，不过极少数之王公贵族子弟而已，所有平民，根本谈不到教育二字，从幼即在旷野草原，整日作牧畜生活。

迨至民国二十年以后，始有旗政府或台吉贵族等，设立私塾，而平民子弟仍难入校求学，偶而有者，亦不过极少数人陪伴贵族子弟读书而已。

其次关于在蒙旗居住之汉人，更是无受教育之可言，因其住居多属零散，子弟入学困难，又无学校之设置，所以汉人子弟在蒙地，即无求学之机会。

自民国二十六年后，抗战期间，中央政府对于边疆教育，稍具注意，又经傅主任在绥西积极提倡，始在伊盟各旗设立国立小学校数所，后又相继成立伊盟中学、国立绥远中学及奋斗学校等，开始造就蒙旗子弟及在绥西各旗内住居之汉人子弟。

旗政府亦相继筹设旗立小学校，惟查各校所入学受教育者，仍系汉人居多，蒙人稀少，此其大概之情形也。今欲强化边疆，必须普及蒙旗教育，然则究应如何办理，兹略述之于左：

甲、整顿学校教育：

子、整饬旧有学校：

（一）派员赴各旗学校彻底调查：

A、教职员之学历与能力是否胜任；

B、采用之课本是否相当；

C、学校设备如何；

D、班级若干（复式几班、单式几班）；

E、学生程度如何及人数若干（蒙籍及汉籍各若干）；

F、训育方针；

G、经费来源及全年所需若干；

H、校址略图；

I、教员教学法如何。

丑、以上调查完竣后，即应设法整顿，以期建全蒙旗教育，改进学校机能。

寅、调训各旗学校现任教职员。

卯、审编各学校采用之教科书。

辰、严行征集蒙旗子弟入学。

巳、充实学校设备。

午、改善蒙旗教员待遇。

未、改善蒙旗学校行政。

申、加强督导。

酉、设法创办新的学校：

（一）每一旗再设三所小学校。

（二）乌盟管内设一乌盟师范学校。

（三）编印蒙旗小学教科书：

A、文字浅近；

B、蒙汉文合解；

C、适合蒙旗，顺应世界潮流；

D、加授党义；

E、防疫、卫生、实业、工业、科学、博物、理化等常识。

（四）设立蒙旗教科书编审委员会。

（五）选择新设学校相当适中地址。

（六）督促旗政府实施强迫入学，以期青年儿童从事教育。

（七）优待蒙旗教员。

（八）提倡或奖励蒙旗贵族捐资兴学。

（九）扎萨克及事官为兼蒙旗学校名誉校长。

（十）采用教员，以谙练蒙汉语及文字者为合格。

戊、设立蒙旗教育研究改进会：

（一）委员长为扎萨克或事官担任。

（二）委员以校长、教员、参领任之。

（三）积极研究或改进蒙旗教育。

乙、推进蒙旗社会教育：

子、设立蒙旗社会教育所。

丑、筹办蒙旗图书馆。

寅、印制复兴蒙旗教育宣传书报，文字以蒙汉文合璧。

卯、编印本会半月刊，充实内容，以广宣传。

辰、整办蒙旗巡回教育。

丙、积极造就蒙旗师资：

子、由绥东四旗政府，选送青年学生二十名，分别在集宁中学及丰镇简易师范，开始造就师资。

丑、由乌盟六旗政府选送学生三十名，分别在归绥各中学及师范学校，造就师资。

寅、由伊盟七旗政府选送学生五十名，分别在国立绥远中学、伊盟中学及包头简易师范及陕坝、五原的中等学校，从事造就师资。

丁、尽量由教育厅及盟旗文化福利委员会提倡蒙籍学生入内地国立各大学校升学，以期造就专门人才。

戊、蒙旗政府设法提倡或保送蒙籍学生入内地各大学专门学校求学。

己、奖励或优待蒙籍青年升学办法。

四、关于蒙旗福利事业应行推进事项

甲、发展蒙旗卫生事业：

子、每一旗政府管内设置卫生诊疗所。

（一）方针——普及蒙旗施疗工作。

（二）组织——机构范围，以能展开诊疗工作：

A、诊疗所长一人；

B、医生三人；

C、护士数人；

D、药材、用具购置。

（三）人才——设法造就或训练：

A、每年由乌、伊两盟十三旗，派青年学生十三人来省受训；

B、每年由绥东四旗及土默特旗选派青年学生五人受训；

C、训练机关——由省立医院、公医院、防疫处分别造就蒙旗医术人材。

丑、印制卫生及防疫须知，发送各盟旗，广为宣传，俾使蒙胞明了卫生常识。

寅、每年由医界公会组织蒙旗诊疗巡回班，分别赴各旗实施医疗工作。

卯、每年巡回医疗工作暂以二次为限：

（一）春季一次。

（二）秋季一次。

乙、改良蒙旗牲畜：

子、改良畜种：

（一）由政府购置优良畜种，从事交配；

A、伊犁大马种；

B、荷兰牛、羊种；

C、美利奴羊种；

D、美国及意大利之鸡种。

（二）奖励蒙旗改良畜种。

丑、每年由防疫处派员前往各旗，注射防疫血清。

寅、印制养畜法及培育牲畜幼子法宣传单，以广宣传，而免牲畜死亡。

辰〔卯〕、每年举行赛马会，选择蒙旗优良畜种。

丙、改善蒙胞生活：

子、提倡蒙胞垦殖，奖励种地。

丑、配给蒙胞农具。

寅、提倡蒙民树艺五谷，栽种蔬菜，养成农业生活。

卯、提倡蒙民造林，以充建筑材料。

辰、提倡蒙民造屋。

巳、设立蒙旗合作社：

（一）每旗设立合作社一处。

（二）各旗参领区设立分社若干处。

（三）廉价售与蒙民日常生活必需品。

（四）以日常生活必需品交换皮毛。

五、复兴蒙旗经济

甲、开发蒙旗矿产：

子、伊盟达旗及杭锦旗之食盐。

丑、各旗之石棉、云母。

寅、达拉特旗之白粉土及无烟炭。

卯、各旗之铜、铁矿。

辰、以上各旗的矿产，均应设法开采，以资开发矿产，而俾达成蒙旗经济建设，兹将推进办法，略述于左。

（一）关于集资入股，成立左记公司：

A、盐产公司；

B、煤炭公司；

C、石棉、云母公司；

D、铜、铁矿公司。

（二）投资股东：

A、省政府；

B、县政府；

C、旗政府；

D、其他私人。

（三）各公司开办后，所有应行向该管蒙旗政府缴纳之租金，面与旗政府洽商办理，〈免〉致〈妨〉碍公司进行。

（四）在包头、归绥设立总公司，其在各蒙旗设立分公司。

（五）关于公司每年盈余红利，应按公司条例之规定分配之。

（六）妥拟公司条例，呈请政府备案。

乙、增进蒙旗出产：

子、查蒙旗最重要之出产品为牲畜、皮毛、牛羊乳、药材等，是项出产亦应设立左记公司，从事办理之：

（一）设立蒙古牲畜交易场。

（二）设立蒙旗皮毛公司。

（三）设立蒙旗制乳场。

（四）设立蒙旗药材公司。

丑、上列各公司场所、股东，须以政府及蒙旗政府役〔投〕资筹设之。

寅、私人亦可投资。

卯、在绥、包二地设立总公司，各蒙旗设立收买所。

辰、收买后，售与当地制革场或毛织厂，其他大部分，推销内地各省，或国外，以换取蒙胞日用品。

巳、所设立之制乳场，制出之黄油罐筒，亦可推销国外。

午、应□各蒙旗设立合作社，就此次福利委员会，□采购之物资，专与蒙胞交换牲畜、皮毛、药材等，惟合作社基金为各旗民股东。

未、由福委会所主办之合作社，一面交换蒙旗出产品，一面再以蒙旗出产推销国内外，换取蒙人日常生活必需用品。

申、关于该项合作社，须在短期内，积极筹备，妥拟组织办法，以期成立后，于各蒙旗展开最大力量，从事收换工作。

酉、所有合作社人员选择标准：

（一）专门指导技师数人。

（二）须有合作知识与经验者。

（三）须有能力与干练者。

（四）一部分人员须会蒙语者。

（五）有商业知识者。

（六）有少数公司会计知识者。

（七）富于口才而能宣传者。

（八）能吃苦耐劳者。

（九）有交际手段者。

（十）熟习蒙地情形者。

以上为此次开办合作社人选必要条件，以期加强合作事业，而达到蒙旗经济复兴办法。

戌、总之，欲谋设立大规模之合作社，当然需要大宗筹备费，兹拟如左记筹措之：

（一）政府暂时支垫或投资。

（二）征集蒙旗王公、贵族投资入股。

（三）由银行贷款。

亥、关于合作社成立后，其利益如左：

（一）立时复兴蒙旗经济。

（二）专业进展有利无害。

（三）蒙旗出产物，得能整顿与统制。

（四）蒙胞日用生活必需用品，不感困难。

六、关于蒙旗保安方面

甲、整顿各蒙旗保安队：

子、划一各旗保安队编制。

丑、按照各旗情形规定官兵人数。

寅、对于保安队之训练：

（一）军事知识及常识。

（二）术科训练。

（三）党务训练。

（四）政治训练。

卯、每年举行大检阅：

（一）政府及军事当局须派人员前往各旗检阅保安队。

（二）规定奖励条例。

（三）慰劳士兵。

（四）每年举行一次至二次以上。

（五）宣扬政府对蒙旗军事策划。

辰、举行军事会议：

（一）每年一次。

巳、研讨保卫边疆计画及设施。

午、蒙旗保安队官兵服装之发放。

乙、对于蒙旗保安队官佐调训：

子、每旗校官一人。

丑、每旗尉官一人。

寅、每旗受训期限为三个月至五个月。

七、关于蒙旗交通事项

甲、查内蒙古区域，本属边防最要地区，而乌、伊两盟各旗，绥东四旗，为我绥省之西北、正北、东北三面边地，不但形势重要，而且□为国防重镇，对于交通极应设法开辟，以利军事，而固边防。兹以绥省腹地各城市为起点，而分路线如左：

子、由包头至榆林线——路经达拉特旗、东胜县、扎萨克旗、郡王旗等地。

丑、由包头至宁夏线。

寅、由包头至新疆线。

卯、由包头至乌里雅苏台线。

辰、由包头至库伦线。

巳、由包头至茂明安旗线。

午、由归绥至达尔汗旗线。

未、由平地泉至旁〔滂〕江线。

申、乌盟六旗相互连络线。

酉、伊盟七旗相互连络线。

戌、东西旗相互连络线。

乙、以上所列各线，应特别注意，并须设法开通公路：

子、旧有公路线，须随时修整。

丑、新开公路，须分期修筑。

寅、各县旗政府，均须注重办理之。

丙、蒙旗公路开通后之功能。

子、巩固边防。

丑、为重要军事价值。

寅、能复兴蒙旗经济。

卯、便利军事行动及通信。

辰、容易发展蒙实业、教育、商业等。

巳、增进蒙旗与政府之连络。

八、关于蒙旗税和事项

甲、调查事项：

子、蒙旗税租种类及名称。

丑、蒙旗租税之税率。

寅、蒙旗政府征税方法及状况。

卯、每年征税额统计及其用途。

辰、课税标准。

巳、课税目的物（客体）。

午、课税组织及税则。

未、课税手续。

申、罚则。

酉、课税税票式样。

乙、整顿办法：

子、划一各旗租税种类及名称。

丑、划一各旗租税税率。

寅、核定各旗租税章程。

卯、规定税票样式。

辰、划清县旗征税办法，以资减轻人民负担。

巳、规定蒙旗征税项目（即课税客体）。

九、结论

　　总上所述，对于蒙务应行推进事疑，不无重要，势须积极设法办理，即能得到预续效果，今后不但能使蒙旗政治良善，经济充裕，文化提高，并且促进蒙汉团结亲爱，加强边防，富强国家，实有至巨之意义，至于详细改进办法，容待后述，希请阅者，绳其疏谬，而辱教之。

　　　　　　　　　　　　　《新蒙半月刊》
　　　　　　　　　　　　　归绥绥远省政府盟旗文化福利委员会文化组
　　　　　　　　　　　　　1947 年 3 卷 13、14 期
　　　　　　　　　　　　　（李红权　整理）

今日的察哈尔

更　生　撰

提起"察哈尔"三个字，国人常误为"哈尔滨"，其实二地遥隔数千里，前者为省，后者设市，两地相距殊远。容易混淆是因二者只有一字一音之差；加以两地均位于幅员广大的我国北方边缘上，缺少地理常识的人民，自然难免掉这种错误。不过由此足可以证明以往内地同胞对边缘地方的生疏，同时这也不能不说是政府对边地施政未能引起大众注意的结果；不过，边地知识分子缺少广泛的自己家乡介绍，也是引以为憾的事实。

察省——察哈尔省简称——的大部位于北纬四〇度至四六度，东经一一二至一二〇度之间，它的四周，东邻兴安、辽北、热河三省，南界河北省，西与绥东、晋北相接，北和外蒙古的车臣汗部毗连。自从外蒙成为独立共和国后，这块目为荒凉不毛之沙土，也就提高了身价，一跃而为国防第一线上的要塞，谁敢说："这是故意夸大其辞!?"同时谁都晓得敌人曾大量投资经营过此地，地下的富藏，致被开掘发现。加以目前国际间的磨擦关系，不但引起了当局的特别注意，就是科学家也不敢渺视它的自然资源对将来的重工业建设的伟大贡献。

察省的面积，各书有不同的纪载，根据最近亚光舆地学社出版的《中国分省精图》录为廿七万八千九百余方公里，这个统计虽然不一定十分准确，但与日本人发表的勘测数字相近，笔者认此数字比较准确，也是因为敌人为了满蒙的侵占，曾经下过一番苦心的测量，提此，我们该以为耻，同时也应时作警惕，以免外人的二次觊觎。

察哈尔是蒙字 ᠵ 的译音，顾名思义，自然是蒙古同胞的居留地，对此，笔者也不敢加以否认。但以目前情形观察，蒙胞不过占全省人口总数的百分之四，根据卅三年的伪蒙疆年鉴所载，我们知道在面积十七万八千平万公里的锡林郭勒盟的砂质壤土上，住有蒙胞一万一千七百一十八户，计男二万五千八百五十名，女二万六千九百零六名；这个地区在察省占的面积最大，居民最少，是蒙胞的畜牧园地；汉人仅九百八十二户，计三千五百五十三名男子，一千八百三十二名女子，可谓纯蒙游牧区；内设十一个行政区，即十一个蒙旗的行政组织，计有乌珠穆沁左右翼两旗，浩济特左右翼两旗，阿巴噶左右翼两旗，苏尼特左右翼两旗及阿巴哈那尔左右翼两旗，共为十旗，旗内居民的生活方式，仍然停留在游牧线上，保持着封建形态的王公制度，迷信宗教。天赋予的宝库，著名的乌珠穆沁右旗之大青盐池，珍贵的蘑菇，不知加以采用，丰富的资源，任外人来盗窃，成为日寇的拿手杰作，我们哪能不说这不是国家民族的财富损失!? 此外还有一伯里亚特旗，位于浩齐特右旗与阿巴噶左旗之间，居民系在十八年由外蒙被迫流落进来，民国十九年请准设旗，人口不过一千八百人。但我们不应忽视这少数内向心坚强的人，他们时在怀念祖国怀抱的温暖，当然我们也不该让他们失望。另外，还有一达里冈崖牧场，直属军政部，并未计算在内。

察哈尔部是外长城以北的地区，这块大地同样地与锡盟属于蒙古高原，拔海均在一千三百公尺左右，气候察全境都属大陆性。人民系汉、蒙、回、满杂居，汉人十二万九千一百一十二户，计男三十六万五千九百二十五，女二十五万五千七百四十名，蒙胞六千八百九十五户，男一万六千一百七十八名，女一万五千一百四十一名，回族一千六百七十三户，男有三千一百一十七，女为二千三百六十五，满族最少，仅一百零五户，男为一百三十五，女为七十三。他们虽是杂处，但相处的感情特别融洽。蒙胞的生活方式，改为半农半牧制，流动性的蒙古包，改装为恒定的住屋，并且集中团聚，不像过去纯游牧式的流动迁移，加上与他族居民的合作，肥沃的草地，也开垦为农作物的生产场。不过，这块大地有两个不同的行政组织，蒙胞居住地由商都、厢〔镶〕黄、正白、厢〔镶〕白、正蓝、明安、太卜寺右翼、太卜寺左翼、多伦诺尔等九旗，及一台丁牧场所统治，汉、回、满等人民之住宅区，则设张北、尚义、商都、康保、宝昌、沽源、多伦、崇礼、新民等九县来管理，在目前拥嚷内蒙自治声中，这一区域的划分，的确是一件大伤脑筋的事。

察南地区是过去的直隶省辖的口北道十县，民国十七年划归察哈尔特别区；由于十县的划入，也就改变成省的颜色；这块地方非蒙胞住宅区，即有蒙胞，不过是张家口市的小贩子与政府官吏，走到各县区，是不会找到蒙胞的踪影的。这区面积最小，人口最多，计汉人有三十四万七千四百三十五户，计男九十九万三千七百四十一名，女七十六万一千零一十二名；回族三千零五户，男有六千六百零八，女为五千七百七十五；满是八百零六户，男占二千五百零二，女占一千三百四十九名，总计全省人口将近二百五十万左右，与内政部发表之数字仍少三十余万。究竟哪一个数字符合实际情形，笔者自己也不敢断定，仅可表明数字的由来，完全根据伪蒙年鉴，因而只好存疑。

讲到察哈尔的教育，就亿〔忆〕及三个不同的居民区域。察南旧属河北，靠近北平，属商、农业区，文化水准老实说并不较内地为差，抗战前的义教推行，小学林立，堪可与内地小学比美。遗憾者，中等教育设置学校太少，专科以上学校，未有成立一处。可是事变后，日寇控制的伪蒙政权倒设医学院一所；但胜利后即告瓦解。客秋国军进驻张垣，察南光复，目前复员的学校，除省立张家口中学、张家口女子师范、宣化中学、宣化师范及宣化女中与柴沟堡联立乡师外，教育部新设国立蒙旗师范与拟设兽医专科各一，出产牲畜的地方，省教育当局也在张北恢复了畜牧学校，后者实施畜牧教育，前者灌输医治畜病的智识。在这块广大的草原上，因地需要，积极从事科学教育，的确是生产改进的建设。总之，目前的教育复员，在中等学校的恢复虽与抗战〈前〉的情形相差并不太远，但与实际的需要，满足察省青年的愿望，仍有很长的距离。这都是因为过去军阀的割据，地方上特别贫困，人民受到惨重的牺牲，而招致的恶果，自然，目前的治安未能确保，缺乏人材，也是主要的因素。

察哈尔部目前情形更复杂，治安不好，许多地区仍为共党所控制，在军事时期谈不到教育复员，锡盟未有光复一旗，根本就不能谈复员。不过事变前察部各县所办小学太少，各旗仅有省立一小学，锡盟各旗之一小学均属私塾性质，但在伪蒙政府时期除原有学校外并于贝子庙、张北县分别设置蒙古青年中学与察盟立青年中学；今日负责教育当局，似乎该注意及此，否则，自己人替自己同胞办事，反而不及敌寇，那才真惭愧。

塞内外之大地，过去国人均目为荒凉原野，可是，事实告诉我们，这种观念完全错误。今日谁都晓得察省的铁藏量，除东北外，当列为首，加以还有煤、硫黄、银、石棉等丰富的矿藏，都知道这是建设工业国不可少的物质，尤其是铁，不谈重工业建设则已，如想迎头赶上欧美，缺此则少建国的条件。自然其他的农产物，麦、高头、谷、豆类、高粱〔粱〕等食物，除足供自给，还有大量的输出；以及另外的大量牲畜马、羊、皮革、毛等物资，也是不可渺视的物产。总之，察省地下富源，似应及早开掘，地上物资早该利用，这是摆在眼前的真实事项。

最后，想起了交通。不可否认的事实，日本统治了八年多，的确曾有过伟大的建筑，关于交通，更有不少的成绩。旧有的平绥铁路，固然曾加以积极改筑过，就是为了开掘宣化之龙烟铁矿也新建有经过赵川堡而通达杨家坪的铁路。公路之辟建，更属惊人，察南、察北的各地区，为了日军的军事便利，大村小镇，都有公路连络，尤其与平绥铁路平行的四丈宽由平直达包头之公路建筑，更是敌人对我国的贡献。不幸胜利后，都为共党所破坏。谈起来国人恐怕都要感叹痛心，觉得有些可惜，因为这不是察省地方的交通毁灭，而是国家的损失。思一思，想一想，不知这批"从事内乱者"，还有何面目来对国人?!

《边疆通讯》（月刊）

南京蒙藏委员会边疆政教制度研究会

1947 年 4 卷 12 期

（朱宪　整理）

内蒙急待举办的几件事

韩儒林 撰

现在搞政治的，不管哪一党，哪一派，哪一族，莫不高唱民主，口口声声说老百姓是主人，官吏是公仆。无奈主人的知识程度太低，与现代政治制度配合不上，理论上尽管是主人，却依然不断被搞政治成功的公仆们打嘴巴。塞北的牧人和内地的农民，同是被欺压的可怜虫。我不相信内蒙在省县或盟旗制度下，贫苦的牧人的境况，会有甚么不同。所以我对于什么自治呀，废除省县呀，一点也感不到兴趣。

真正爱国家爱民族的蒙古知识青年，应该在复兴民族的基本工作上，多多努力——改革腐败的风俗，清除封建的渣滓，灌输科学的知识。一句话说完，努力促使蒙古现代化。这些工作往往是只有蒙古青年才能举办，内地的朋友仅能从旁赞助，是无法越俎代庖的。我现在姑且举出几件具体的事实来谈谈。

（一）正姓名　现在世界上任何文明民族的人民，都有姓有名。土耳其人不甘故步自封，早已毅然决然废除回教的旧俗，一律采取姓氏了。目前蒙古同胞大部分还只有名而不用姓，窃以为这种轻而易举的事，应该马上就办。

现在蒙古上等阶级的名字，有的是梵文，如布尼雅什哩（Puny Gri），此云福祥。有的是藏文，如云端旺楚克（Yon-tandban-Phyug），此云功德自在。有的是梵藏并用，如达尔玛札布（Dharma Skyabs），此云法护。有的是梵蒙并用，如鄂济尔呼雅克图（Ochir Guyaghiu），此云金刚胄。有的是满文，如克兴额（Kesingge），此云恩泽。有的是蒙文，如巴雅斯呼朗（Bay asghulang），此云喜。大抵藏文名字最多，蒙文次之，他种文字又次之。蒙古王公名字百分之七八十是用梵藏文的。

近代蒙古人这样命名，是明末俺答输入喇嘛教以后的事，蒙古初期，并不这样。蒙古原始命名的风俗，大抵是婴儿落地后，以其首见的人物为名字。成吉思汗呱呱坠地时，适值他父亲俘虏了一个塔塔儿人名叫帖木真兀格（TemuJin uka），所以就名为帖木真了。

至于姓呢？成吉思汗兴起时，也有十分固定的办法。蒙古初期，本是氏族制度。那时漠北一带大小氏族以百计，无论是草原中的游牧百姓，或森林中的游猎百姓，莫不以氏为姓。读一读《元朝秘史》或拉施丁的《部族志》，就可明白了。

蒙古同胞现在应该普遍的采用姓氏，如喀喇沁族的扎萨克是成吉思汗的伴当者勒蔑（Jilme）的后人，他们在蒙古姓乌良哈（Uriang gut），在内地姓乌，便是最好的办法。

此后取名，应该一律用蒙古文，不必再用梵藏文来迁就喇嘛教了。试想名字虽吉祥，而本人往往不知其意义，甚至父母、兄弟、亲族亦不知其意义，岂不成了符咒？

（二）制新文字　蒙古最初用的文字，是畏兀儿字（Uighur），一千二百零四年成吉思汗平定乃蛮，这种字母就输入蒙古。不过他也不是畏兀儿人创制的，乃是中亚活动力最强的康居人（Sogdiens）从西方阿兰人（Arameens）学来，又转向东方教给畏兀儿的祖先回鹘人的。畏兀儿字的基本音符只有十四个，译写古代蒙语，不够使用，不惟辅音 d 与 t，g 与 k，q 与 gh，及两个 l 不分，最糟糕的是蒙古古语有八个以上元音，而畏兀儿字只用 aleph，yod 及

waw 三个符号去表示。

忽必烈因为辽、金、西夏都有模仿汉字制造成的方块字，也命帝师八思巴（Phags-Pa）依照西藏字母制造了一套方体字，这套字母一个音缀写成一个方块，对于复音的蒙古语，十分不便。所以在当时就似乎是暖室中的盆景，不惟西北诸藩国不采用，即中国边陲地方也不流行。这由近年在甘肃、云南等省发见的元代畏兀儿字母蒙文碑可以证明。

现行的蒙古文字，形成于十六世纪末期，是从畏兀儿字演变出来的。笔法稍异，本质未变。音多符少的缺点，依然存在。一千六百四十八年准噶尔僧人 Zaya pandita 依蒙古字改制托忒字（To-do），以译写瓦剌方言，就是要弥补这种缺点。

蒙古字长短不一，只能竖写，不便横行，若用以著作必须横写的数理书籍，几乎不可能。

又蒙古文言与口语也颇有区别。与其教小孩子们学习这种不方便的字，和不能代表口语的文言，不如彻底改革一下——废除旧字母和文言，另采一套新字母，写妇孺可晓的白话。土耳其不早已放弃不适用的阿剌伯字母改用拉丁字母么？蒙古语和土耳其语俱属阿尔泰语系，是复音字，采用拉丁字母极方便。

爱国家爱民族的蒙古青年，应该痛下决心，先制造一部拉丁字母拼写的现行白话新字典。活语言，新文字，既易懂，又易学，假若上上下下能像凯麦耳总统那样强制施行，那末蒙古文盲的扫除，真是指顾间事。

蒙古民众要想现代化，脱离喇嘛的鬼神世界，进入科学的天地，首先须制造这一套新工具。

（三）废除喇嘛教 蒙古原始的宗教，是珊蛮教（Shaman），质言之，即巫教。这是北方民族（自匈奴以至满清）的国教。成吉思汗兴起时，他们的精神就被这种宗教支配着。嗣后元世祖的母亲虽是景教（Nesrorian）活动的中心，可是她的儿子却没有一个是景教徒。在当时流行的各教中，地位最高的是剌马教。而剌马教诸宗派中，萨斯迦派（Sa-skya-po）挟帝师的威风，尤占压倒的势力。他们由后藏而凉州，而上都（今多伦），而大都（今北平），变成了元朝国教。及朱明蹶起，蒙古人退回漠北，剌马教势力大杀。永乐以后，蒙古人名竟极少见梵藏文，剌马教几乎在塞北绝迹了。

万历初年俺答汗（Altan Khan）把西藏黄教首领锁南坚错（Psod-rams rgya-misho 1543—1588）请到绥远，恭上达赖（dalai，此云海洋）尊号，从此喇嘛教才又输入蒙古了。

蒙古人因喇嘛教的关系，学习藏文此学习蒙古文还要努力。精通藏文的人也远比精通蒙文的多。精神和物质，一切藏化了。庙宇固然用西藏式，名字也用西藏文，最可痛心的是有病不延医服药，却去请喇嘛诵经驱鬼！

真正爱国家爱民族的内蒙青年，应该赶快起来废除喇嘛教，把蒙古民众从鬼神世界解放出来。至少也应该发动宗教革改。首先把蒙古各地寺院一律改成学校，年轻的喇嘛完全勒令还俗。若以为一时旧俗难变，初期不妨仿效内地民国初年改良私塾的办法，令各地老僧立刻停止教授藏文经典，而易以包含科学思想的蒙文教科书。使新鲜的血液，源源输入。

（四）废除盟旗制度　蒙古地方设置省县，不自今日始。第一个把内蒙划归于省的，却偏偏是元太宗窝阔台。到了元朝中叶，成宗索性又在外蒙古设立一个岭北行省，以治其地。就蒙古人讲，行省是祖制。元朝的皇帝万想不到他们的后裔不喜欢他们手创的地方政治制度。

中国境内的蒙古人，大体可分为内外蒙古、西蒙古（Kalmukg）、打呼尔（Dahurs）、巴尔虎（Barghus）等集团。虽然同用盟旗制度，在清代的政治地位，却颇有差别。有的部（Almagh）虽分旗，仍许保留汗号。有的部落汗号取消，只由世袭的扎萨克（Jasag）管理旗务。有的虽然也是旗，却无扎萨克，只任命一个总管（Neylte-yin darugha）以掌旗务，不惟无汗号，且不设盟。有的旗连原名也废除了，遵从满清的军制，用颜色作旗名。

大体的说，旗是小王国。原来执政的是汗，是台吉，是吉囊，满廷给改为王公、贝子、贝勒了。

盟旗制度是封建制度。扎萨克是世袭的，其他重要职务，也大都由贵族担任。若果是一个平民，不管天才有多么高，本领有多么大，也只能升迁到管旗章京（Jakiroghchi Janggi），连协理台吉（Tusalaghchi Taiji）就不许干，更别说扎萨克和盟长了。若依蒙古特贤的主张，旗等于县（其实绥远最小的旗，往往人不满千，还不及内地一个保），扎萨克也不过是一个芝麻大的县长而已。一位二十世纪的一品大百姓，区区县长这样的公务员就不许当，这能是民主世界的政治制度么？

《边政公论》（季刊）

南京中国边政协会边政公论社

1947 年 6 卷 1 期

（李红权　整理）

民族问题的透释

杨成志　撰

最近国大开会，国人的眼光，几乎没有一个人不注视党派的调协与制宪的产生，然而有几件国内民族问题的发生，却被人家忽略了去，现举出如下，例如：（一）国大的内蒙代表曾宣言在此次会议若不准内蒙实行自治，则全体代表将退出会议。（二）贵州苗族代表因争占主席团，曾大叫着："蒙、藏代表为甚么有位置？难道苗族不是中国国民么？"的呼声。（三）新疆省又酿起民族斗争事件，该省主席张治中曾向中央请兵靖乱。还有一件使美国国会议员大声叫出立刻派遣膺惩远征队到我国西康大凉山罗罗区域找寻被迫降落的美国空中堡垒（B·29）的飞行员，更觉得具有国际性的惊人新闻。

这几桩在报章上发表的消息综合起来，使我们感到不得不承认确系中华国族中的弱小民族问题的尖锐化，尤其是我国边疆问题的结核病症。在人类学家或民族学者观察起来，其关系于国家与国族的安全前途，比诸党派之争，宪法之立，不特不会减少其严重性，而且若无善法应付，或许会引起领土和国际纠纷的问题上去。

兹仅本客观事实，就上述四件民族问题，本国族团结与国际趋势的观点，把其内容介绍出来，略作科学、分晰的透视如下。

（一）内蒙问题

自去年外蒙脱离中华民国领土宣布独立组成共和国以来，外受苏联"民族自决"的引诱影响，内鉴国内国共斗争不安局势的刺激，在这两种时潮交迫之下，当然会使内蒙人民跃跃欲试的活动，至本其过去统治欧亚两洲的元代最光荣历史传统，及其生活方式、宗教信仰、社会制度、语文关联与地境毗连无一不与外蒙发生极密切关系的各种因素，使内蒙的国大代表这次发出其自治的呼声，的确值得国人考虑的严重问题。

但在别方面看来，似有三种较重要的因素也应先顾虑到，首应根本明了中华民国是合各民族分子来组成的，正和苏联合——七不同的人民集团而成其苏维埃政府，美国合六九的原有国籍人民而组成其联邦政府一样。且中华国族的组合仅汉、满、蒙、回、藏、苗、夷……比较单纯性的民族分子合而为一的。其次苏联民族那样的复杂，以最大多数的斯拉夫人为主位，美国的种族与民族那样分歧，亦以白种的不列颠人为正宗，那么，汉族为中华国族占优势的位置也是历史与社会造成的自然趋势。最末，"自治"与"自决"两名词，具不同意义，应该分开，因为"地方自治"是民主政治应有的途径，与"民族自决"不能作同日语。盖前者系宪法上所规定的主权，而后者却有关整个国族安全的，所以今日蒙疆代表若为着加强地方自治权而争执，实为国人所欢迎。若为着要仿效外蒙那一套的"民族自决"把戏，恐怕有碍于中国领土完整所不许。在上述理论与事实比较之下，为着国族安全与领土完整起见，作者甚愿内蒙代表似应再详细考虑，俟时机成熟，环境容许，由"自治"成绩表现，进而"自决"的企图也不算为晚。

（二）西南苗、夷问题

在国大选举主席团当中最饶有兴趣的表现，便是贵州苗族代表杨砥中的作狮子吼和张道藩先生自愿放弃候选人由杨递补的那回事，我们不问当时的情景如何紧张，我们只看结果觉得这是十分有意义的，因为所谓西康苗夷即指黔苗、桂僮、粤黎、湘徭、川羌、康蛮和滇的罗罗与摆夷……等山居的弱小民族集团的总称。作者廿年来在国立中山大学曾致力于这种西南苗夷各族团的考察与研究，深知他们分布于西南各省的总人口约有二千万众，及其一般和特殊的体质，文化与语言。在种族上言，他们与我们汉人同属于蒙古利亚种或黄种，换言之，即与我们的祖宗同血统的，虽因地境、气候、食物的殊异，与汉人比较起来呈现其些少程度变态上的固有体质型，然这种殊异在汉人中间，如黄河、扬子江与珠江三大流域的居民的差异体质型也可观察出来，并不是例外的一回事。至其文化总形态的表现，在各地各族群中间固因地域限制产生其原有的特殊原素，然因战争、移民、交通、商业等接触与影响，数千年来在有形及无形间，或直接与间接间，已受着中心的汉族文化所薰陶了。换言之，今日西南苗夷文化固具有其特殊素质，然一般说来总可称为中国边缘文化的大观。说到各族团的土语方言，虽随地而异，因群而别，要之大概分起来，也不外属于藏缅、泰和苗徭三大系而已。在亚洲人群语言学的分类上，我们也可把族团语言统称为属于"中国国语"类的大范围内。概括言之，他们与汉族大相殊悬者，不是种族的先天有别，却因他们处境艰困，生产不足，教育缺乏，技术简陋，遗俗束缚和活动限制……各种原因，迫使他们虽时至今日的原子能时代，然而依旧滞留于原始的，或未开化的，或半开化的生活方式。假使汉族能改变放弃边民的观念和政策，换以积极的开化设施，我相信二千万众的西南边胞在教育、文化、社会和经济等的提高，一定会随时改进的。此次，杨砥中的得选和张道藩的谦让，固表明国人对边民注重的先声，但如果边政一如旧惯未加改观时，恐怕一人升官未必全体受禄，在这一点上，我更默祷杨先生在"孤掌难鸣"的大会中，更继续努力奋斗，使处在水深火热被遗弃边胞的正义呼声得再震动千余代表的耳鼓！

（三）　新疆民族问题

新疆幅员之广，为我国各省之冠，约大于东九省二倍或四川省三倍，因地旷人稀，其人口总数约四百余万。然民族之复杂，可称为我国民族博览院的大观，根据调查所得，除操军事、政治、商业主动地位的居留汉人仅占百分之一外，尚有其他十三族群如下：（一）维吾尔人，（二）回人，（三）蒙古人，（四）哈萨克人，（五）乌考〔孜〕别克人，（六）塔闯其人，（七）满人，（八）塔吉克人，（九）阿尔克思人，（十）白俄归化人，（十一）塔塔尔人，（十二）锡伯人，（十三）索伦人，其中以维吾尔族人人口最多，几占全数百分之六十，其他各族鲜有超过百分之十者。自建省以来，各族离居分处，颇见调协，惟最近数年来，因受外间尤其苏俄种种影响，叛变常闻，根据合众社上海十一月十四日电谓，该省土族阴谋叛乱反抗政府，张主席将飞京请兵镇摄等语，此可见今日新疆形势的严重性，实使我们的中央政府不得不加以谨慎对策的对付。然而使我感觉到新疆历次发生叛变，因强邻周伺，民族敌对性的偏〔遍〕布全境，及外力多方的离间与挑拨所致，但主要点，还须要先检讨我们边疆政策一切过去的错误与疏忽。所谓恩威兼施，视势处理，此不过系一时权宜苟安之计，若根本政策，只见公文，不求事实表现，便希望维持各族的调协与融和，实是一种妄想，所以，要稳定国族的安全基础，非从头做起，再决定建立科学化的民族政策实地方案不可。否则，以今日新疆极端复杂的形势，若依旧采取头痛医头，脚痛医脚，将来边陲的削减，实是一件最可隐忧的朕兆！

（四）西康罗罗问题

这是川、康、滇边区一件最难应付的边疆问题。因为罗罗是今日西南夷中最原始而野蛮的极强大部族，聚居于沿金沙江的大凉山山脉，这个素称凶山恶水的边区面积，长约二千里，宽约三四百里，蔓延于峨边、越隽、屏山、雷波、马边、昭觉、西昌、会理八县。川、康、滇汉人称罗罗为"蛮子"，罗罗称汉人为"斯坡"（意即奴隶），因其向不受中国政府政治权力所支配，故外国人亦称他们为"独立罗罗"，因其素性强悍，专以抢杀掳掠对待边区的汉人，汉人受其掳掠为奴隶，俗称"娃子"，易地换主，轮流贩卖，使其不能逃出大凉山的圈套，所以为历来川、康、滇三省边患的严重而难解决的民族问题。作者于民十七至十八年首作大凉山罗罗族的考察，详见拙著《云南民族调查报告》（十九年中大版），法文的《罗罗文字与经书》（一九三四年在日内瓦出版）等书，在此恕不多述其体质、文化与语言。现在所要提醒大家者，这个大凉山区域，在两千年前虽被《史记·西南夷传》曾经提过，为甚么时至今日仍然未受汉化，尚保存其部落酋长制度，继续过着原始民族生活的方式？这便可表示我国原来不注重开化边胞工作的证明了！

但是汉人历来既被罗罗掳掠，政府固视为惯例无足轻重，但这回连空中堡垒的高鼻碧眼的飞天神将也不能脱离其"娃子"的羁绊，经年访寻来得线索，幸最近中美合组的远征队在大凉山寻见残破的机翼，才知道盟军的飞行员必变成罗罗的贩卖品或被杀害者疑〔矣〕。像这种传遍世界骇人听闻的恶耗，竟出诸我国大凉山罗罗族的手上，此可见我国边疆依然神秘，毫未加一点改进的表现。照这样看来，我们对于边疆调查应如何出力？边民开化应如何促进？边疆行政应如何改良，边疆开发应如何提倡和边疆建设应如何促成？……种种亟应由中央从新决定大方针，督促实现，分区干下去才有希望。否则若一样画葫芦不图改变，直等于失民弃土的危机重伏罢！

　　总之，所谓民族问题的发生便是边疆废弛的结核病，欲作对症下药的治疗，似应先洞悉四种主要因素的动向：第一，时潮推动：经过世界两次大战后，全世界被压迫的弱小民族运动正如雨后春笋，茂然发生，其力量的澎大与影响的迅速，差不多能和殖民地的帝国主义者，分成统治与反抗两大对垒的形势。第二，空间形成：举凡边陲与腹地，荒野与平原，穷乡僻壤与城市都邑的人民，生活方式既不同，即所谓教育文化，经济各种水准形成了不平衡发展的对照，因地境悬殊，边胞之兴起要求改进，实为事理上所必然。第三，国族政策的厘定：我们很了然世界上的民族，文化与语言，最复杂的国家无过于苏联与美国。为甚么苏联能本"民族自决"政策组成其中央苏维埃政府？为甚么种族歧视最利害而"美国化"实现最见成绩的美国联邦中央政府能够表现出那般伟大的权力？返顾我国的民族主义虽规定国内一切民族平等，究竟〔竟〕怎么会变相现出畸形呢？我以为还是国族政策未见实现所关。所以今后，我们要仿效苏联的"民族自决"政策呢？抑采取"美国化"而代以"中华化"的方案呢？抑或两者兼收，再另树立或发扬一种超民族国家的"大中华文化集团"（即融合各边胞的边缘文化、中心的汉族文化于一炉）政策的实施呢？值此建国开始，似乎应再在国大详加探讨加以决定。最末，边政设施的加强：查我国边疆幅员之广，边胞族团之众，十余年来仅有一个"蒙藏委员会"和"教育部蒙藏教育司"的设计以主持全国边疆政教，在事实上这已表示没有一个总其成的机构。况这两机关用人、行政和经费的限制，或许时至今日尚未能发展其应实现工作的目标百分之一，那末今后要希望边疆巩固和边疆调协进步的大目标早日实现，真可谓忧〔戛〕戛其难哉！

《边政公论》（季刊）

南京中国边政协会边政公论社

1947 年 6 卷 1 期

（李红权　整理）

请看今日之外蒙

谢再善　撰

外蒙古——蒙古人民共和国是独立了，它是东亚大陆新兴的一个国家。可是它的国内情形如何，因为一向与外界隔绝，很少人能悉其详。然而我们无论如何也要知道一些它的内部情形，因为这个国家是由我国分离出去，我们对于这个兄弟之邦，自然寄与一种亲切的希望，希望它能独立自强，以与旧日宗邦的中国携手共建世界和平，我们这个希望最好不要落空，我们毅然决然允许外蒙独立，目的也就是在此。现在我们看一看独立后的外蒙近况罢。

一　独立经过

外蒙独立始于清宣统三年，时辛亥革命军起，外蒙不肖之徒与帝俄勾结，乘机驱逐库伦办事大臣三多，宣布独立。民国肇造，虽然我中央政府力谋恢复旧日关系，终未有成。其后欧战起，俄国革命，外蒙无援，又自动请求归还祖国，我国政府乃又恢复在外蒙的治权。但不久外蒙国民党于民国十年三月与赤俄军联合，进占库伦，宣布第二次独立，组织蒙古国民政府，我中央政府在外蒙机关荡然无存。十二年二月二十二日，外蒙政府代表在莫斯科与苏联政府订一密约，其内容云：

1. 外蒙当局须宣告一切森林、矿产及土地，以后均归国有，凡无人占有之土地，均给与蒙古贫民及俄国农民居住耕种。

2. 外蒙古天然财源，禁止私有，一切矿产许俄国实业家雇用蒙人开采。

3. 全国矿业归俄国工团及工会承办。

4. 贵族享有之土地当即废止，代以苏维埃自由交易财产制度。

5. 聘请俄国实业家开发富源，振兴工业。

6. 请苏联工会参与创设劳工制度事宜，以便得以完全保护工人。

7. 聘请俄国专家入外蒙政府，以资指导。

8. 依苏联政府之建议，外蒙政府一切职权均归人民政府之行政部施行，先设立一革命委员会及军事委员会，再召集会议，以便制宪。

9. 允许苏联军队驻扎外蒙，协助蒙人保全领土，以御中国。

10. 活佛及蒙古王公之头衔一律废除，以活佛为革命委员长。

此约订后，于民国十三年外蒙就召集国会，制定宪法，完全是照着这个密约所订的。其中规定，外蒙古为完全独立民主共和国，主权属于劳动人民。蒙古共和国之目的，在根本铲除封建神权制度，巩固蒙古共和政体之基础。土地、矿山、森林、河川及类此之一切天然财源，均归公共所有，并禁止是等物之私有权。对于一九二一年革命以前，与外国所缔结之国际协约与义务协约，并被强制之外债关系，均认为有碍主权，一律宣告废除。民国十三年五月，我政府复与苏联交涉解决外蒙问题，在《中俄协定》中的四、五两条，有如下规定：

（四）苏联声明前俄帝国政府与第三者所订立之一切协定、条约等项，有妨碍中国主权及利益者概为无效。缔约两国政府声明，以后无论何方政府，不订立有损对方缔约国主权及利益之条约及协定。

（五）苏联政府承认外蒙为完全中华民国之一部分，及尊重该领土内中国之主权，苏联政府声明，一俟有关撤退苏联驻外蒙军队问题（即撤兵期及彼此边界安宁办法），在本协定签字后一个月内所定之会议中商定，即将苏联军队由外蒙尽数撤退。

然而此约苏联并未履行，至十四年五月，苏联始照会我国称驻外蒙军队撤尽，但此后外蒙已入于实际独立状态，我国官吏迄未入蒙古一步。民国廿三年，因"满蒙"边界问题，日军与外蒙军在外蒙东部边境时有冲突。外蒙政府总理银东率代表团赴莫斯科请求援助，苏联准其请。史太林并对美国记者发表谈话，公开宣布："日本一旦决定攻击蒙古人民共和国并危害她的独立时，我们准备给蒙古以援助。"继而有《苏蒙互助协定》之签订，其中一、二两条规定：

一、苏联或蒙古共和国受第三国的侵略的威胁时，该两国政府即刻共同审查造成的局势，并采取一切能保障其安全的必要措置。

二、苏联与蒙古两政府在订约国之一方受军事侵略时，须互相准备一切的援助，包括军事援助。

对此，我政府曾向苏联抗议，声明此约破坏一九二四年（民国十三年）《中苏条约》，苏联则认为并不损害中国主权，对中国及外蒙并无领土野心。民国廿八年，日本关东军由伪满进犯外蒙，即所谓诺门坎事件，为外蒙军所击败，日军伤亡在五万人以上，不久又有《日苏协定》之订，苏联竟声明不危害伪满洲国；日本亦声明不危害"蒙古人民共和国"。

民国卅四年八月九日，苏联对日本宣战，外蒙亦对日宣战，外蒙军进入内蒙。十三日，日本投降。十四日，《中苏友好条约》订立。十月，我政府派内政部次长雷法章飞库伦，监督外蒙人民投票。十月廿二日，外蒙各地普遍举行投票。廿五日，雷次长乘机返国。十一月十二日，我政府正式承认外蒙独立。卅五年六月外蒙政府副主席沙兰盖布等代表乘飞机报聘中国，抵渝后，下榻于苏联大使馆，受我政府热烈招待。卅六年六月四日，外蒙军大举侵犯北塔山，并有苏联标志飞机助战。

二　政治、军事

外蒙政府系一党专政制，其惟一执政党名为人民革命党（即蒙古国民党），掌握一国大权，虽名义不隶属于共产国际，但是外蒙反对派人士视之为苏联共党之一部。右派分子尝反对左倾分子的过激行动，而尤以唐努乌梁海之作为苏联附庸，右派民族主义者大为反对，党内发生纠纷，其中坚分子民族主义者巴尔多济·驾丹巴终被认为反革命而遭监视，被迫去位。这个党的组织系采取委员制，由中央执行委员会控制全国的政治，党的中央设有二十四个专门委员会，组织极为庞大。此外又有一蒙古革命青年团，团纲、组织，与党相似，乃苏联另一控制蒙古政治的一个组织，但其系统须属党的领导，唯得参加公共国际之常会及大会。今势力日增，渐有干预政治之势。

其地方行政组织，原为盟、旗，现已完全废除，改设部、市为地方行政单位。部之下为苏木（等于县）、巴克（等于乡），市之下为号里雅（等于区），号里雅之下为号里（等于乡），各级均有议会，代表由人民选举。

外蒙军队的建立，始于宣统三年第一次宣布独立时起，由俄国供给武器，组织成立，完全听命于俄人，继而内侵，装备渐充实，号称五万众。蒙古原为征兵，独立后仍实行征兵，所有年满二十之壮丁，经检查合格，得充兵役二年。其宪法内规定兵役为人民

重大之义务，其重视国防可以想见。九一八后有《苏蒙军事协定》，

外蒙政府组织表

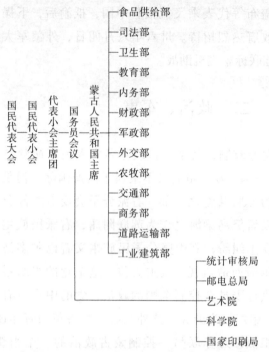

这仅是表面上的事情，实则苏联对外蒙军队的补充训练，未尝稍停。现有常备军约八万人，以骑兵为主，因蒙人素以骑射著称，用其所长，实为当然。此外有炮兵队、重炮队、高射炮队、装甲车队，皆有优良装备，纯由苏联供给，有半数已机械化。其军用的工程师及技师，均曾受苏联军训，归国服务。空军亦建立成功，飞行人员亦多由苏联训练而来。

　　其军队组织，最高统帅机关为军事委员会，委员长由政府主席兼任，现任元帅为政府主席禅普鲁桑（即柴保三或周博山），军事委员会下为参谋部，指挥全国军队作战。另外有军政部，办理一切军政事宜。军队以师为单位，每师四个团，每团四支队，每支

队四小队，均以骑兵为主。特种兵有国境守备骑兵团、炮兵大队、装甲大队、汽车运输大队、高射炮队、通信队等。战时则成立野战机构，在边境重要地带设有边防司令部，以指挥国境部队。空军亦隶于军事委员会，飞机全由苏联供给，现有空军飞机约四百架，空军基地遍布各要地。

军队驻区以库伦为中心，外蒙军总司令部即设于此，现有大飞机场，完全现代化，能容飞机二百架，空军司令部亦设于此。兵工厂、陆军大学、军官学校，均设于此。其兵工厂的技师多为苏〈联〉人，军事学校教官也是多〔多是〕从苏联聘来，学生有四千人。东部边境以克鲁伦为军事基地中心，久为防御日本而有所建设，现驻有骑兵一师，装甲兵、炮兵均有，有大飞机场，经常有飞机百架。西部边境以科布多为前进基地。乌里雅苏台为西部军略地区中心，布置颇严密，驻有骑兵一师，并有各种特种兵，后方补给处亦设于此，专司供给西部驻军的给养，建有飞机场。科布多原为西北军事要地，为外蒙进出新疆门户，筑有飞机场，军用飞机可以降落，此次外蒙军出犯北塔山，即以科布多为根据地，陆空军联合出动，可见这地方的重要。南部边境线的防卫，直接由库伦总司令部指挥，沿内蒙边境地带重要处皆驻有重兵，时加戒备，其警戒线且常越出边境，侵入内蒙。北部边境军区为恰克图，这地方与苏联接界，现有兵营、军需工厂、军官学校、飞机场，苏联协助外蒙建军的装备、训练皆以此为基地。

外蒙军队的军中文化活动颇为完备。有军中俱乐部，利用各种环境，举行慰劳、讲演、电影、戏剧、竞赛等集会，并鼓励士兵读书，团之俱乐部以社会宣传、政治教育活动为中心，经常出版刊物，并设有研究部。士兵可根据各自的志愿加入一种研究会，请有专人指导，可以学得专门知识，于退伍后还乡，可以充汽车技师、机械士、会计、靴匠、兽医、小学教师等，为地方行政主要干部。一九四四年军中俱乐部一百三十所，流动电影放映队三十班，库伦并设有陆军航空学校一所，军部机关报有《红星》报，现军队中的党员已有百分之五十多为蒙古革命青年团团员，可称党化的军队。

三　教育文化

外蒙教育原极度落后，独立以来，积极提倡教育，颇有进步。一九二八年调查全境受教育人民达百分之四·八，一九四七年泛亚洲会议，外蒙代表在印度对中央社记者谈称："外蒙人民百分之五十识字，其中女人占百分之十，男人占百分之四十，中小学达五百所，全国儿童八岁至十二岁为强迫教育时期"，这可见外蒙教育发达的程度了。兹分述如左。

一、小学教育　外蒙小学多为国立，或由地方政府公立，私人不许设校，学生完全官费。学习期间为四年，男女兼收，主要的课程为蒙文、数学，又以唱歌、图画副之。一九四四年统计已有小学二百八十五所，另外为适应游牧人民之需要，特设流动学校，以巡回方式赴牧区施教，收效颇大，现有流动学校一百九十所。

二、中等教育　一九二六年外蒙已有中学七所。其规模完备者为库伦中学，创于一九二二年，教员均系留俄蒙古青年。学生除官费外，并每人每月发给蒙币十八元。其课程为中文、俄文、德文、物理、化学、历史、地理、博物、代数、几何、世界大势、兵操、音乐等。一九三〇年以后，在库伦又增设师范学校、兽医学校、农业学校、看护学校、会计学校。迄一九四四年全国有中学三十六所，技术学校八所。

三、高等教育　库伦有国立禅普鲁桑大学一所，原为蒙古国民大学，嗣改今名，为外蒙唯一大学，内分法律、政治、师范三科。

全国人民皆有入学权，一律免费。此外尚有专科学校，如军官学校、陆军大学、航空学校、宣传学校、技艺学校等学校，亦均为公费。又有国立中央学校一所，实为蒙古人民党之党校，专门造就党的干部人才。一九四〇年有学生一百五十名，一九四一年由苏联聘到技术教官，有寄宿二百人之大校舍。国立音乐院一所，亦设于库伦。

外蒙派遣留学生出国研究，一九三〇年仅三十六人，一九三六年增至一百五十人，近年确有增加，学生赴苏联留学者渐多。

四、社会教育　外蒙颇重视社会教育，教育部有开通民智科，专司社会教育之推行，各学校均设有平民学校，多系夜班，库伦及各重要城市普遍设立。

五、学术研究　中央政府直辖之学术研究院、科学研究院，专门从事下列各部门之研究：蒙古史、蒙古地理、蒙古文化发达史、自然资源、农业、天文（设有天文台）、考古、外国语文（汉、满、英、法等）之翻译。

文化事业　各大城镇均设有国立图书馆、俱乐部、体育部、文化会所。库伦设有博物院一所、马戏团一所。现在全国有十三个俱乐部，二百五十个文化会所，十九个图书馆。

出版事业　有国家印刷局，专门从事于印刷事业，故出版尚佳。

新闻杂志　外蒙报纸现有十七种之多，大部集中于库伦。主要报纸有：《真理报》（蒙古人民党党报）、《人民之权利报》（政府机关报）、《革命青年真理报》（蒙古革命青年团团报）、《红星报》（军部机关报）、《劳动文化报》（工人报）。以上五报发行总数约六万余份，纯系用蒙文。惟近来亦提倡蒙文拉丁化，似颇积极。杂志有七种，发行总数约三万份，并有俄文之《现代蒙古》一种。

剧场、电影　戏剧的提倡亦甚为努力，库伦有剧场多所，最大之剧场名革命青年剧场，电影院十八所，电影放映队十九个，库伦电影制片厂曾摄制外蒙革命历史巨片一部，名《山巴图鲁元帅》。

广播　外蒙政府为加强宣传工作，已在库伦设有广播电台，各部区设有放送站，并竭力提倡。

蒙文拉丁化　外蒙当局感于蒙文多有不便，复由于苏联之倡导，故由一九二八年起，即提倡蒙文拉丁化，以期扫除文盲，当时各报撰文介绍，大肆宣传，迄今已收到效果，外蒙的刊物及官方文告，已有用拉丁文化的蒙文者。

四　宗教礼俗

外蒙为信仰喇嘛教最深之民族，其最高的统治者即系一喇嘛——哲布尊丹巴呼图克图，第一次宣布独立时，哲布尊丹巴即"蒙古帝国"皇帝位，迄二次独立，仍被拥为元首，迨其死后，外蒙始改建人民共和国，可见喇嘛的势力如何了。蒙古人民共和国成立就展开反宗教运动，全境动员以反对此阻碍文化教育进步的喇嘛教，曾拟订反宗教运动五年计划，其办法如下：（一）年长喇嘛，应实行教义，禁止接触妇女。（二）向年青喇嘛宣传，说明宗教的黑幕，使其觉悟还俗，从事生产。（三）严禁青年人入寺再作喇嘛。（四）限制寺院之财产，超过规定者，予以没收，土地概须纳税。（五）严禁宗教书报流行。（六）对一般人民宣传宗教之黑幕，并竭力提倡科学。这个反宗教运动展开后，外蒙的喇嘛大见减少，一九一七年外蒙喇嘛共有一一六，五七七人，约占全人口百分之二一·四八，一九三二年即减至八二，〇〇〇人，约占全人口百分之八·四。

一九三〇年外蒙国民党第八次党会议议决："喇嘛教徒从事于商业及金贷业，结合外国之反革命势力，喇嘛教徒通达医卜、数术，在民间握有相当势力，凡此等等，对于蒙古革命之完成，大有妨害，是毫无疑义。"此决议在第六次大会议得到全体之承认，于是喇嘛愈益遭受压迫。其六次大会议之议案为"年在十八岁以下之少年禁止入寺庙，对于少年喇嘛予以处置，使之恢复普通人，并从事生产工作"。修正之《禅普鲁桑基本宪法》第七十一条并规定："以前之呼图克图、呼毕勒罕、大喇嘛均无选举及被选举权。"其八十一条复规定："蒙古人民共和国之宗教信仰，与政治、教育脱离，蒙古人民共和国之人民有信仰宗教、反对宗教权。"此条规定蒙古人民虽有信仰宗教权，实际恐所能享到者仅为反对宗教权，此后喇嘛教必日趋没落，毫无疑问。外蒙喇嘛庙，据调查原有车臣汗部八八六座、土谢图汗部七〇二座、三音诺颜部六八〇座、扎萨克图汗部三七〇座。

喇嘛庙系蒙地定居建筑物，又多恢宏壮丽，今既普遍展开反宗教运动，其庙宇自亦征为国用，故许多喇嘛庙已作为机关、学校、公共场所。

基督教，蒙人信者甚少，外蒙宣布独立后，即已绝迹。回教，外蒙科布多城尚有大回教堂，教徒一百五十余人。

外蒙的社会礼俗，现在可分两大极端：一为守旧的牧民，仍过其传统的生活习惯，未尝稍改；一为受近代潮流感化的青年及都市中人，其习俗渐染欧化，尤以仿照俄式为甚。

外蒙近来卫生的提倡颇为积极，外蒙政府于一九四〇年支出保健卫生费一千万元，设置医疗所一百四十七个，每三个苏木有一个保健所，医疗所病床一千四百三十一个，医师八十四名，练习医生九十四名，药剂师三百名，看护六百六十二名。自一九三八年以来，外科医院普设各地，库伦有一可容五百名病者的大医院，此外产科医院、传染病医院亦多有设立，人民健康已有进步，如昔时蒙民易患之花柳病，近已少见。

外蒙人口　据一九一九年俄人马意斯基调查为六十四万七千五百余人，一九三一年调查为七十六万，较前正确。近年以来外蒙人口有迅速之增加，因卫生医药之进步，及喇嘛教之废除，皆可促使人口增加。据今年三月在印度举行泛亚洲会议时，外蒙代表称外蒙人民共和国人口有一百万，当有可能。但一般统计在九十万左右。

五　经济、交通

牧畜为蒙古人民生命线，冬期蒙人及家畜皆居山中避寒，时有兽疫，家畜多有死亡。冬季山中常乏饲料。近年蒙古当局颇为注意，故有牧草培植之设，俾能于冬日供给家畜充分牧草。对于兽疫救治，尤为努力，现全国划分兽疫区，设兽医管理局，负责防疫，库伦设有制造巴斯德血清厂，制造血清，供兽疫防治之用。因是外蒙之家畜死亡率日减，生产量大增，并厉行集体牧场制度，改良家畜种子，提倡不遗余力，报纸亦尽力宣传家畜改良之利益。据调查，由一九二四年至一九三二年之外蒙家畜年产有增加，自一一，七七六，一一九〈头〉，增至二六，〇六六，九四〇头，德苏战争期间，外蒙曾供给苏联马匹四十万及其他家畜产品。胜利后，苏联为恢复农场，又运去二十万匹，对外蒙曾备极赞扬，以为盟邦邻国，供献极大。现外蒙每年输出羊毛一万六百吨、驼毛一千〇六十吨、山羊毛二百卅吨、马皮三万八千吨〔张〕、羊毛〔皮〕一百八十万张、子羊皮及他种皮一百五十七万二千张，各种兽类皮二百吨，此项输出完全入于苏联。

农垦　现努力于农业共营，共营农场日有增加。据一九三一年之调查，全国有共营农场六百十二处，一九四一年增至七百四十处，参加农民达十七万余，此外尚有国营农场及私人农场，但全国所产谷物仍不足需要，粮食多恃苏联供给。

林业　外蒙凡适于牧畜地带，几无不有广大之森林，最稠密之区有三：一为额尔古纳上流克鲁伦河畔，长三百二十余里。二为东蒙内兴安岭一带，面积倍于上。三为西北山地森林，林木尤密，面积由科布多山地至乌梁海之山区，连绵入西伯利亚森林带，年来外蒙当局已知开采，输出苏联换取粮食等物。

矿产极富，多为国防工业重要原料，外蒙当局已注意开发，输入苏联。

工业　各新兴工厂之创设，实权皆操于苏人，所用机器亦多取给于苏联。甚至建屋之砖瓦亦须由苏供给。工厂之技术人员亦皆苏人，工人亦多苏人。

商业　外蒙独立前，掌握蒙商权者，皆为内地商人。外蒙第二次独立后，工商业渐归国营，由苏联支配之青年党复仇视内地商人，汉商遭遇空前劫运，被杀者甚多，其未被残害者，又用重税以压迫之。一九三〇年春，外蒙政府又下令没收私人商店，于是汉人商店完全倒闭。外蒙政府之官办商业机关，组织成立，凡蒙人所需之一切物品，均须由官营商业机关交易。惟是种商业机关，名为官办，实权则操诸苏联之手。苏人所设者，有苏蒙贸易公司、蒙古转运公司等，凡贸易运输，皆归垄断，汉商绝迹，蒙人营商亦困难重重矣。每年外蒙对苏联贸易总额在七千万卢布以上。

金融　外蒙未独立以前，多以物易物。自独立后，一九二四年设立蒙古国家银行，与苏联国家银行合作，股份苏联占有半数，实权操之苏联之手，并铸造流通货币，当即严禁中国银币之通用。此项流通货币之单位曰"通格里克"，乃一种银币。铜元一百拉格斯，可易一通格里克。近亦发行纸币流通各地，且于各地遍设分支行。

铁道　外蒙独立后，曾计划以苏联为中心而建设以下之铁道：

1. 自苏联之米奴新斯克至乌梁海之首府肯木毕其图；2. 自苏联之宾斯克至科布多；3. 自科布多至乌里雅苏台；4. 赤塔至库伦；5. 自库伦至桑贝子。

其他尚有自恰克图至库伦达滂江线，现恰克图至库伦间铁道，已由苏联借款建筑完成通车。

航路　一九三四年，苏联在蒙创立色楞格河轮船公司，经营航运，以运输外蒙货物，此外乌鲁克穆河及库苏古尔泊，皆可航行汽船，由蒙苏合办。

大道　如张家口通库伦的张库线；通乌里雅苏台的张乌线；通克鲁的张克线，皆系由内地通外蒙的要路，自外蒙独立，今已不通。由科布多至沙喇苏木之科沙线，为外蒙出侵阿山的主要补给线。由乌里雅苏台至新疆古城的乌古线，为外蒙通新疆的要道；由库伦达兴安省之海拉尔库海线，今已成为外蒙与东北"共匪"交通要道。由乌里雅苏台至唐努乌梁海之乌唐线，由乌里雅苏台至贝加尔湖之乌贝线，由科布多至比斯克之科比线，由克鲁伦至西伯利亚之勃尔佳之克勃线，由科布多至乌兰达己之科乌线，皆外蒙通苏大道，有的稍加修筑即可通行汽车，交通颇畅。其由库伦至恰克图之库恰线，更由苏人所经营之库恰汽车公司独占行驶，现铁道已通，仍并行不悖。

航空、邮电皆以库伦为中心　航空北可至恰克图与苏联相接，东可至克鲁伦，西可至科布多，皆有定期航机。邮政可通苏联，与我国尚未通邮。电报、电话日趋发达。关于外蒙交通事业，我们可看在外蒙的苏联交通机关，库伦计有苏联航空公司、苏联建筑蒙古铁道管理处、苏联建筑蒙古公路管理处、苏联邮政电话电报局。

六　一点意见

最后我们看一看外蒙人民的愿望如何？一九四四年，美国的一位素称亲苏俄的记者史诺，在莫斯科与外蒙代表团蒙古人民共和国主席周博山（即禅普鲁桑）及三十六位代表会见时，他报导一消息说：

> 从这几次访谈中，我看出这些蒙古人确实深盼他们的族人重行团结起来，他们很希望中国政府恢复满清时代对他们的关系，但中国政府能准许蒙古这种要求吗？"我们很愿意跟中国——我们的老祖国重行言归于好。"他们的代表中的一位说："我们的历史和文化，都跟中国有密切关系。而不容分割的。"

这个消息的报导，充分的说明了外蒙人民的愿望了。那时抗战还未胜利，我国尚未承认其独立，现在又是怎样呢？外蒙人民发出希冀的谈话，不是偶然的。外蒙自正式独立以来，在国际间虽然企图有所活动，但迄今仅有苏联与之有外交关系，我们看苏联的驻外蒙机关：

苏联驻外蒙机关，统辖于苏联驻蒙全权大使馆，此大使馆权限极大，外蒙党政军机关内之苏联最高顾问与顾问，均在大使馆领导下工作，其直接管辖者有：

苏联驻蒙商业公使馆；苏联无线电台；苏联教育部驻蒙办事处；苏联商业公司；苏联研究蒙古富源考察团；苏联宪兵司令部；苏联警备司令部；苏联驻蒙红军总司令部；苏联航空公司；苏联空军司令部；苏联建筑蒙古铁道管理处；苏联建筑蒙古公路管理处；苏联邮政电话电报局；苏联驻蒙红军兵站处；苏联驻蒙之金矿管理处；蒙古问题研究社；塔斯社分社；苏联东方研究院设立

库伦分院筹备处。

据以上苏联机关观之，凡外蒙政治、军事、文化、教育、经济、交通，无不有苏联之参加，至为明显。此与外蒙唯一有外交关系之苏联，其大使馆组织，如此庞大，实非普通外交关系可比。看了苏联这样庞大的驻蒙机关，我们便了然外蒙人民心里是愿与祖国携手的。

现在，我们希望我国政府迅速与外蒙谋取建立外交关系，勿再推延，我国既承认它的独立，就应该让它了解允许它独立的意义才是。

三十六年十一月二十二日，脱稿于西北大学

《边政公论》（季刊）
南京中国边政协会边政公论社
1947 年 6 卷 4 期
（朱宪　整理）

绥垣喋血录

白祥　谈

　　绥远副主教白祥司铎谈称，彼曾两次被日本宪兵囚禁，历时共计二百六十二日，受尽诸多苦刑。受难经过如下。

　　七七事变前，与省会党政军学各界交往甚善。绥、包沦陷，仍驻总堂传教。其第一次被囚，事在二十九年四月十五日，历时三月又十日。在此三月十日中受尽百般苦刑。日本宪兵队，本为"人间地狱"，被拘在内者，酷刑实难熬煎。白氏以所谓"反蒙抗日"重大嫌疑入狱，连续十八日，以极刑讯审，曾十一次以利诱供。按此事系因中央工作人员李希孟少将及马汉三中将，曾与白副主教数次会见，渠等来劝伪蒙军反正，并携有雷鸣远、张警铎二神父函证，特请白协助。白氏被严讯后总以不知内情答覆。日本宪兵队气愤殊甚，屡以极刑拷供。日本人有一专有匪刑，即以凉水灌入，先将受刑者捆缚于木梯，斜卧地上，口中衔绳索一条，迫使口齿开张，然后提水壶直灌，口出鼻入灌注不休，待水足腹饱，即以足加腹践踏，水乃由口鼻挤出，若不得满意答覆即依法强灌如前，不几次后受刑者必昏绝不省人事。白死而复苏不只几十次。又以烛火遍身灼烧，竹签钉入指甲，倒吊鞭笞，不一而足。白副主教始终以不知内情答覆。日本宪兵见苦刑不能屈伏，施以利诱，如和盘说出，许渠二十万元"奖金"。最后并强令五日绝食，八昼夜站立，不准睡觉，然始终未吐一字。迨至同年七月二十五日始无条件释放。

第二次被拘押，事在三十三〈年〉四月十九日夜间，并有武川县三眼井张昇文神父，同夜被絷，三日后锁押解来绥远宪兵队。四月二十日晨，日本宪兵到总堂搜查，又押去李从哲神父并教堂仆役四人，惟隔日将四人放出，其他二人一月后释出，并未受若何苦刑。白副主教此次被拘近因，乃由于我派遣之工作员王建业所牵涉，远因仍由渠过去与党政军界友好之关系。日宪兵队疑渠为公教会中抗日救国之中坚分子，庇护重庆派遣之工作人员，教堂中不时潜伏救国志士。

三十二年三月二十一日荷、比籍教士被敌拘集东去，白氏升为绥远教区代理主教，日本宪兵即严刑拷问各教堂抗日救国事实，及渠个人对中央方面之关系，对我国军政方面之工作，对绥远省政府之往来，以及对第八战区协助实情等等。白主教以事体严重，诚恐牵涉多数志士，累及无辜，始终不答。张家口确有意使白副主教瘐死狱中，但白副主教以宗教家之精神，坚强到底，迨至是年九月二十八日始行放出。与渠隔日被捕之李从哲神父，亦曾受刑七日，先一月被释，张昇文神父被解到绥远后，只受审一次，并未受刑，然直至三十三年十二月三十一日始行放出。

《益世周刊》
南京益世周刊社
1947 年 28 卷 1 期
（丁冉　整理）

外蒙与中苏

长城 撰

一 外蒙独立及其政治的发展

日本于一九三七年开始侵华战争后，由于远东局势一直是在剧烈演变之中，外蒙古的重要性，便被逐渐提高了，甚至重要得不能与人口及经济相称。虽然如此，它的国际地位却一向没有确定，一直到中苏两国外长，于一九四五年八月十四日之换文中表明了承认外蒙于现有境界之内举行人民投票之后，以投票结果决定其是否独立，这才可说是到开始澄清之日，而使中苏两国消除了一大争端。

十月二十日，外蒙人民投票正式举行，结果便决定了它的独立。这对外蒙人民本身生活，当不致有若何变动，因他那些人口、土地幅员与农工业的富源实在为数很小。他们虽然一向只享有名义上的独立，但是他们的确拥有受欢迎的真正自治。吾人为了解外蒙政治及其他方面的发展，实有追溯若干历史的必要。

外蒙与俄国关系，系自《尼布楚条约》以开端倪。一六二五年（雍正二年）俄国彼得大帝（Peter I, the Great）驾崩，皇后加他邻第一（Gatherne I）即位。一六二七年俄政府又遣乌拉的斯拉维友（Count Sava Vledislavovich Razousinsky）来中国请求订约，并且提议戡〔勘〕定蒙古与西北利亚的界线。当时中国政府也深感此方有划界的必要，不过因为过去没有使臣到京中来缔约的先例，所以先命俄使退居布拉河上（在贝加尔湖西），然后正式命群〔郡〕王策凌、内大臣四格、侍郎图里琛为议约专使，在布拉河为两国代表开会议场，双方使臣各遣勘查委员审定边境，于是年八月遂成立《恰克图条约》。因所商地点近波尔河边，所以这一条约又名《波尔条约》或《布连斯奇条约》。兹其举全文于左：

第一款　自议定之日起，两国各自严管所属之人。

第二款　嗣后逃犯，两边皆不容隐匿，必须严行查拿，各自送交驻扎疆界之人（但逃亡在缔约前者毋论）。

第三款　中国大臣会同俄国所遣使臣，所定两国边界，在恰克图河西之俄国卡伦房屋，在鄂尔怀图山顶之中国卡伦鄂博，此卡伦房屋、鄂博适中平分，设立鄂博，作为两国贸易疆界地方。后两边疆界立定，遣喀密萨尔等前往。自此地起，东顺至布尔古特，依山梁至奇兰卡伦；由奇兰卡伦、齐克太、阿鲁齐都将、阿鲁哈当苏，此四卡伦鄂博以一段楚库河为界。由阿鲁哈当苏至额波尔哈当苏卡伦鄂博，由额波尔哈当苏至察罕鄂拉蒙古卡伦鄂博，俄国所属之人，所占之地；中国蒙古卡伦鄂博，将在此两边中间空地照分。恰克图地方划开平分。俄罗斯所属之人，所占地方附近，如有山台干河，以山台干河为界；蒙古卡伦鄂博附近，如有山台干河，以山台干河为界，无山河空旷之地，从中平分，设立鄂博为界。察罕鄂拉之卡伦鄂博，至额尔古讷河岸，蒙古卡伦鄂博以外，就近前往两国之人妥商设立鄂博为界。恰克图、鄂尔怀图两中间，立为疆界。自鄂博向西鄂尔怀图山、特门库朱浑、毕齐克图、胡什古、卑勒苏图山、库克齐老图、黄果尔鄂博、永霍尔山、博斯口、贡赞山、胡塔海图山、蒯梁、布尔胡图岭、额古德恩昭梁、多什图岭、克色讷克图岭、固尔毕岭、努克图岭、额尔奇克塔尔噶克台干、托罗斯岭、柯讷满达、霍尼音岭、柯木柯木查克博木、沙毕纳依岭，以此梁从中平分为界。其间如横有山河，即横断山河，平分为界。由沙毕纳依岭至额尔古讷河岸，阳面作为中国，阴面作为俄国，将所分地方，写明绘图，两国所差之人，互换文书，各给大臣等。此界已定，两国如有属下不肖之人，偷入游牧，占踞地方，盖房居住，查明各自迁回本处。两国之人如有互相出入杂居者，查明各自收回居住，以静疆界。两边各取五貂之乌梁海，各本主仍旧存留。彼此越取一貂之乌梁海，自定疆界之日起，以后永禁各取一貂。照此议定完结，互换证据。

第四款　按照所议，准其两国通商，既已通商，其人数仍照原定，不得过二百人；每间三年进京一次。除两个〔国〕通商外，有因在两国交界处所，零星贸易者，在色楞额之恰克图、尼布楚之本地方，择好地建盖房屋，情愿前往贸易者，准其贸易，周围墙垣栅子，酌量建造，亦毋庸取税。均指令由正道行走，倘或绕道或有往他处贸易者，将其货物入官。

第五款　在京之俄馆，嗣后仅止来京之俄人居住，俄使请造庙宇，中国办理俄事大臣等，帮助于俄馆盖庙。现在住京喇嘛一人，复议补遣三人，于此庙居住，俄人照伊规矩，礼佛念经，不得阻止。

第六款　送文之人，俱令由恰克图一路行走，如果实有紧要事件，准其酌量抄道行走，倘有意因恰图道路窎远，特意抄道行走者，边界之汗王等、俄国之头人等，彼此咨明，各自治罪。

第七款　乌带河等处，前经内大臣松会议，将此地暂置为两间之地，嗣后或遣使或行文定议等语在案，今定议你返回时，务将你们人严禁，倘越境前来，被我们人拿获，必加惩处。倘我们人有越境前去者，你们亦加惩处。此乌带河等处地方，既不能议，仍照前暂置为两间之地，你们人亦不可占据此等地方。

第八款　两国头人，凡事秉公迅速完结，倘有怀私诿卸贪婪者，各按国法治罪。

第九款　两国所遣送文之人，既因事务紧要，则不得稍有耽延推诿。嗣后如彼此咨行文件，有勒掯差人，并无回咨耽延，迟久回信不到者，既与两国和好之道不符，则使臣难以行商，暂为止住，俟事明之后，照旧通行。

第十款　两个〔国〕嗣后于所属之人，如有逃走者，于拿获地方，即行正法。如有持械越境杀人行窃者，亦照此正法。如无文据，而持械越境，虽未杀人行窃，亦酌量治罪。军人逃走，或持主人物逃走者，于拿获地方，中国之人斩，俄国之人绞，其物仍给原主。如越境偷窃驼只牲畜者，一经拿获，交该头人治罪，其罪初犯者，估其所盗之物价值，罚取十倍，再犯者罚取二十倍，三犯者斩。凡边界附近打猎，因图便宜，在他人之处偷打，除将其物入官外，亦治其罪，均照俄所议。

第十一款　两国相和益坚之事，既已新定，与互结文据，照此刊刻，晓示在边界诸人。

此项条约于一七二八年，经两国政府批准后，中俄两国之交涉渐趋频繁。因此两国往返的文书，彼此再不用皇帝的名义，中国以理藩院，俄国由元老院直接办理。因为经济关系的进展，所以有俄国学生来华学习，《皇朝文献通考·学校考》曾言曰：“雍正五年，俄罗斯国遣其宫〔官〕生鲁克佛多、德宜宛、喀喇、希木等四人来学。雍正六年议决俄罗斯学生俟送到时在俄罗斯绾位〔馆住〕居，交与国子监，选满汉助教各一人，往绾〔住馆〕教习清汉文字。”

二　俄国之获得外蒙的种种权利

《恰克图条约》订立后，表面虽甚平等，实则丧失权利甚多。不仅丧失广大的土地，且于边境贸易复许其勿庸纳税，遂开俄人侵蒙之端。迨至鸦片战争后，中国见轻于世，俄基于《天津条约》之权利，乃在外蒙作更进一步的侵略。一面压迫清廷订约，以获得外蒙种种权利，一面利用喇嘛教徒收买外蒙人心，并卑词厚币，市惠活佛、王公，嗾其脱离祖国而独立。

咸丰十年中俄《北京条约》订立后，库伦俄领事馆即于同治二年全部落成，树立起了俄国的侵蒙大本营。俄边境官吏能与中国之边境官吏办理交涉，此实尤为失计。一八八〇年《伊犁条约》之后，俄国复密与英、日两国成立协约，使英、日不得干涉它对伊犁、蒙古进行之各种手段，因此使俄在蒙古行动肆无忌惮，数次组织调查团至外蒙各地调查。随后俄在西北利亚边境，建立喇嘛庙一所，示与外蒙人民同教。其在库伦之领事并大肆活动，凡运来库伦之货物，必首先呈奉活佛王公，并用俄女来往活佛庙中，又为活佛建筑俄式房屋以讨欢心。

一九〇三年俄人自清廷获得土谢图汗部之采金矿权，事为蒙古王公反对，俄驻库伦领事曾以十万卢布暗赂。拳匪之乱，俄人乘机流言，谓拳匪已入蒙古境，烧杀掳掠无所不至，且将到外蒙，外蒙人心恐慌之余，遂请俄领保护。俄计既售，遂电调恰克图之哥萨克军四百来军〔库〕，其额绾〔领馆〕亦背山建筑炮台与兵营，并于此后更进一步地怂恿外蒙独立。一九〇八〔一一〕年武汉革命的消息传到外蒙，然其时俄蒙之军队已布置妥当，遂宣告独立，并强力驱逐中国官员出境。

外蒙虽受俄国之怂恿作了第一次独立，俄国政府同时向清廷外务部提出如下要求：

一、中国政府须承认俄人自库伦至俄边境有建筑铁路权。

二、中国政府须与蒙古订约，声明左列三项：

甲、中国不得在外蒙驻兵；

乙、中国不得在外蒙殖民；

丙、蒙古自治，受办事大臣管辖。

三、中国所统治蒙古主权，改隶办事大臣。中俄交涉，仍由两国政府协商。

四、俄饬领事官协助，担保蒙人对中国应尽之义务。

五、中国在蒙古如有改革，须先与俄国酌商。

俄国这些无理要求提出后，外蒙实际上对于独立之各种要件都没有准备。财政固是完全要仰给于俄人，军队亦仅有四千人作为防御之用，所以也只有仰赖俄人虚张声势。其实自独立后不但外蒙人深恐中国政府兴师问罪，俄人亦非常惶恐，因相信中国政府如真出兵，外蒙的独立便会要昙花一现，俄国的阴谋也会要完全肆〔归〕于失败。

此时清政府因为革命军之大起，己位已感朝不保夕，故对蒙古问题无暇顾及。到民国临时政府成立，又忙于清民交替以及南北统一的各项问题，也就没有和俄国进行交涉。俄国政府则利用中国这交替紊乱的时候，于民国元年九月密派前驻北京公使廓索维支（Gosvitch）赴蒙古，诱与私订《蒙俄协约》、《通商章程》、《开矿合同》、《筑路条约》、《电信条约》等，以作将来和中国恃强交涉的凭借。兹为揭发此种侵略野心，特将各约照录如次。

甲 《俄蒙协约》（一名《库伦条约》）

第一条 帝国政府扶助蒙古，保守现已成立之自立秩序及蒙古编练国民军，不准中国军队入蒙境，及以华人移植蒙地之各权利。

第二条 蒙古元首及蒙古政府，准俄国属下之人及俄国商务，照旧在蒙古领土内享用此约专条所有各权利及特种权利，其他外国人自不能在蒙古得享权利，加多于俄国属下之人在彼得享之权利。

第三条 各蒙古政府以为须与中国或别外国立约时，无论如何，其所订之新约，不经俄国政府允许，不能违背或变更协约及专条内列条件。

第四条 此友谊协约，自签押之日实行，两方全权将此协约俄蒙文平行缮备两份，校对无讹，签押互换为记。

俄历一千九百一十二年十月二十一日，即蒙民公众推戴之蒙古王治理第二年季秋月二十四日订于库伦。

乙 《俄蒙通商章程》（一名《友谊通商条约》）

第一条 俄国属下人等，照旧享有权利，得在蒙古境内各地，自由居住移动，并经理商务、工业以及其他事项。此外并得与各个人、各货行以及俄国、蒙古、中国及其他各国之公私处所，往来协定办理各事。

第二条 俄国属下人等，并得照旧有利权，无论何时，可将俄国、蒙古、中国暨其他各国出产制作各货，运出运入；免纳出入口各税，并自由贸易，无论何项税课捐，概免交纳。惟中俄合办之营业，以及俄国属下人等伪称他人之货为自己货时，不得援用此条。

第三条 俄国银行有权在蒙古开设分行，与各个人、各公司、会社办理各种款目事项。

第四条 俄国属下人等，可用银钱买卖货物，或互换货物，并可商明赊欠，惟蒙古各旗王及蒙古官币，不得担负私人债款。

第五条　蒙古官吏不得阻止蒙人、华人向俄国属下人等，往来约定办理各种商业，并不得阻止其为俄人或俄人所开商店、工厂服役。蒙古境内，无论何种公私会社、机关以及个人，皆不得具有商务制作专卖权，其在未订此约之前，已得蒙古政府允其具有此种专卖权者，则在该项期限未满以前，仍可保有其权利。

第六条　俄国属下人等，有权在蒙古境内各城镇、各蒙旗，租赁地段或购买地段，建造商务制作局厂，或修筑房屋、铺户、货栈，并租用闲地，开垦耕种。此种地段或买或租，以为上开各项之用，自不得以之作谋利之举动（指买而转卖言）。此项地段要须按照蒙古各地现有规例，与蒙古政府妥商发给。其教务牧场地段，不在此列。

第七条　俄国属下人等，可与蒙古政府协商，关于享用矿产、林渔业及其他各事项。

第八条　倘俄国政府认为蒙古境内某某地方，有设置俄国领事之必要时，俟与蒙古政府协商后，得有派遣俄国领事驻扎该地之权。蒙古政府若于帝国沿界各地，认为有设置蒙古政府代表驻扎之必要时，俟与俄国政府协商后，亦可派遣蒙古代表驻扎该地。

第九条　凡有俄国领事之处及有关俄国商务之地，均可由俄国领事与蒙古政府协商，设立贸易圈，以便俄国属下人等营业、居住之用，专归领事管辖。无领事之处，则专归各商务公司、会社之领袖管辖。

第十条　俄国属下人等，有权在蒙古各埠之间，以及各埠至俄国边界之间，自行设立邮局，以及运输邮件、货物。此事可与蒙古政府协商办理。如须在各地设立邮站，以及别项需用房屋，均遵照本约第六条所定章程办理。

第十一条 俄国驻蒙各领事，如须转递公件，遣派信差，以及别项公事需用之时，可用蒙古台站。惟一月所用，马匹不过八只，骆驼不过三十只可勿给费。俄国领事及办理公事人员，亦可由蒙古台站行走，偿给费用。俄国属下办理私事之人，亦有用蒙古台站之权，惟此项人等应偿费用，须与蒙古政府商定。

第十二条 凡自蒙古域内流至俄国境内各河，及此诸河所受之河流，均准俄国属下之人乘自有商船，往来航行，与沿途居民贸易。俄国政府当帮助蒙古政府整理各河航路，设置各项所需用标识等事。蒙古官吏当遵照此约第六条所定章程，于此各河沿岸，拨给停船需用地段，以及建筑码头、货栈，以及备用柴木之用。

第十三条 俄国属下人等，于运送货物，驱送牲只，有权由水路〔陆〕各路行走，并可商允蒙古官吏，由俄人自行出款建筑桥梁、渡口，且准其向经过桥梁、渡口之人，索取费用。

第十四条 俄人牲只于行路之时，可得停息喂养，如要停息多日之时，地方官并须于牲只经过路径及有关牲只买卖地点，拨给足用地段，以作牧场。如用牧场时间，超过三月以外，即须偿费。

第十五条 俄国沿界居民，向在蒙古割草渔猎，素已相沿成习，嗣后仍照旧办理，不得稍有变更。

第十六条 俄国属下人等及其所开处所，与蒙人、华人往来约定办理之事，可用口定，或立字据。其订约之人，可将所立契约，送至地方厅呈验。如地方官厅以为呈验契约有窒碍之处，当从速通知俄国领事，并与该领事会商，将所出误会，共同判决。今应暂行定明，凡有关于不动产事件，务当成立约据，送往蒙古该管官吏及俄国领事处，呈验批准。如享用天然财赋（指矿产、林业而言）之契约，必须经过蒙古政府批准方可。如遇有争议之时，无论因口定之事，或立有字据之件，可由两造推举中人和平解决。如遇不能和解时，再由会审委员，共同判决。会审委员〈会〉，分常设、临时两种：常设会审委员会于俄领事驻在地设置之；由领事或领事代表，以及品级相当之蒙古官吏一人组织之。临时会审委员会，于未设领事之处，酌量所出事件之紧要情形，暂行开设；由俄国领事代表及被告居留或所属蒙旗之蒙王代表组织之。会审委员会，可招蒙人、华人、俄人为会审委员会之鉴定人。会审委员会之判决，如关于俄人，即由俄国领事从速执行，其关于俄〔蒙〕人、华人者，则由被告所属或所居留之蒙旗蒙王执行之。

第十七条　此项通商章程，自签押之日实行。

此项《友谊通商条约》，系于俄历一九一二年十月二十一日即十一月三日在库伦签字。并于同日续签《通商章程》一件，见《俄国政府法令全书》第二百五十五号，俄历一九一二年十二月十九日，即西历一九一三年一月一日发行。

丙　《俄蒙开矿合同》（节录）

一、蒙古政府根据《俄蒙专条》，对于境内之矿产，允许俄人自由开采。

二、矿务公司设在三音诺颜部，其分公司不限定地点。

三、公司资本由俄国官商筹集，但蒙古人亦得加入资本五分之二。

四、他国人不得加入资本。

五、俄国人由矿务公司之介绍，得向蒙古政府请求采矿证书，已得证书后，无论何时，不失其效力。

六、以矿砂输出税之百分之一，补助蒙古练兵费。

七、每年由红利内对于蒙古之资本额给予三成之报酬。

丁 《俄蒙筑路条约》（节录）

一、库伦政府认俄国在其领土内永有铁道建筑权。

二、俄政府与库伦政府协同议定蒙古铁道线路及将来铁道计划，以图俄蒙双方之利益。

三、蒙古铁道之建设，不问其费用之出于俄国政府或蒙古政府，抑由蒙古〔政府〕私人所出，俄国政府对于蒙古政府允以相当之补助。

四、若铺设与俄国境界线联络之铁道，应照俄蒙铁道联合条件及地方习惯办理。

五、库伦政府若自认有建筑铁道之利益时，应先咨询俄国经其承诺。

戊 《蒙俄电线条约》（节录）

蒙古政府因谋俄国国境与乌里雅苏台间，及乌里雅苏台与库伦间通信便利之故，按照左记条件，将从俄国伊尔库次克省之孟达至乌里雅苏台之电线架设权，让于俄国交通部。

一、俄国交通部负担前项电线架设之经费及工程，以所得该线之利用权及加盟权为报酬。

二、孟达、乌里雅苏台间之电线，本条约签字后，立即架设；蒙古政府对于此项工程，所需采伐木料及运搬他项必要品，均应竭力援助。

三、全线之电报局及其他建筑物所需之土地，均由蒙古政府指定让与俄国。

四、蒙古政府不得再行架设前项竞争线，式〔或〕以其权利让之于他国人。

五、蒙古欲于别方面架设电线，先以其权给予俄国交通部。

六、蒙古人为电报事务员者，由俄国交通部委任，其薪俸亦由该部发给，该电报局并由俄国官吏监督。

三　俄国在外蒙的幕后操纵

蒙古为中国属地，本来无权和别国订约，俄国因想承认其独立，所以也就不顾其法纪之尊严，和他订立了这些条约。而外蒙的独立，实际上本只有库伦附近的几个小部分，但这些条约的精神，已经把整个蒙古作为俄国的保护领土了。俄国政府且于这些条约缔结后，公然向中国政府及美、英、日三国发出通告。中国政府接到此项通告后，外交总长梁如浩便张皇失措地弃职逃往天津，全国哗然，促政府迅速攻蒙。此时袁世凯已认清了此项把戏系由俄国在幕后操纵，所以不敢采用征讨的办法，只任命陆征祥为外交总长。陈〔陆〕氏于民国元年十一月起和俄国公使开始谈判，反复辩论，会商达三十次之多，经过六个月的长时期，始于民国二年五月，双方订立协定草案。兹将此项协定条款照录如次：

一、俄国承认蒙古为中国领土完全之一部分，兹特担任于此领土关系之继续不谋间断。又此领土关系上生出之中国历来所有种种权利，俄国并担任尊崇。

二、中国担任不更动外蒙历来所有之地方自治制度。并因外蒙之蒙古人在其境内有防御及维持治安之责，故许其有组织军备及警察之专有权，并许其有拒绝非蒙古籍人在其境内殖民之权。

三、俄国一方面担任除领署卫队外，不派兵至外蒙古，并担任不将外蒙古之土地举办殖民。又，除条约所许之领署外，不在彼设置他项官员代表俄国。

四、中国愿用和平办法，施用其权于外蒙古。兹声明听由俄国调处，照上列各条之本旨，定立中国对待外蒙古办法之大纲，并使该处中央长官自有中国所属部内向有之地方官吏性质。

五、中国政府因重视俄国政府之调处，故允在外蒙古地方将下开之商务利益给予俄民。（下列即俄蒙私订之《商务专条》）。

六、以后俄国如与外蒙古官吏协定关于该处制度之国际条件，必须经中俄两国直接商议，并经中国政府之许可，方得有效。

右述这个协约草案，提请国会通过的时候，当经众议院通过，而为参议院否决。俄使闻之，乃推翻前议，另提大纲四条于左：

一、除内蒙古地方外，中国承认蒙古之自治及该地方由自治上生出之权利。

二、俄国承认中国为蒙古之上国，并承认其相连之权利。

三、中国愿听俄国调处，查照本协约一九一二年十一月二十日《俄蒙协约》所载之本旨，以定其与蒙古政府后来之办法。

四、凡关系中国、俄国在蒙古之利益，为该地方之新局面而发生者，由中俄政府日后商议。

陆征祥因此提出辞职，由孙宝琦继任，又继续交涉。于十月三十一日，草订《声明文件》五款，《声明另件》两件，于十一月五日签押，六日互换。其声明文件五款如左：

关于中俄两国对待外蒙古之关系，业经俄国政府提出大纲，以为根据，经中华民国政府认可。兹两国政府商订如下：

一、俄国承认中国在外蒙古之宗主权。

二、中国承认外蒙古之自治权。

三、中国承认外蒙古人享有自行办理自治外蒙古之内政，并整理本境一切工商业之专权，中国允许不干涉以上各节，是以不将兵队派驻外蒙古及安置文武官员，且不办殖民之举。惟中国可任命大员，偕同应用属员暨护卫队，驻扎库伦。此外，中国政府亦可酌派专员驻扎外蒙古地方，保护中国人民利益，但地点应按照本文件第五款商订。俄国一方面担任除各领事署护卫队外，不于外蒙古驻扎兵队，不干涉此地之各项内政，并不在该境有殖民之举动。

四、中国声明承受俄国调处，按照以上各款大纲，以及一九一二年十月二十一日《俄蒙商务专条》，明定中国与外蒙古之关系。

五、凡属于俄国及中国并在外蒙古之利益，暨各该处因现势发生之各问题，均应另行商订。

双方奉本国政府委任签押盖印，以昭信守，缮具二份。立于北京。

大中华民国二年十一月五日即西历一九一三年十一月五日又《声明另件》两件如下：

声明另件（一）

大中华民国外交总长孙宝琦为照会事：照得本日签订关于外蒙古问题之声明文件，本总长奉有本国委任，以政府名义，向贵公使声明各款如下：

一、俄国承认外蒙古为中国领土之一部分。

二、凡关于外蒙古政治、土地交涉事宜，中国政府允与俄国政府协商，外蒙古亦得参与其事。

三、正文第五款所载随后商订事宜，当由三方面酌定地点，派员〔委〕代表接洽。

四、外蒙古自治区域，应以前清驻扎库伦办事大臣、乌里雅苏台将军及科布多参赞大臣所管辖之境为限；惟现在因无蒙古详细地图，而各该处行政区域，又未划清界限，是以确定外蒙古疆域及科布多、阿尔泰划界之处，应照声明文件所载第五款日后商定。

以上四款，相应照请贵公使查照，须至照〈会〉者。右照会大俄帝国钦命驻华全权公使库。

中华民国二年十一月五日

声明另件（二）

大俄帝国钦命驻华全权公使库为照会事：照得本日签订关于外蒙古问题之声明文件，本公使奉有本国委任，以政府名义向贵总长声明各款如下：

一、俄国承认外蒙古土地为中国领土之一部分。

二、凡关于外蒙古政治、土地交涉事宜，中国政府允与俄国政府协商，外蒙古亦得参与其事。

三、正文第五款所载随后商订事宜，当由三方面酌定地点，派委代表接洽。

四、外蒙古自治区域，应以前清驻扎库伦办事大臣、乌里雅苏台将军及科布多参赞大臣所管辖之境为限；惟现在因无蒙古详细地图，而各该处行政区域，又未划清界限，是以确定外蒙古疆域及科布多、阿尔泰划界之处，应按照声明文案第五款所载日后商定。

以上四款，相应请贵总长查照，须至照会者。右照会大中华民国外交总长孙。

大俄国千九百十三年十一月五日

十月二十三日

依照此项声明，俄国虽承认蒙古为中国领土，但仅为承认其宗主权，而宗主权这名词在国际实例上的意义并不一致，而中国对外蒙既不干预其内政，又没有监督外交的专权，那么所谓宗主权实亦空洞无用了。而这些文件者，规定了两国在外蒙古的利益以及因临时发生各项问题的时候另行商讨规约，外蒙古政府也可参与其事，因此，民国三年袁世凯派全权代表毕桂芳、陈篆，和俄国驻库伦总领事亚历山大·密勒尔（Alixender Millen）及外蒙委员会议于恰克图，会议之进展殊为与中国无利，但日本提出了二十一条，以感觉会议破裂于中国未必有利，乃于六月七日订立《中俄蒙协约》。其原文如下：

一、外蒙古承认民国二年十一月五日《中俄声明文件》及《中俄声明另件》。

二、外蒙古承认中国宗主权，中国、俄国承认外蒙古自治，为中国领土之一部分。

三、自治外蒙无权与各外国订立政治与土地关系之国际条约，凡关于外蒙古政治及土地问题，中国政府担任，按照民国二年十一月五日《中俄声明另件》第二条办理。

四、外蒙古博克多哲布尊丹巴呼图克图汗名号，受大中华民国大总统册封，外蒙古公事文件上，用民国年历，并得兼用蒙古干支纪年。

五、按照民国二年十一月五日《中俄声明文件》第二及第三两条，中国、俄国承认外蒙自治官府有办理一切内政，并与各外国订立关于自治外蒙工商事宜国际条约及协约之专权。

六、按照声明文件第三条，中国、俄国担任不干涉外蒙古现有自治内政之制度。

七、《中俄声明文件》第三条所规定中国驻库伦大员之卫队，其数目不过二百名，该大员之佐理专员，分驻乌里雅苏台、科布多及蒙古恰克图各处，每处卫队不过五十名，如与外蒙古自治官府同意，在外蒙古他处添设佐理专员时，每处卫队不过五十名。

八、俄国政府遣派在库伦代表之领事卫队，不过二百五十名，其在外蒙古他处已设或将来与外蒙古自治官府同意，添置俄国领事署，或副领事署时，每处卫队，不得过五十名。

九、凡遇有典礼及正式聚会，中国驻库伦大员应列最高地位。如遇必要时，该大员有独见外蒙古博克多哲布尊丹巴呼图克图汗之权，俄国代表亦享此独见之权。

十、中国驻库伦大员及本协约第七条所指在外蒙古各地方之佐理专员，得总监视外蒙古自治官府及其属吏之行为，使其不违犯中国宗主权及中国暨其人民在自治外蒙古之各种利益。

十一、自治外蒙古区域，按照民国二年十一月五日《中俄声明另件》第四条：以前库伦办事大臣、乌里雅苏台将军、科布多参赞大臣［以］管辖之境为限。其与中国界限以喀尔喀四盟及科布多所属，东与呼伦贝尔，南与蒙古，西南与新疆省，西与阿尔泰接界之各旗为界。中国与自治外蒙古之正式划界，应另由中俄两国及自治外蒙古之代表会同办理，并在本协约签字后二年以内，开始会勘。

十二、中国商民运货入自治外蒙古，无论何种出产，不设关税，但须照自治外蒙古人民所纳自治外蒙古已设及将来添设之各项内地货捐一律交纳。自治外蒙古商民运入中国内地各种土货，亦应按照中国商民一律交纳已设及将来添设之各项货捐。但洋货由自治外蒙古运入中国内地者，应按照光绪七年《陆路通商条约》所定之关税交纳。

十三、在自治外蒙古中国居民民刑诉讼案件，均由中国驻库大员及驻自治外蒙古各地方之佐理员审理判断。

　　十四、自治外蒙古人民与在该处之中国居民民刑诉讼案件，均由中国驻库大员及驻自治外蒙古各地方之佐理专员，或其所派代表，会同外蒙古官吏审理判断。如中国居民为被告者，或加害人，自治外蒙古人民为原告，或被告〔害〕人，则在中国驻库大员及驻自治外蒙古各地方之佐理专员处会同审理判断。如自治外蒙人民为被告人，或加害人，中国居民为原告人，或被害人，亦照以上合同办法，在外蒙古衙门审理判断。犯罪者，各按自己法律治〔治〕罪，两造有权为举仲裁和平解决争议之事。

　　十五、自治外蒙古人民与在该处之俄国居民民刑诉讼案件，均按一九一二年十月二十一日《俄蒙商务专条》所载章程审理判断。

　　十六、所有在自治外蒙古之中俄人民民刑诉讼案件，均照以下规定审理判断：如俄国居民为原告，或被害人；中国居民为被告者，或加害人；俄国领事或亲往，或由其所派代表会审，与中国驻库大员或其代表，或驻自治外蒙古各地方之佐理员，有同等权利。俄国领事或其所派代表在法庭审讯，原告者及俄国证见人，其被告者及中国证见人；经由中国驻库大员，或其代表，或驻自治外蒙古各地方佐理专员间接审讯，俄国领事或其代表审查证据，追求偿债保证，如认为必要时，得请鉴定人证明两造事实真伪，并与中国驻库大员或其代表，或驻自治外蒙古各地方之佐理专员，会同拟定及签押判决词，中国官吏有执行判决之义务。如俄国居民为被告者，或加害人，中国居民为原告者，或被害人，中国驻库大员及驻自治外蒙古各地方之佐理专员，或亲往，或由其派代表，亦可在俄国领事署观审，俄国官吏有执行判决之义务。

　　十七、因恰克图、库伦、张家口电线之一段，经过自治外蒙古境内，故议定将该段电线，作为外蒙古自治官府之完全产业。凡关于在内外蒙古交界设立中蒙派员管理之特电局详细办法，并递电收费章程及分派进款等问题，另由中国、俄国及自治外蒙古所派代表组织之特别专门委员会审定。

十八、中国在库伦及蒙古恰克图之邮政机关，仍旧保存。

十九、外蒙古自治官府给予中国驻库大员及驻乌里雅苏台、科布多、蒙古恰克图之佐理官员暨其属员人等必要之驻所，作为中华民国政府之完全产业，并为该大员等之卫队及其驻所附近处给与必要之地段。

二十、中国驻库大员及驻自治外蒙古各地方佐理专员暨其属员人等使用外蒙古台站时，可通用一九一二年十月二十一日《俄蒙商务专条》第十一条之规定办理。

二十一、民国二年十一月五日《中俄声明文件》及一九一二年十月二十一日《俄蒙商务专条》均应继续有效。

二十二、本约用中、俄、蒙、法四文合缮，各三份，于签字日发生效力。四文检对无讹，将来文字解释，以法文为准。

《中俄蒙协定》完全是以民国二年十一月五日的《中俄声明文件》及附近〔件〕为根据，而在这一个协定中，中国所争得的除卫队比俄国多几十名外，其降为册封尊号，改用民国年历以及典礼位置等虚仪，这大约也就是所谓中国的"宗主权"了。而蒙古本身，从这次协定起便完全确定了自治的制度，且有权和各国订立工商业的国际条约，这显然是半独立国的形势。以外蒙古的愚昧和中国宗主权的空洞，又有此等条约之规定，当是为俄国保留了进取的地步，所以民国五年袁世凯死后，中国国会恢复，俄国却要求取销外蒙古的议员，由此可见俄国已视此项条约为具文了。不过，这已为俄国帝制政府关于外蒙问题在中国外交史上最后的一幕。

四　蒙古怎样进入赤俄势力统治之下

一九一七年帝俄发生大革命。苏联政府成立以后，于是外蒙古的形势，遭到大大地改变。因苏联政府对于沙皇时代所订的一切侵略条约一律宣告废止，外蒙的自治，自然也要解除。自此外蒙失掉了依靠，不仅财政陷入绝境，地方秩序也无法维持。因俄国赤白两党到处冲突，在外蒙一带也时常滋扰，最后白党失败，赤党势力伸入西北利亚，大有侵入蒙古的危险。外蒙古［在］又毫无兵备，乃大起恐慌，又想到以前中国政府对他们的优厚了。蒙古王公亦深深地体认到外蒙并无自治的能力，乃请求北京政府派兵保护，但后来财政的困难仍是无法解决，一般王公、喇嘛便有取销自治，还政于中国政府的提议，活佛也加以赞同，于是开始和库伦都护使陈毅商定，呈请中国政府依照前清旧制，拟定优待条件及善后办法。经再三商酌之结果，活佛、王公乃于民国八年十一月七日，向大总统呈递请愿书，要求取销自治，并取销关于外蒙自治之中、俄、蒙等一切条件。其原文如次：

> 窃外蒙自前清康熙以来，即隶属中国，喁喁向化，二百余年，上自王公，下至庶民，均各安居无事。自道光年间，变更旧制，有拂众情，遂生嫌怨。前清末年，行政官吏污秽，众心益怀怒怨，外人乘隙煽惑，遂肇独立之举，嗣经订定条约，外蒙自治告成，然迄今数年，未见完全效果。近来俄国内乱无秩，不能统一属地，自无保护条约之能力；而布里奴绘等，任意勾通土匪，结党纠众，迭派人到库，催逼归从，拟统制全蒙，独立为国，种种煽惑，形甚迫切。且唐努乌梁海向为外蒙所属区域，始则俄之白党强行侵占，继而红党复进。

> 外蒙人民生计，向来薄弱，财政困难，匪可言喻；加以此

等外患，实在无法办理。本官府召集王公、喇嘛等，屡开会议，咸谓近来中蒙感情敦笃，嫌怨尽泯，均各情愿取消自治，仍复前清旧制。凡于札萨克之权，仍行直接中央，所有平治内政，防御外患，均赖中央极力扶救，业经博克多哲布尊丹巴呼图克图汗之赞成。惟期中央，关于外蒙内部权限，均照内地情形，持平议订；于中央统一权，亦不抵触，自与蒙情相合，亦于国家有益，是我外蒙官民共所祈祷者也。至前订《中俄蒙条约》及《俄蒙商务专条》并《中俄声明文件》，原为外蒙自治之所缔结，今既自己情愿取消自治，所有前订各条约，当然概无效力。其俄人在蒙营商事宜，将来新俄统一政府成立后，应由中央负责，另行议订，以笃邦谊，而挽权利。所有王公、喇嘛等，联名请愿取消自治官府，恢复前清旧制，期望优待缘由，理合具呈请愿，伏乞大总统鉴核，恩准训示，不胜迫切待命之至。

请愿书呈上后，中国政府即于十一月廿二日，颁发取消外蒙自治的命令，同时加封活佛为外蒙古翊善辅仁博克多哲布尊丹巴呼图克图汗，特任徐树铮为册封专使，并且明令徐树铮以西北筹边使督办外蒙之一切善后事宜。命令发布之后，中国外交部正式通知各国驻华公使。俄国公使闻讯，便援用国际条例提出抗议，中国政府曾作如下答覆："从前外蒙要求自治，实由于外蒙自愿，此次取消自治，亦由于外蒙自愿。前后制度之变更及恢复，均完全因新形势之发生，以外蒙全体之意思为根据。来照会所称国际协约取消之先例，比拟不伦，本政府不能认为同意。至于俄国人民，在外蒙古通商应享之各利益，倘与中国在外蒙古之主权及外蒙古之利益不相抵触者，中国政府当然许其存在。"此时俄国内战正酣，沙皇政府已经完全崩溃，对于中国之此种主动当无法应付，况且中国之此种主动极为合理，俄使也就无法再作无理的干涉了。

外蒙古虽还政于中国政府，不到一年问题却又来了。这就是她于民国十年三月十二日又宣布第二次独立。而这次外蒙的宣布独立，是由于民国九年中国之西北筹边使系以武力取销外蒙的自治，为外蒙人民所不满，加之俄国革命以后因宣布一切密约无效，为日本所痛恨，乃决心扶植帝制派的势力和苏联政府对抗，欲借此乘机把帝俄政府在中国北满、外蒙之一切权利，由俄国帝制派手中转让与日本。为了这个目的，日本遂于出兵西北利亚后，便对于沃木斯克（Omsk）全俄政策最高主权高尔哲（Kolchark）以及俄旧党将领谢米诺夫（Seminou）以种种援助，订立将来让渡俄国在满蒙一切权利的密约，同时更直接侵略外蒙，由谢米诺夫部将恩琴向蒙古进攻，而于民国十年二月占据库伦。恩琴到库伦以后，活佛便再行宣布外蒙独立，封恩琴为双亲王，正式组织政府，使一切军政大权都系于恩琴身上。蒙古人亦以无力反抗，只好俯首听命。

中国在外蒙的镇抚使陈毅以看到此种情势，乃电请增援进剿。国内适值皖直战争爆发，无暇顾及外蒙问题，白俄便迅速地统治了全部的外蒙。外蒙被白党占据后，赤党以恐白党再进一步地侵入西北利亚，乃向中国政府抗议，并一方面出兵由恰克图攻入蒙古，白党大败，蒙匪四散；外蒙于是又为赤军所占。直到苏联政府正式承认独立以后，双方始互派全权代表，于一九二一年十一月五日，在莫斯科由双方代表缔结《俄蒙修好条约》。文曰：

前俄罗斯帝政府与前蒙古自治政府所缔结之一切旧条约，皆由前者对于后者以侵略政策强制而成。今两国感情既变，入于新政治状态，此等旧条约，皆失其效力。兹由蒙古国民政府及俄罗斯苏维埃政府以两国民间自由的共同发荣为目的，特任命全权，开始交涉，缔结协约如左：

第一条　苏维埃联邦政府认蒙古国民政府为蒙古的唯一合法政府。

第二条　蒙古国民政府认苏维埃联邦政府为俄国的唯一合

法政府。

第三条 两缔约国负有左列之义务：

一、两缔约国无论何方之领土内，不许有以"反抗他方，或颠覆其政府为目的之团体及个人"存在。同时不许"以与他方战争为目的之军队"，在自国民内动员，或募集义勇兵。

二、不许输入武器，或从其领土内通过［于］"与缔约国直接或间接为战斗行为之团体"。

第四条 苏维埃联邦政府派遣全权代表，驻蒙古首府，派遣领事驻科布多、乌里雅苏台、阿鲁顿蒲鲁依克（恰克图）及其他都市。

第五条 蒙古国民政府派遣全权代表驻苏俄政府之首府，派遣领事驻俄境各地方，其地点与苏俄政府协定之。

第六条 俄蒙间之国境，宜于两国政府间特定之委员会定之。

第七条 各缔约国国民居留于缔约国他方之领土内，享有最惠国国民之权利与义务。

第八条 各缔约国之司法权，无论关于民事或刑事，在其领土内，适用于缔约国他一方之国民，但基于文明与人道之原则，两国皆不适用体刑。两国在执行刑法上之审判及判决，若对于他之第三国与以特典时，此特典亦宜自动的适用于缔约国他一方之国民。

第九条 由两缔约国之他一方输入或输出之贸易品，宜纳法定之关税。但此等关税率，不得超过"由其他最惠国国民所征之关税"。

第十条 苏俄政府……对于存在蒙古境内之俄国所有的电信局及电信装置，无偿的让与于蒙古国民政府。

第十一条 为增进两国间之文化及经济关系计，俄蒙间邮便、电信之交换及经由蒙古电信问题之解决，皆为重要，两国对于本问题，宜特行协定。

第十二条　蒙古国民政府，对于外蒙古境内所有土地及建筑物之俄国民，宜与以适用于最惠国国民同样之土地所有权及借贷权。但俄国民对此宜负担征纳法定租税及赁贷费之义务。

第十三条　本协约以俄文及蒙古文作成二通，从签名之日起，发生效力。

西历一九二一年十一月五日

在莫斯科签名

蒙古历第十一年十月六日

俄国全权　陀霍夫斯基、额兹段宗、土和、巴图鲁

蒙古全权　泽勒、吐鲁梯、额鲁迭、汪席丁、吐鲁梯

上项协约成立以后，于一九二三年二月，蒙古又派代表赴莫斯科，于二月二十日与苏俄政府缔结密约，该约大旨如左：

一、外蒙古当局，须宣告一切森林、矿产及土地，以后均归国家所有，凡无人占有之土地，均给蒙古贫民及俄国农民居住耕种。

二、外蒙天然富源，禁止私有；一切矿区，许俄国实业家雇用蒙人开采。

三、金矿事业，归俄国工会及工团承办。

四、贵族享有之土地，当即废止，代以苏维埃自由交易财产制度。

五、聘请俄国实业家，开发富源，振兴工业。

六、聘请俄国专家入外蒙政府，以资指导。

七、请苏俄工会，参与创设劳工制度事宜。

八、依苏俄政府之建议，外蒙政府一切职权，悉归国民政府之行政部施行，先设立一革命委员会及军事委员会，再召集

会议，以便制宪。

九、许苏俄政府军队驻扎外蒙，协助蒙人，保全领土，以御中国。

十、活佛及蒙古王公头衔，一律废除，以活佛为革命委员会委员长。

蒙古临时国民政府于民国十年三月十三日成立，设首都于恰克图。这一政府成立后，便与苏联红军协同作战，宣布讨伐白军。于七月六日占领库伦，二十日捕获白党在蒙首领乌契尔·史登堡（Ungern Strnberg），随即蒙古请求苏联红军屯驻蒙古，从此蒙古便在赤俄的势力统治之下了。民国十一二年间，中国政府虽屡请苏联政府撤兵，但苏联代表优林和越飞等，却以为撤兵问题应与中苏两国的其他悬案一并解决。民国十三年中苏举行会议，蒙古问题成为争执的焦点，结果于《中俄解决悬案大纲协定》中之第五条规定："苏俄政府承认外蒙为完全中华民国之一部分，及尊重在该领土内中国之主权。"至于撤兵问题，该项协定中亦规定："苏俄政府声明，一俟有关撤退苏俄政府驻外蒙军队之问题（即撤兵期限及彼此边界安宁办法），在本协定第二条所定会议中商定后，即将苏俄政府一切军队由外蒙尽数撤退。"

久未解决的外蒙问题至此虽告一段落，苏联却一直没有准备着放弃外蒙的这一块肥肉。

五　外蒙是中国的

《中俄解决悬案大纲协定》签订一年后，苏联政府经由驻北平大使正式通知中国政府：苏联已撤离外蒙，且苏联外长向报界发表下列谈话："苏联政府承认外蒙为中华民国的一部分，但仍须维持自治，使中国不致干涉其内政。……外蒙经几度危难，情势已趋安定。"他也坦白承认："并已形成与苏维埃制度类似之制度……"

自然，中苏双方对这条约各有其不同的解释，苏联内战初期过去以后，苏联政府于所订条约中，外蒙即不被认为中国一部分，中国曾对这些条约表示抗议。但抗议中也从未特别提起唐努吐伐共和国，中国政府显然以为这个国家的成立，只是蒙古问题的一个现象而已！

中国政府简直显然是忽视了外蒙，而外蒙的地位，却一直为苏联所重视，亦为日本认为重要，故它老是被卷入苏日摩擦的轨道中。日本人在蒙古人民中间发动着"让亚洲人统治亚洲"一类的宣传。可是，日本人的贪婪行为，完全打消了他们宣传人员的成就。当日本代表（十之七八是喇嘛僧）于巡视各部落中宣述日本是天，而日本军队是替天行道解除一切不平者时，这些大受称颂的日本军队，却又在蒙古居民中间大肆掠劫奸淫，非刑拷打，放火杀人，这是何等丑恶的矛盾啊？外蒙人民为了要剪除这种压制，并使蒙古从外国压迫者铁蹄下解放出来，再建立一个真正能够保障劳工利益，和真能保证蒙古各方面匀称发展的政治机构，遂于一九二一年三月十三日，成立了一个蒙古人民临时政府。而此一临时政府于同年四月十日请求苏联政府给予它武装援助，把全数日本宣传代表逐出蒙古境外。它当为苏联所乐于"协助"。蒙古人民既是得到莫斯科方面的"协助"，果然很快把日本势力驱逐出境，使日本以宣传方式争取蒙古民心的计划归于失败。

一九二一年七月十一日，苏联甚至正式承认了"蒙古人民共和国"的独立，不过，后来它在各条约和宣言中又屡次承认中国对于蒙古的宗主权。"蒙古人民共和国"成立初期的几年间，中国作了好几次的努力，想使蒙古复归中国版图，不为外来侵略者所利用，但计划尚未实现，日本在中国的行动又一天一天地越分。中国为了要制止日本侵略势力在亚洲大陆的伸张，故很少余力注意到苏联在外蒙所玩弄的各种戏法，苏联虽是使"外蒙古人民共和国"的边界，除了与苏联接壤的一面外，是完全封锁的，不与外间作任何商业和其他往来的，而外蒙与外间边界的一切关系，也老是通过苏联。

日本对蒙古在军事上所兴〔具〕的战略价值，却是非常重视，而时刻妄图染指。这从田中奏折中亦可看出，该奏折说："我们必须用满洲和蒙古作基地，以发展日本商业为借口，侵入中国其他部分……倘有大和民族立志要在亚洲大陆上建立惊人事业，则首先必须控制满洲和蒙古。"日人大崎于一九三五年在日本《东亚》杂志上亦撰文称："……依照军事专家之一致论调，日本进攻苏联，取道外蒙古当较取道满洲及苏俄边境更易获得成功。"于是，日本军队果然曾向蒙古边境进攻，但一九三四年十一月，苏联与蒙古成立了一个互助抵抗侵略的"君子协定"，其时蒙古虽并未根据这个协定向苏联乞援，但日本军队的猛烈攻势，屡次都被这人口不及五十万的"国家"所击退，这使日本人对红军和其"远东盟友"，不免发生了一种尊敬之心。

一九三六年三月，苏联与"蒙古人民共和国"把它们的《君子协定》改成为一个正式的《同盟协定》，订明："……两缔约国政府答允若苏联与外蒙共和国中任何一国遭第三国攻击，未被攻击的一国愿出全力帮助被攻击国抵抗侵略，此处所谓全力，亦包括军事力量在内……"一九四一年七月十一日之蒙古独立纪念会上，蒙古人民共和国总理周巴三（Choy Bolsan）元帅，还曾在库伦向八万蒙民发表演说称："我们对于苏联是忠实的，在反抗野蛮的法西斯德国的大斗争里，我们将给予苏联以一切帮助。"其时，苏德战争业已爆发，蒙古却没有对德国宣战。以后一年，在同一个庆祝独立的集会里蒙古革命党秘书长兹伦巴却宣布说："为了加速反抗共同敌人——德国法西斯的胜利，我们有增加对苏联帮助的责任。"并说："我们的帮助就是供给大量的皮革、羊毛和最优秀的马。"然而，吾人却没有获得过任何表明苏蒙外交关系的文件，可是一九四四年七月十二日，在苏联政府公布的颁〔颁〕赠列宁勋章获得人的姓名里有着："为了酬谢他们在组织蒙古人民共和国对于红军物质帮助者的卓越工作，苏联政府特以列宁勋〈章〉赠周巴三元帅、兹伦巴……"从这个颁〔颁〕赠勋章的命令看来，苏联政府希望从蒙古人民共和国得到的帮助，无异于从其他构成苏联的各共和国的帮助一样，所以吾人可以认为是苏联把蒙古视为构成苏维埃联邦之一分子。

"蒙古人民共和国"之对苏联提供了许多红军参谋本部认为必要的帮忙，那自然也是没有疑义，也就这样，外蒙古变成了一个独立的国家。但水有其源，木有其本，国家民族不能没有其史传，为了考查外蒙这块处达六十余万平方哩土地的史传，可知它列入中国版图，已有两千多年的历史。而"蒙古"这一名词的来源，在中国史书始见有"蒙古"一词是：　"金大安初，蒙古始盛。"——所谓"金大安初"乃宋宁宗嘉定年间，即西元一二〇八——一二四二年间。

西历纪元前二六九八年—二三七五年间之中国黄帝时代，蒙古被称为"北狄"，唐虞则"山戎"，夏则"獯鬻"；西历纪元前一一二二年—〈前〉二五五年，周朝称之曰"猃狁"——"猃"亦写字〔作〕"獫"，其实当初写"严允"（虢季子伯盘可证）；后周或春秋时代，蒙古被称为"狄"，汉时北狄实指今日外蒙古人。西纪前二五五—纪元后二二一年，即周末至东汉时代，名之曰"匈奴"。杜佑曰："《山海经》已有匈奴。"《周书》曰："正北匈奴，以橐驼为献，当时犹微也。"西元二二一年—四一九年，即自东汉迄晋代，名之曰"柔然"，后来魏武为之改名曰"蠕蠕"。这时，我们已知蒙古人称皇帝为"可汗"。西元四〇〇—六〇〇年，即由北魏至唐代，名之曰"突厥"（Turki-Mongols）。西元六二〇—九六〇年，宋朝名之曰"回纥黠华斯"（Mohammedar Turki‒Mon-gols）。由宋朝开始才正式称为蒙古。

外蒙古之为中国的一部分，固是已无须赘述，而外蒙与中国之政治及经济关系亦甚深切，只以在苏联多年策举离间之下，终于在"蒙古人民共和国"这一名义下而脱离了祖国。表面上虽号称为独立与自立，实际上是做了苏联的附庸。而苏联吃得这一甜头后，当自鸣得意而想再度依法泡〔炮〕制，于是，在新疆方面曾使人听到建立"东土耳其斯坦共和国"的呼声。而这一批受到蛊惑的维吾尔青年，也就有了离心的现象，始终怀疑着中国政府，并仇视汉人，使新疆的一部分地方特殊化起来。他们那些组织严密的特务封锁着伊、塔、阿三区和外界的交通，实行难以想象的恐怖政策，用残忍的手段屠杀汉人和维族中爱好和平而不甘为汉奸卖国贼的维族人士。尤有进者，外蒙军队甚至公然于苏机之掩护下，于六月五日配合军用汽车多辆，携带轻重武器，向新疆奇台东北三百五十余里之北塔山进攻。

苏蒙之此种大胆的侵略行动，当不外是为了夺取阿尔泰，威胁迪化，进而席卷北疆，使外蒙、北疆、中亚联成一片，以实现帝俄传统的领土野心，并对亲向中国政府的哈萨克人以残酷的流血打击，示威伊、塔各地的人民，使其不敢"反外归宗"。

苏蒙军的入侵新疆，我们相信这不过是日本残败后远东火山上的一阵火烟，它也许将成为整个火山大爆发的先兆。

一九四七、七、八于南京七家湾

《曙光》（半月刊）

南京曙光半月刊社

1947 年新 1 卷 4—7 期

（朱宪　整理）

蒙古——变化多端的舞台

公孙胜 撰

蒙古人在过去三十年列强掌握亚洲一部分的斗争中，饱受损害，他们不幸处于苏联、日本、中国互相撞击的大平原。在十三世纪时，他们的骑兵曾越过欧亚两大陆，而且进入德国及奥国，至今蒙古人仍是一个骄傲而在政治上不团结的民族。他们分散在亚洲东北部，从高丽的边境到西藏以北等地带。

他们的政治环境是复杂的，有一百万蒙古人住在苏维埃布雷伊特共和国东边的贝加湖以及外蒙古。而后者是非正式的独立国，实际上系在苏联控制之下，同时中国为遵守《雅尔达协定》也承认它为独立国，它的首都是乌兰白脱，即以前著名的乌尔加，据说该地防卫非常周密，但他们没有政治上的自由。外蒙古的军队，在一九四五年七月开到克〔喀〕尔干，颇给蒙古人一种深刻的印象，即他们有知识，吃得好，穿得好，而且还有很多的车辆，并且他的行动较之于苏联未受过训练的军队好得多。几个月以前，两个蒙古官吏，从外蒙古被保护到北平，即致力使美国人民知道他们国家的环境优势，而他们最大的痛苦却是国家内每一部门都有苏联人严密的监视。

做缓冲国

要明了目前蒙古政治情况，必须翻翻近来的历史。当日本在一九三七年控制华北时，即建立"蒙古国"，负担着中苏间缓冲国的任务，日本的蒙古政策是成功的，并且又达到了与察北西林各联盟旗的领袖德王合作，他是作了许多不可相信的工作。当战争终止，德王即到北平，旋到南京晋谒蒋委员长，当时他力图阻止外间对其曾与日本合作的攻击，后住在北平，拒绝为政府工作，一直到他获得内蒙古自治的保证。

另外的一些领导人物，在日本统制下，得苏联及外蒙古人的赞助，组织所谓内蒙古临时政府，当苏军从喀尔干区域退后，这个蒙古集团即被中国共产党边区政府取消。一个受过莫斯科训练的蒙古共产党党员叫杨治（译音）——他是领导蒙古共产党的主要人物，他重组临时政府以推进内蒙古自治运动。凡不参与合作的领袖，即被排除，当俄军撤退时，原被强迫带走几千蒙古人，甚至还有德王的儿子在内，通通到苏联训练。

在一九四六年四月杨治即到承德，与满洲蒙古人谈判，结果在王依买哈成立了"满洲蒙古自治政府"，该地在哈尔滨西边约二百公里。

主席杨治

在一九四六年秋天，即有一大的改变，傅作义将军的部队重占喀尔干，而且将共军赶出察哈尔与绥远，于是杨治同内蒙"自治"政府的领袖们从喀尔干逃到王依买哈。在一九四七年内蒙与北蒙古的运勤〔动〕即被消灭，可是另一个"蒙古自治政府"却在王依买哈正式宣告成立，杨治为"主席"，在这时这个自治政府的蒙古军队及骑兵，即开始与东北共军联合攻击，是采用零星策略，于是蒙古以北，察哈尔与绥远常常遭受骚扰。

据北方的透露，王依买哈的制度并不太顺利，苏联是支援他们的，但并未白白的给他们任何东西，而交换武器，则以蒙古的白银、马、羊与之交换，还有"主席"杨治并不孚众望，据说，在较北地区，蒙古各旗四周的海依勒尔，已成为半独立制度了。

蒙古第三个主要的政治范畴，即他们愿直辖于中央政府的集团，人数约二十五万人。他们自己组织政治委员会，其总部设幹米哈，离包头西约四十公里。该委会包括各旗，当德王同另外的人投降日本时，他们仍支持中央政府，完成蒙古自治，或者与中央政府联盟，成为一个统治主权的型态，然而中央方面都不愿意承认这个请求，只答应联合自治蒙古的机构，而且只希望在各省政府之下仅允许分离的自治蒙古机构的存在。

为武器喊

现在他们最急需的是武器，当苏军经内蒙时，他们的武器被拿去，以致徒有其名的政府控制蒙古以北地区，遭受蒙古共军侵入的损害。他们仅有一些上锈的武器，当苏军一来，即将其藏匿，与之抵抗的仅几百个地方部队而已，因此，他们呼吁需要武器而自卫，虽政府对他们很同情，但只由傅作义将军勉力予以援助，不这样，恐他们即投效外蒙古，可是最近的情势看来，蒙古自治的渴望，是很难实现的。

今天蒙古人是悲剧性的人民，他们遭受战争及田园破碎的极大痛苦。三面被黄河及一面为万里长城所包围，在那些地方，都陷于饥馑境况，许多人民赖草根、肾葱为食物。蒙古人真正的命运，有赖政治斗争的结果而决定。但他们本身只有一个共同的希望，即到了能够建立团结独立政权的一天，蒙古人民即算满足了。

《群言》（周刊）

杭州群言杂志社

1948 年新 18 期

（丁冉　整理）

外蒙独立及中俄外蒙外交之回顾

关玉衡　撰

一　独立与撤治

外蒙古为元太祖成吉思汗十六世孙，格埒森札赉尔之支派。盖当时达延车臣汗有子四人，游牧明边，独季子格埒森札赉尔，仍留故地，于是分南、北二支派，以大漠为界，漠南者敖汉九部，而漠北总称为喀尔喀。明太祖洪武廿一年，封瓦喇马哈太为顺宁王，划今绥远归化城为其牧地，此为漠南内服之始，号为内蒙古，喀尔喀为外蒙古。迨至阿巴岱往西藏谒达赖剌麻得经典归，部属钦服，立为汗号，土谢图汗联络同族车臣汗、扎萨克图汗为三大部，文教盛行，部族强大，东接黑龙江，西接额鲁特，北廓鲜卑利亚，南尽大漠。清初协助努尔哈赤，平察哈尔林丹汗有功，赐封爵，编其部属为五十一旗。康熙卅五年，从征葛尔丹有功，晋封亲王，益以三音诺颜一部增其封坼，是为喀尔喀四大部八十二旗。乾隆间筑修乌里雅苏台、科布多二城，更设参赞大臣及定边左副将军，是为有清盛时绥定边疆之大略。道、咸以来海禁大开，中原多故，西北边备渐弛，驻蒙官吏苛扰百出，蒙情遂离。迨至清末创行新政，驻库伦办事大臣沈阳三〈多〉氏，一意推行新政，任用官吏类多贪墨，凡百建设费用取之地方，王公台吉不堪其扰，又兼西藏达赖剌麻因附英国，革号查办，哲布尊丹以下诸王公莫不疑惧，咸谓权力如达赖者国家待之若此，于是阴有戒心。迨至三多新政逾〔愈〕逼愈紧，乃阴遣亲王抗〔杭〕达多尔济秘密赴俄求援，谒见俄皇及俄外交部，请兵援助外蒙独立，恰中俄皇心机，允于〔予〕协助，乃于宣统三年十月俄兵突然窜入库伦，驻库办事大臣三多，慌惧无措，乘间逃遁，清廷于是下令革职查办。十月九日外蒙活佛哲布尊丹巴呼图克图，建号称帝，以抗〔杭〕达多尔济为外务大臣，察克多为射政大臣①，乌泰（哲盟札旗郡王）为内务大臣，陶什托护（久为外蒙豢养之巨匪）为兵部司官，于是建立蒙古帝国，改元"共戴"，此役为俄国援助结果，而于俄国自必相当配膺。俄国亦欲保持其在蒙利益，拒绝中国派遣军队入蒙并移民（新政之一），遂布下列各款：

（一）俄罗斯帝国，承蒙古脱离中国而独立。

（二）西伯利亚铁路为在军事上安全，应修正俄蒙国境，并确定中蒙国境。

（三）俄与蒙，直接订定条约。

（四）俄政府于蒙古政治应予一切协助，并助以财力兵力。

并订商务专条七条，所载俄国、外蒙权利及特权，如开矿权、铁路敷设权、电报线等等。

时当革命军兴，义帜自武汉普遍全国，蒙人鉴于中原多故，而其所谓蒙古国者不仅以外蒙为已足，更策动内蒙。而内蒙各旗闻风响应者，有哲里木盟科尔沁右翼前旗郡王乌泰、锡林果勒盟浩齐特左右两旗郡王甘珠尔瓦，先后附逆，潜兵内向，蒙匪乘机窜扰，声势益张。会我革命成功，民国成立，临时大总统府成立，

_____

① 原文如此。——整理者注

各省咸庆光复，而边疆萑苻遍地烽烟未息，东三省各路队伍奉命纷纷进剿。新疆已电中央负担进剿蒙匪，出兵载途。外蒙哲布尊丹巴呼图克图，鉴于环境声势险恶，蒙民骤与中原脱离，亦感觉商务、交通之不便，深为惶恐。临时大总统更以其雷霆万钧之力，表示征蒙决心，此时袁氏为政，若真诚经略蒙古，蒙事不足平，无如大局粗定，袁世凯野心在中原，故未暇及此，虽有征蒙之举，除东三省洮辽一隅受蒙匪侵，实进剿外，余则徒具形势。而袁氏运用其权谋，欲以一纸空文镇压边乱，兹录其致外蒙活佛哲布尊〈丹〉巴呼图克图电，其略曰：

"外蒙而为中华民族，数百年来俨如一家，现时局势阽危，边事日棘，万无可分之理，贵喇嘛慈爱群生，宅心公溥，用特详述利害，以免误会。世界各洲独立之国，必其人民、财赋、兵力、政治，皆足以自存乃可成立一国，而不为外人所吞噬，蒙古地面虽广，人数过少，合各旗人口计之，尚不如内地之一小省份之人数，以蒙民生计窘迫，财赋所入甚微，外蒙壮丁日求一饱尚不可得，今乃责令其出设官、养兵、购械之诸种费用，假令其不背叛，而极端压榨，其不填沟壑者几希矣。然何所取给，若借外债，则太阿倒持，必至宣〔喧〕宾夺主，其结果之恶自不难想象。且自奉黄教以来，好生忌杀已成天性，各部壮丁除骑射外，刀矛尚不备，遑论枪炮，欲攻战必无可恃。政治则沿用贵族制度，诸凡落后，较各洲强国万无可以企及之理，更难自立。独立以来，各盟未尽服从，贵喇嘛号令所及者图、车、音三部尚未彻底服从，阅时稍久，人怨财匮，大众离心，虽悔何及。试问近百年来不隶中国之蒙回各部有一自存者否乎！各蒙之与汉境唇齿相依，合则两全，离则两伤，今论全国力量，足以化外蒙贫弱为富强，置于安全之域。旧日秕政当此新基创始，自必力为扫除，此外若有要求，但能取销独立，皆可商议。贵喇嘛识见通达，必能审择祸福，切勿惑于邪说，而贻无穷之祸"云云。

旋得哲布尊丹巴覆电谓："独立自主系在清帝逊政以前，当各省纷纷独立，外蒙响应革命使然。"揆其用心，未始无内向之意，往复电商终以俄国干涉，拒绝派员来库为辞，盖其畏俄滋甚，不敢背约于邻邦也。此事遂非函电所能解决，同时北京政府侦悉俄蒙四条协定及商务专条十七项，关系国家领土统制权至大。外蒙为中国藩属，万无私定条约之理，乃于是年十一月七日，以公文向俄国驻北京公使提抗议云："蒙古为中国领土，万无对外私定条纳〔约〕之资格，兹特正式声明无论贵国与蒙古订立何种条约，中国政府概不承认。"我国提出抗议后，俄国态度至为强硬，外交总长陆征祥，与俄在北京开始正式交涉多次，乃允其开送条款以便磋商。执意俄使往复谈判，过于狡展，其间历时数月，两易外长，至民国二年十一月五日，外交总长孙宝琦与俄使在北京订定如左之五条：

一、俄国承认中国在外蒙之宗主权。

二、中国承认外蒙自治。

三、中国承认外蒙享有自行办理自治之内政，并整理本境工商之权。

四、中国承认俄国调处，及《俄蒙商务专条》。

五、凡关于俄国及中国在外蒙之利益，均应另行商订之。

以上各节尚附有中国不将军队派驻外蒙、不办移民，惟中国可任命大员偕所要属员及卫队驻扎，此所谓中俄会议之《北京条约》也。

《北京条约》既已成立，俄国既承认中国在外蒙之宗主权，自应早日撤帝号、年号等之潜〔僭〕伪组织，且须正式取消独立。乃外蒙非但无取消独立之倾向，且久拟合并内蒙各旗，企图组织蒙古国，仅予以自治之权实不足以餍其欲也，故屡次纵匪侵扰内蒙各旗，煽惑内蒙以为边患。此时东三省边境遂为蒙匪渊薮，而俄国暗中资助蒙匪陶什托琥〔护〕（陶为外蒙兵部之司官），为张作霖剿平之。又接济巴布扎卜，东蒙浩齐特等旗时有响应之者，时北京政府促外蒙取消自治，舆论一致呼吁，一面又促俄国觉悟，遂提再度之中俄会议。惟俄人仍以千九百十二年十月之蒙俄私约为言，中国代表，提示以中俄《北京条约》作基础，开中、俄、蒙三方会议，乃于民国三年九月在恰克图开会，中国全权代表毕桂芳氏，并调中国驻墨西哥全权公使陈箓，蒙藏参事陈毅为副使，俄国则以全权专使弥勒尔等，外蒙则全权专使毕克里图，于九月八日开会讨论，各方坚执不下。中国坚执撤消自治，其所根据者为民国二年北京协定中俄换文为基础，另提〔取〕至所谓宗主权，有如左之条文释义：

一、库伦活佛，以及其他呼图克图、剌麻、王公等封爵，仍由大总统册封，觐见典礼照旧例。

二、蒙古盟长、副将军、扎萨克等，由大总统任命之。

三、活佛剌麻俸给等照旧例办理。

四、中蒙历史不背条约照旧办理。

五、驻蒙办事长官、参赞与活佛、王公公文往来接洽，仍照旧时体制。

六、办事长官，对库伦自治政府、各旗立于上级地位。

七、外蒙自治政府，对于中央往来行文，照内地各机关体制。

八、卡伦边防仍照旧按期巡阅。解释宗主权及自治权一案讨论。

九、盟会事件及比丁册籍，均照旧例报明长官。

以上为宗主权之释义，至所谓自治权者，亦有如左之各条释义：

　　一、外蒙自治事宜，他国人不得干涉参预。

　　二、中国虽允不干预，但外蒙内政得随时呈报长官。

　　三、库伦自治行政衙门，不得用政府名义及各部名称，主管各员，均视为中国官吏，呈请中央政府任命之。

　　四、所有订定国际条约之权，完全归中央政府。

　　五、外蒙如有内乱中央政府得派兵保护。

　　俄国代表始终坚持一千九百十二年《俄蒙专约》各条，外蒙代表则坚持外蒙为有政府，遂延会。时当欧洲风云紧急，始渐有接近趋势，中国外交代表转趋强硬之际，而日本乘时向北京政府压迫，互相牵制，而《恰克图条约》于焉以成，乃于民国四年六月七日订定如左之廿二条款：

　　第一条　外蒙古承认民国二年十一月五日《中俄声明文件》及另件。

　　第二条　外蒙古承认中国宗主权，中国、俄国承认外蒙自治，为中国［一］领土〈一〉部分。

　　第三条　自治外蒙古，无权与外国订立政治及土地关系之国际条约。凡关于外蒙古政治及土地问题，中国政府担任按照民国二年十一月五日《中俄声明另件》第二条办理。

　　第四条　外蒙古博克多哲布尊丹巴呼图克图汗名号，受中华民国大总统册封，外蒙古公文上用民国年历，并得兼支干〔干支〕纪年。

　　第五条　按照民国二年十一月五日《声明文件》第二及第三两条，中国、俄国承认外蒙古自治官府，有办理一切内政，并与各外国订立关于自治外蒙古工商事宜之专权。

　　第六条　按照《声明文件》之第三条，中国、俄国担任不干涉外蒙古现有自治内政之制度。

第七条 《中俄声明文件》第三条所规定中国驻库大员卫队不得过二百名，佐理员分〈驻〉乌里雅苏台、科布多、恰克图等处，卫队不得过五十名。

第八条 俄国驻库代表之卫队，不得过一百五十名。

第九条 凡遇典礼及正式聚会，中国驻库大员应列最高地位，如与〔遇〕必要时该大员有独见活佛之权，俄代表亦享此权。

第十条 中国驻库大员及佐理专员，得监视自治官府及其属吏行为，使其不违反中国宗主权，及中国人民在外蒙之各种利益。

第十一条 自治外蒙区域按照民国二年十一月五日《中俄声明另件》第四条，以前库伦办事大臣、乌里雅苏台将军、科布多参赞大臣所辖之境为限，其与中国界限喀尔喀四盟及科布多所属，东与呼伦贝尔，南与内蒙，西南与新疆，西与阿尔泰接界之各旗为界。中国与自治外蒙正式划界另案办理之，并在本约签字二年后开始会勘。

第十二条 中国商民运货入自治外蒙，无论何种出产不设关税，但按照自治外蒙人民交纳各项内地货捐。自治外蒙商民运入中国内地各种土货，亦应按照中国商民一律交纳内地各项货捐。但洋货由自治外蒙运入中国内地者，应按照光绪七年《陆路通商条约》所订之关税交纳。

第十三条 在自治外蒙中国属民，民刑诉讼事件均由中国驻库大员及驻在各地之佐理专员审理判断。

第十四条 自治外蒙人民与在该处之中国属民，民刑诉讼事件均由中国驻库大员，及驻在各地之佐理专员或其所派代表，会同蒙古官吏审理判断。

第十五条 自治外蒙古人民与在该处之俄国属民，民刑诉讼事件均按《俄蒙商约》办理之。

第十六条　为中俄两国属民，民刑诉讼事件得由驻库大员及佐理专员会同俄国代表领事等办理之。

第十七条　因恰克图、库伦、张家口电线一段经过自治外蒙境内，故议定将该段电线，作为外蒙自治官府之完全产业，凡关于在外蒙交界之电局并递电收费另定之。

第十八条　中国在库伦及恰克图之邮政机关仍旧保存。

第十九条　外蒙自治官府给与中国驻库大员，及驻乌里雅苏台、科布多、恰克图之佐理专员及其属员、卫队之必要驻所，作为中华民国政府之完全产业。

第二十条　中国驻库大员及各地佐理专员，使用外蒙古台站时，可通用《俄蒙商务专约》之规定。

第二十一条　民国二年十一月五日《中俄声明文件》，及一千九百十二年十一月廿一日《俄蒙商务专约》均继续有效。

第二十二条　本约用中、俄、蒙、法四种文字合缮各三份，签字生效。

综观此二十二条协定之得失利病，在当时全国收复外蒙说蔚为风气，舆论每诟多病，盖情势有利于我者多，而北京政府以内在关系，而失掉机会。当时东三省剿匪部队，进迫车臣汗以东之克鲁伦流域，陶匪败亡，新疆出兵在途，遥为声援，假使中央调派大军长驱直入，蒙事不足平也。无如袁氏当国，包藏祸心，无暇北顾，东邻侵迫，日甚一日，即使外交方法、词令再高出天外，政府不能作武力之后盾，其何能济事。是年七月北京国务院颁布《库伦大员公署章程》，任命陈箓为都护使，驻库办事大员陈毅为副使，及乌里雅苏台、科布多、恰克图等地佐理专员多人，分建官署，明定章程，外蒙政情渐见起色。迨至民国五年七月，外蒙博克多哲布尊丹受册封，同年十一月哲布尊丹遣使入贡，中蒙感情渐趋容恰〔融洽〕。民国七年俄国红党侵入恰克图界，因与俄领商议，进兵外蒙，俄领亦承认进兵之议。民国八年六月派徐树铮为西北筹边使，设署于北京西城，此时俄匪谢米诺夫侵扰外蒙，陆军部仅派高在田部进剿。高系团长，所率兵力不足以应强寇，日本亦乘时煽动外蒙独立，徐树铮始出师外蒙，所率不过褚其祥之一旅兵力，汽车百余辆而已。徐氏至库，要求活佛撤销自治，卒于民国八年十一月外蒙归治。中央又复册封一次，极尽怀柔富丽堂皇之旨，初非治蒙要道，而徐于蒙政大事更张，如添设库马〔乌〕科唐镇抚使，与陈毅意见冲突，褚其祥、高在田亦时相龃龉。民国九年日本在哈尔滨秘密招开军事会议，借款外蒙，大山中佐携带兵匪四十余人漫游外蒙，策动俄匪谢米诺夫卷土重来，外蒙已成朝不保夕之势。此时徐树铮以曹锟、吴佩孚率师入京，急遽南返，边防军委李垣代行。谢米诺夫部将恩克巴龙进犯库伦，我国驻军败绩，苏俄红党及布里雅特蒙古，驱逐白俄谢部，库伦复失守，外蒙二次独立事，民国十年二月间也。

二　中俄外蒙外交

外蒙之二次独立系由日本策动白俄而成。当时苏联远东共和国政府在赤塔，颇感威胁，所以苏联向中国要求驱逐白俄，并声言中国如不出兵，苏联军队进入外蒙讨伐，同时便正式出兵恰克图攻入蒙古，驱逐白俄，拘禁活佛，成立政府。苏联并正式承认互派代表，缔结《俄蒙修好条约》，大旨如：

> 两次〔方〕互相承认为合法政府，互不侵犯，互派使节，国境之决定问题，并最惠权益，司法权、关税问题，电信装置之让与蒙，并土地建筑之租借权。

此次协定共十三条，表面似甚平凡，而越二年（一九二三年二月）华北《明星报》披露之《蒙俄〔俄蒙〕密约》，则大异其趣。盖以外蒙一切森林、矿产均归国有，而给与俄蒙贫民居住耕种，外蒙天然富源禁止私有，但需俄国实业家雇用蒙人开采，金矿独归俄工会，余则种种控制方法，所有领土统制权限均为夺去。由此二约看，当时苏联对外蒙侵略采取渐进方式，《修好条约》系稳定外蒙人心。此时中国如采积极军事与外交手段，不致产生一九二三年之《俄蒙密约》，何以言之？此时苏联国势未固，远东饥馑连年，而北京政府为越飞阴柔外交家所牵制，不能积极有所作为，致启苏联"赤化"中国之野心。

俄国共产〈党〉自一九一七年建立苏维埃政权，实行无产阶级专政，从此苏俄便成了世界上之公敌。各帝国主义联合以武装干涉，苏俄形成完全孤立，故不能不在远东寻求与国，当然以中国为对向，故于一九一九年七月发表对华第一次宣言（从略），其主要意义是想废除旧俄时代压迫中国的不平等条约，及与第三者所订的不利于中国条约，另订平等新约。而苏俄何以如是见好于中国，其主要作用，是想利用中国帮助其消灭白俄在远东的势力，其甜言蜜语，中国一般人士接到这个宣言，当然甚感愉快，尤以青年学生更为兴奋。惟一般人士之注意多在中东铁路之无条件交还，中国学生尤对庚子赔款的退还发生无限欢迎，于外蒙问题转趋冷静。此问题第一次宣言虽明文指出但在"吾侪特致书于中国人民，望其明了劳农政府曾声明放弃前俄皇政府向中国夺取之一切侵略品，如满洲及其他种地方"，根据此种理由，满可提出外蒙问题，然在当时北京政府在协约国一致行动之下，不敢单独与苏联缔结友好盟约，这个机会一经失掉再无机会矣。按当时情势不仅外蒙问题可解决，若积极行动，中俄其他问题亦易于进行。迨至一九二〇年，苏俄第二次宣言，其精神不似第一次宣言之彻底，其原因由于远东白俄势力衰弱，苏俄政府本身已趋稳固，古语云

"虽有机会，不如乘时"，运用国际外交政策首在争取时间与机会也。一九二三年一月苏对华宣言签字人加拉罕到北京，我国朝野上下一致热烈欢迎，所以然者，以为其必能执行宣言中之义务也。孰知我国政府一九二三年三月任命王正廷为中俄交涉督办，与加拉罕进行交涉，双方屡次谈判，经一年之久，结果至一九二四年（民十三）三月中旬始拟定《解决中俄悬案大纲》十五条及《暂管理东铁草案》。其中第一条遭到困难的即是外蒙问题的：一、俄蒙所定的各项协约之废止；二、撤退外蒙俄军问题，以致外交停顿。按《中俄解决悬案大纲》十五条中荦荦大者，如管理中东铁路、废止旧约均重订新约、取消治外法权、收回租界、抛弃庚子赔款、关税平等，容易通过，而外蒙与俄国私约之废除，根据废止旧约重〈订〉新约之原则，本无问题，而苏联何以不肯明白废止，实在是苏联已承外蒙为独立国，且互换使节，此实与《解决悬案大纲》第五条"苏联承认外蒙为完全中华民国之一部分，及尊重在该领土内中国之统制权"相抵触。而苏联何以不揭渠〔橥〕已认外蒙为独立国，盖因当时国际环境之不许可，然则今日之国际环境许可乎？曰否。自十三年《中俄协定》后，至今二十年，在国际上外蒙之为独立共和国，未见揭渠〔橥〕国队〔际〕联盟而实际之独立亦未被重视。故今次研究外蒙问题，回顾中俄关于外蒙外交之经过，当以此事为关键。今日者中、美、英、苏预备重奠世界和平，凡有关于世界之障碍，本应一扫而空，此问题国人应注意及之。至第二症结之撤兵问题，在当时"限期撤退"、"尽数撤退"当然必要，在原则更属重要，因苏联以驱白党为名而侵犯我国领土与主权，在今日中、英、美、苏四国联和〔合〕抵抗侵略之原则上，说得通否？在一千九百四十一年罗印〔丘〕共同宣言，宣布八项原则，此问题是否应在此次和平会议中促出觉悟，缅怀当时外交陈迹之感奋，实不能已于言者。当时，北京国务院否定草约签字后，外交遂停顿，波谲云诡之外交家加拉罕，即谋与日本进行日俄谈判，并有中东铁路南段让与日本，国人闻之纷纷埋怨北京政府，坐失机宜。而北京政府又闻奉天、广东均纷纷与俄国磋商外交问题，大起恐慌，又寻加拉罕继续谈判，至十三年五月二十九日中俄正式商定恢复中俄邦交，三十一日签字。《解决悬案大纲》十五条（从略），其中第五条关于外蒙部分者录左：

苏俄政府承认外蒙古为完全中华民国领土之一部分，及尊重在该领土内中国主权。

苏俄政府声明—俟有关撤退苏俄驻外蒙之军队问题（即撤兵期限及彼此边界之安宁办法），在本协定第二条所定会议中商定后，即将苏俄政府之一切军队，由外蒙尽数撤退。

外蒙自独立以来至此，方获得一个解决的方案，然苏联这种矛盾干法，外蒙人民情绪如何？外蒙自独立以来即有新旧两派势力，于是新旧联和〔合〕将以前的临时革命政府取消，重新组织一个联立〔合〕共和国政府，以表示不满苏联政府之所为。然对中国政府依然采取独立姿态，降及今日为尤甚，然则收复外蒙可能乎，抑不可能乎？以武力收复乎，抑宜〔以〕政治力量收复乎？外蒙独立迄今二十余年，在苏联坚强铁腕控制之下，其人民与中国情感冷化最久，似不易谈及收复。因此国人每多忽略，政府亦以失地甚多，其较重要于外蒙者尚未见端倪，决心虽有，而以时机未至，绝口不谈，既不作宣传又不加启示。收复乎，抑不能收复，使人无从揣摩，以今日强寇在室，各战场需用军队动需百万，若移作战军队镇压内乱（共产党）尚不可能，遑论越漠远略，是则武力收复绝不可能。今日言收复外蒙只有两途径：

1. 利用再次战后世界和平会议，于提出中俄恢复邦交之协定解决悬案大纲，以促进苏联之觉悟。

2. 以政治力量收复之。

前者虽云提出国际和平会议继中苏两度恢复邦交之条文为基础，一千九百二十四年（民国十三年）之恢复邦交，虽属北京政府时代，而我国外交政策无论何人当政，其政策不能因人因地而变更，此为全国人一致的思想。且不仅北方政府与苏俄国政府恢复邦交可以为据，一千九百二十三年俄使越飞氏与总理孙中山先生，联合发表宣言中之第四条"越飞君，正〈式〉向孙博士宣称俄国现政府决无，亦无意思与目的，在外蒙古实施帝国主义之政策，或使其与中国分立，孙博士因此以为俄国军队不必立时由外蒙撤退，缘为中国实际利益与必要计，中国北京政府无力防止因撤兵后白俄反对赤俄阴谋，与敌抗行为之发生，以酿成较现在尤为严重局面"。一千九百三十二年我与苏联再度复交之李维诺宣言云："——目前所应说明者，乃昔日两国邦交之破裂，违反国际常态，有时危及国际和平，引起中俄绝交之事，此时不必重提。——此时远东困难之开始，与沿太平洋各国未有邦交，关系非浅，自无疑问，——苏联人民对于中国人民，及其保存独立主权，与争平等地〈位〉之努力，极端同情"云，一千九百三十三年复交首任大使颜惠庆氏，至莫斯科谒苏联中执会委员长加列宁呈递国书时，加列宁之答曰："苏联政府对于中国之关系，始终秉承一千九百十九年，及一千九百二十年之重要宣言，及一千九百二十四年《北京协定》基本精神，苏联此种政策未尝稍变，即近年因他种原因而邦交停顿，亦不变其对中国之友谊与同情。"回顾各时代之中俄关于外蒙外交上言之，俄人内心拟侵据外蒙为不可掩之事实。然自一千九百十九年至二十四年，为苏联在国际环境独立之时代，故中苏复交易于成就，外蒙问题凭借复交宣言，未被割裂。然此悬案迄今廿年，并无人提及，若忘怀者然，隔绝愈久，愈恐不利。今之为此文者，希望国人于重视外外〔蒙〕了解外蒙，洞察其外交关键，可资引征者，以备异日提出讨论作备忘录耳。后者之收复之途径，则为政治问题，中国人民及其藩属人民，时刻需要"天下太平"、"海宴〔晏〕河清"，往古为然，于今尤甚。每见历代盛朝，德威远被，则遐荒宾服，其年年纳贡，岁岁来朝者，并非武力侵迫之使然，内政修明，边民则白〔自〕化矣。况最近外蒙民众于苏联此战役之供给，已不堪其苦（本年夏得消息，外蒙供给苏联军靴鞋、黄油、皮张，均属愈量要求，美其名曰慰劳，而苛捐杂役重重，人民思汉），且共产阶级斗争以来，外蒙显然产生各种区域不同之隔阂，如布里雅特人当权，喀尔喀人浸成"共奴"或"红奴"，此辈与内蒙各旗同为成吉思汗之后裔，旧情当温，我国此时亟宜从政治问题着手，与外交相辅并进，则外蒙之收复，或不成问题。然时至今日，已成过去云烟，只有怅然向往而已。

《凯旋》（月刊）

沈阳凯旋杂志社

1948 年 35 期

（朱宪　整理）

谈谈东蒙①

江铎　撰

一　我们要认识东蒙

《中苏友好同盟条约》签订，外蒙独立，我国北方形势为之一变，日敌从我们东北败退，"中共匪军"窃据松花江以北，东北形势又为之一变。因为外蒙独立，就我国正北方位说，内蒙就形成为国防上的第一线了。"匪军"窃据松花江以北，长春、沈阳以西，绥、察以东地区，即所谓东蒙，就我国东北方位说，今又成为国防上的第一线了。换言之，第二次世界大战结束以来，东蒙、内蒙在我国防上，益显其重要性，尤其是东蒙，由历史上看，他的存亡，关系我国盛衰，更是我们应该注意，而不可稍稍忽略的。

原来东蒙即内蒙东的哲里木盟、昭乌达盟、卓索图盟、锡麟郭勒盟、呼伦贝尔部等地，也就是今日的辽北、吉林、兴安、嫩江、热河、察哈尔等省一部或全部，而为东北和华北的走廊地带。这个走廊地带，在军事上，不消说有它的重要价值，就是政治上、经济上，也占了相当地位，因日本于九一八事变，占领辽、吉、

<hr>

① 作者的反共立场十分明显。为保持资料的完整性，我们稍加处理后照录原文，请读者注意。——整理者注

黑以后，它又于二十二年借口"热河为满洲之一部"攻占热河，完成这个走廊地带的占领。今日华北和东北"匪气"弥漫，我们应该谈谈它——东蒙，而使国人对于它有个相当的认识。

二　过去对蒙政策的一般

（一）历代和民初的对蒙政策

由历史上看，汉蒙发生关系，固然远在三代时候，但是直到了汉朝，才有对蒙政策的可言。大约从汉朝到明朝的对蒙政策，可分：（一）战争；（二）和亲；（三）纳币；（四）称兄弟、称侄的四种方式。其实，在这漫长的岁月中，这后三种政策，没有久远效果。因之，千余年来，说不上政策了。到了满清入主中原，它在底定蒙疆以后，对蒙政策有三：（一）奖励蒙人信奉佛教，充当喇嘛，以消灭它向来驰驱沙漠的强悍习气，并利用出世节欲思想，使其人口减少；（二）笼络蒙古王公，借以统制蒙民；（三）划蒙疆为若干旗，分旗而治，使蒙民故步自封，不相团结。此种政策实施的结果，使得蒙古在满清统治中原的三百年间，相安无事。中间平定准回和太平天国诸役，且有蒙军参战，卓著功勋。所以有些人说满清对蒙政策的成功，是以前任何朝代所不及的。

满清覆亡，民国成立。北京政府，对于蒙疆，仍因袭前代的羁縻政策，而日、俄帝国主义，乘机起来，这个羁縻政策，致于失效。在东蒙方面，遂发生了葛根庙和经棚诸役，北京政府，为蒙疆治安计，迫不得已，出兵征伐，才告平定。

（二）日敌的对蒙政策

日本在甲午战争以后，为贯彻它的"征服中国必先征服满蒙"

的大陆政策，它对于蒙古一切事体，莫不尽十二万分力量去研究，所以它于九一八事变后，对蒙古政治上措置，真是像驾轻车就熟道的样子。它的对向政策，大别为：（一）取消王公特权，取悦青年；（二）厉行离间汉蒙政策，在这离间汉蒙政策的办法有四〔五〕：1. 颁布土地组合法，以五年为期，驱逐汉人出蒙旗（近几十年来，蒙古牧场，多招致汉人去开垦，因之汉人能得到蒙地农耕，而与蒙人发生社会关系。日人为使汉满〔蒙〕不能团结，乃制定以蒙人经营蒙古农业，而驱逐汉人经济势力于蒙疆以外的组合法）。2. 禁止蒙籍学生读汉文。3. 另行为蒙旗划省，实行汉满〔蒙〕分治。4. 积极宣传我国弱点，并捏造汉人压迫蒙人情事，以挑拨汉蒙情感。5. 不许汉人用蒙名或蒙人用汉名，严分蒙汉界限。

我们研究日敌这个对蒙政策，由它的立场讲是成功的，而且是较满清的对蒙政策更为成功的。

三　最近东蒙的一般情况

（一）接收后的蒙旗党政情况

我们去年接收东北，对于东蒙也接收了上十个蒙旗（占东蒙全体蒙旗四分之一），而这些接收了的蒙旗，在本年六月间的四平战役，又都撤守了。整个的东蒙，现在只有北票附近的西土默特旗，为我们控制。

当我们接收东北的当时，东蒙方面民众，固然有些受独立自治的诱惑，倾向于独立自治，而大部分民众，则对此问题，初无成见。换一句话说，就是独立自治，或归属中央，都无不可。所以去年我们接收辽北省科左三旗，蒙民多倾向中央，后因各旗政府经费支绌，地方人民，又以牛马、畜牲、食粮为某国军、"中共匪军"、伪蒙军和游杂队部队，四度洗劫，无款可筹，对于政务的推行，感到困难，也就没有力量为人民谋幸福，一般无知之辈，对倾向中央信念，遂发生动摇。继以本年四月"共匪"和伪蒙军逼近，多方煽惑，在这种情势下，蒙民趋向，不消说更恶劣了。我们现在更把东蒙有若干旗在胜利后独立自治原因分析在下面。

甲、远因 1. 九一八事变前，汉蒙土地经济的冲突；2. 向来少数汉籍征收吏员和商人，对于蒙民不免有欺侮情事，因而蒙民积怨在心。

乙、近因 1. 伪满蒙籍高级官吏，在胜利后，恐怕受国法制裁，因而运动自治，借以逃罪而图荣；2. 日敌十四年离间汉蒙政策的成功；3. 受外蒙独立的影响；4. 受某国和"共匪"的煽惑宣传；5. 我们在接受到阻碍的时候没有把握机会，确立政策，以致蒙古青年，因循观望，"共匪"稍加诱惑即行从"匪"；6. 蒙籍知识青年，其已表示拥护中央者只有一二人重用，其他未得用者，自然表示不满了。

至于我们已接收的蒙旗党政实况如左：

甲、党务 接收后辽北省科左各旗党务，曾由辽蒙党部派〈秘〉书长一人，或党员一人驻旗办理，但因这些工作同志，本身知识和能力不够，而蒙古民众，又持有民族成见，不易展开工作，以致各蒙旗党部，虽成立了许久，蒙人多不识本党为何物。

乙、政务 蒙旗政治中心为旗政府，接收后蒙旗，如辽北科左各旗之政府即告成立，其组织按照东北行辕规定，照三等县编制，任用三分之二人员。嗣以地方不安静，经费、人材两缺，政务未能展开，又把旗政府人员数额减至五十名，警察五十名，东北行辕，按月补助二百万元，在这种财政情形下，如教育等业务，自然更不易谋发达了。

（二）未接收的蒙旗军政概况

1. 所请〔谓〕东蒙自治政府　自胜利后，在没有由我们接收的蒙旗，就政治方面说，整个东蒙和内蒙，可分为两派：一派是有狭隘的民族思想，而主张独立自治的；一派持有共产主义思想，而主张政治上为中共乃至第三国际的一分支的。前一派的首脑人物博彦满都，已组成了东蒙自治政府，该"伪政府"所在地是辽北的王爷庙。后一派的首脑人物为云泽（现中共中委），已组成了内蒙人民联合自治总会，它的会址在海拉尔。据报，他们两个人，最近谈判结果，决定共同组织内蒙古人民共和国，不过还没有正式宣布。

前派一方面为与"共匪"在对我们的利害关系相同上，与"共匪"联合；一方面因得他有狭隘的民族思想，与"共匪"的联合，只是表面上。由它和"共匪"联合之点而言：在东蒙独立自治的蒙旗，政治上作风，当然带着"共匪"彩色，如以政委监督行政、以青年充任要职、蒙旗之县设蒙人副县长、宣传"清算"、"斗争"、挑选蒙籍青年送到苏联和外蒙留学等等。后派近来以前派这种干法，对前派有些不满，而两派遂有貌合神离现象。前派最近且具有自力达成独立自治的奢望。

2. 所谓东蒙人民革命党和伪蒙军　东蒙人民革命党，现由第三国际工作员蒙木耳巴根（化名于木苏或张文远）领导，他于九一八事变时在苏联莫斯科大学留学，毕业后回东北，充当日本所操纵的伪蒙自治军参谋有十四年之久。他在这时候，即竭力传播共产主义，留日蒙籍青年和蒙籍伪满官吏，受其影响加入其组织的很多。如今日活跃于"共匪"中的阿斯根、仁亲模德格王丹沙、格拉扎布、李鸿范、玛尼巴德格、哈丰阿等，都是在那时候参加的。该党因具有相当历史，并在蒙古设党政学校多所，积极训练青年，以致现蒙古多数青年，为该党所掌握。所以该党在蒙古势力，至不可侮。

伪蒙军是伪东蒙自治政府的武力，其数目现已到了五万人，以骑兵为多，官长、士兵以前伪满兴安军官学校的教官、士兵为多，上面所说的阿斯根（汉名李友桐），是它的统率者。阿氏系北平蒙藏学院出身，九一八事变前加入本党。九一八事变当时，他在日本早稻田大学读书，毕业后回东北，加入伪兴安军，并曾任伪满高级官吏，入日本陆军大学，于民国廿八年毕业。去年我们接收通辽，他很想投降，并在通辽北舍伯图（现为伪哲里木盟盟政府所在地，距通辽一百二十里）等候多日，以联络人员未能妥善联络，不洽而去，现充伪蒙军司令。据闻，本年四月间，"共匪"攻击四平时，他曾应允协助骑兵若干师，结果来援军队很少，"共匪"正为不满，致最近有阿氏被监视之说。

四　目前东蒙在国防上的重要性

（一）东蒙对东北国防上的重要性

在地理位置上，东蒙南接河化〔北〕，西连绥蒙，北界苏联，西北界外蒙，而东面则和辽宁、辽北、吉林、松江、嫩江、黑龙江各省犬牙相接。□言之，东蒙居东北九省西部及西南部，其他东北无蒙旗省份，则居东蒙东部，假设东蒙我们不能控制，或非我所有，则东北无蒙旗省份和内地交通，陆路仅有沿勃海西岸之平泽〔沈〕线，水陆虽有营口、葫芦岛、大连、旅顺各港和沿海各省相通，然依据《中苏友好同盟条约》，旅顺既为中苏共同使用，则渤海制海权，非尽属于我们。况且今日东北形势，东面（韩国）、北面和西北面（外蒙）及西面的东蒙，都为某国和其傀偪所控制，设某国东施效颦，对我们东北再发动一次九一八事变，运用他的海军，一面遮断我们沿海各省和东北各港交通，一面截断平沈路，那末，我们的东北，陷于四面的大包围中，只有被它缴械。但是东蒙若仍属我们，或为我们控制，即使其国有如上野心，而东北未来的局势，当不致有那样的严重。换言之，刻前东蒙对东北国防上，简直有存亡与共的重要性了。

（二）东蒙对华北国防上的重要性

华北各省，位于蒙古大沙漠及长城以南，而长城以北及大沙漠东部、南部的内蒙古及东蒙，在地理上为华北各省的屏障。以故我国几千年来，边患的有无，以能否控制此地带为断。远的勿论已，即就近世而言，在逊清底定蒙疆以后，长城南冀、鲁等省，晏安无事，比巴不惊者达一二百年。到了外蒙独立和九一八事变，日本占领东蒙以后，华北各省，才演历史的重复，而告沦陷。这其中缘故，是因东蒙、内蒙的地势，较华北各省为高，在军事攻击上，高处向低处攻击很易达到目的，低处向高处攻击，是为仰攻，颇难奏效。所以伊古以来，长城以北高地，对长城南的低地用兵都是成功的。元对宋、清对明的例子可以证明。仅此次杜聿明将军的顺利接收东北，开千古未有的奇局，但此中原因，由于去年"共匪"在东北，未站稳脚跟，它对于杜氏的接收，可说毫无低〔抵〕抗。而今日情况，却大有不同，盖今日东北"共匪"既有相当基础，而东蒙大部分又在其面的控制下了。

由上面所说以观，我们知道东蒙在国防上，可说是华北各省的屏障，这个屏障一失，华北各省就不能安枕，而且今日为"戡乱"计，为肃清整个国内"共匪"计，东蒙更属重要。因为我们为控制东蒙，使关内外的"匪"不能合流，尤易于各个击破，达到肃清目的。

五　挽救东蒙的几点意见

（一）军事上扩大，我们在东蒙点的控制，而变为面的占领。

（二）积极推行蒙疆特种宣传。

（三）蒙旗党政及青年各种训练实施，再不可缓。

（四）通辽到承德的铁道，在五年铁道计划中，为国防计，应尽先修筑。

（五）完成同成铁道，并由大同延长到锡盟，在最近期间尽先武装东北和华北全体人民，并建筑晋、察、绥的要塞网。

《时代》（周刊）

南京时代周刊社

1948 年 55 期

（朱宪　整理）

蒙旗改县之商榷

景才瑞　撰

关于内蒙盟旗行政问题，在前年制宪国民大会召开期间，人们都曾很热烈的讨论过，总其结果不出两项主张：大半自称真正蒙民的代表们，多主张蒙民自治，盟等于省旗等于县之说倡之尤力，禁止人民农垦，仍继续其原始游牧生活，保留其盟旗王公制度；一般边疆人民的代表们，多主张旗辖于省，仍沿旧制，人民自由居住，不加特别限制，宜农之地则耕，宜畜之地则牧，借自治之进行，求团结之加强，杜目前分裂之渐，奠百年远大之计。然考其实际情形，文化程度随时代前进而进步，人民生活跟文化水准而提高，故关于政治之措施，当力谋合于现代人民之需要，固然不应超越时代而流于空想的乌托邦，但亦不可落伍时代而成为害民的枷锁，现实才是最可宝贵的，也只有现实适当的设施，老百姓才能得到实惠。记者在察、绥实地学习实际体验所得，旧事重提，供献四点意见，请教有识大众，因盟等于虚设，在行政上为躯壳，故不论及，只就蒙旗改县方面立论：

一、以人口方面言：察省人口的分布由南而北渐渐减少，尤其最大多数之人口集中于察南宣化盆地中，内地人民南多于北，蒙古人民北多于南，绥省除南部伊盟为蒙古人民外，其他分布情形大致与察省相同。故蒙古人民最大多数集中在察、绥北部大草原上，但其中仍杂有少许内地人民，不过不居主要地位，以蒙民为主。此将蒙古人民确实调查数目列表如后：

绥远省境内蒙民人口数目统计表

区　别	户　数	人口数			备　考
		男	女	合计	
乌兰察布盟	五，九〇五	一〇，四〇八	九，八一一	二〇，二一九	
土默特旗及绥东四旗	六，〇三七	二三，五三六	二七，五八〇	五一，一一六	
伊克昭盟	二〇，一三六	三七，五二九	三六，一〇七	七三，六三六	
绥西后套六县境内	一，五〇八	三，八二七	三，七四二	七，五六九	
总　计	三三，五八六	七五，三〇〇	七七，二四〇	一五二，五四〇	

注：本表统计采自奋斗日报社编《盟旗自治问题研究参考资料》一书。

察哈尔省境内蒙民人口统计表

盟部别	户数	人口数			备考
		男	女	合计	
锡林郭勒盟	一一，七一九	二五，八五〇	二六，九〇六	五二，七五六	
察哈尔部	六，八九五	一六，一七八	一五，一四一	三一，三一九	
总计	一八，六一四	四二，〇七四〔四二，〇二八〕	四二，〇四七	八四，〇七五	

注：本表统计采自奋斗日报社编《盟旗自治问题研究参考资料》一书。

然绥省人口约为二百卅余万，其中蒙人约十五万左右，察省人口约为二百九十余万，其中蒙人约八万左右，合两省而论之，全人口总数约为五百二十余万，其中蒙人总数约为二十三万左右，尚占不到全人口廿分之一，在如此悬殊相差之下，内地人民自应提携蒙胞自治，辅导其文化，发展其经济，提高蒙胞生活水准，共同发展走上康乐之途。但若云盟等于省，分立自治，则与实际情形有违。以察省为例，八万蒙胞尚分布在两盟中，试问察哈尔部三万一千三百一十九人何以能单独组织一省？绥省十五万蒙胞也分布在乌兰察布盟等四部中，绥西六县中仅有蒙胞七千五百六十九人，又该如何单独设施？人才由何处求得？此理明甚，故盟等于省说法，实在不知据何理由。且每地均是内地人们与蒙胞杂居，感情无间，实实在情形，统一设县，以平等待遇全中国每一个国民为更恰当。

二、以政治方面言：察省共一市十九县，大部分都集中察南，如赤城、龙关、延庆、怀来、涿鹿、蔚县、阳原、怀安、宣化、万全、张家口等十一县市，察中次之，如崇礼、张北、尚义、商都、新明、康保、宝昌、沽源、多伦等九县，察北则为蒙胞之盟旗，最北为锡林郭勒盟，内包乌珠穆沁左右旗、浩齐特左右旗、哈巴哈那尔左右旗、阿巴嘎左右旗、苏尼特左右旗等十旗，向南为察哈尔部内包正蓝、明安、正白、厢〔镶〕白、厢〔镶〕黄、上都部、太仆寺左右等八旗；绥省共三市廿县，多集中在河套及绥东，如米仓、临河、狼山、晏江、五原、安北、包头、东胜、固阳、萨县、托县、武川、归绥、和林、清水河、凉城、陶林、集宁、丰镇、兴和廿县及陕坝、包头、归绥三市，北为乌兰察布盟，内包四子王旗、达尔罕旗、茂明安旗、乌拉特前中后六旗，东为正黄、正红、厢〔镶〕红、厢〔镶〕蓝、土默特五旗，南为伊克昭盟，内包准格尔、达拉特、郡王、杭锦、扎萨克、乌审旗、鄂它克六旗，但有许多地方均是旗县并设，人民杂居混血，今已与内地人民无异。县为现代行政单位，行党〔宪〕后县长民选，充分发挥自治效果，未行宪前县长亦为流官，人民可以要求上级政府撤换或挽留，而盟旗向为世袭之土司，生而即为王公，不论贤愚，万无更动之理，此两种制度何种合于时代，较为优良，自可一望而知。故为迎合时代潮流和切合蒙胞需要，均应舍劣就优，改旗为县，由世袭而变成流官，实为时代之一大进步。笔者万分同情蒙胞自治，但所谓自治，即一地方之人治理本地方之事，负责人由人民选出，若云内蒙百分之百人民愿意今日之盟旗王公，则内蒙即为自治，此等王公均为蒙民，尚要求何事？若蒙胞不愿世袭之王公，而要自己选出自己真正自治单位领导人民选县长的话，则应废旗设县，使蒙胞也有同中华民国每一个国民同享有同等待遇。由此可知蒙胞若要真正自治，□向盟旗王公要求，"改土归流"，若不出此途，仍保留王公，要以民权代替王权，那在他们认为是反正行为，大逆不道，谈民主自治，何啻缘木求鱼，所以有人强调区域性的民族自治，不过是加强王公、喇嘛的统制权，与蒙民何有？要实行内蒙自治，除由当地居民决定他们的政府形式外，别无他途，否则不是招致混乱，便是违反时代的极权统制，并且今日旗、县均在一地，两者并行共政，纠葛丛生，冲突百出，安民不足扰民有余，故更有统一设县之必要措施。

三、以经济方面言：察省的精华在察南宣化盆地，农工业也重，绥省之精华在河套及绥东，以创〔农〕业为主，近来工业也在抬头，其他即为农牧兼营区，纯粹放牧区，及沙漠不毛之地等。在农牧兼营区中内地人民仍为主位，只有纯放牧区中蒙胞才为多数，经济困苦，需要互换物资，各类有无，合之则兼受其益，分之则均受其苦，究竟何如？不言而知，所有蒙区设一省而不足，何为盟等于省，犹欲分别设立数省，吾不知其可也。经济该如何维持？内地人民向边区移民为人口经济压迫之自然趋势，也可收充实边疆之效，有何理由反对，使边疆空虚，物弃于地，而招致"漫藏海盗"之果，使强邻垂涎三尺呢？并且地之功用，在尽其利，故中国今后经济建设，自必采取因地制宜政策，兴农田于草原，与改田园为牧场均不合于经济原理，宜农则耕，宜畜则牧，以科学方法发展农业，改进畜牧，借以提高边疆人民之生活水准。故硬要保留盟旗制度，颇成问题，因为将来边地经济状况日益改进，以后边区人民或反以省县与盟旗之区别，为一种不平之制度，故应顺乎所需，统一设县，大旗可独设一县者即独立设置，小者可合并而置县，人民幸甚。现代科学技术进步一日千里，内地与边疆经济上同时并进，为必然之趋势，美国阿拉斯加原称为一地方，现将改为一州，为美国第四十九州，可资借鉴。

四、以文化方面言：文化为随时代而进步的，不是一成不变，可以因时地而制宜，例如内地人民婚事，以前为父母之命媒妁之言而定，但今日青年男女已不受此约束，可见风俗是绝对可以改变的，若据风俗不同而言分治，绝不成为理由，再如中国北方与南方人民生活习惯也异，例如"北人乘马，南人用舟"，"南人食米，北人食面"等等，但何以不分治呢？又何以不设不同名词之政治机构呢？内蒙何异于此，而要与举国不同？老实说，盟旗原为当初清帝为分化人民，巩固其帝位政策，遗毒非浅，今正好取消，统一设县，大快人心，何乐不为？且游牧与农业有时为文化进步中的两个阶段，同一块地，何以内地人民居之则可耕可种，而蒙胞居之则不宜农作，何以解释？非文化落后者何？我人何以要禁止文化进步，而留已于上古时代呢？令人莫解。故在文化方面，应广设学校，使边民能受到现代化教育，广知天下大事，痛〔洞〕悉文化源流，自然不会再井底观天，守株待兔。

总之，观乎时代潮流，边区改县为必然之举，且今日强邻压境，若再不自励，充实边疆，发展边疆，将来不知遗毒于胡底？

充实边疆要途，即是设立强有力的政治关〔机〕构，民得其惠，国得其安，除废旗设县外，再无更好的开始。这里可以用一个蒙古人在天津《大公报》上的话说明："倘若政府能许可在内蒙成立统一完整的自治机构，划定了它的自治区域，使蒙古人民的自治有保障，我想蒙古的知识分子没有人会主张拥护盟旗，保有封建时代历史的渣滓。"这是盟旗无用的很好证明，记者主张本地人治本地，蒙人治蒙，但要人民自由〈选举〉出来之民选县长为自治的基础，我们今天就缺乏这基础，故一切都是不稳定的，大家要中国好，要人民安乐、自由、自主，首先要奠定这个基础！给中国民主政治，地方自治种下一粒有力的丰满种籽！

　　注：本文以察、绥两省蒙旗为例而解，热、宁、青、新等省内之蒙旗可一隅三反，此实因篇幅所限，希谅！

《西北文化》（月刊）

南京西北文化社

1948 年 1 卷 6 期

（李红权　整理）

盟旗土地情形

宝音　撰

一、沿革

　　盟旗土地，可分垦地内之保留产权地、迁入区内之补偿保留地两种。因国家放垦设治时，曾规定所垦地若系盟旗公有者，由国家每年代征四厘私租，若系王公私有者，代征四厘另租，分别贴补，以示优待。又另对垦地内之召庙、盐碱池等不动产，仍保证其产权，并附拨土地一部使用，此即垦地内之保留产权地也。至于垦地内之人民，则作全部迁移，对迁入区内之土地，再不放垦，此土地即迁入区内之保留地也。此两宗保留地，对国家不负赋税负担，准免升课。关于现在所称租银地者，系指前项土地招佃收租之意，非盟旗土地之又一种，以上为盟旗土地之大概沿革也。

二、迁入区内之保留地种类及性质

　　1. 生计地：蒙民迁移时，原规定由国家按户发给搬家费用，后来因未发给现银，乃改拨土地作偿，其名曰生计地，由各佐集管，本佐人民均享所有权，自由游牧，现在开垦地之收益，亦归各佐人民均分。

2. 随缺地：盟旗官员，不发薪金，只按官等给予土地，作为养廉之资，此项土地名曰随缺地，于官员卸职时撤回，归新任接有，计总管八顷，正参领六顷，副参领五顷，佐领五顷，骁骑校二顷半，护军一顷，马甲六十亩，均由各自经营。

3. 香火地：为维持召庙佛事费用，及喇嘛生活资源，各召庙均拨有土地使用，名曰香火地，内包括庙佛公用地、喇嘛个人生计地两种，因各庙大小不同，喇嘛多少不等，所拨土地，亦有分别：大庙为六十顷，小庙三十顷，喇嘛每人五十亩。

4. 学田地：为举办盟旗教育事业，呈请垦耕荒地，以出产专作教育经费，各旗均有，每旗数量不同，大约均在百顷以上。

三、垦地内之保留地种类及性质

1. 盐碱诸池：归原旗所有，自由产销，一经运出产池，国家即课税捐，但不收产益，并规定在池之四周拨予土地五亩使用。

2. 召庙：与前列香火地同，现大部均由汉民佃种，只向地主交租，不纳田赋。

3. 义坟：为蒙民公有葬地，规定就地拨予土地五方里使用。

4. 脑包：系蒙民祭神之石堆，大都在山巅或高阜之处，规定在雨水直冲所及区内之土地，不予开垦，（汉民私自开垦者为□地）

四、现在县境中之盟旗土地
一览表（台站地未列入）

所在县别	土地种类	面积	产主	所属旗别	备考
张北县	香火地	四〇顷	崇禧寺	明安旗	□垦半□
	香火地	〇〇顷	寿安寺	明安旗	□垦半□
	香火地	一〇〇顷	□□庙	商都旗	
崇礼县	香火地	三〇顷	□庆寺	厢〔镶〕黄旗	
康保县	学田地	一〇顷	商都旗	商都旗	
	香火地	五〇顷	保来雀庙	厢〔镶〕黄旗	
	香火地	九〇顷	崇禧寺	明安旗	
	义坟地	五方里	商都旗	商都旗	
商都县	香火地	二〇〇顷	小庙子	商都旗	
	香火地	一〇〇顷	马王庙	商都旗	
	生计地	四〇顷	明安旗	明安旗	
尚义县	香火地	三〇顷	佛仓	明安旗	
宝昌县	生计地	三六〇顷	明安旗	明安旗	
	学田地	一五〇顷	太右旗	太右旗	

以上为仅知的盟旗土地情形，其中当不免挂一漏十，尚希关心盟旗人士，赐予指教。

《蒙声半月刊》

张家口察哈尔省盟旗文化福利委员会

1948 年 2 卷 1 期

（朱宪　整理）

察哈尔的人民愿望[1]

李士伟 撰

塞外的大地，在国人的目中，视为荒凉的原野，所谓不毛的沙土，缺少植物生长的地方。很少人敢大胆尝试一下它的生活情形，尤其是隆冬，更少人来观察它的风光。可是这块荒园，经过了敌人的垦殖，非但地上透出明亮的曙光，就是地下的宝藏，也被挖掘出来。提及此，真惭愧，有货自己不知利用，而任敌寇盗取。相反的，在三十五年国军进驻张家口时，反而把留予我们的挖掘工具，遭撤退的共军彻底破坏，这不但是国家的损失，也是人民的不幸，尤其是该地居民，身临其境，目睹现实，没有一个不感觉痛心可惜！

国民政府自从承认外蒙独立后，察哈尔省就正式披上边塞的外衣，名符其实的成了第一线国防要地，这块荒凉的沙土，随着也提高了身份，而惹起全国关心国事的人士瞩目注视。境内的人民，自然更增加了警惕，原因是他们尝受过敌寇蹂躏的辛酸味，遭遇过共产党的铁蹄践踏以及惨绝人寰的崇礼洗劫，所以他们时在小心着保卫自己的家乡。可是我们知道，守卫疆土的重担，不是该地区的人民能担负得起，保全国土完整的责任，应该个个有份，

---

① 本文作者的反共立场十分明显，为保持资料原貌，照录原文，请读者明鉴。——整理者注

我们不许野心家来割据或出卖，政府应该发动全民的力量，岂能轻意把重担压在二百四十万的察省人民的肩上！

傅将军主察，迄今业已一年多了，在这期间内，境内光复区的人民，为了表示对政府的拥戴，憧憬着傅主席带予他们仍〔以〕未来幸福，他们曾出其所有，献其所能，把一切贡献给政府。其中就征粮一项言，中央政府规定田赋应征小麦八万石，借征四万石，共计十二万石，事实上，老百姓付出四十五万石的小麦代价，而省政府财政厅仍感不足，要他们继续再缴三十万石，他们一样的供应。这种慷慨的应征，谁敢否认这不是出于察哈尔的人民，忠国家，孝民族，爱家乡的热忱！

根据日本在华北的农业经济调查所得，知道了察哈尔区域的小麦年产是二，八三五千市担，大麦为三，四一五千市担，高粮〔粱〕四五六千市担，玉蜀黍二五一千市担，烟草三〇千市担，大豆七五六千市担，粟四一七一千市担，黍一，四四七千市担，菜籽三〇五千市担，总计一七，七七五千市担，合八八八，七五〇，〇〇〇公斤，即一千一百八十五万石。可是全省年消耗量是九百七十三万四千石，也就是人民除吃外，剩余不过二百余万石，这剩余的食粮还要换钱购衣御寒，在平时仅可以说免强维持温饱。然而，目前的环境，成千万亩的田园，被共军扰乱而任其荒废着，老百姓无田可耕，农民失去了依靠，食粮的生产额逐渐减少，生活水准日趋低落。在吃不饱常冻死的大地上，而对政府的征粮踊跃的捐纳，照付一切的杂税，难道我们还否认他们对政府的贡献没有尽到最大的努力吗？

贫穷，也许有人在说，这是今日中国的普遍现象，对此，塞上的寒士，也不敢否认，不过消灭贫穷的因子，帮助边疆的人民守卫疆土，则需要团结全民的力量。同时笔者认为解除共同的贫困，需要积极开发埋在地下的资源，弥补戡乱建国的漏洞，需要大众的努力合作。我们不能再予叛乱者的〔以〕机会，也不允许祖先留予我们的山河，毁灭在野心家的手里，因此，我们对执政者是这样的期待着：

一、乱之发生，导源于叛乱者的野心疯狂，但最重要者，还是予了叛乱者的〔以〕机会空隙，所以要消灭叛乱者的因素，不但在军事方面积极进剿，同时在经济方面，也该积极进行建设，以弥补空隙的漏洞。可是我们知道察哈尔境内，有丰富的矿藏，埋藏在烟洞山的铁藏量是九一，六四五，〇〇〇吨，并且都是鲕、肾形的矿石，含纯铁百分之五五至六〇，这样的宝贝，过去自己没有去利用，可是在敌伪时代，日本人为盗取货宝，曾大量投过资，有一时拥有矿工达二万人，其规模之大，可以想见一般；并且日寇还在宣化县城东南郊设兴华炼铁、缸砖、氧气、炼焦等厂。大规模的恢复这许多的工厂，是国有化的工业建设，需要中央政府整个来计划，也希望中央政府立刻派专家开掘。

二、除铁外，还有丰富的煤。煤所占的面积有四三七，九五六公亩，埋藏量是四八八，〇〇〇，〇〇〇吨。可是在过去，除下花园炭矿有一部分利用机器开采外，其他均系土法挖掘，年产量不过六五五，〇〇〇吨，但到在日本人手里，不但利用了下花园的煤，建筑了一五，〇〇〇瓩的大发电厂，同时把煤增产到二，〇〇〇，〇〇〇吨以上。自己的宝藏，自己不能发掘，这真是我们共同的羞辱。

三、察哈尔的重要埋藏，除了上述二者外还有大青盐、口碱、云母、石绵、铅等宝货。大青盐产自锡盟达布苏诺尔，民国二十九年的年产量是一六二，六三〇担，口碱产自正兰〔蓝〕旗之察汗诺尔年产量二〇，〇〇〇担，云母、石棉、铅为日本人发现，但不及大量开采，胜利即临。由此我们知道这许多的宝贝，被外人还未有盗完，应该继续由我们开掘，不应该让其埋没，而再令外人觊觎。

四、还有一件值得我们注视的事，是该区域的畜牧业，蒙民赖此为生。在这边疆多事之秋，争取蒙胞的内倾力，促进蒙民的生活改善，这是从事边政者的紧要工作。可是工作的着手开始，先应该求畜牧业的改进，增加畜类的产额，然而，根据二十五年的调查，知道该地有牛三二〇，〇〇〇头，羊七七〇，〇〇〇只，马四四〇，〇〇〇匹，骆驼九〇〇头，到了二十八年，牛是三二六，六〇〇头，羊二一五，四二二只，马一四，五二五匹，两相来比较，非但没有增产反而减少。畜牧业不能繁盛，蒙民生活水准自然日趋低落，外患的势力遂易侵入，结果造成社会秩序的不安，局势形成了恶化，生活得不着保障，让边民时在忧伤失望，这是多么严重的问题？

总之，我们知道了察哈尔的资源，需要积极的开发，在目前已是刻不容缓的工作，这个问题，希望中央国有化的经济建设计划，早日把它列入，早日兴工修建，察省人民殷切的在等待着。

《蒙声半月刊》
张家口察哈尔省盟旗文化福利委员会
1948 年 2 卷 1 期
（李红权 整理）

察哈尔蒙胞的需要与政府的责任

马鹤天　撰

现在宪政开始，以人民为主体，一切政治设施，应适合人民的需要。各地方情形不同，一地方人民有一地方人民的需要，我们要建设察哈尔蒙旗，须先研究并了解察哈尔蒙胞的需要。

察哈尔蒙胞最迫切的需要是什么呢？我们要了解察省蒙胞的需要，须先了解察省蒙旗的情形，尤其最近年来的情形，所谓欲开药方，先须知病源和病状。察省蒙旗，为中国的一部，中国的病，有人说是患在"贫"、"弱"、"愚"，即国家与人民，都是弱而不强，贫而不富，并教育未能普及，而边疆蒙旗为尤然，因是地旷人稀，土瘠民贫，富源未辟，文化落后，于是更弱更贫而更愚。察哈尔的蒙旗，在近十年来，受种种的压迫剥削，诱惑欺骗，破坏摧残，可说较其他蒙旗尤弱尤贫而尤愚，则察哈尔蒙胞，尤需要赶快医治这"弱"、"贫"、"愚"三者俱有的重病。

从前孔子适卫，和他的弟子冉有谈政治，他的主张是"庶"、"富"、"教"，即第一要人民众多，多了还要使人民富足，富了还须使他受教育，有智识。这三者是为政者应该注意的事项，也可说是人民的需要，现在这三者固是全边疆全蒙旗的需要，尤其是察哈尔蒙旗的需要。

第一要医治"弱"，首需要"庶"。察哈尔蒙旗尤其锡林郭勒盟各旗，人口本来很少，又因完全游牧生活、喇嘛教过盛与不讲卫生等种种原因，致清季到事变前，人口减少一半，察哈尔八旗的人口也是减少甚多。在事变中，受日人的压迫，胜利时受苏联和外蒙军队的杀戮与裹胁，胜利后又受"共军的迫胁"，少壮的男女，可说是大半死逃，剩下的大半是妇孺老弱。现在治安尚未恢复，需要自卫力量，即需要人，需要健壮而强有力的人，不止一时为确保治安，安定蒙旗，需要增加力量，增加人口，即永久为发展蒙族〔旗〕，巩固边防，也需要人多而强健，故察哈尔蒙胞的第一个需要是"庶"。

第二要医治"贫"，更需要"富"。察哈尔各蒙旗，论地势是高原、沙漠，论气候是寒季太长、雨量稀少，天然的条件不好，土瘠不免民贫。但人力未尽的地方很多，现在人定可以胜天，况察蒙各旗天然的缺欠固多，而天然的优点也不少。畜牧有马、牛、羊、驼，有皮毛骨肠，察北蒙旗的马，是自古有名，牛羊也是特别蕃壮而优良，所以在金、元时，即有许多牧场，而前清的官私牧场更多，官牧场如太仆寺、内务府所属的太仆寺左右翼牧场、上驷院及庆丰司各牧场，都在今日的察哈尔蒙旗。当时各牧场家畜额数，以三百余万头计，惟墨守旧法，未能改良进步，且"七七"到现在，又受种种的摧残，以致数量减少，品质退化，都是人为的不臧，而皮毛等也因不知用科学方法，加以人工制造，甚至简单土法的小手工业，也毫无提倡，都是人力未尽。他如有名的达布苏诺尔的青盐，各旗的白盐和天然碱，更是产量丰而品质良，惟未能大量开采，大量运出，以致货弃于地。而人民生活，东不如热河，西不如绥远。尤其在沦陷胜利后，所有财产，损失殆尽，困苦颠连，无以为生。所以察哈尔蒙旗的第二个需要是"富"。

　　第三要医治"愚"，需要有"教"。中国教育不普及，而蒙旗更甚，因满清时代，用愚民政策，一方提倡喇嘛教，一方禁止吸收内政文化，于是只有宗教，而无教育，只许习藏文，而禁止习汉文，只许读经典，而禁止读汉书经史。民国以来，渐渐提倡新教育，但察哈尔蒙旗仍是落后，东不如热河各旗，西不如绥远各旗，新教育可说是几等于零。事变前锡盟仅有读《圣谕广训》的私塾数处，而察哈尔各旗亦每旗仅有有名无实的小学一所。伪蒙期间，在表面上学校数量固然增多，然目的仅在奴化、毒化、同化、分化，而其教材以日语为主，蒙文仍然读满清时代的《圣谕广训》（据日人锡盟调查报告），有等于无，多不如少。在〈二〉十世纪的今日，在自治开始的蒙旗，不能让察哈尔蒙胞，依然目不识丁，不闻问天下事。且敌伪时期，虽是奴化教育，究竟启发了蒙胞青年的求知欲望，也使蒙民知道饱暖外，尚须求教的观念，所以察省蒙胞的第三个需要是"教"。

　　如上所说，可知察哈尔蒙胞特别需要的是"庶"、"富"、"教"。要解决这个问题，在实施自治的今日，固然在各旗蒙胞自己解决自己问题，但在过去一切毫无基础的蒙旗，尤其初经变乱一切尚未恢复的今日，需要政府来解决他们的需要，即蒙旗自治，也要政府来扶持、推进和帮助；无论人力财力，政府决不能卸责推诿，所以中央和地方政府，都是对蒙旗应该多负些责任。究应负些什么责任，应当怎样负责呢？现在分别来说：

　　第一是"卫"，即适应蒙胞需要的"庶"而解决"弱"的问题。我现在所说的"卫"，包含着两种意义，一是"卫生"，使蒙胞生齿日加，死亡日减，且生者皆强壮，足以捍御外侮；一是"保卫"，充实地方武力，严密民众组织，可以保卫地方，而不至再受杀胁掠夺，使人民被杀死胁走，或因财产损失而冻死、饿死，以致人口减少。关于卫生方面，应由中央专设一蒙旗卫生机构，并组织巡回队，或在各旗设立卫生分所。我于察省刚收复后，即函电卫生署请求设立察蒙卫生所；去年在京时，又向卫生署接洽；行政院张院长来张垣时，又签呈察蒙卫生的急要。近接行政院来文说：已交卫生部，拟在张北设辽察热兴区蒙旗卫生□队，并于察部、锡盟各设巡回卫生队，今年如能实现，察哈尔蒙旗的卫生，可以逐渐进步。又察哈尔蒙胞对于卫生的观念薄弱，对于卫生的智识缺乏，应由教育机关积极宣传，如关于卫生的讲演，卫生图画、标本、模型的巡回展览，以及学校、社教机关清洁的提倡实行，方易生效。关于保卫方面，察蒙各旗治安尚未恢复，人民生命财产尚受威胁，一方应补充地方军械，一方应由国军协助，现在国军已在蒙旗出击数次，组织有察哈尔盟旗第一区保安司令部，及察哈尔蒙边保安司令部，希望"华北剿匪总部"与察省政府对蒙旗各司令部积极整顿，多方扶助，蒙旗治安确保，人口增多，蒙民身体强健，有自卫力量，其他建设，始可着手。

其次是"养"，即适应蒙胞需要的"富"而解决"穷"的问题。中山先生《建国大纲》中说："建国之首要在民生。"中国儒家的传统思想，以"黎民不饥不寒与养生送死无憾"为王道之始，所以"养"是政府的重要责任，包含着开发蒙旗富源、改善蒙民生活。因现在蒙旗许多资源未能开发利用，而蒙民生活几乎不能维持。救急的治标办法，固在救济，而治本的办法则在改进产业，开辟富源。举其要者，如畜牧的改良，皮毛工业的提倡，盐的大量采运等等，都是关系养民而急须建设的，这是中央和地方政府应该尽的责任，非蒙旗的人力、财力所能举办。关于救济方面，我在南京时，曾向行政院、蒙藏委员会、社会部、救济总署一再请拨蒙旗救济专款，曾先后蒙中央拨款数亿元，分配各旗。关于各旗逃出之难民，亦曾向蒙藏委员会请转呈行政院拨款救济，张院长来张时，又曾签述难民苦况与根本救济办法，即请拨发巨款；

一方设立习艺所，提倡各种小手工业。近接中央来文，已由院令蒙藏委员会、社会部议办，并曾电询人数及需款数，或可一举两得。所以关于"养"的方面，我想（一）要改良畜牧，如选种配种，普及兽医，种植牧草，储备冬草，建造畜舍等等，应分别先后积极推进；（二）要提倡小手工业，如对羊毛、驼毛纺成粗细线，编成衣帽、袜履，织成布或床毯，裁成绒毯，赶成毛毡，并制成毡帽、毡靴等等，如皮革应制成皮衣革履，按各地情形，普遍实行；（三）要设立合作社，如生产合作社，将牛奶、酥油皮用简单机器加以制造，输出各地，如消费合作社，将日常需用的米粮布匹、砖茶、红糖等，从平、津趸买输入各旗，又信用合作社，专办存款、贷款、汇款，以补救蒙旗无银行之困难；（四）要开采盐城〔池〕，如达布苏诺尔的青盐，东西苏尼特及镶黄、镶白旗的白盐以及商都的土盐，正蓝、正白及镶白旗的天然碱，大量开采，大量运出。凡此各项，都是最重要的。

　　第三是"教"，即适应蒙胞需要的"教"而解决"愚"的问题。否则饱食暖衣逸居而无教，不足以为现代国民，也不易推进蒙旗自治。况察哈尔蒙旗受满清愚民政策、剌〔喇〕嘛教政策的影响，以及十年受奴化、分化、"赤化"教育的流毒，尤急需要教育，需要适合中央教育宗旨的教育。究应当怎样办蒙旗教育呢？前第六届边疆教育会议时，我提出有几个议案，张院长来张时，我也有签呈提到关于扶助蒙旗教育的意见，重要的是：（一）以察蒙今日困苦的情形，中央必须增加补助费，学生必须完全公费，始可以恢复各校。（二）以察蒙过去教育的情形，在今日必须注重社会教育，或学校教育与社会教育合而为一。（三）以"教"、"养"合一，或配合起见，必须提倡职业教育，在察哈尔设立畜牧、兽医及皮毛工业等职业学校。关于社会教育，我认为在蒙旗地方最为切要，因所有僧俗男女已成年的，均需要补充现代生活常识，现代国民常识和国家观念，而社会教育可随时随地随人而施教，教材亦可随时随地随人的需要而选择。如讲演可在庙会期，可在娱乐场，夏令讲夏令卫生，冬季讲保护牛羊，选举时讲自治，春夏之交时讲种植牧草树木，效果必大。关于社会教育范围最广，而举行较易，举其要者：如巡回讲演团，可巡回蒙胞散居各个地方，如巡回图书，以图书与蒙文小册为主，可巡回到各学校、各寺院，如巡回展览，可将常识有关之各种图画、标本、模型等在各寺院、各学校巡回展览，如画报可由省垣社教机关每周发行一次。其与学校教育合并者，如各小学可酌设补习夜校，或以学生为小先生，教其家人，各小学每月可酌开讲演会数次，各学校每日可将本省及国内外重要消息用蒙、汉文写贴校外，各小学每年可开运动会、展览会、同乐会，时时帮助社会教育。又各适中学校或寺院，可置收音机，各寺院喇嘛多者，可〈设〉喇嘛补习学校。他如电影教育，每年可酌量巡回一次。在内地社教，注重识字，要短期扫除文盲，在蒙旗社教，则应注重补充现代生活常识，灌输国家观念与团结意识，要短期内增加常识，改变思想。如能与国民教育双方并进，并社会教育与学校教育合而为一，则察哈尔蒙旗文化，当可有长足的猛进。

总之，察哈尔蒙旗，在最近十余年来，人口特别减少，财产特别损失，文化也受了不良影响，在此宪政开始，自治实行之日，急需要"庶"、"富"、"教"，即应急实施"卫"、"养"、"教"。且三者要同时并进，彼此相助，如提倡卫生，组织民众，或改良畜牧，开发工矿，都须要社会教育，或学校人员来宣传倡导。衣食足而知礼义，教育为德育、智育之本，庶富而后教，则教育亦需要养、卫，可知三者的密切关系，无轻重先后缓急之分，有相成互助之效。又卫、养、教过去完全是政府的责任，将来大半是地方人民的责任。但在宪政开始，即过渡的今日，尤其在生活困苦，财政艰难，文化落后的现在察哈尔蒙旗，无论财力、人力、物力，政府仍应多负责任，与人民共负责任。察哈尔当局傅主席注意及此，在政纲上，有增进蒙胞福利、发展盟旗文化的项目，在机构上有盟旗文化福利委员会的组织。所谓"庶"、"富"，所谓"卫"、"养"，都包括在福利之内，而"教"即文化，可知这完全合乎蒙胞的要求，而尽了政府的责任。惟此事重大，应政府与人民通力合作，中央与地方共同负责，即蒙民自治，政府帮助自治，或者可以达到我们的希望。

《蒙声半月刊》
张家口察哈尔省盟旗文化福利委员会
1948 年 2 卷 1 期
（李红权　整理）

一年来察蒙大事记

宇光 撰

三十五年十二月

二十二日　前察哈尔部太仆寺左旗总管色楞那木济勒，率察部各旗总管代表萨穆丕勒诺尔布、诺尔布扎那、旺庆多尔济、祁麟、戚叔灵等十八人，由蒙旗来张，晋谒傅长官，报告蒙旗情况，并代表各旗蒙胞表示热诚拥护政府，呼吁收复盟旗。

三十日　锡林郭勒盟伯里亚特旗长仁勤多尔济、副旗长尔达纳，由该旗来张，晋谒长官并报告蒙情。

三十六年一月

四日　为发展盟旗文化，增进蒙胞福利，察哈尔省盟旗文化福利委员会在张家口成立。由省府派蒙藏委员会委员张季春氏兼主任委员，并聘色楞那木济勒、萨穆丕勒诺尔布、旺庆多尔济、诺尔布扎那、吉尔嘎拉为委员。

五日　察哈尔部、锡林郭勒盟，分别在宝昌、多伦设办事处，办理盟旗事务，及保持与政府间密切之连络。为招抚宣慰流亡之蒙胞，于新明设招待所。

二月

一日　国立察蒙师范学校校长侯敬敷来张，筹备该校开学事宜，并着手招生。

六日　察哈尔省第一次行政会议开幕，本会张主任委员，及萨穆丕勒诺尔布、旺庆多尔济两驻〈会〉委员出席参加。

十四日　为救济流亡本市之贫苦蒙胞，由本会同救济分署第四工作队连络，每人发给春装棉布十三尺，棉花二斤，计发一四六人。

十五日　《蒙声半月刊》创刊号发行。

二十五日　锡盟东阿巴哈纳尔，东、西阿巴嘎四旗代表公噶喇嘛，及厢〔镶〕黄旗总管代表苏勒图木来张，报告蒙情，并携带各旗扎萨克及穆总管呈主席文件。

二十六日　社会处由救灾游艺运动捐款项下，特拨二，一四八，四七〇元救济本市赤贫蒙胞，由本会偕同发放。

三十日　省府任命何文瑞为盟旗联防骑兵支队长，何队长率部深入盟旗展开剿抚工作。

三月

一日　察境蒙旗招抚专员办事处在新明设立，由刘铁符专员主持。

《蒙声半月刊》第二期发刊。

七日　救济分署第四工作队派员前往商都、多伦，发放盟旗急赈物资。

十日　为解决盟旗购销困难情形，安定蒙胞生活计，由本会召集盟旗代表商讨筹设盟旗产物运销合作会〔社〕。

十日　本会为宣扬施政及光复本省复员设施发表告蒙旗同胞书，以增进蒙胞之认识，促进蒙汉之团结。

十二日　察哈尔部正蓝旗保安队嘎什队长，率部清剿该族〔旗〕残匪，收复正蓝旗。旗政府准备复员工作。

十八日　察部、锡盟各旗代表及在张蒙籍青年一百四十五人，联各〔名〕电请三中全会，呼吁剿除"共匪"，拥护统一，建立民主政权。

太仆寺右旗总管诺尔布扎那，正蓝旗总管索那木隆都普，来张报告察情。

四月

一日　《蒙声半月刊》第三、四期合刊发刊。

二十日　察哈尔省蒙旗教育复员委员会成立。

二十五日　盟旗产物运销合作社筹备就绪，聘唐鸿业为经理，定七月一日正式开幕。

二十九日　厢〔镶〕黄旗总管穆克登宝，商都旗总管额勒恒格率两旗保安队二百十七名携枪一七一支反正来归。

六月

一日　厢〔镶〕黄旗遭"共匪"袭击，保安队刚图队长殉职。

九日　伯里西〔亚〕特旗民于乌特图特套遭"共匪"三千余名袭击，损失奇重，该旗保安队及难民千余人逃至多伦闪电河一带。

十一日　救济分署第四工作队以结束在即，将未发蒙旗救济物资全部移交本会保存，随时发放。

十九日　省府为积极推进蒙旗复员工作，特发表厢〔镶〕黄旗代理总管兼保安总队长穆克登宝，商都旗代理总管兼保安总队长额勒恒格，正蓝旗代理总管兼保安总队长索那木隆都普，太仆寺左旗代理总管兼保安总队长诺尔布扎那，并成立盟旗第一区保安司令部，由穆克登宝兼任总司令，色楞那木济勒任副司令，负责指挥各旗保安总队，本日在省府中正堂隆重举行宣誓就职典礼，傅主席亲临致词。

三十日　锡盟西阿巴噶旗扎萨克雄诺栋都布携眷及东阿巴噶旗扎萨克□达巴拉代表旺津巴穆来归。

七月

一日　《蒙声半月刊》第五、六期合刊发刊。

盟旗产物运销合作社正式开幕。

五日　本日下午七时在中山堂开欢迎西阿巴噶旗扎萨克雄诺栋都布晚会。

六日　中央军事慰问团副团长梁士栋将军一行莅张召见蒙旗王公及各旗代表等，代表中央转致慰问。

三十日　行政院颁发伯里亚特旗赈款一亿元，本会会同社会处、蒙旗特派员公署议定以现款五千万元救济蒙旗在多伦难民，另五千万元购买小米救济在张北及本市盟旗难民。

八月

七日　伯里亚特旗逃亡太仆寺左旗马拉盖庙难民复遭"共匪"袭击，损失颇重。

八日　锡盟东阿巴哈那尔协理包拉达扎布，偕贝子庙喇嘛代表扎布仁达布哈及随员来张，报告蒙情。

十七日　中国边疆学会察省分会成立。

二十六日　锡盟各旗蒙胞，不堪"共匪"蹂躏脱出"匪区"者日众，本会召集有关各机关，商讨救济办法。

二十八日　国府委员张溥泉（继）先生来张视察，召见蒙旗代表，咨询蒙情。

三十日　伯里亚特旗逃张难童巴图等十二名，本会送往救济院安置。

九月

一日　国立察蒙师范学校续招新生。

十三日　华清〔清华〕大学雷院长与教务长及张、戴两教授来张参观，由中国边疆学会察省分会假省府会议室举行欢迎会，并召开边疆问题座谈会，与会人士及蒙旗代表参加者六十余人。

十九日　本会派员携大批救济物资赴张北与土木尔台，救济伯里亚特旗及西苏尼特旗流亡蒙胞。

廿九日　傅主席关怀蒙旗代表，特饬本会张主任委〈员〉召集色楞那木济勒等转致慰问，并发给慰劳金千万元。

锡盟西乌珠穆沁旗代表胡图仁嘎率附近各旗武装民众随孙总指挥，歼灭哈必□吉都庙等地"匪"李秀山部二团之众。

三十日　本省农林处举行农产品展览会，本会送盟旗乳制品数种参加展览。

十月

四日　厢〔镶〕黄旗代表仁钦多尔济来张报告该旗近况。

五日　本会商洽善救分署特拨出救济物资十八吨，救济伯里亚特旗逃往张北难民，本会张主任委员，善救分署童副署长亲往发放。

十日《蒙声》第七期发刊。

十一日　本省临时参议会成立，察哈尔部参议员萨穆丕勒诺尔布、胡图凌嘎，锡林郭勒盟参议员仁勤多尔济、吉利占泰出席参加。

十三日　正白旗十三佐佐领索特那玛达尔扎来张，报告该旗近况。

二十三日上都旗总管额勒恒格返旗发放救济物资，本会派总务组长萧兆庚同往监发。

二十四日　善救分署在本会发放救济物资，救济在张蒙旗难民，每人领到毛毯一条，毛衣一件，咔叽布十三尺及牛乳、汤粉、针线等物多种。

二十五日　省广播电台为加强宣传效能，增设蒙语广播节目。

二十八日　本会发放救济伯里西〔亚〕特旗在张难胞小米，每人二十五市斤，计发三二〇人。

三十一日　省垣举行蒋主席六一大庆庆贺式典，蒙旗在张王公代表多人参加祝贺。

十一月

一日　发放救济逃亡张北之伯里亚特旗难胞小米，难胞三三〇人共发小米八，三五〇斤，本会派福利组员张宝音随同该旗副旗长尔达那〔纳〕前往发放。

四日　省府委拉长福为太仆寺左旗中心国民学校校长。

十三日　本会约农民银行、社会处，商讨盟旗小本贷款事宜。

十九日　正白旗复员委员会成立，索特那玛达尔扎为主任委员，祁仁、策树林为委员。

二十四日　救济厢〔镶〕黄旗难民，本会派员携救济物资及赈款前往发放，正白旗复员委员会主任委员索特那玛达尔扎携救济物资前往康保救济该旗逃亡难民。

二十九日　平、津记者团莅张，来会访问蒙旗人士。

十二月

一日　前正白旗总管孟克德尔格勒携子孟国栋及眷属十余人来归省府，以孟前总管忠义可嘉，经例会决议发给奖金五百万元，并请行政院明令褒扬。

三日　发表伯里亚特旗长仁勤多尔济、副旗长尔达纳，为察省蒙边"剿匪"第一路正副司令。

十日　《蒙声》第八期发刊。

十三日　发表阿格栋噶、包拉达扎布为本会驻会委员。

二十日　本会周末会报，商讨本会成立一周年纪念事宜。

二十一日　前正白旗总管孟克德尔格勒病逝张寓。

《蒙声半月刊》

张家口察哈尔省盟旗文化福利委员会

1948 年 2 卷 1 期

（朱宪　整理）

新蒙边界探源

周东郊　撰

引言

　　自从辛亥革命以来，外蒙最初被帝俄控制，以后又被苏联控制，除了民国七年外蒙一度自动取消自治，北京政府前后派徐树铮、陈毅前往，从事"镇抚"外，它与祖国始终是隔离着。在此隔离期间，它对阿尔泰区的入侵及要求阿尔泰东部领土已有数次之多。就入侵讲，一次在民元、民二，外蒙军曾于攻陷科布多（民元八月二十日）后，进侵布尔根河，二年七月进攻驻扎察汗通古的新疆省援阿军（注一）。二次在民国十三年，外蒙军再犯布尔根河，掳去布尔根县佐，威胁当地蒙民归顺外蒙（注二）。三次在民国二十二年，外蒙三侵布尔根，据布尔根设治局（注三）。四次在民国三十二年，外蒙陆空军协助哈萨克变民侵入乌河设治局及清〔青〕河县（注四）。五次在去年六月，外蒙陆空军进犯北塔山。就要求阿尔泰东部领土讲，一次在民国三年二月，据同月二十日新督杨增新呈中央电：

　　　　据驻察团长张键电称，准蒙古带兵官将军达三实派员送来公文一件，内开："敝蒙军因奉政府命令保守边土，并防哈萨抢夺，现拟一月内分兵驻扎哈布达盖山、白塔山、乌桶尔、察

尔罕、葛苏、可布、黑山头、号赖通古等处，以保边界。未审
贵军何日退兵？祈示为盼。"（见《补过斋文牍·戊集》四二
八页）

二次在民国四年二月，中、俄、蒙恰克图第三十一次会议，关
于外蒙自治区，外蒙专使言："按照中国旧制，阿尔泰归科布多参
赞大臣管辖。"而要求将阿尔泰划入外蒙（注五）。第三次在民国
十三年，外蒙进侵阿山道时，曾声称："阿山道区原属蒙境，当然
收隶外蒙版图。"（注六）。第四次是去年北塔山事件发生后，中央
对外蒙提出抗议，六月二十六日外蒙驻莫斯科公使将覆文交我驻
苏大使傅秉常，内容要点为："外蒙政府认北塔山事件系起因疆界
纠纷，外蒙政府认为北塔山在外蒙疆界内，中国军队曾侵入外蒙
疆界，因起冲突。"

外蒙之屡次进侵阿尔泰，其表面上所据的理由为：阿尔泰曾隶
科布多，这一点在今天必须先搞清楚。不错，阿尔泰区曾隶属过
科布多，但这只是历史上的事实，此一事实已由时间把它变成陈
迹了。

科、阿分治及阿尔泰归并新疆省的经过

一七五五年满清平定西域后，更名该地为新疆，但未把今日的
阿山区划入新疆之内。一七六二年清廷设科布多参赞大臣，其所
辖区为杜尔伯特、扎哈沁、明阿特、额鲁特、新土尔扈特、新和
硕特及阿尔泰乌梁海等牧地，据《大清会典》及清张穆著《蒙古
游牧记》（注七）所载：杜尔伯特牧地在阿尔泰山东乌兰固木地
方，其西部至索果克河，接阿尔泰乌梁海。扎哈沁牧地，南界由
昂吉尔图起，至哈布塔克山止，接巴尔库勒（即镇西）；西南界由
哈布塔克山起，至和托昂鄂博止，接新土尔扈特、新和硕特牧地；

西界由和托昂鄂博起，至布勒干河（即布尔根河）东岸止，接阿尔泰乌梁海；西北界由布勒干河起，至浩赖僧库尔、都木达僧库尔、惠图僧库尔之北山止，接阿尔泰乌梁海。额鲁特一旗的西界由哈叨乌里起，至都鲁淖尔止；北界由都鲁淖尔起，至习集克图河止，均与阿尔泰乌梁梅接壤。新土尔扈特牧地在阿尔泰山南、乌伦古河东，东至奔巴图、扪楚克乌兰、布勒干和硕，接新和硕特；南至胡图斯山、乌伦古河；西南至乌兰波木，均逾戈壁接古城（即奇台）；西至青吉思河（即青格里河）、昌罕阿满、那彦鄂博；北至绰和尔淖尔、那郭干淖尔；东北至哈弼察克，均接阿尔泰乌梁海。新和硕特牧地在阿尔泰山东南，当哈弼察克，西至青吉思河，接阿尔泰乌梁海；东至和托昂鄂博，接扎哈沁旗；南至布勒干，接新土尔扈特；北至奔巴图，接阿尔泰乌梁海。阿尔泰乌梁海共七旗，其牧地，至西伯尔沙、扎该山、乌图淖尔的南山止，接哈尔喀屯田兵；东南由惠图僧库尔起，至都木达僧库尔、浩赖僧库尔之北山哈弼察克止，接扎哈沁；再由哈弼察克起，至淖和尔淖尔、那郭干淖尔之中山、清依勒河、那彦鄂博、昌罕阿满、乌兰波木止，接新土尔扈特、新和硕特；南界由乌兰波木、乌伦古河起，至巴噶淖尔（即布伦托海）止，接塔尔巴哈台属土尔扈特；西南界由巴噶淖尔起，至噶勒扎尔、巴什绰尔北岸、纳林哈喇山止，接塔尔巴哈台属土尔扈特；再由纳林哈喇山起，至碑尔素克托罗垓止，接塔尔巴哈台；西界由碑尔素克托罗垓起，至巴尔哈什淖尔止，接喀伦；北界由巴尔哈斯〔什〕淖尔起，至哈窦里达巴止，接喀伦；东北界由哈窦里达巴起，至哲斯达巴、蒙古勒亚素，沿索里河、科布多河西岸，习〔至〕集克图河止，接杜尔伯特。

　　当时科布多参赞大臣的辖境极大，西接现在的塔城区与斋桑湖；南接现在的迪化区；北接唐努乌梁海；东接喀尔喀蒙古。但当时的人口甚稀，尤其是阿尔泰地方，在乾隆年间，青塞特奇图勒盟（即新土尔扈特、新和硕特与阿尔泰乌梁海各旗）的丁口，据《大清会典》载：丁一，六五〇；口八，二五〇。阿尔泰地方，水草丰足，哈萨克人，不断移入，最初清廷还加以限制，但清中叶以后，塔尔巴哈台参赞大臣为了安插移入塔城的哈萨克人，借用了阿尔泰所属的哈巴河一带蒙古人的牧地。经时既久，蒙、哈二族，常起纷纠，科布多参赞大臣曾因此向塔尔巴哈台当局索还借地，塔尔巴哈台当局为事实所限，不能归还。科布多参赞大臣即奏请清廷查办，数年不决。光绪二十八年（一九〇二），伊犁将军长庚亲往勘查，始定议将借地还科。但长庚鉴于当时俄人图谋阿尔泰地区日亟及地方民族纠纷日多，曾奏请清廷于该地设专官治理。这篇奏文很长，他提出四项理由，主张科布多与阿尔泰必须分治，即：固疆域、修守备、重巡防、辑哈部，对阿尔泰的地方形势、俄人野心及该地对新疆的守卫关系，阐述尤详（注八）。此后科布多参赞大臣瑞珣又再三奏请。光绪三十年（一九〇四）五月十八日，清廷派锡恒为科布多办事大臣，驻阿尔泰山办事，翌年锡恒巡视阿尔泰地方，三十二年（一九〇六）奏请设阿尔泰军镇。三十三年（一九〇七）科布多参赞大臣联魁奏请阿尔泰与科布多实行划地分治，清廷准如所请，以原来的杜尔伯特部左翼达赉汗属十二旗（内附辉特一旗），杜尔伯特右翼亲王属四旗（内附辉特一旗），计一部二盟十六旗，及扎哈沁部二旗（公一旗，总管一旗），明阿特一旗（总管一旗），额鲁特部一旗（总管一旗），计三部四旗，以上共计四部二十旗，仍为科布多参赞大臣管辖。以新土尔扈特部一盟二旗，新和硕特部一旗，阿尔泰乌梁海〈部〉七旗（左翼四旗，右翼三旗），以上共计三部十旗，划为科布多办事大臣管辖，并改科布多办事大臣为阿尔泰办事大臣，以额尔齐斯河畔的哈喇通古为驻节地，后因官署兴修匪易，乃移驻该地北百二十里的承化寺，为临时官署（注九）。以上经过均见《清实录》（注十）。至此阿尔泰地区乃与科布多地区分治。

民国成立后，改阿尔泰办事大臣为办事长官，直隶中央，对其治境，并未变动，同时因其地处偏僻，中央除了民元、二两年因外蒙进犯布尔根，曾略对之注意外，只是每年给与若干协饷而已。

民初外蒙进犯阿尔泰时，新疆省曾出兵进援，驻察汗通古，阻住外蒙军的南下，因之新、阿关系，渐成唇齿。此后新督杨增新又数度派员到布尔根河一带的蒙民部落宣慰、散发赈款，因之新省又与当地蒙民建立了和好关系。民国四年（一九一五）七月阿尔泰长官刘文炳，感到中央对阿鞭长莫及，一切政务，均无法举办，乃呈请北京政府，建议将阿尔泰区归并新疆省，设道尹、镇守使，以便就近治理。北京政府即令新督杨增新同阿尔泰办事长官妥拟改官设治办法。后以刘长官去职，继任程克，对归并一事，不甚同意，事遂搁浅。但新督杨增新对阿尔泰的安危非常注意，民国六年（一九一七）八月二日杨氏曾致函程克，主张乘欧战期间俄人不克东顾之便，"在阿尔泰创设县治，经营内政，以期抵御于将来"。并称："至设县经费，尊处支配有余，即毋庸代为筹拨，否则暂由新疆担负，亦可通融。……新、阿唇齿相依，安危与共，长城在望，良切钦迟。"（注十一）七年（一九一八）十一月阿尔泰属蒙古王公呈请杨督将阿尔泰并入新省，文中有："现值边事日亟，鉴于外蒙各部落为库伦所据，乌梁海各蒙爵印信被俄官所夺，爵等栗栗危惧，不得不求一力能护我，心能爱我之区，相庇以安。谨再谬申前请，恳将爵等部落，改归新疆管辖，由帅转呈政府定案，俾荷庇荫，而庆生全。……"（注十二）杨氏即据情转呈北京政府，同时驻库伦都护使陈毅，亦呈请划阿尔泰为新疆省的一道。同年十二月五日经北京政府将该案交外交、内务、财政、陆军、农商各部及蒙藏院会核，并先咨各省区查覆。八年（一九一九）

三月七日，阿尔泰办事长官张庆桐以贪污扣饷，激起兵变，杨增新氏派周务学率兵入阿，办理善后。四月北京政府国务院会议通过裁撤阿尔泰办事长官，其所辖境并新疆省，改设阿山道。同月二十五日，杨增新电保周务学为阿山道道尹。六月一日，大总统明令："据外交、内务、财政、农商各部暨蒙藏院呈，会核阿尔泰地方归并新疆省，改区为道一案，拟请实行归并，以裨边治等语。阿尔泰办事长官着即裁撤，所辖区域，归并新疆省，改设阿山道一缺，所有该长官原管之蒙、哈等事务，均由该道尹循旧接管，余如所议办理。"（注十三）又据杨增新八年八月十五日训令阿山新设布尔津河县暨布伦托海县佐设治委员文内称："案准内务部电开，阿山改区为道一案，业由部会同主管各部院呈覆，于六月一日奉明令裁撤阿尔泰办事长官，将所辖区域归并新疆省，改设阿山道尹，复于六月十三日奉令任命周务学署新疆阿山道尹在案，已由部抄录原呈会呈查照……"（注十四）

同年九月，新省当局呈准北京政府设布尔根设治局，治理新土尔扈特、新和硕特二旗。九年（一九二〇）九月复呈请设耳里匮设治局，治区以乌希岭以东乌梁海蒙旗为限，杨增新九年九月二十二日呈北京政府文内有：

> ……耳里匮为乌梁海游牧环聚之处，水草丰阜，距俄属电局，仅一衣带水……拟请于耳里匮地方，分设设治局……至布尔根河设治局辖境，应以新土尔扈特、新和硕特蒙旗为限，耳里匮设治局辖境，应以阿山所属乌希岭以东乌梁海蒙旗为限……（注十五）

到了民国二十二年（一九三三），布尔根河为外蒙所据。二十三年（一九三四）新省当局设青河及柯克托海二设〈治〉局，令乌梁海大喇嘛褚鲁通代理青河设治局局长，二十六年正式任命郭永隆（留德学生）署青河设治局局长，绩成（满人）署柯克托海设治局局长。二局辖区，在青格里河及额尔齐斯河上游，并于北塔山设公安局派出所，以米玛汗（哈旗〔族〕）为首任所长，隶阿山区公安局。三十年（一九四一）复于青河设治局西南五十公里二台地方设乌河设治局，并改青河、柯克托海二设〈治〉局为县，更柯克托海名为富蕴。

　　以上是二百年来阿尔泰行政上的变迁简史，由一七六二年至一九〇七年，阿尔泰地区隶属科布多；由一九〇七年至一九一九年，阿尔泰地区成直属中央的特区；由一九一九年至现在，阿尔泰地区属于新疆省的一道（至一九二八年）、一行政区（由一九二八年迄现在）。历史的文献，非常显明，胜于任何雄辩。

从外交资料上看新蒙边界

　　辛亥革命后外蒙宣布独立，曾进兵西部，攻陷科布多，侵据布尔根河。此一事件于民国二年（一九一三）由两个外交结果而解决，一是该年十一月五日中俄两国外交代表在北京签定的《中俄声明文件》五款，重要者为俄国承认中国在外蒙古的宗主权，中国承认外蒙古的自治权，其关于外蒙古自治区，《声明文件》中载："外蒙自治区应以前清驻扎库伦办事大臣、乌里雅苏台将军及科布多参赞大臣所管辖之境为限。"另一是同年十二月二十一日阿尔泰办事长官帕勒塔与俄国驻承化领事库申科签订的《中蒙临时停战军队驻扎界线条约》。其第一条全文为："中国军队与喀尔喀军队，自此条约有效力期内，均以阿尔泰最高分水界，自森彼得堡条约第八条内载之奎屯山起，东至江噶什，顺布尔根河至济尔噶朗河口，再东南经察汗同〔通〕古之〈西〉北陶甘策凯，至哈尔根图阿满为界，彼此不得越过界线，更不得彼此开仗。但驻察汗通古一带中国军队，于此条约签字后三个月内退回新疆元湖地方。再，此条约系指双方驻军地点而定，与科、阿疆界问题决无干涉。"（注十六）以上无论是中央性的或地方性的交涉，其签于书面的事实，都说明了中央与地方并未将阿尔泰地区割与外蒙寸土。在签约当时科、阿已经分治，《中俄声明文件》中所刊的科布多参赞大臣的辖境，自然不能包有阿尔泰办事大臣或长官的辖境，而且外蒙侵阿军于三年（一九一四）三月廿四日自动由布尔根撤归科布多境（注十七）。

民国四年（一九一五）六月七日，中、俄、蒙三方在恰克图签订《中俄蒙协约》，其有关自治外蒙的疆界载在第十一条："自治外蒙区域……其与中国界线，以喀尔喀四盟及科布多所属，东与呼伦贝尔，南与内蒙，西南与新疆省，西与阿尔泰接界之各旗为界……"并规定："中国及自治外蒙古国境之正式划定，应由中、俄两国与自治外蒙各代表，成立特别委员会行之，该委员会自本条约签订之日起，在两年以内，开始划定事宜。"因为欧战关系，划界一事，虽未举行，但在此协约内，明白规定，自治外蒙："西南与新疆省，西与阿尔泰接界之各旗为界。"此所谓各旗，虽未明白指出何旗，但阿尔泰地区内只有蒙族有旗的组织，且协约内关于自治外蒙的区域又指明为"以喀尔喀四盟及科布多所属"，当然没有理由说自治外蒙在阿尔泰地区内还有领土。

从民四以后中俄关于外蒙的交涉暂告停顿。民国七年（一九一八），帝俄崩溃，外蒙自动宣布取消自治，但当时我国内正陷于军阀混战，北京政府虽先后派大员入蒙，这些大员既仍挟封建思想，下临蒙民，同时国家又无力量来控制地方，而日本复资助俄国白党谢米诺夫攻陷库伦（时在民国十年二月），逃入新疆的俄白党巴奇赤自塔城窜阿山道，图与谢米诺夫会合，这两股势力，后来都由苏联红军消灭，外蒙亦于斯时落入苏联手内，初成立蒙古国民政府，十三年（一九二四）改成立外蒙古人民共和国，召集国会，产生宪法。

民国十二年（一九二三）三月十八日北京政府任命王正廷为中俄交涉督办，与苏代表加拉罕进行有关中苏全般问题的交涉，几经周折，于十三年（一九二四）五月三十一日签订《中俄解决悬案大纲协定》等（当时我代表已更为顾维钧），其有关外蒙者，载于协定第五条："苏联政府承认外蒙为完全中华民国之一部分及尊重在该领土内中国之主权。"同条第二款，苏联政府声明："一俟有关撤退苏联政府驻外蒙军队之问题，即撤兵期限，及彼此边界安宁办法在本协定第二条所定会议中商定，即将苏联政府一切军队由外蒙尽数撤退。"这一协定，关于外蒙古的疆界，并未提及。

从民国十二年起，新蒙边界即告封闭，一直到民国二十二年（一九三三），阿山地方变乱，布尔根河设治局局长马玉良率汉、回人民逃亡奇台，同年秋，外蒙籍〔借〕口哈萨克人入掠其畜牧、财物，出兵追击，遂占据了布尔根河，再未退去。二十四年（一九三五），阿山区行政长沙里福〈汗〉秘书长满凯（二人均系哈族）往科布多办理蒙、哈互劫及边界交涉，七月，满凯与外蒙科布多地方官贡布会议于岳尔毛盖图，关于新蒙边界，当时曾议定："以阿尔泰山正干分水线为界，即凡阿尔泰山之水流向新疆者，属新疆；流向科布多者，属外蒙。"（注十八）这个议定书并未经我中央批准，同时满凯亦非中央派往外蒙交涉边界的代表，自然无存在根据，但就议定书本身论，布尔根河是流向新疆省的，外蒙理应让出，可是他们不但未曾履行，且于二十五年（一九三六）更侵占了青河东北的三个海子，二十七年（一九三八）更侵占了本布图（即本巴图）等地。二十五年冬笔者曾奉派往外蒙，与蒙方办理交涉，无效。三十二年（一九四三）外蒙支助阿山民变，进陷乌河，我新疆外交特派员曾向苏联交涉，亦无效。但外蒙军并未在乌河久驻（注十九）。

这样到了民国三十四年（一九四五）八月二十五日，《中苏友好条约》签订，中国承认外蒙为独立国，关于外蒙古人民共和国的疆界，于该条约附照会二中载："即以其现在之边界为边界。"这里所谓现在的边界不能包括他擅自侵占的地方，外蒙原是中国的一地方，今即由中国承认他独立，自然要依据中国所划定的外蒙行政区为准，为依据。中国所划的外蒙行政区，"据民国九年（一九二〇）北京政府所颁布的外蒙镇抚使署组织条例，外蒙古包括：（一）库伦所属之〈土〉谢图汗、东〔车〕臣汗；（二）乌里雅苏台所属之三音诺颜汗、扎萨克图汗；（三）科布多所属之杜尔伯特、扎哈沁、额鲁特、明阿特各部；（四）唐努乌梁海各部"。（注二十）

以上，我们从近三十余年的外交资料上，也足以证明，外蒙古与苏联都没有任何根据来要求阿尔泰地方。

从地理资料与地图上看新蒙边界

外蒙与新疆接界处可以分成二段，下一段与新疆省的哈密区接壤，上一段与新疆省的阿山区接壤。

关于哈密区，其沿革为：乾隆二十四年（一七五九）置哈密厅，乾隆三十八年（一七七三）置镇西府，咸丰三年（一八五三）改镇西府为直隶厅。光绪十年（一八八四）新疆设行省，哈密、镇西均改直隶厅。民国二年（一九一三）四月，哈密、镇西改县，三年（一九一四）六月，二县划归迪化道管辖。十九年设哈密行政区，分哈密为哈密、伊吾、宜禾三县，连同镇西县，均划入哈密行政区内。旋哈密事变发生，伊吾、宜禾二县无形取消。二十五年设七角井设治局，二十九年设伊吾设治局。

关于哈密、镇西与外蒙接界的地理资料，据《新疆图志·建志置〔置志〕》卷二哈密项下载：

> 东北六百二十余里至阿达什山、双井子，接喀尔喀蒙古。（上述书二三页）

同书镇西项下载：

> 北四百里至沙滩，北沿苏海图，接乌里雅苏台……东北五百四十里至沙滩北沿，接蒙古扎〔尔〕萨克图汗部之明冈〔岗〕。（上述书一七页）

又《新疆图志·道路志》二，哈密厅项下载：

> 厅北八十里沙沟峡，八十里三塘湖，二百余里苏海图，又北入蒙古界（喀尔喀扎萨克图汗部），凡十四程至乌里雅苏台。（上述书一五、一六页）

同书镇西厅项下载：

> 城北……〈四〉十里双墩子、三十里马王庙、二十里沙沟、二十里都兰喀喇山，入蒙古扎哈沁〈旗〉牧地，达科布多境。又赴老毛湖东山〔小〕径一，七十里树窝子、二十里三塘湖泉淖、二十里风神庙、十里戈壁，至苏海图，亦达蒙古游牧地。（上述书一〇、一一页）

依据同书所附的道路图来考察，哈密厅东北部有三百五十余里的长度（依同图所附比例尺计算，下同）与扎萨克图汗部接壤，均系山地，边线距哈密厅治所在约三百五十里。镇西厅东北部与北部之半，有七百余里的长度与扎萨克图汗部接壤，北部靠西为大沙碛，但边线仍系山地，东部边线距镇西厅治所在约四百二十余里，北部边线距厅治所在约四百里。道路图虽甚简单，但边线距哈密、镇西二域的里数是可以测知的。

按哈密、镇西二地与扎萨克图汗的中右翼末旗、右翼后末旗及扎哈沁旗接壤，据张穆著《蒙古游牧记》载，扎萨克图汗的中右翼末旗西至毕济（按毕济即毕治河，河源在同库里湖南新蒙边境上，北即扎哈沁牧地），右翼后末旗西至哈喇得勒，接瀚海（按哈喇得勒在新蒙边界上之外蒙地方），扎哈沁旗南界由昂吉尔图起至哈布塔克山止，与巴尔库尔（即镇西）接壤。

关于阿山区，其沿革已如前述。自阿尔泰归并新疆省后，不但于其东部先后设布尔根、耳里匿、青河、柯克托海、乌河等设治局；于布尔根、察汗河、察汗通古、乌河等地驻有军队，且科布多所属的扎哈沁、杜尔伯特等牧于民国六、七年间，屡次呈请新疆当局，愿归附中国，这些资料均可以于《补过斋文牍·戊集》及《补过斋文牍续编·国防篇》内觅得。我们在今天纵不愿根据此历史资料向外蒙要求科布多，但决不能把属于新疆省阿山区的领土让与外蒙。

阿尔泰与科布多的各蒙族部落境界，前面已经述过，这里不再重复。我们且举出几段地理资料，据《西域水道记》载：

> 布廷图河南岸为和通鄂博山。是为阿勒坦山之尾西南麓，其山之阳，布拉干河出焉，乾隆三十六年舍棱来归，宥其罪，仍封弼里克图郡王，谓之新土尔扈特，授牧地布拉干河……布拉干河源为其避夏处。（上述书卷五，一五页）

又据《会典图说》载：

> 乌龙古河有二源，东曰布尔河，西北青吉斯河，布尔干河出新和硕特旗北。

按阿勒坦山即阿尔泰山，布拉干河、布尔干河即布尔根河，青吉斯河即青格里河。这些地理资料亦足以说明布尔根河流域在阿山区境内。

又民国以来一部最详细的关于新疆地理记载的书当推谢彬的《新疆游记》，因为全疆各地他都亲自经历了。他记有：

> 新土尔扈特三旗，自为一盟……旧分五苏木，亲王密什克

栋固鲁布辖三苏木，贝勒玛克苏尔扎布辖二苏木，上年密亲王之子纳木加旺登晋授镇国公，分辖蒙民百幕，另立一苏木，今共六苏木矣。其牧地东西长而南北短，全有布尔根河、青格里河、察罕河诸流域。新和硕特一旗，地介中央，即察罕图与玛雅图两山脉间之谷地……民国属阿尔泰特别区辖境。其牧场，密亲王驻小龙口，旧有土筑王府，自民国元年喀匪独立，密亲王率所属蒙民，徙牧新疆孚远，渐就倾颓，今已不可居矣。玛贝勒驻扣克海（按即柯克托海——笔者）。辅国公爱里宰的里克驻哈格沙尔，纳公爷驻达什完次，新和硕特小扎萨克镇国公达木定测得登驻巴格齐郎。除小龙口一处属察罕河流域外，其余皆沿布尔根河，相望而牧，然此属冬窝也，至于夏窝，则皆在英得尔图与绷布图一带山中。其四界，东以和墩鄂博、玉举那克沁鄂博、村已察罕乌苏鄂博界扎哈沁蒙旗；南以白塔山、哈尔塔拉山界新疆奇台；北以布尔根河、英得尔图阿玛鄂博，西以果尔宗达坂、罗英鄂博，西南以乌苏博木界乌梁海蒙旗。（上述书三三一、三三二页）

这是谢彬在民国六年十月十日于布尔根河流域哈茨地方记的，当时阿尔泰尚为特区。

又同书内记有：

十月十三日，晴。上午九时，发壹尖工忙罗罕，向西行，右折入山，一望戈壁，二十里，道左有鄂博，过此下坂，八里、青格里河沿……源出乌梁海蒙旗山中，前后二源并导，东南流，至哈喇乌苏达坂北麓，入新土尔扈特辖境……（上述书三三三页）

……华额〈尔〉齐斯河……源出乌梁海右翼蒙旗扣克托海山中……（同前三三五页）

……厥后哈萨克内徙，借地安插，占地日多，今乌梁海牧

场，缩在科布多河上游鄂依古尔水、查布葛勒水（皆汇入科
布多水）、科布多水、萨克赛水、土尔公水诸流域一部分地方
矣。（同书三四二页）

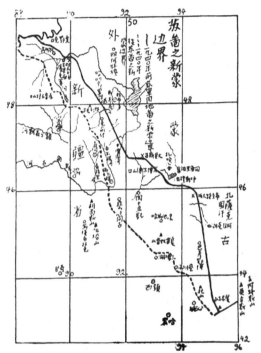

这都说明了阿尔泰区当时所辖的各牧境界与情况。而这境界一
直到今天，政府从未变更。

如再就地图来考究，中国一般地图关于新蒙边界的划分，彼此
稍有出入，这是因为新蒙边界是根据各盟旗的境界划分的，盟旗
之界，重点而不重线的原故，不过把坊间出版的地图（指经审定
者而言）拿来比较，大体上尚无大异。我们最好以民国二十九年
（一九四○）我国内政部制成的蒙古地方图为准，因为这幅是依据
盟的境界加以详细考究而绘成的，同时在当时外蒙尚为中国领土，
中国决不会把边界划得不公平。该图的甘、新、外蒙交界处在东

经九六度二〇分、北纬四三度二七分处，循英格斯山（在阿特斯山西南十公里处）向西北，经马哈海尔汗、伯勒台至耶达努鲁山东侧，折向东北，再转而西向，至东经九四度五五分、北纬四四度二〇分处，折向正北，过阿拉克湖的东岸，渐转西北方向入阿尔泰山，沿山向西北，穿呼勒穆湖、同库里湖间。以上为外蒙与新疆省哈密区的交界，全长约四百八十公里，和前述的《新疆图志》内所附的哈密、镇西二图内所示哈密、镇西与外蒙接壤的长度相去无几。其边线距二城的距离里数也与《新疆图志》的附图所示差不太多。自同库里湖而上，边线仍西北向，过博尔传山口北，绕大贝斯台南，离山北行，过中僧库尔与后僧库二河会口，掠科布多城西二十七公里，傍克俞什（在阿山区境），再转向西北，渡布彦图河后百余公里，再北向百二十公里傍耳里匮（在萨克赛河东阿山区境内）渡科布多河，经别列乌北（阿山区境内）、索鄂克（外蒙境内）西，北止于中苏边界的察汗鄂博。以上为外蒙与新疆省阿山区的交界，全长约六百余公里。这与阿尔泰三蒙古部落的境界是一致的，而耳里匮（又名乌列盖）与萨克赛河均系在我内政与对俄交涉上有据可考的新疆省领土。同时这幅地图，（一）制于民国二十九年，当时外蒙在名义上尚为中国的一地方，政府自无于边线上作歪曲的必要；（二）外蒙原系中国领土，现既承认其独立，其边界自应根据其原来的宗主国之图籍来决定。

　　为了再进一步考究，还不妨以一九四〇年前苏联军事测图局出版的《亚洲苏联与其邻国图》第十三幅所绘的新蒙边界线与我内政部的蒙古地方图比照一下。这幅图的新蒙边界起于东经九五度二〇分，经〔北〕纬四五度上，自爱来尔山（在英格斯山西南四十公里处）东北而北上，抵东经九五度间，北纬四六度处，折向正西，至呼勒穆湖〔池〕西沿。沿边一带，如沁城、托山、查汗三治、滚他玛哈等地均在新疆省境内，只是阿拉克湖，我内政部图绘在新蒙边界上，苏图绘在距边界东五公里的外蒙境内；呼勒穆池我内政部图绘在新蒙边界上，苏图绘在距边界东三公里的外蒙境内；英格斯山我内政部图绘在甘、新、蒙的交界处，苏图绘在距边界东北四十公里的外蒙境内，其余无大差异。自呼勒穆池西北向六十三公里，过博尔传山口北，又四十五公里绕大贝斯台南，折向正西，三十八公里再转西北，六十公里过中僧库尔与后僧库尔二河会口西三公里处，又一百公里傍克俞什（在阿山区境），掠科布多城西二十公里，渡布彦图河，一百六十公里渡科布多河，五十八公里，经索鄂克西别列乌北十八公里处，再八十公里抵新、蒙、苏边界之依留戈穆斯基岭。这一段边线，与我内政部图无大出入。

总计新蒙边界我内政部图全长约一千一百公里，苏图约一千另四十余公里。

苏联出版的这幅地图是军用的，非卖品。今再把新蒙边线上各主要地方与距沿边新省境内的各主要地方的距离，中图与苏图所载，依其里数比较一下：

地名	距离	
	中图	苏图
镇西—呼勒穆池边线〔边线〕（注）	二八九	二九一
北塔山中心—博尔传山口	二〇〇	二一〇
察汗通古—大贝斯台	一一〇	一一六
布尔根—克俞什	二〇〇	二〇〇
库鲁木特山口—索鄂克	一六二	一六八

注：中国呼勒穆池绘在我境，苏图绘在外蒙境。苏图上未绘青河与柯克托海，故不克注。

一九四〇年苏联与外蒙擅自把新蒙边线改绘，即西北自奎屯山起，东南向，绕富蕴北，傍青河东、布尔根西、察汗通古南、北塔山北麓、三塘湖北数十公里处，把新疆省阿山区的三分之一及哈密区三塘湖以北的地方都划入苏联与外蒙境内。这种片面的更改地图，当然我们不能承认，国际公法上也没有支持苏联与外蒙的根据。

此外我们还不妨以日本昭和十九年出版的《支那省别全志》第八卷《新疆》一书中所附的"新疆省"图来参考，该图的新蒙边界南起于东经九六度二五分、北纬四二度三八分处，西向平行六五公里，折而西北，曲折于东经九四、九五度间约三百二十余公里，再向正西约二百公里，转北百公里抵察罕通古东二十公里。其正北方边线距镇西约百七十余公里，东部边线距镇西约百五十公里。自察罕通古西北向三百余公里，掠哈叨乌里雅苏台西十公里，再西北向渡科布多河二百余公里傍耳里匮北十公里处，正西向七十余公里，再西北向五十余公里抵中、苏、蒙境交界处，其间布尔根距与其相对之正东边线约六十公里。这幅图，布尔根河依然在新疆省境。

就地理资料与各种地图来考究，其间纵有出入，但布尔根河流域之在新疆省是彼此一致的，而北塔山距边线尚远，亦为不能更改的事实。

一个实证

本文不拟涉及考证以外的论述，似乎即应煞住，但这里还有一件实证，足以证明新疆省在布尔根一带设过治，及当地蒙、哈民族的关系与生活都由新疆省当局负责处理过。这个实证是金树仁氏时期新疆省政府训令阿山区行政长的令文；是当年笔者在阿山区服务外交及边卡当时，由该区行政长公署二十二年劫余的乱文件中捡得的，因为它与阿山区蒙、哈民族间的纠纷问题之研究上有些帮助，把它留下了。

这个训令是七六三号，廿二年四月六日从迪化发出的，其原文为：

新疆省政府训令第七六三号

令阿山行政长 魏镇国

为令行事：案据布尔根河设治局长马玉良呈称："呈为呈覆新吐尔扈旗与哈萨游牧因争占牧场致滋纠葛各情，恭呈仰祈鉴核事。窃于本年一月三十日奉钧府训令内开：'案准新吐尔扈特部落贝勒苏纳木诺尔曾呈称："敝牧原住青格里河、乌龙固河、察罕河、孟楚克、白塔山等处，全被哈萨四个苏木侵占，迭遭侮辱，又被设治招户开垦，不容蒙民居住各情形，前经呈报阿山区行政长，当蒙判令巴扎胡鲁哈民搬住布伦托海，新吐尔扈特旗仍在孟楚克地方居住，以息争端。忽被局长从中迁就，仍令蒙、哈不分畛域，同居一处。似此仍难免良莠杂居，发生意外情事，恳祈饬令察罕河马局长将所占田地归还蒙民，俾得耕种食粮，以资生活，并请仍照前案复令巴扎胡鲁哈民搬往布伦托海住牧"等因一案……合行令仰该局长即便查照办理，具报核夺，此令。'等因。奉此，遵查该贝勒所称青格里河、察罕河等处系该旗原牧地方，自属实在，但该旗蒙民人等于前清光绪年间竟将自有之牧地，多有贪图目前之利，租与哈萨，立给字据，迨至民国二年，外蒙变乱，该旗蒙民，流离迁去，以上各牧地均被哈沙所占，嗣于民国十九年既经奉令，驻防设治，招民固属无多，该旗蒙民人等亦即由科搬来，局长遂即双方观顾，共策进行，将察罕河河西之地拨给农民，俾令耕种，并无征收粮课。去岁蒙、哈因牧地发生纠葛，在蒙民顽固不化，尚有从前之余焰，意欲仍蹈旧规，享牧地之权利，讵料方今国体更新，民智日开，哈民不肯相下，尤以在此住牧多年，兼有蒙民租给牧地字据，持为口实，以致两牧竞争不休。当据该贝勒以巴扎胡鲁全牧毡房仅卅余顶，虚谬之词，呈奉阿山区行政长，判令巴扎胡鲁哈民搬往布伦托海……无如该巴扎胡鲁全牧毡房实共有二百余顶，公家既经驻防设治，诸凡所需，须借民力以资补助，哈民虽云奸滑，而供支差使，较诸蒙民，可称得力，且比时已至冬初……惟是该两牧虽因牧场相争，究属同居多年，不无感情，遂即自相商酌，愿在孟楚克地方暂同交相住牧，以资过冬，再令巴扎胡鲁全牧哈民搬往布伦托海。当据蒙、哈两牧民等，同声极口允从，业经据情呈报阿山区行政长核夺在案。兹奉前因，除饬巴扎胡鲁全牧即行搬往布伦托海，并呈报阿山区行政长外，所有新吐尔扈特旗与哈萨游牧因占牧场发生纠葛各情，并局长从中迁就缘由，理合具文呈请主帅鉴核，酌夺施行。谨呈。"等情。据此，除指令："呈悉，据称新吐尔扈特旗与哈沙牧争占牧场，致滋纠葛一案，既经该局长查明该哈民无力搬往，从中迁就，在孟楚克地方平均安置，令其和睦居住，暂过严冬，俟春暖时巴乍〔扎〕胡鲁全牧即行搬往布伦托海，当据蒙、哈两牧民等同声极口允从等情，应准照办。除照会新吐尔扈特苏贝勒并行阿山魏行政长查照外，仰即遵照。此令。"印发外，合行令仰该行政长即便查照。此令。

主席　金树仁

民国二十二年四月六日

这编〔篇〕文件（一）证明了十余年前布尔根地方尚有新疆省政府在那里设的官署，处理政务；（二）当地蒙民还以新疆省设的官署为解决民间问题的机构。但这篇文件也说明了：（一）当地蒙、哈民族的争端，从满清一直到现在还未解决；（二）蒙民总希望把哈民从其牧地逐出去。

而最使我们痛心的是："公家既经驻防设治，诸凡所需，须借民力以资补助，哈民虽云奸滑，而供支差使，较诸蒙民，可称得力。"以这样的目的、作风来临民，即使领土是我们的，人民恐终会离我们而去的。

（注一）见杨增新氏《补过斋文牍·戊集》。

（注二）见谢彬著《蒙古问题》六三页。

（注三）见民国二十三年巴彦代表向新疆省政府关于蒙哈问题的报告（未发表，原文系哈萨克文，存阿山区专员公署）。

（注四）见水建彤著《北塔山事件之历史背景》，三十六年六月份《大公报》。

（注五）见屈燨著《自治外蒙古》一四二页。

（注六）同注二。

（注七）《蒙古游牧记》是一本世界名著，各国均有译本，商务且曾翻印，本文所据系须佐嘉橘之日译本，因汉文本此间无从觅得。

（注八）原文甚长，不便转录，见《新疆图志·山脉志》北山二，二七页至三七页。

（注九）同治年间，新疆民变，西宁大喇嘛棍噶扎勒出关，助清军，转战有功，敕建承化寺，即令其驻卫边疆。后因与当地蒙、哈人民不和，光绪年间，移乌苏，所留寺址，后被用为阿山最高长官公署，一直到二十二年尚被用为行政长公署。该年民变被毁，遗址尚存。

（注十）三十一年长春出版者。

（注十一）见《补过斋文牍·丙集》下二八、二九页。

（注十二）同前，《丙集》上三六页。

（注十三）见民国八年六月政府公报。

（注十四）见《补过斋文牍·丙集》下三〇页。

（注十五）见《补过斋文牍续编·国防篇》（《新疆日报》三六年九月廿五日载）。

（注十六）同注四。

（注十七）见《补过斋文牍·戊集》四、三七页。

（注十八）见满凯向阿山区行政长沙里福汗所作之岳尔毛盖图会议报告，原文系哈萨克文，存阿山区专员公署，未发表。

（注十九）同注四。

（注二十）见黄奋生著《蒙藏杂志》上二页。

《亚洲世纪》（月刊）

上海改造出版社

1948 年 2 卷 2 期

（李红权　整理）

中苏蒙边疆的地缘政治

王宜昌　撰

一　引言

中国与苏联、外蒙，其相邻的境界，占中国全部境界线的一半。西起帕米尔，北经阿尔泰山、蒙古沙漠及黑龙江、乌苏里江，而东至图们江口，其间境界有纠纷者多处。或因境界未定，或境界虽确定而界碑生足，或则对条约文句解释不同，或则重新制造纠纷以便扩大势力范围，或则因日伪与苏蒙间对境界有所变更，而为中国对苏蒙所不承认。邻近境界的边疆地区，在政治地理上亦称为摩擦带。相邻两国易有边境纠纷，原不足怪，所可憾者，中、苏、蒙境界上的纠纷，中国只处于被动地位。中国在各境界上的成长突〔尖〕端，呈停滞萎缩状态，而他国的成长突〔尖〕端，则以种种形式，伸入我国境界罢了。

二　中苏境界纠纷

中国极西的帕〈米〉尔地方，原有中、英、苏未定界存在。但十九世纪末英、苏（彼时为帝俄）已相约瓜分其地，而中国疆界，被英、苏强制退到乌兹别里山口。按之历史文件，中国疆界包括全部帕米尔，而西边以喷赤河与阿富汗为界。一八八九年帝俄及英国出兵分占帕米尔，一八九五年遂瓜分了她，但未得中国之允许或承认。英人杨赫本曾私拟界限，将西、北两部属俄，南部属英，中、东部属中国；但迄未经过会商订约，遂成悬案。这是第一个中苏边境纠纷。

西北的伊犁、塔城、阿山三区，其境界经明定于中俄各次条约，均包含于中国疆域之内，而外界则与苏相毗连。苏联迄今亦承认此种条约。但此三区近年常发生民族自治纠纷，各发生纠纷民族，多与苏联中亚细亚境内民族相同，他们不仅间接受中亚细亚同种人民的影响，而且直接受自苏境合法或非合法移入之同族人所操纵。现在伊犁仍有"东土耳其斯坦共和国"的阴影存在。这是第二个中苏边境纠纷。

黑龙江北岸江东六十四旗屯，一八五八年中俄《瑷珲条约》原定为我国管辖之领土，原住其地之中国人民，永住其地。但以后帝俄不守条约，虐杀驱逐其上之中国人民，侵占其土地，惟迄未得中国之承认。现在中国印制之地图中，尚记载有此六十四旗屯之地位与国界所在。而九一八以后，日本与伪满则弃让此地，日本印制东北〈地〉图及伪满地图中，已将此江东六十四旗屯划入苏联境内。中国接收全东北后，势将恢复此桥头堡的江东六十四旗屯的主权，而与苏联发生交涉。这是第三个中苏边境纠纷。

乌苏里江以南至图们江口的境界，中国与帝俄历次订约，设立界碑，以为人工境界。但帝俄野心难餍，临时将界碑向我国境内移动，所以有"界碑生足"的恶谑。一九三八年，日本支配下的伪满，以界碑问题，曾和苏联发生张鼓峰战争。一九四七年七月二十一日，东北各报同载，密山县境界碑又生足，内移十五里，这则是苏联而非帝俄的行为了。中国全部接收东北后，界碑问题必又提出。这是第四个中苏边境纠纷。

中韩边境的间岛问题，在九一八日本未侵占全东北以前，形势甚为严重。日本助长韩人气焰，妄将图们江中一小岛，即所谓间岛，扩大而包括我东北之珲春、和龙、汪清、延吉四县，移殖韩人甚多，由日、韩设警统治，而辖于朝鲜。九一八后日本占领东北，成立伪满，为伪满与朝鲜划界，则将所谓间岛四县，划归伪满。间岛之属于东北，经日本此种出尔反尔的处置后，确证其为合法合理之事实。中国全部接收东北后，间岛必须接收。但现在北韩为苏联所控制，间岛四县韩人复多为共党，中国全部接收东北，而苏联又未放弃北韩时，间岛问题将由昔时之中日纠纷，转化而为今后的中苏纠纷。这是第五个中苏边境的纠纷。

至于中长铁路与旅顺、大连，则为今日严重的中苏边境纠纷。在中苏友好同盟三十年条约附件上，明订中长铁路及旅大，为中苏共营，但其领土所有权仍属中国。而苏联莫洛托夫的报告中，则径直宣称，苏联已恢复了帝俄在我东北的领土权利。条约规定大连为自由港，在中国行政管理之下，只允许租赁港口设备之一半与苏联，但苏联却不让中国军队进入大连，以保障中国对大连之行政权力。条约规定旅顺为共同海军基地，防务虽由苏联代办，但中国海陆军仍可进驻，而苏联却拒绝中国海陆军的进入。于是大连成为东北共军的辽南根据地，国军不能加以"肃清"。而东北经济丧失其重要输出入港，遂衰落不振。中长铁路则寸寸截断，亦不能发挥其作用。

三 中蒙境界纠纷

外蒙原为中国之领土，其国境疆界，为中国与帝俄历次条约所规定。苏联初亦承认，但其后强将唐努乌梁海一区，划归苏联直辖，是外蒙与苏联间，亦有新的境界，为昔时中苏间所未有者。

一九三〔四〕五年中国允许外蒙独立以前，外蒙与中国间无所谓国界，其内部行政区界，即外蒙与内蒙各省之区界，悉依中国政府之行政区划而定。一九三〔四〕五年中国允许外蒙独立以后，中国与外蒙间始有国界即境界。此境界线在条约上虽为"以现在之境界为国界"，但此"现在境界"非指外蒙以武力所造成之既存事实，而为民国二年以来，中国政府所决定的外蒙与内地的行政区界。

外蒙独立前已与苏联联盟，所以中蒙边境实即代替了以前的中苏边界。中蒙边界的纠纷，即变相的中苏边界纠纷。

阿山区与外蒙之境界，在清末民元时，虽因外蒙之企图独立自治而生争执，但民国二年随即加以划定。此后外蒙不论自治或放弃自治，不论在苏联支配之下与否，在一九四〇年以前，均承认民国二年以来的境界。苏联一九三〇年所出版的外蒙地图第十三幅中，也遵从此界线。但《日苏中立协定》成立，日苏交互承认外蒙与伪满之时，外蒙野心勃勃，向外扩张，而在阿山区逐渐超越民国二年之行政区界。苏联有利于外蒙之向外扩张，其一九四〇年出版之地图中，遂将阿山区之白塔山等地，均划入外蒙。于是一九四七年外蒙侵入白塔山事件发生后，苏联有为外蒙辩护，反谓中国越外蒙境。这是中蒙边境的第一个纠纷。

察哈尔西北部的达里冈厓牧场，依民国二年以来的行政区界，属于察哈尔省。在外蒙独立之后，则此地即成为中国邻接外蒙的边区。但外蒙在日本统治的蒙疆政府时代，已将达里冈厓牧场，划入自己的区域。日本为讨好于苏联，亦未加以过问。一九四〇年苏联出版地图，遂亦将该区划入外蒙境内。中国现在将察哈尔接收，中国必将恢复其早日的境界，而反对外蒙的侵占。这是中蒙边境的第二个纠纷。

兴安省西南部哈桑湖附近，当一九三九年日伪与苏蒙，在诺蒙坎发生战争以后，日本与伪满曾将兴安省土地一部割与外蒙。现在中国允许外蒙独立，又全力接收东北，将来此一地区亦将接收。这是中蒙边境的第三个纠纷。

四　成长尖端的推进

境界纠纷的发生，从地缘政治说来，是民族势力的成长尖端，向前方推进所致。其发生的形式有四，在中、苏、蒙边境纠纷上，均有其适例。

第一种形式是：相邻的两强国，其成长尖端相向推进，陆续消灭了处于中间地位的中立国、缓冲国或境界带，最后划定一个双方自守、保持均衡的界线以前，纠纷势所不免。一六八九年中国与帝俄订立《尼布楚条约》以前，中国向北推进其成长尖端，帝俄向南推进其成长尖端，相遇于外兴安岭与黑龙江间，而有雅克萨之战。一八八九年帝俄势力南进，英国势力北进，相遇于帕米尔，而和平地将此中立国的缓冲区，加以瓜分。这是早期中苏边境上的两例。

第二种形式是：相邻的两强国，彼此企图在边境上侵占对方的土地，将成长尖端推进到对方的军略要区，因而形成境界纠纷。日本统治东北时代，诺蒙坎战役原欲攫取外蒙土地，但苏联支持外蒙，打败日本，日本反割兴安省地与外蒙，即其一例。

第三种形式是：一强以其武力或政治压力，宰割或侵占弱国领土，以推进其成长尖端。帝俄对我新疆及东北，民元以来境界外面土地的侵占，即是如此。在新疆方面，宰割了霍尔果斯河以西至巴尔喀什湖的广大领土。在东北方面，宰割了黑龙江以北至外兴安岭，及乌苏里江以东至于海滨的领土。一九四七年外蒙之侵占白塔山，及前此之据有达里冈厓牧场，苏联的恢复中东、中长铁路及旅顺、大连的利益，亦为此种形式。

第四种形式是：一强以直接移民，或邻界同种族人民的互相吸引，在邻国境内造成民族自决纠纷，或利用罪放逃亡的乱党，在邻国境内造成边疆分裂局势，成长尖端由是而包孕于邻国境内。昔时日本利用韩人，侵占间岛以北延边区域，现在新疆伊犁、塔城、阿山三区的自治纠纷，以及东北共军以蒙边、苏边、韩边为根据地，造成割据局面，均是此例。

前两种形式是相邻两强，双方相向推进；后两种是强国向相邻弱国，单方面的推进。中、苏、蒙今日的境界问题，仅属于后两种形式。

五　安全圈问题

苏联的成长，是近三十年间事。她虽然年青，但势力已强。虽然以和平为标榜，但却有一套损人自利的安全圈理论。中、苏、蒙边境纠纷之发生，便是以此种安全圈理论为借口的。

苏联远东地带，自贝加尔湖以东，不惟在距离上离莫斯科或乌拉尔新工业区相当窎远，而且以昔时交通不便，人口稀少，在日本、朝鲜及伪满逼邻而处时，相当感受威胁。苏联为挽救此危局，一方改建亚〔西〕伯利亚大铁路为双轨，并增建贝加尔湖此〔北〕与西伯利亚大铁路并行而通至沿海区的铁路（阿穆尔铁路），以减少自贝加尔湖被敌国切断的危险。他方则建设共产青年城为重工业中心，以支持远东区的经济与战争。且又于黑龙江北岸设犹太人自治区，以增殖人口。日本及其所支持的伪满、朝鲜已倒，苏联此种威胁已去，苏联却以其交通与工业之进步，转而威胁东北，不惟以中苏友好同盟三十年条约，恢复其中东、中长铁路及旅顺、大连的帝俄权利，而且以"包庇"共军的方式，使共军得在蒙边、苏边、韩边及大连"坐大",欲使东北整个变成缓冲地带,及苏联成长尖端的繁殖地带。苏联的远东区,在东北此种情势之下十分安全,中国的东北成为苏联的安全圈,但中国的东北却成为最不安全的地带了。

苏联为保障贝加尔湖区的安全,昔时极力支持外蒙,终至使其独立。外蒙已成为苏联变相领土之后,又转而要求外蒙安全的保障。于是新疆阿山区、察哈尔达里冈厓牧场及东北与热河的东蒙,又成为搅乱的地区。苏联的贝加尔湖区及外蒙现在均安全了,但中国与外蒙邻界的边境地带,却又不安全了。

在新疆方面,苏联应不感威胁的。昔时日本的势力,近者自东北,远者自外蒙可以威胁苏联,但自新疆却无能为力。苏联在库兹聂斯盆地、赛桥堡、阿拉木图等地,已有重工业中心的建设,而与乌拉尔区及莫斯科的距离较近,交通亦便。苏联在此区富于进攻的力量,而不是防守。但苏联昔时利用盛世才的半独立状态,现在利用伊犁、塔城、阿山三区的半独立状态,将中国边疆的扰乱不安,构成苏联的安全圈。

六　势力线与压力商

按之地缘政治的原理,不论国家所行的主义或社会制度为如何,既云国家,其自身即成为一地理的有机体,其领土有生长与衰老的诸法则。势力线的伸张或萎缩、人口的增殖或减退,即为其指针之一。苏联之与帝俄,虽其主义与社会制度不同,但却为同一领土与人民所构成之国家,故其发展法则则相同,发展趋势则相续。

帝俄时代的"开天窗"、"争暖海"、"扩充边疆"、"削弱邻国"的发展法则,在国力强盛的苏联,仍承其衣钵而未改。其向西欧及西南亚洲者且不具论，其影响及与我国者，则在新疆、察哈尔方面而为扩充边疆，在东北方面为争取暖海与削弱邻国。

苏联向中国发展的势力线，大别上为三条。一条沿伊犁河东指，其趋向在囊括新疆全境。二条沿库伦至北平之贸易大道南指，其目的在囊括内蒙。三条沿中东、中长铁路南指，其目的在囊括东北。总此三线的企图而言，有将苏联在中国的势力范围，西起帕米尔，东至海参崴及旅顺、大连，联成一直线之势。

中国的抗拒，自昔以第二条铁路线为最成功。而第二条铁路线之终点北平，实为中国抗拒苏联势力南下的中心。北平不仅以昔为中国首都之故，力量强固，其向库伦之势力线，定与帝俄相抗。且又以密集的人口，与高度的民族文化，在人口的压力商上及文化压力商上，数倍于外蒙与贝加尔湖区的帝俄与苏联人民。现在定北平为陪都，其意义亦在增大北平对外蒙的压力商数。

在新疆方面，中国的人口不过六百万，较之苏联在中亚细亚的人口一千六百万，其商数为负二·五，即苏联为我之二·五倍。其文化压力商，苏联不倍于我，亦即等于我。而在交通密度上，苏联有多数铁路，我国则仅有迤长之汽车路，中苏优劣之势，十分明显。如谋挽救，先稳定新疆人民，再增殖新疆人口，——而此与便利交通、开发产业、提高民族文化，有密切的关系，——实为必要。

在东北方面，中国的人口三千七百万，较之苏联远东区约五百万左右的人口，压力商约为七倍之多，而工矿、农业及交通，在日伪统治之下，曾有高度的发展，对苏联本呈相当优势。日伪倒灭后，"苏联尽其伥鬼的义务"，寸断交通，破坏工矿，其意便在减少东北对远东区的文化压力。但东北的中国人民，其数量之极端减少是不可能的。苏联只能在扰乱的继续与扩大中削弱东北，阻挠东北的重建，同时加速其远东区的人口增殖，与经济建设，以为对抗之计。所以，中国加强北平至沈阳的连络，不仅以海空运，以平沈铁路，而且打通平热、朝沈一线之铁路，则自北平伸出的强大手臂，必能以民族团结的力量，确保东北。

七　中国的前门

从历史上说来，新疆是中国的前门，外蒙、东北则是中国的侧门，东南沿海是后门。汉唐以来，中国都是面对着前门，侧顾着侧门，所以能奋其国力，以求自固，而终能自强。

大洋交通时代的兴起，使中国转而注意东南沿海的后门，渐次减轻其对于前门的注意。因而清代末叶，中国与帝俄相邻之土地，多有丧失。

苏联以共产主义的姿态崛兴，大陆交通时代于是发轫。中亚细亚和西伯利亚各地，铁路、河流的交通开发，增大苏联对于中国边疆的压力，重新唤起中国对于前门的注意。

在前门上，中国将开门揖盗，抑将发愤图强，以自固吾圉？中国邻苏边境之交通开发，将让他人以殖民侵略式出之，抑将如国父在《实业计划》中所建议，为国际的平等合作？是在中国民族自强之决心如何而定。

未来的中国，以地势所规定，势将海陆并重。在后门上中国之海上势力方在萌芽，在前门上中国之陆上势力则鞭长莫及，这是中国近二十年的难关，这也是中国逐渐发展畸轻畸重时所应注意的一点。诚如中苏友好同盟三十年条约之确守，中国在中、苏、蒙边境纠纷上，辱忍〔忍辱〕负重，来日正长哩！

《亚洲世纪》（月刊）

上海改造出版社

1948 年 2 卷 3 期

（朱宪　整理）

论蒙古自治与蒙古地方制度

奇客　撰

一

上年国大制宪前后，蒙古同胞要求自治以及蒙古地方行政制度，曾经引起了有识人士之热烈讨论，多少年来争执不决的此一大边政问题，经过了朝野的一度检讨，虽然并没有把它作即时而圆满的解决，而却在宪法上载明了"蒙古各盟旗地方自治制度以法律定之"（第一一九条）和"国家对于边疆地区各民族之地位，应予以合法之保障，并于其地方自治事业，特别予以扶植"（第一六八条）等原则的规定。这是因为蒙古自治和蒙古地方制度的决定和实行，有关从东北到新疆的半壁山河的安危治乱，那些规定是宪法赋予当前政府的重要使命，也是国人应该密切注意进而从长计议的课题。

本来中华民国开国迄今，已整整三十六年，对于治理蒙古地方，始终没有妥善的决策，不能不认为一大遗憾，并且外蒙的丧失和内蒙的多年纷乱，也就是政府没有真确的治边方针的结果。时至今日不仅中国已临实施宪政的前夕，对于这一大片领土上的行政制度必须有所决定并进而促使其实现。而且以蒙古同胞要求自治的迫切，以及蒙古同胞所居住的领土在国防上地位之冲要，这一个问题更需要精密的研究和明快的处置。一年多来，虽因国内经济问题的严重和"勘〔戡〕乱"军事的紧张，一般国人的视线均集中于物价和战讯，但是蒙古问题并没有丝毫失却其严重性。现在听说依据宪法而来的"蒙旗自治法"已在行政院审核过程之中，我们除了切望早睹此一法规的内容外，愿意就一己之见，略事申述，以请教于时贤。

二

我们蒙古同胞的分布，广及于黑龙江、兴安、嫩江、吉林、辽北、热河、察哈尔、绥远、宁夏、青海、新疆等十一省区，人口虽不算多，但因为祖先光荣的历史感召，他们经常作不甘落后的努力，时代潮流所趋，关于他们的自治问题，尤其是多少年来始终争持不懈的目标，虽然因为其中野心分子之作祟，加以帝国主义的挑拨，先后曾经发生了多次不愉快的变态现象，造成外蒙的脱离祖国，和直至今日内蒙的扰攘不息。但是其中的一切问题，只要认清了前提，对准了方向，无论在事在人的疑难，总可以顺利的解决，何况蒙古同胞与中华民国之间，早已建立了有机的关系，其中一切不合理不适当的现象，有何难予去除之理？

今日蒙古同胞对于国家的要求，概括起来，不外实行自治和确定自治制度。其解决之道，只要确定了真正自治的原则，有效的自治制度，当然容易建立，而进步的自治制度之建立，也就是自治的充分实现。这是蒙民的要求，也是政府的义务，双方之间目标应该是一致的，今日之问题，端在于双方之见解和达成目标的步骤上的差异而已。

蒙古同胞应当而且必须实行自治，本来是天经地义的道理，因为中华民国的政治制度，是以"地方自治"为其稳固的基础，而且除了"各民族一律平等"的原则外，宪法上并已明定有国家应特别扶植边疆民族地方自治事业的条文，然则蒙胞实行自治更有了法律上优先的保障。我们再来看政府向来的态度，远的不必说，就以抗战胜利后的种种决定而言，去年国民党六届三中全会通过的边疆决议案中，有"在根据三民主义、五权宪法组成统一民主国家之原则下宪法中须有明白规定保障边疆民族之自治权利"和"中央对于边疆各地自治制度，须按照各该地实际情形，作合理之规定：（甲）关于内蒙古部分，恢复原有之蒙古地方自治政务委员会，并明白划分盟旗政府与省县间之权限……"等项目。嗣后国民大会就把前项原则明白的规定于宪法之中，虽然为蒙胞所不满的，是未能高一步的将蒙古自治制度入宪，但是这正表示国民大会对此问题的慎重，试想在仓促的制宪过程中，若将此一重大问题做硬性的规定，稍一不慎，将增加后此无穷的麻烦。何况以当时情势言之，对于蒙古自治制度明显的具有两种不同的意见，宪法上很难作成折衷而可行的规定。所以把这问题在"特别予以扶植"的原则下，交给政府做缜密的计议而以法律定之，是对于国家对于蒙胞都比较相宜的决定。接着在政府公布的选举法规中，所有国大代表、立法委员的名额分配，各边疆民族都占有较大的比例，例如蒙古较大的盟旗，人口没有超过十万的，而每旗都有四名国大代表和最少一名的立法委员，与普通每一县市选一国大代表及各省市人口在五百万以下者选立委五名的规定比较，显然可以看出蒙古同胞在大选上所占的优势。今年国民党六届三中全会通过之政治改革案中关于边政的部分，除了表示竭诚拥护宪法的规定外，复有"盟旗与省县之关系，应请政府斟酌实地情况，及现行法令，妥定调整办法，予以实施"的决议案。国民参政会第四届第三次大会对于蒙藏问题也有热烈的讨论和决议。凡此种种，虽还未见具体的改革和执行，但是在在均足以表示无论政府或民意机关均在力谋蒙民自治之完满实现，毋宁说政府的意向和蒙民的要求是一致的。

不过在这里应当为我们所注意的，是关于蒙古"自治"性质的研究，本来依照政治学说和各国的通例，所谓"自治"乃系对"官治"而言，就是在一定行政区域内之人民，由自己或推选代表共同决定并执行本区内一定范围的公共事务而言，虽然自治权的范围尽有广狭的不同，中央政府对自治政府的监督有宽严的差异，而且自治可行于单一制的国家，也可行于联邦制的国家，并自治与分权或集权没有必然的关系，但是无论如何，自治行政总是国家政治体系的一环，自治是国家领土主权完整的原则下一种行使民权的方式，离乎此，则即不能言自治。中国的宪政基础是地方自治，而且是均权制度下的地方自治，蒙古同胞要求的"自治"果真符合上述的界说，那真是绝对应该而且为我们所欢迎的，在政府以扶植少数民族的精神应当特别致力促成。但是实际上远如民国廿〈二〉年德王等少数王公以及思想偏激的蒙古青年所要求的"自治"，近如两年来一部蒙胞领袖和代表们的言论，有形无形中似乎把"自治"和"自决"混淆了，因而使人一听到蒙古自治，就会联想到"独立"、"分裂"等不愉快的结果上去。固然此中当事人有意或无意的具有他们不真确的民族意识，但是中华民国之民族问题，依其立国精神应该早有完满的解决，而且民族平等确已是当政者的努力目标，事实上并已多多少少做到了地位和机会平等的地步，即使少数人的观念中或一般官吏的作风上仍有歧视其他民族的不健全现象，但这不是阻碍民族平等的唯一原因。而且蒙古同胞与中华民国早已形成了包孕而非对立的关系，与英国和印度等殖民地的关系绝然两样，那么蒙古同胞的自治要求，不应该夹杂有分合的色彩，更不宜步外蒙之后尘以"自治"为"独立"之先声，这一项前提想必为蒙古同胞所同意。因此蒙古自治在方式上容或可与其他地方有所差别，而在性质上绝不能有所歧异。这一层一经确定，那么纠缠最厉害的蒙古自治制度问题就有了解决的途径。

三

首先，要研究蒙古自治制度，应该对蒙古盟旗的历史和现状加以探讨。原来蒙古同胞在满清入关以前，一直保持着以血统为纽带的部落、可汗的社会形态，而无具体的政治组织，自满清入主中国以后，为安定蒙古地方，巩固其统治地位，并使蒙人与汉人关系疏远，而与满清同仇敌忾起见，乃利用蒙人以牧地而区分的小团体，仿照满清原有之八旗兵制，将蒙古地方先后划分为若干旗，明定牧地界限，设置世袭的扎萨克为首长，这就是旗的来源，也就是今日蒙古同胞所坚持的自治单位。不过这种旗既然是仿照满清八旗制度而成立的，所以在最初它只是一种军事组织，而甚少行政单位的意味，其中除了为首的扎萨克以外，还有许多闲散的王公、台吉；扎萨克以下的协理台吉、管旗章京、梅林章京、参领、佐领、骁骑校、催领、什长等官职，其职掌也是兵事的成分占大部，因为蒙旗是实行兵民合一制的，旗内虽然也有管理户口与钱粮捐税的官职，也都是以足食足兵为前提的。旗的机关旧称扎萨克府，今为旗政府，集合若干旗为一盟，设置盟长一人，由各旗扎萨克轮流担任，十年一轮。副盟长一至二人（也有不设者），兵备〔备兵〕扎萨克一人。在当初盟本来没有一定的机关，仅仅是各旗的一个联合组织，其任务是三年一会盟，盟长率属来会，讨论有关各旗的共同事务，或处决旗与旗间之争执，平日就没有什么经常的事务，所以也算不得行政单位的一级。后来因为会盟渐形废弛，须待盟处决的事务渐繁，到民国后才设"盟长公署"，今虽改为盟政府，其主要任务只在调剂并联系各旗之兵力与财力，并不过问各旗之行政事务，但实际上许多盟也多未成立。这是普通旗与盟的情形，计满清时代，将内蒙古原有的二十四部，分为六盟四十九旗，外蒙及其附属地分为七盟一百一十七旗（包括今日之新疆蒙古），将青海蒙古六部分为二盟二十七旗，各盟统归理藩院管辖，一切制度都规定于理藩院则例中。除了上述正常的盟与旗外，当时还有几种例外的情形：（一）归化城附近之归化土默特部三旗，察哈尔部八旗及热河附近之额鲁特部牧地，均未设置扎萨克（察哈尔部与土默特部最初本有扎萨克，后因反叛清廷而被取消），而受附近将军或都统之节制。（二）西套蒙古之阿拉善和硕特与额济纳旧土尔扈特二旗，自编为旗后，就不属于任何盟，而为独立旗之形式。（三）此外内外蒙均尚有未经改编之部及佐领、喇嘛旗（旗内人民均为喇嘛之奴隶）等名称，足见满清时代之蒙古盟旗制度也是参差不一致的。至清朝末年，于直隶、山西、东三省边外，蒙古沿边地方，大量招纳汉人前往开垦，增设府厅州县，而这些地方就成了蒙汉杂居之区，乃将此等特别区域分由热河都统、察哈尔都统、绥远城将军、盛京将军等节制并支配之，这是影响盟旗制度的一项重要措施。

民国成立以后，对于蒙民之管理，全盘因袭满清旧制，仅将理藩院改为蒙藏事务局。到民国三年设立了热、察、绥三个特别行政区，每区设一都统，其职掌与清之将军、都统相似，后又改蒙藏事务局为蒙藏院。十七年国民政府成立后，改建内蒙各地为行省，蒙古盟旗均受省之指挥监督，并改蒙藏院为蒙藏委员会。十九年召开蒙古会议，商决有关问题，旋即颁布《蒙古盟部旗组织法》。此中值得注意的规定，关于区域及辖理者，"蒙古各盟、部、旗以其现有之区域为区域，但于必要时得以法律变更之"（第二条），"蒙古各盟、部、旗境内居住之蒙人，即为各该盟、部、旗之人民，权利义务一律平等"（第三条），"蒙古各盟及各特别旗直隶于行政院"（第五条），"蒙古各盟及各特别旗遇有关涉省之事项，应商承省政府办理"（第六条），"蒙古各旗直隶于现在所属之盟，遇有关涉县之事项，应与县政府会商办理"（第七条），"蒙古地方所设的省县，遇有关涉盟旗之事件，应与盟旗官署妥商办理"（第八条），"蒙古地方之军事、外交及其他国家行政均统一于国民政府"（第九条），盟旗至此，遂仅受〈省〉政府［省］之监督，并且也不直接受蒙藏委员会之管辖，这是一大变革。关于组织及职权者，则盟置盟长、副盟长、帮办盟务、兵备〔备兵〕〈扎〉萨克、随行秘书等官职，设盟长公署，内分总务、政务处，因事务之必要时并得咨请蒙藏委员会呈准行政院设置专管机构。盟政府之外，并设盟民代表会议，其代表由各旗旗民代表会议推选之，任期一年，决议关于盟务之立法、设计、审议、监察及其他特别规定之事项（第十条至十八条）。旗内除扎萨克仍旧外，将协理、管旗章京、副章京改为旗务委员，得代理扎萨克职务，旗务委员出缺时，由旗民代表会议推选加倍人数，扎萨克保荐加倍人数，呈报盟长咨请蒙藏委员会转呈行政院选择荐任之。扎萨克与旗务委员组织旗务会议决定重要旗务，所有公文以扎萨克及旗务委员之连署行之。扎萨克公署设总务、政务二科，并得呈准设置专管机构。旗民代表会议之组织与职权与盟相似，惟其代表由所属旗民推定之（第廿二条至卅二条）。这是蒙古地方制度正式见于单行法规之始，也是现在一般蒙古人士所据以争持维持盟旗制度的法律根据。但是从上面所引述的规定，其基本原则还是因袭旧制，尤其本法对于盟长及扎萨克之如何产生没有规定，世袭之制仍然奉行，至于本法内比较进步的几项规定，各盟旗也很少严格奉行，中央政府也一直没有予以合法的监督。

　　"九一八"以后，德王等少数王公及蒙古青年受敌伪之胁迫煽惑，于廿二年酝酿别具用心的"自治"，经过多少次的呈请折冲，二十三年中央准令在百灵庙设立"蒙古地方自治政务委员会"，由王公组织之，办理各盟事务，直隶行政院，受"蒙藏委员会"及"蒙古地方自治指导长官"之指导，所有涉及省的事项，与省府协商办理。这是各盟之一个联合组织，姑无论这个机构的存立合理与否，但是他们所标榜的"自治"真是徒有其名，其真正目的所在，明眼人不难推知。各处深明大义的蒙古同胞不甘受其操纵，乃纷请脱离，所以又有"绥远省境内蒙古各盟旗地方自治指导长官"（均于廿五年成立）之设置。抗战爆发后，并设"察哈尔蒙旗特派员公署"，以宣抚、组训蒙民为职务。但是由于抗战军事的变化，察、绥各地为敌相继占据，这里的蒙胞屈处于敌伪淫威之下，多数为爱国思想所激发，奋起效命抗战，蒙胞的阵容从此为之一清。胜利后，虽然由于"奸匪"之作祟，有所谓"东蒙自治政府"之出现，但绝大多数蒙胞之心理，经过了抗战精神的洗礼，我们相信是绝对爱护祖国的，以前一段的"自治"，和因此而来的一套法规与机关，既然实际上并没有发生真正自治的效果，今日的一切问题，应该是开诚布公，虚心研究的时机了。

至于现在我国蒙古盟旗的存立情形，也多少与以前发生了变化。东北在"九一八"前原有哲里木盟、伊克明安特别旗及呼伦伯尔部、布哈特二部，历经敌伪之统治，迭有变更，本年六月重划省区后，除原经合并或设县者外，计核定共置蒙旗十一个。此外在热河境内者为卓索图盟（共七旗）、昭乌达盟（共十三旗）、锡林郭勒盟（共十旗）；在察哈尔境内者为察哈尔部之四旗及四牧场；在绥远境内者为乌兰察布盟（共六旗）、伊克昭盟（共七旗）及察哈尔部之绥东四旗，归化土默特特别旗等；在宁夏境内者为阿拉善及额济纳二特别旗；在青海境内者为左翼盟（共十三旗）、右翼盟（共十六旗）；在新疆境内者为巴图塞特奇勒图盟（共三旗）、乌拉恩索珠克图四路盟（共十旗）、青塞特奇勒图盟（共十旗）。以上这些盟旗中，属于新疆、青海者近年颇称安定，很久以来，就归属于省的管辖系统，没有听说发生什么问题，似乎也并不为人注意，而呈现杌陧不安的情况者，就只限于普通所谓之"内蒙"了。

四

依据前节的说明，我们可以知道赋予盟旗以明确的行政意义，是民国二十年颁布《蒙古盟部旗组织法》以后的事，进一步蒙古地方有"自治"的"政务"，则为时更晚，且亦仅限于局部，并且政府的这些措施，完全是当时的时局关系促成的。今日国际和国内的环境有了急剧的变化，而且那些措施也陷于无结果的惨状，当然得另想妥善的处置办法。一个国家的地方制度，本来用不着固执划一呆板的形态，因人因地制宜，是良好政治的必需条件。近世各国的地方政府，往往因为各该区域人民的生活习惯和经济情形，而允许成立不同形态的政府和制度，是众所周知的事，所以同一级的行政单位可有几种不同的名称，而各级政府间的隶属系统也不必求整齐有序。尤其最特出的例子，是苏联繁杂的民族性的地方制度。但是无论如何，这里面也总有一个共同的原则，就是不同的各级地方政府并不影响其国家的整体性，而且是完成国家机能的有效工具，正如一具机器中各种零件的配合适足以完成该机器的整个性也一样。而且像英美的地方制度，是由下而上、由小而大的组合，其间上下纵横的关系是极自然的，至于苏联特异的地方制度，那又是一种民族政策或者可说是一种统治政策，其制度与内容与正常的地方自治有异，此层一明，则蒙古自治制度就有了归宿。

　　近年来蒙古同胞所要求的自治制度，是保持盟旗的原状，进一步实现旗等于县，盟等于省的原则，以便实现充分的自治。他们的理由，以为：（一）盟与旗都是蒙民原有的自治单位，国父遗教和基本国策都标明民族平等的原则，故蒙民原有的自治制度不容废弃；（二）中央公布的《盟部旗组织法》及其他有关法令，以及党内历次重要会议的决议，都有维持盟旗原状的规定或决定；（三）蒙古同胞饱受汉人官吏之压迫，若废除盟旗，其自由及权利更将无所保障。我们本来不坚持蒙古地方一定要实行内地的省县制度，而且要绝对服膺民族平等的原则。但是对于蒙胞的这些要求和理由，却需要一番分析研究的工夫。

　　这里首先有一点要提明的，就是我们在这里研究盟旗存废的问题，是站在客观的立场上，以政治上的合宜及蒙胞实行自治的便当为着眼点，并没有对盟旗本身有先天的好恶存乎其间。先就旗的一级来说，蒙旗本来是对于蒙古同胞的一种地域划分，实行已经二百余年，蒙胞要求维持这种自己的组织当然有话可说，我们在原则上也赞同以旗为蒙胞的自治单位，但是在这个原则之下，由于事实的需要，必须有几项保留，也就是有几种现象须加注意。第一，就是已设县或设治局的蒙旗和蒙汉杂居的蒙旗的设治问题，原来蒙古同胞与我国历史关系悠久，与汉人当然要发生交往，只因满清初年，采取隔离蒙汉的政策，其中最重要的几次，就是禁止蒙旗将土地招垦放租，禁止蒙汉通婚和限制蒙汉贸易，使蒙汉间不能自由来往。但是这些禁令，显然违反自然的趋势，所以并没有彻底实行，最后甚至于完全失效。结果是蒙汉关系愈来愈密切，尤其是内蒙一带更普遍造成了蒙汉杂居的现象。要是没有清廷那些政策作祟，说不定时至今日，蒙汉同胞已经融合为一体，而不会有隔阂和争执了。现在有许多蒙旗内居住的汉人远较蒙人为多，多数且已改置县或设治局了，有许多未设县局的蒙旗也住有相当比例的汉人，在前一种情形下，要把已改设县局的地方仍恢复旗的形式，那不仅是增多一举，而且依蒙胞自己的理由也说不过去。在后一种情形下，问题更较复杂，设旗设县都有不妥的地方，解决之道，似乎应该根据大多数居民的意见而定其政府组织的形式。第二，历来及现今的情况，不仅有许多蒙古地方没有设旗，就是已有的旗其内容也是参差不齐，人口、面积及物质条件更是相距悬殊，所以作为蒙古地方自治单位的旗，不应该以现有的旗为定局，其中合理的归并或调整是必要的，否则不仅建制将甚费周章，而且行政上也将增加许多不便。第三，作为自治单位的旗，其中政府的组织、职权的行使，当然应该与现在的旗绝然两样。因为理想中的旗，其组织形式虽然〈与〉普通的县不必一致，但二者间行使自治权的基本原则却必须一致。因此举凡现今旗内的王公制度、土地制度以及差徭制度固然应该去除，同时在实行真正自治的情形下，旗政府的权限以及蒙胞的观念也应该有一番革新，因为实行自治的旗是蒙胞政治生活的单位，与以前清廷作为统治蒙民的工具的情形当然是两样的性质了。至于使旗等于县之一节，在上面所说范围之下，两者之间已经相差有限，自然也不会有问题存在了。

其次，谈到盟的一级，并附带对蒙胞所持的理由予以辨明。前面已经说过，盟在最初是各旗的一个联合组织，用以决定各旗共同的事务和相互间的争执，没有经常的事务，算不得行政单位的一级，直至满清后期才渐次赋予盟以经常固定的职权，但那是清廷用以统御各旗的策略，而且盟本身更没有形式的或实质的自治权，观于盟长由所属各旗扎萨克轮流担任便可以明了盟之性质，后来盟虽居于理藩院与各旗中间的承转地位，但旗与盟之人事及行为，同须受理藩院则例之规定限制，"自决"、"自理"的机会实绝无仅有。民国以来，渐次赋予盟以行政意味，以及《盟部旗组织法》的规定，都是应付人事及时局的权宜之计，其得失当为识者所共见。所以今日讨论盟之归宿，既不是以原来的性质为准则，更不宜以现行特别法之规定为依据。因为若以盟为统辖各旗的一级地方政府，且其地位相当于省，直接隶属于中央，则将发生若干困难和不适当的现象，第一是盟之行政区域无法使之整合，例如绥远的伊克昭盟现在是旗与县杂糅的情况，将来如伊盟置为一单独行政区域，则将如何处置其中的县，才能免去"插花飞地"的弊害呢？至于一个盟的区域横跨数省情形，更是一项不易解决的难题。第二是每一个盟的人力、财力，都够不上维持一个相当于省的行政单位的规模，姑无论使各盟与所在的省区分离，在国家元气上所受的损害和国防上不良的后果。第三是将来盟与省间权限之不清，试设想在辖区犬牙交错，甚或零落不整，加以蒙汉共处的情况下，盟与省将何以免除权利与义务之冲突，这在今日内蒙各地，已经是一个够严重的悬案了，为国家人民的前途着想，吾人何忍一误再误而遗留无穷的纠纷。第四，以蒙人治蒙的理想（姑无论其真确与否），在以旗为自治单位的条件下，已可充分实现，似乎再没有以盟统辖各旗的必要，所以以旗与县同属于省，是自然而合理的措施，在这里或许蒙胞要提出"汉人压迫蒙人"的反对理由来，但是省在我国宪法上也是实行自治的，旗以省内一分子之资格可以参加省政的决定和执行，在民主的轨道中，说不上谁压迫谁的可能，也毋须以直隶中央的盟作为保障蒙胞自由权利的手段。基于以上种种，我们可以知道盟的发展，对国家、对蒙汉同胞均将发生不便和麻烦，反之也并不会有什么不当之处，那么《盟部旗组织法》的规定我们希望有以修正，而对于蒙胞扩展盟之一项要求，也需要政府和国内人士作慎重的考虑。至于以盟作为选举区域另予以他种地位的问题，这里为篇幅所限，姑暂勿论。

　　总而言之，我们固然希望蒙胞能够实行真正而充分的自治，也希望蒙胞有良好而进步的自治制度，但是我们更高的希望，寄托在中华民族的精诚团结上，寄托在中华民国的富强康乐上，蒙古同胞要实行四万万人同样的自治，蒙古的自治制度更切忌有妨国家之统一团结，在国步艰难的今日，我们馨香祷告，盼望这一大问题能够早日有完满的解决。

　　按蒙古今日之部，仅表示各旗的共同血统关系，早已失却其政治意义，故本文阙而不论。作者附识。

《西北通讯》（月刊）
南京西北通讯社
1948 年 2 卷 5 期
（李红权　整理）

行宪新年蒙胞应有的努力

玉宇　撰

在飞机大炮爆炸轰击的火烟中，中华民国三十六年已经过去了，三十七年的新年，更崭新的降临到这新世界上，人当新岁，都有新的志向，新的计划，国家到了新岁自然也不能例外。胜利以后，已经迈入了第三年，中国的民主宪政时期已经到来，时代的意识，是这样的伟大，这样的重要，实在是值得我们蒙胞深加考虑的。"一年之计在于春"，现在春天虽然还没有到来，可是年已经换了新的，我们的心也似乎是要换了新的一样，应当有新的计划，新的努力，因此愿提出以下三点来，与绥蒙同胞和全内蒙同胞共相策勉！

第一，我们要有坚定的信仰。

这个信仰，就是三民主义，这个信仰也就是国民革命的一贯精神，国父为此而提倡革命，数十年如一日，蒋主席为此而领导抗战，抗战先烈，更基于这种信仰，毅然的把他们的血，一点一滴的，都洒在抗战胜利的大道上。我们蒙旗先进，我们蒙古同胞也基于这同一信仰，继续不断的接着努力，到了抗战胜利，两年来国内形势的演变，总动员命令的展开，政府所抱的正确态度，证明了祸国的元匈〔凶〕，背反政府的叛徒，是"共匪"，现在他们到处流窜，到处要扑灭他们，足见蒋主席所指示的路线是光明的！我们当此"戡乱"的新年，要把握住这一点，来为中国的统一民主多尽一点力量，国父说"主义是一种信仰，一种力量"，我们要本此坚定的信仰，锻炼出沉着的力量，勇猛的、自发的和一切恶劣环境而奋斗。

第二，我们要有牺牲的精神。

在现在的时代，我们的责任，实在太重大了，我们的国家、民族，目前对内对外的处境，有更多的荆棘，有更大的障碍，如果没有革命和抗战先烈一样的牺牲精神，成仁取义的决心，实在不能担当这新时代的使命。蒙胞们！我们要知道，在战乱中而言"统一建国"，这是一句沉痛而激励的口号，绝不是歌舞升平的调头，要达到这个目的，是要牺牲的，是要流血的，是要持之以恒的，是要咬紧牙关排除苦难的。我们不仅要回复国民革命的本来目的，并且要实践抗战时期总动员的伟大精神，我们要踏着先烈的血迹，争取有代价的牺牲。我们牺牲愈大，流血愈多，我们所受的苦难愈深，我们民族的前途也愈光明，整个中国的命运，也愈有希望。

第三，我们要唤起民众共同奋斗。

国父说："余致力国民革命，凡四十年，其目的在求中国之自由平等，积四十年之经验，深知欲达到此目的，必须唤起民众及联合世界上以平等待我之民族共同奋斗。"国父在生，天天唤醒我们，国父死后，我们也在读着遗嘱，然而我们在实行的时候，究竟怎样呢？我们大中华民族里，各同宗的民族，尤其是我们蒙胞们，每一个人的心上，应该自己想一想，我们要求自由平等，我们是否为中国的自由平等把所有一切贡献于国家。我们知道蒙汉两大民族，在历史、地理上，都有密切的关系，存亡安危，两相关连；我们要蒙汉亲爱团结起来，从事总动员，推行宪政，以争取中国的自由平等。目前一般蒙胞，所最关切的无过于盟旗的安定和蒙胞的生活两个问题，政府于此，自然应该负起责任，为地方扫除"匪共"，为民众解除生活上的痛苦，然而畜牧、农产，定要靠我们自己来生产的，安定也是需要我们共同维持的，由此我们是应该自己想一想，我们对于物资的生产，是否尽过力量？我们对于物资的消耗，有没有浪费？我们对于社会上不良的分子，有没有注意到他们的不法行动？政府所颁布的总动员令，其最大目的，就是要中国民众一致起来，和政府打成一片，来推进民族复兴、国家建设的工作。

以上所述，是最浅鲜的，也是最切要的，总之生活在战时下，不是一件容易的事，我们当此三十七年的开始，对于过去要时时回顾，对于将来要常加检讨，而对于现在，尤须坚固把握，克服一般困难，扫除一切障碍，为行宪的前途作更进一步的努力！

《新蒙半月刊》

归绥绥远省政府盟旗文化福利委员会文化组

1948 年 4 卷 1 期

（李红权　整理）

蒙胞要实践禁毒工作

寒溪　撰

毒品害人，甚于洪水猛兽，这是尽人皆知的事实。在时间上说，流毒滋蔓，已历二百余年，就空间上说，无论中国各地，蒙古各盟旗，男，妇，老幼……毒焰所及，几凡有人处，而无不吸食毒品者，真使人痛心疾首，浩叹无已。

古语说："福祸无门，惟人自召。"假如我蒙胞人人都能省躬克己，自肃自戒，对于大烟，不种，不制，不售，不吸……则不怕毒品烈焰烟断火绝。然而事实并不容这样乐观，缘毒品之深入蒙旗，早历有年，奢言清除，谈何容易？虽然，"见贤思齐"，却不可不竭力以赴！

是以禁毒不但需要政府方面的严刑峻法，而尤在于民间的宣传与切实实践，庶几可能收其成效。

今值抗战胜利之后，"剿匪戡乱"伊始之秋，蒙胞立于中国北部边疆，为了复兴蒙旗，达成中国统一，禁毒工作更系当前急务。且训政时期已在结束，向后即迈入宪政阶段，故而蒙旗的复兴尤必先从禁毒作起，如果一般蒙胞不能实事求是，则今内忧外患，方兴未艾，上既无足以对国家，下亦不足以对自身！因此蒙胞大家必须善体时艰，一致努力，不待政府的督促，即先行自我作起，勿畏葸，勿因循，对于烟毒，有则改之，无则加勉，蒙旗复兴，实多利赖！

《新蒙半月刊》

归绥绥远省政府盟旗文化福利委员会文化组

1948 年 4 卷 2 期

（李红权　整理）

伪蒙汉奸准予免究

作者不详

　　（南京专电）司法行政部顷通令各地高院免究伪蒙疆时代政府汉奸，原训令称："（前略）前伪蒙疆政府官吏，当德王在渝时，曾蒙主席面允，特予宽大，不□既往，今应遵照等情，□即转陈遵处，经由院函准北平行辕电覆察哈尔省逃匿北平汉奸名册所列人员，查明均系伪蒙疆政府所任用等由，并奉院长谕该项人员应准从宽免究等因。除由院函覆外，相应函达查照（案院为行政院，处为秘书处）。"

《新蒙半月刊》
归绥绥远省政府盟旗文化福利委员会文化组
1948 年 4 卷 3 期
（李红权　整理）

蒙胞要如何把握时机担当大时代的责任

现在我们的国家已一天一天的走向前进的路上，虽然在抗战胜利之后，全国各地蒙古各盟旗，又遭受"共匪"的扰乱破坏，可是由于"剿匪戡乱"的具体化，总动员命令的推行，种种事实的证明，中国统一建国，可以说是绝对有希望的，也绝对是有把握的，不过现在这个伟大的机会，摆在我们的面前，蒙胞要如何迎着这个机会，而不令空空失掉呢？在笔者看来，蒙胞们要把握当前的时机，担负起民族复兴、国家建设的大时代使命，其唯一途径，只有全体蒙胞负责任、守纪律，来作我们努力的出发点，也就是说要建设国家、复兴民族，必须要从知道如何作人作事，并且要立刻作起！因为每一个蒙胞都是蒙古民族的一分子，也都是中华民族的一分子，假定蒙古民族，每一个人都能负责任，努力苦干，民族便成一个优秀的民族，中国也便能受到良好的影响，否则，自然难逃进化公例，必被天演淘汰。所以我们要完成"剿匪戡乱"、实施宪政的使命，达到复兴民族、建设国家的目的，必要先从作人作事这二点发轫。

可是我们先看一看现在的蒙胞们，是不是都已负起自己应尽的责任呢？不客气的说，有些蒙胞多是袖手旁观，蒙胞的消极实在是最大的弱点，如果大家都抱着得过且过的心理，毫无感觉的不问国家民族的前途，这是不是慢性的自杀呢？试想国家在这烽火硝烟当中，还容许我们偷安吗？［先］至于消极心理发生的原因，第一是因为出于直观的见解，把直接所受不快的感觉，认为是固定的，而并未通过理智上的认识。第二是因为过重自我，把自己的苦恼，简直便看作是世界的苦恼，这样的人总不肯细想一下，是很大的错误。有些有为的蒙旗人士也都这样，尤其使人痛心，要知道个人的生命有限，国家民族的生命无穷……我们的国家，我们的民族生命，是要靠我们的力量来延续下去的，除了消极苦闷的人之外，就要说到有些蒙胞，还有一种态度，就是说风凉话，他自己怠惰苟安，不负责任，而对于负责任的人，肯作事的人，反而站在一旁讥讽谩骂。像这样的人，在民族里是个废人，在国家里便成了赘瘤……

我们再看一看现在放在蒙胞们眼前的《中华民国宪法》，其中第五条有"中华民国各民族一律平等"的规定，第七条有"中华民国人民，无分男女、宗教、种族、阶级、党派，在法律上一律平等"的规定，而在《国民大会》一章里，并且特别规定"蒙古选出代表，每盟四人，每特别旗一人"。此外对立法委员、监察委员的选举，也各有明文规定，对于地方制度，属于蒙古各盟旗的则规定以法律定之，对于边疆教育，《宪法》十三章《基本国策》第一六三条写着是，"国家应注意各地区教育之均衡发展……边远及贫瘠地区之教育文化经费，由国库补助之；其重要之教育文化事业，得由中央办理或补助之"。《基本国策》第六节计共两条，则完全是国家对于边疆的施政方针，原文是："第一百六十八条：国家对于边疆地区各民族之地位，应予以合法之保障，并于其地方自治事业，特别予以扶植。第一百六十九条：国家对于边疆地区各民族之教育、文化、交通、水利、卫生及其他经济社会事业应积极举办，并扶助其发展，对于土地使用，应依其气候、土壤性质及人民生活习惯之所宜，予以保障及发展。"由是我们可以知道在国家的根本大法中，对于蒙胞的政□治权的享受，宗教信仰的自由，生活习惯的保障，经济事业的发展，教育文化的推广，以及其他应行发展的事业，已都有了明文规定，与内地人民所亨〔享〕受的权利与内地所规定的实业发展，完全一样；而且特别规定了应予以扶植与保障或由国库补助。那么蒙胞还应当放弃眼前的机会么？无论什么事，只有办才会有出路，如果一味抽〔袖〕手旁观，不负责任，那只有把自己的事让人家来办了。

傅总司令的伟大成就，是由于艰苦奋斗、忠贞体国，是世所共知的，也是全绥、察以至全西北、全中国的人民所景仰的。此外我们看世界上，凡是强盛的国家，优秀的民族，其国民都是肯苦干的，上天绝不辜负真肯苦干的人，所以愿以最诚挚的心情，希望蒙古同胞，负起责任，认清目标，一齐向前努力，尤其在绥远省境内的蒙胞们，在董主席领导之下，拿出我们的力量，抱定为自己、为民族、为国家的心理，蒙汉两大民族亲爱团结起来，把握时机，在同一步骤之下，担当起大时代的责任，向前奋进，相信"剿匪戡乱"、实施宪政、统一建国的前途，必然是光明的。

《新蒙半月刊》
归绥绥远省政府盟旗文化福利委员会文化组
1948 年 4 卷 4 期
（李红权　整理）

行政会议开幕典礼董主席训辞全文

董其武 讲

赵委员、张议长、陈老师，诸位代表、诸位同志（编者案：赵委员系赵允义，张议长系张钦，陈老师系陈炳谦）：

今天是本省三十七年度行政会议开幕的日子，此次行政会议决定的方案，能不能适合时代需要，适应人民要求，能不能一变而为事实，不仅关系绥远的安危，而且关系华北的安危，所以特别邀请社会贤达，各级民意机关领袖，各级党部的领导者，各司法机关首长，以及商界与天主教的领导者，共聚一堂，聚精会神、集思广益的站在共同祸福利害的观点上，以研究出适合现代需要，适应人民要求的具体方案，一一实现，以完成"戡乱"建国的重大责任，实现吾人的政治目的与崇高的理想。

在行政会议以前，总司令（案：称傅先生）特别训示我们说"本年为吾人最吃力的一年"，也就是说本党五十年革命的目的能不能完成，八年苦战的胜利成果能不能保持，吾人的生命以及我们儿孙的生命能不能有保障，全在本年同志共同努力的程度如何以为断。同时又训示我们说"要应付目前艰危的局面，唯有以军事掩护政治，以政治开拓经济，以经济团结人民，以人民协助军事，才可以发挥全民的力量，以应付危难的局势，维护社会的安宁"，所以此次行政会议，是遵奉中央法令与总司令指示，并接受省参议会第一届第二次大会的决议案，以及环境和时代需要，与省府各首长多次研究，提出几个重点，情愿与会诸先生赤诚坦白，本"知无不言，言无不尽"的精神，共同研究成具体方案，以作我们"戡乱"建国共同努力的大目标，排除万难，向前奋斗，这是与会诸先生共同的任务。同时我们要认清"天下无难事，只要有决心，有勇气，有方法，危难中也会成功"，反之，容易中也常失败。何况我们有多数有志气有知识的好同志，与伟大的国力，没有不成功之理，尤以在场同志，大半均是在危难中生长成的，任何危难艰苦的环境，不能阻挠我们成功，所以希望诸先生以最大的决心和最大的勇气，与最大的信心，非常的方法，破除一切，共同得出具体方案，以为今后奋斗的目标。

本年度施政纲领，我曾讲过多次，即（一）治安第一，军事第一；（二）扩大生产，改善民生；（三）整饬吏治，提高效能；（四）加强民政、警政，实行民主；（五）整理财政，管制经济，严禁非法摊派；（六）推进各项建设，配合动员"戡乱"；（七）普遍发展教育，提高公民水准；（八）增进社会福利，加强社会救济；（九）发展合作事业，保障国民经济；（十）加强卫生设施，增进人民健康；（十一）提高盟旗文化，增加蒙胞福利；（十二）加强干部训练，发扬优良作风。

《新蒙半月刊》
归绥绥远省政府盟旗文化福利委员会文化组
1948 年 4 卷 5 期
（李红权　整理）

绥远省境内蒙汉各法团三月十三日通电全国

拥戴选举蒋主席为总统，并选举李宗仁为副总统

云中伧父　撰

现任国民政府蒋主席能以继承国父孙中山先生之遗志，领导革命，终得北伐成功；复兴抗战之师，竟获最后胜利。现任北平行辕主任李宗仁先生，辅弼内政，坐镇北方。绥远省境内蒙汉各法团，爰于三月十三日通电全国，拥戴选举蒋主席为大总统，并推举李主任宗仁为副总统；而今全国所热望的国民代表大会，行将在南京开幕，正副总统之当选者，必不出于全国人民之所瞩望欤！兹将绥省各法团之通电全文录之如次："全国各法团、各报馆转全国父老公鉴：国民大会开幕临迩，总统选举关系綦重。伏思现任国府主席蒋公中正，天纵圣明，首出庶众，继承总理遗志，领导国民革命，北伐而统一告成，抗战以克敌致胜；安内攘外，扶危济倾；综握纲维，宏敷政教；循建国之程序，树民主之宏规；措邦基于苞桑，登斯民于衽席；其丰功伟烈，诚可以铄古而震今也。是以名重当世，望洽重瀛；四海归心，五族爱戴；一身系天下安危，进退关全局成败。值此宪政开始之时，正是新猷展布之日；而尤以目前之戡乱，今后之建国，任重道远，非公莫属。本省各界，盱衡时势，默察舆情，佥主总统一职，宜举蒋公担任。其次，北平行辕主任李公宗仁，勋绩夙著，资望素孚；献身革命，不遗余力，历对北伐、抗战、戡乱、剿匪，均有特殊建树，以故国家

恃为柱石，元首引为股肱；万流仰镜，士庶倾心；舆议欢洽，群情爱戴；其副总统一职，选由李公担任，至属相宜。本会等谨代表全绥民众，竭其衷忱，追随全国各界同胞之后，作一致之拥戴；则国家幸甚，民族幸甚"等词。跟着，全国各省，都有同样表示，并由报端看到，海外侨胞都很关心国事，他们也不断地向国内人民表示着同样的意见；只要是大众一心，那末，这个"大众一心"的要求，绝对可以成功！

《新蒙半月刊》
归绥绥远省政府盟旗文化福利委员会文化组
1948 年 4 卷 5 期
（李红权　整理）

复兴蒙旗必须蒙汉团结

——察哈尔成立蒙旗复兴协会

鄂尔德尼哈什　撰

世界上无论哪一个国家、民族，凡是能够安居乐业的，他们国内的各民族，都是团结一致的，而没有一个国家发见任何分崩离析的现象！最显著的如同英国、瑞士、印度……他们都是由多数民族组成的团体；又如美利坚合众国，也是包含许多民族于一国之内；可是，因为他们各自都能团结一致，所以他们底国家都很强胜〔盛〕，连带的他们底各民族也都享到安居乐业。

话又说回来，我们底蒙旗，本来就是大中华民国底一分子，蒙汉民族都是黄帝底一脉苗裔；因为彼此居地南北各别，故其生活方式略有不同；实则都是一个爷爷底子孙。现在，欲谋"复兴蒙古"，更为大而言之，想得"建设中国"，那末，"蒙汉团结"是第一步重要工作。

本年三月十七日，有蒙古知识分子仁勤多尔济、胡图仁嘎、阿格栋嘎等多人，在傅总司令支持之下，发起组织"蒙旗复兴协会"，会址设在张垣。他们底工作是主张"民族团结"的，他们底目的是"复兴蒙旗"。他们底大会上发表了一幅宣言，从这篇宣言中，可以看出他们的主张全面。兹录其宣言如次：

第二次世界大战结束后，世界局势，仍被战云笼罩，国际间钩心斗角，剑拔弩张，机危〔危机〕四伏，人类和平幸福，亟待全世界民主和平人士，共同努力促其实现。

　　我国抗战八年，获得最后胜利，在国际动荡不安现象当中，应如何自强不息，励精图治，以应付未来非常之局面？不意共党叛乱，肆意破坏，阻遏民族复兴建设之光明坦途，每念地方损毁之大，民命受害之深，国家元气丧失殆尽，痛心何似！

　　尤以蒙旗一带，遭受蹂躏之惨重，倍于各地，财产被掠夺殆尽，民命危如垒卵，奔波流亡，穷困冻饿，无时不在水深火热中挣扎，而宗教祭祀毁灭，社会制度沦替，以致多年安居乐业，乐于活佛薰浴之蒙古人民，突受此违天背人之浩劫，大半精神失常，罔知所从！

　　蒙旗地处边陲，文化、教育向极落后，政府之政令传达，及启发宣导等工作不易深入蒙旗，即唯一救国救民之国父遗教、三民主义真谛，迄未宣达边疆，致使人民对政府施策，缺乏了解，印象薄弱，嗣经八年沦陷，饱受日敌之奴化教育，奸匪割据，又渗入赤化毒素，一部分浅识人民，苦闷青年，因无坚定信仰，复感当前威胁，致受其愚惑！此种现象，诚属莫大危机，亟待挽救。

　　更有进者，蒙民乃中华民族组成分子之一员，与中华民族为一体休戚相关之整体，相信国家决不辜负蒙民，绝对依照三民主义之民族政策，可以扶持，必使其地位平等、文化提高为目的，故赤诚接受并拥护中央对蒙旗一切施策。惟对当前之人民颠沛苦难，及国家边防危险，焦虑万千，切望中央对蒙旗尽最大力量与积极抢救，肃清奸匪，彻底完成复员工作，解除蒙民痛苦，重享安居乐业——吾人久抱民族团结、效忠国家之志，爰特发起组织蒙旗复兴协会，广纳同志，集中力量，协助政府迅速完成戡乱建国工作，在政府领导下，依据宪法谋求蒙民福利，表达蒙民意见，消除中央、地方隔阂，勿使稍有滞塞，复兴蒙旗，复兴民主新中国。

《新蒙半月刊》
归绥绥远省政府盟旗文化福利委员会文化组
1948 年 4 卷 6 期
（李红权　整理）

期望于蒙旗国代者

——要把蒙旗建设的问题提供到大会

作者不详

三月二十九日是国民代表大会开会的日子；各省市暨蒙、藏、回、满以及边疆民族国民代表们，都已先后到达首都，除了预备选举他们心目中所最佩服而要选举的总统及副总统外，他们都是要把人民底意思，带到中央，提供到大会上去，使的中国成为一个真正现代化的"民主国家"。

我们蒙旗底国大代表，也会按期赶到南京出席参加这个大会的；预想国大会堂的各角落里，自然会出现了不少的蒙旗代表头角——那末，他们参加开会的工作，笔者可以料想到："通过组织、选举总统、选举副总统、提案表决……"因为这一次的国代大会，是奠定中华民国之民主政治的开始决定，当然是要十分慎重其事！

不过，蒙旗底问题很多，但，诸般都在需要"建设"上。如同政治的改革、经济的振兴、教育的普及、宗教的改良、畜牧的改善、卫生的推进、人口的增加，以至于工矿的开发、交通的开辟……一切一切，都在需要建设；所以，"蒙旗问题"，就是一个"建设"问题，可以一语道破！现在这个"蒙旗建设问题"，需要各位蒙旗代表们，提供到国大会场上去！

根本，蒙旗底幅员很磅礴，蕴藏很丰实；但是，人口太少，更

少有人材！而且，未启财源，财政更付阙如！这样一个地大物博
的蒙古地盘，又且位居边防要地，其形势之险峻，不言自可知矣！
其举足之轻重，实关系于全局！"建设蒙旗"之事，能说不是目前
当务之急么？然而，"建设"不是空喊的，须要人材，更须要财
政；这些，都要政府方面实地的扶植的。期望各位蒙旗国大代表，
把这个问题要切实地提到国民大会上去！

《新蒙半月刊》

归绥绥远省政府盟旗文化福利委员会文化组

1948 年 4 卷 6 期

（李红权　整理）

绥垣全市悬旗，万众狂欢，
庆祝总统、副总统就职

公共体育场盛大集会
舍力图召内喜气洋溢

中中翁　撰

中华民国三十七年五月五日，是中国民主宪政史上划时代的一页——由军政而训政而宪政，三个阶段最后一个划时代的新纪元。

如果说，南京国大会堂中一个多月的热闹集会，是中国步向宪政的一个高潮，那么，五月五日全国各地民众自动集会，热烈庆祝首任总统及副总统当选的盛会，就应该是中国走向宪政之路上热潮中的一个极峰。而这极峰，正是被反破坏、反割踞、反"反动分子"的中华民国的人民，用内心的真情挚意，所造成的一个伟大的场面。从南京一直到全国实行民主宪政的各角落里，都掀起了狂欢鼓舞的热潮来。

在峨峨的大青山麓下，土默特草原上的青色城内，正有十数万的人民，以抑制不住的欢欣之情，来渡这个划时代的日子。

清晨，商人们都自动地在自己的门首挂起了鲜丽的国旗。人们不约而同的向公共体育场上走去。人群中有政府的官吏，有商人，有民众，有自卫队，有军队……最多的还是打着洋鼓，吹着洋号，迈着整齐步伐的学生，大马路扬起阵阵尘的〔的尘〕土，人流在碎石路上蠕动。

八时半以后，公共体育场已经万头攒动了，小学生们拿着纸旗，随风展开，色彩纷纷，哗哗作响。站在主席台上向马路上看去，人群不断的拥来。这时中航班机飞来了，人们都翘首仰望。

大会布置极其简单，不失新生活朴素的要求。丛绿的牌坊上，只挂着"绥远各界庆祝总统暨副总统当选典礼大会"的横幅一条，字是用金纸扎成。董主席穿了一身清洁的军服，张议长钦没有穿长袍，换成制服。潘主任委员秀仁也换了装，荣总管祥新制服上佩带着勋章。其他首长到有张厅长遐民，王厅长则鼎，张司令潜，苏秘书长寿余等多人。

张议长主席

庆祝大会在十时开始，省参议会张议长钦主席，他在麦克风前说："今天我们全中国，全绥远的人民，为民主宪法的实行和总统的选出而高兴愉快，因为实行宪法是国父领导革命所要求的唯一目的，也是我们全国人民唯一的所望。"以后他就"行宪"和总统选举的"得人"加以阐述。他说："我们的宪法是最美、最善、最进步的宪法。""国民大会的代表们，一致把蒋总统选出，这是我们全国一致认为最愉快的一件事，我们庆幸得人。"最后他以下面简短有力的话做了结语："我们有英明伟大的元首，来实行最美、最善、最进步的宪法，我们相信今后经济会改善，政治会革新，戡乱工作一定会早成功……"

董主席讲话

董主席讲话，讲明了"自辛亥革命，北伐成功，抗战胜利，艰辛戡乱的唯一目的，即在求得宪法的实行和成功"。继又说明了"总统和副总统选举得人"。最后强调行宪与"戡乱"的关系，他说："我们很愉快，宪法开始实行了，但我们还有一段责任，这就是剿匪，我们要继续牺牲奋斗，来打倒反动分子，打倒反民主的共匪！"他勖勉全体："接受长期斗争，以八年抗战的精神来从事这一段艰苦的责任……"

潘主委致词

潘主任委员致简短的演说。他说："这是中华民国历史上的一件大喜事。宪法是本党五十年来牺牲奋斗换来的代价。""当年先总理在广州召开非常国会，就任非常大总统，也是在五月五日。先总理就任非常大总统，是为抵制北洋军阀的余孽，保护中华民国。""今天，我们的环境较以前更艰难，我们外受着赤色帝国主义的威胁，内有为虎作伥，出卖祖先的共匪创乱。同胞们必须有一个共同的认识，认清我们的敌人，共同努力，打倒破坏国家的叛乱分子，抵制较日寇犹凶的新帝国主义。有以往的事实，可以证明我们一定会胜利……"

荣总管讲话

荣总管提出"宪法对边疆少数民族的优厚规定"，并强调了"消灭共匪是我们当前唯一的责任"。

讲话以后，便宣读大会致敬电文。口号是在国旗高擎、万臂高举之下，热烈的喊完的。

大会开完以后，董主席、张议长、潘主任委员和张警备司令，骑马检阅本市自卫队。一直到十二点，人群才向新旧城散回去。

下午，舍力图召和车站，都有佳戏演出。小学生们坐在汽车上，散发传单。归绥市的市民在狂欢中度过这一个划时代的日子。

编者案：总统、副总统就职典礼，初定之于五月五日举行；嗣以某种关系，中央改定在二十日举行。惟全国人民，急于庆贺首任总统及副总统之就职大典，乃欢欣之气，盈溢海内！爰于五月五日，各省、市、县民众，皆不约而同，异地举行"庆祝总统、副总统就职大会"；而绥远蒙汉各界，固亦不能例外，亦于是日，同样召开大会举行庆祝。但，"改于二十日为总统、副总统就职日"之规定，当时尚未知悉。截至编者撰稿时止（十八日），尚不知至时庆祝之议〔程〕序，将作如何举动；仅见报载：对于庆祝举动"从简"云尔。或谓至二十日，各机关、学校等，连"放假"都不必；这也是"为政不在多言"的意思罢！

编者，五、十八

《新蒙半月刊》
归绥绥远省政府盟旗文化福利委员会文化组
1948 年 4 卷 7 期
（李红权　整理）

绥远省境内蒙汉各级机关、团体、学校暨民众庆祝大会庆贺总统、副总统电文

云中伧父　撰

中华民国首任大总统蒋中正（介石）先生暨副总统李宗仁（德邻）先生，同于五月二十日在南京举行就职典礼。绥远境内蒙汉各级机关、团体、学校及民众等，特于十九日发出电文庆贺。兹录其原电文如下：

▲总统蒋钧鉴：宪法颁行，民主之宏规斯立，大选完成，国家之基础益固；诚可谓五千年来之创局，而为今后之新生肇端也。钧座天纵圣明，才兼文武；领导革命，奠定全局；既安内而攘外，辄扶危而持颠；德被八表，光照六合；功业赫赫，超越古今；用能望洽寰宇，领袖群伦；五族仰赖，四海归心。此次以一致之为拥戴，膺选首任总统，顺天应人，欢声雷动！顷悉于二十日在京就职，吉电传来，曷胜庆幸。将见百政维新，造苍生之幸福；五权运治，增华胄之光荣！臻国运于昌隆，指世界于大同；功施无既，可预卜焉！欣逢盛典，春台纪乐；遥瞻卿云，葵忱弥殷！肃电申贺，敬祈睿察！

▲副总统李钧鉴：国开新运，政由民主；振衰起废，此其捩机；钧座革命先进，国家元勋；威德夙著，资望素孚；公忠厚重，士庶同钦。此次大选，经全国之推戴，荣膺为副总统，舆议欢洽，深庆得人！顷闻就职，曷胜欢忭。从此广运讦谟，

为元首之辅弼；特抒硕画，立建国之规模，俾民主完全实现，
国运日臻隆昌，此固国人所喁喁渴望者也！遥企云霓，弥切葵
向！谨电祝贺，敬祈垂察！

编者案：庆祝大会为五月五日所召开，而此电文则于总统、副
总统就职之前一日（四日）所发出来。盖以发电之时，但闻全国
各地，皆于五日开会庆祝；嗣国府改总统就职于二十日，则此电
文已发出去矣！

《新蒙半月刊》
归绥绥远省政府盟旗文化福利委员会文化组
1948 年 4 卷 7 期
（李红权　整理）

庆祝总统、副总统就职，中国
成为民主立宪的新中国

作者不详

蒋中正先生是我们全国人民最爱戴、国际人士最推崇的一位伟大人物，此次南京招开的国民大会，这位伟大人物已被选为中华民国行宪的第一任大总统了，并且，已在五月廿日，在首都的总统府，就任新职。今天，我们的中国，已成了民主立宪的新中国了；我们底人民，已是民主国家的主人翁了；值此划时代的今日，真叫我们□有说不尽的欢慰和无限量的兴奋！

我们回想蒋大总统□从民国纪元前五年，在东京加入国父手创的"兴中会"后，即为"革命救国"□□□□；辛亥回国，复为奔走策划，襄助国父多所成就。民十四年国父逝世，总统继承国父遗志，领导北伐，始得完成国家统一。十七年后，国事渐形蜩螗，强邻逐步压迫；二十六年七七事变暴发，总统毅然领导全民，对日开始抗战，八年之中，历尽艰辛，终于摧毁强暴，获得最后胜利。

无如战事甫告结束，"奸匪"复启内乱，□□□总统掬诚与之"协商"，而毛泽东之凤意叛乱，竟致□祸日益炽烈！无已，爰于三十五年十一月间，总统领导国民党与全国各党各派暨无党无派之社会贤达□□□合作，制定《宪法》；并由国府于翌年之一月一日公布，而于十二月二十五日施行，至是才得实现"还政于民"

之愿！

　　行宪以后的第一届国民大会，蒋先生膺选为首任大总统，这是中华民国的大幸，也是国家民族必臻于富强康乐的先兆□□总统必能以其伟大人格及其卓越才识，与其转旋乾坤的铁腕，继续澄清国内之乱匪，并可阻遏蓄意谋我之"新帝国主义"者底野心！

　　上年七月十四日政府颁布了动员"戡乱"命令，今后总统必能顺应舆情，加紧"戡平匪乱"，完成建国大业，这是毫无疑问的预料。所以中国之存亡绝续，固皆系诸总统一人之身，今复加之以李副总统宗仁之才高望重，经验丰硕，辅弼元首，佐策国是，奠定宪政基础，迅速完成革命伟业，自是指日可待之事。那末，我们可以为中华民国深庆得人，高呼万岁！

《新蒙半月刊》

归绥绥远省政府盟旗文化福利委员会文化组

1948 年 4 卷 7 期

（李红权　整理）

今日之唐努乌梁海

闻三省　撰

　　唐努乌梁海原为我外蒙古之一部，清代归乌里雅苏台管辖，民国三年《中俄蒙条约》订立以后，乌梁海归入外蒙自治区域。民国八年，中央恢复蒙疆，始派兵收复乌梁海，并派佐理专员驻扎该区，处理一切。民国十年外蒙脱离祖国，乌梁海亦随而独立。民国十三年乌梁海以俄人之扶植自组政府，复脱离外蒙而独立，称拓跋人民共和国（Jouba or Juva People's Republic）（按唐努乌梁海自称拓跋氏，元魏之后裔，成吉思汗兴起以后，改属于蒙古），但其实权纯操于俄籍顾问之手，为苏俄的附庸国。当时外蒙古库伦方面对此极为反对，多次与苏俄交涉并于莫斯科举行三方会议，筹商解决办法，卒无结果。民国十五年，苏俄与拓跋共和国缔结密约，承认苏方有驻军及管理外交之权，拓跋共和国在莫斯科常驻代表，惟与其他国不得有往还，嗣改为一自治州，下设十六县，直隶于大俄罗斯联邦。我国领土的丧失与变色，其暗昧不明，迄未为国内外人士所注意，从没有如乌梁海这种情形的。

　　乌梁海位于外蒙古西北，唐努乌拉与萨彦山之间，叶尼塞河（Yenisei）的上游，地理上称为乌梁海盆地（Uriankbai Basin），面积十五万方公里，约等于山东全省。居民乌梁海人，自称拓跋，操突厥语，信喇嘛教，亦奉萨满教，与喀尔喀外蒙古人语言、文化不同。人口约七万，其中俄人占一万，清时分五旗，多从事畜牧。西北两旗，养驯鹿，东南三旗，放牧牛、羊、马、驼。乌梁海盆地周围高山海拔多在二千公尺以上，乌梁海首城曰基齐尔（Kyzyl），一名肯木毕其尔，当贝加穆河（Beikhem）入乌鲁克穆河（Ulukhem）之口，设有电厂，人口三千余。全境现有马十二万头，牛二十五万头，羊七十万头。贸易渐形发达，进口以粮食与制造品为主，出口为牲畜与皮毛，为苏联所独占。

乌梁海气候温和，季节变化不大，土地肥沃，甚产谷物，绿油草原，更易养大量牛、马、羊、驼和驯鹿，很容易成为自足的军事和农业中心。加以地形起伏，适于建筑要塞，丛密的森林，深大的山谷，长达几英哩的山洞，便于防空掩蔽，所以又有为苏联的原子城之说。

境内除沙漠地带以外，多深大湖泊，水量充足，渔产丰富，河流可以通航，到处可建水电站，山间矿产特多，已发现有铁、铜、金、银、铅、镭、锰、石棉、云母、石墨、金刚石、宝石、制磁粘土，各种有色金属和结晶物，煤层尤多突露地面。

现在乌梁海被划为十七个选举区和四个城市（肯木毕其尔、查敦、杜南、沙各诺尔），其他选举区的中心，列为乡村。乌梁海河流的疏浚工作也进行了许多年，汽船畅航。乌梁海已有电厂，新的电厂亦不断在兴建中。至于堤坝建筑和矿产开发，都在积极进行中。农业发展，现在已有一千五百万英亩土地，不须大量加工，便可种植谷物，国营和集团农场已经建立多处，并有机械化设备，这些都足以供我们边疆建设的参考。

《边疆通讯》（月刊）

南京蒙藏委员会边疆政教制度研究会

1948 年 5 卷 2、3 期合刊

（朱宪　整理）

行宪声中话察蒙

张季春　撰

自去岁十二月制宪国民代表大会公布宪法以后，经一年来之准备，政府已于今年十二月二十五日宣布行宪，于是中华民国正式步入民主政治时代，中国人民开始获得自由平等权利的保障，这是国家新生机运的肇始，五十年来惊涛骇浪革命运动的珍贵收获，实在是一件值得欣慰的事，尤其是在察蒙更有其特殊的意义存在：

一、这是察蒙人民获得新生命的开始。蒙旗文化落后，社会组织中封建色彩极为浓厚，宗教势力更深入民间，一般蒙民深信生前忠实于王公、喇嘛，死后便能升入天堂，所以他们只知道恭顺服从，从不会想到反抗，这种统治阶级的愚弄手段，就束缚了全体蒙胞的思想。政治方面，王公、喇嘛及依附于他们的特权者，握有绝对的权力，予取予求，任所欲为，人民不懂政治，也不敢过问政治，自由平等更非他们所能了解的事。他们勤勤恳恳地逐水草而牧，用笨拙的方法从事于落后的生产，在寂寞中艰难的度过一生，当民主潮流已如春江暴发、澎湃世界各地的时候，这一地带的人民，却这样生活在中古世纪的悲惨命运里。溯自抗日军兴，察蒙首先沦陷，敌人的铁蹄踏上这一片荒漠，于是就让这种艰苦的生活也不能平静保持了。敌人为了达成其防共及以战养战的目的，划内蒙为特殊区域，在"开发蒙疆"的美名下，一面牢笼着蒙旗王公，一面对蒙民敲骨吸髓的予以剥削榨取。八年以来，一般蒙胞之财富生产，如牲畜、皮毛、盐、碱等物，损失殆尽，甚至衣不蔽体，食不果腹，无时不在痛苦呻吟中讨生活。胜利前夕，苏联对日宣战，苏军与外蒙军，联合侵入察蒙，这一批负荷特殊使命的"战士"们，所到之处，烧杀掠夺，无所不为，在短短几十天内，多少王公、青年被俘走了，多少平民被残杀了，上至王公贵族的金银财宝，下至穷苦贫民养生度命之资被劫一空，一切建筑尽成灰烬，一切组织摧毁无遗，全察蒙几成了人间地狱。苏、蒙军撤退以后，"八路匪接踵侵入"，在这落后的游牧社会中，他们也展开了清算斗争政策，于是恐怖笼罩了各旗，人民动辄得祸，生命朝不保夕，十数万劫后余生，愈发陷于水深火热中了。现在政府业已公布行宪，宪法中明文规定，人民享有各种生活上的保障与自由，人民在法律上一律平等，所以这将是蒙民思想解放、生活改善的契机，也就是蒙民获得新生命的开始。

二、这是察蒙社会划时期的改造。察蒙地广人稀，社会漫无组织，加以僻处塞外，文化不开，民性保守，不知进取，故一切文化、教育、生产、建设等事业，皆较幼稚，与内地各省相较，实难并驾齐驱，近年来更遭敌匪摧残破坏，毁灭殆尽，社会机构已频〔濒〕于崩溃，若不急予挽救，前途实难设想。宪政实施以后，依宪法规定，国家对于边疆地区各民族之教育、文化、生产、建设、卫生及其他经济、社会事业，皆应积极举办，并扶助其发展，蒙旗当然不能例外。在这种前提下，察省府已拟有一个相当周密的发展察蒙计划，并且于本年施政计划中，即将请求政府拨发巨款，扶助蒙旗事业之发展。包括有生产经济方面的兴办定地牧畜，改良皮毛作业，推广产销合作等工作。文教社会方面的发展蒙旗教育，提倡卫生事业，组织民意机构、社会团体等工作，以期扶植蒙旗社会由落伍迈进文明，完成民有、民治、民享三民主义的新中国。所以宪政的实施将是蒙旗社会划时期的改造。

宪政实施对察蒙的意义已如前述，不过，安定与幸福不会凭空而至的，所以实施宪政也不是徒具一部宪法或凭政府一纸行宪命令就能完成的。此百年建国大计之完成，尚赖我全国人民刻苦奋勉，共同努力，因为宪政即是民主，所以实践宪政的全国国民，每一个人都须养成尊重宪法的观念，遵守宪法、尊重法治的习惯，拥护政府推行宪法的信心，使自己成为一个宪法国家的标准公民，宪政才能真正实现。因为民主政治必以国家平等自由为前提，而国家的平等自由，又以国家的独立统一为前提，所以今后必须全国人民自觉奋起，团结一致，为统一而奋斗，为独立而牺牲，彻底扑灭"共匪"，完成"戡乱"工作，国家才能统一独立，宪政才能真正实现。我察蒙全体人民，亦当在此共同信念下，奋起努力，以迎接此千载难逢的宝贵时机，以完成此伟大事业的实现。

《边疆通讯》（月刊）

南京蒙藏委员会边疆政教制度研究会

1948 年 5 卷 2、3 期合刊

（朱宪　整理）

东北蒙旗问题之今昔

邓无量　撰

东北蒙旗问题，为东北问题主要问题之一，关系东北之安危至巨。现问题之症结，一为已予复员之盟旗政府之职权问题，二为蒙汉间土地问题。本来盟旗组织，为逊清初期，统制蒙人之特定制度，并非执行政府权力之组织，民国以来，一仍其旧。日伪时期为骗处蒙人之依附，便于统制，遂废县存旗，然仍未具政府权力。日本投降、东北复员之当时，中央政府为顾虑边疆民族利益，盟旗组织，仍予复员。在政府初衷，未尝不善，但因外强接境，"内奸"胁诱及外蒙独立，种种原因，遂使蒙人认为"机不可失"，于是盟旗复员之外，要求自治特权。所谓自治特权，其实质为"自决之上独立之下"，企图分割东北二地主权，重陷东北于不可收拾而后已。至土地问题，数百年来未得适当解决，纠纷迭起，加重东北蒙旗问题之推演，相借相因，东北将来，至堪忧虑。兹就已搜集资料，区分东北蒙旗复员概况、逊清对蒙方策、民国定鼎后之对蒙方策、日伪对蒙方策、东蒙现势、土地问题，编后与建议等章分叙如下。

第一章　蒙族〔旗〕复员概况

伪满省属	复员省属	旗别	旗在地	旗长	人口数	境区	复员情形	备注
热河	热河	喀尔沁中旗	无〔天〕义	金紫绂	三一,四八八	宁城平泉	一部	平泉设有旗政府办事处
热河	热河	喀尔沁左旗	凌源	乌占坤	七七,一七二	凌源凌南	十分之五	凌南设有旗政府办事处
热河	热河	喀尔沁右旗	叶柏寿	霍名远	二九,九九五	建平、宁城、赤峰	十分之三	赤峰设有旗政府办事处
热河	热河	翁牛特左旗	乌丹	拉钦旺楚克	一三,九八五		未收复	
热河	热河	翁牛特右旗	赤峰	丰盛阁	五,五七〇	赤峰	一部	
热河	热河	敖汉旗	建平		一三,〇三七	建平	未收复	
兴安省	热河	巴林右旗	大坂上		二一,五六一	林西	未复员	
兴安省	热河	巴林左旗	林东		一七,〇八一	林东	未复员	
兴安省	热河	阿鲁科尔沁旗			一四,六八六	天山	未复员	
兴安省	热河	扎鲁特旗			一二,九九五	鲁北	未复员	
兴安省	热河	奈曼旗	达钦塔拉	苏达那木达	四九,四九七	绥东	一部	
兴安省	热河	克什克腾旗			八,六六三	经棚	未复员	
兴安省	辽北省	科尔沁左翼中旗					未复员	
兴安省	辽北省	科尔沁左翼前旗					未复员	
兴安省	辽北省	科尔沁左翼后旗					未复员	

伪满省属	复员省属	旗别	旗在地	旗长	人口数	境区	复员情形	备注
兴安省	辽北省	科尔沁右翼中旗					未复员	
兴安省	辽北省	科尔沁右翼前旗					未复员	
兴安省	辽北〈省〉	科尔沁右翼后旗					未复员	
兴安	热河	库伦旗	库伦街	泽旺		绥东	一部	
兴安	辽北省	扎赉特旗					未复员	
兴安	辽北省	喜扎嘎尔旗					未复员	
兴安	兴安	新巴尔虎左旗					未复员	
兴安	兴安	新巴尔虎右旗					未复员	
兴安	兴安	新巴尔虎旗					未复员	
兴安	兴安	陈巴尔虎旗					未复员	
兴安	兴安	索伦旗					未复员	
兴安	兴安	额尔科〔古〕那左旗					未复员	
兴安	兴安	额尔科〔古〕那右旗					未复员	
兴安	兴安	布特哈旗					未复员	
兴安	兴安	阿荣旗					未复员	
兴安	兴安	英〔莫〕力达瓦旗					未复员	
兴安	兴安	巴寒〔彦〕旗					未复员	

续表

伪满省属	复员省属	旗别	旗在地	旗长	人口数	境区	复员情形	备注
锦州省	热河	吐默特中旗	北票	沁布多尔济	二二，二三二	朝阳	已复员	
锦州省	热河	吐默特左旗	阜新	云丹桑布	九三，五九八	阜新	已复员	
锦州省	热河	吐默特右旗	朝阳	宝鲁〔音〕乌勤〔勒〕吉	二一，八八五	朝阳	已复员	
滨江省	黑龙江	郭尔罗斯后旗					未复员	
吉林省	吉林	郭尔罗斯前旗					未复员	
龙江省	黑龙江	社〔杜〕尔伯特旗					未复员	
龙江省	黑龙江	依克明安旗					未复员	

东北蒙旗复员概况如上，其已复员之旗政府设有总务科（主管人事、财务、庶务），教育科（主管教育），政务科（主管社会、行政、土地），建设科（主管交通、建设、开拓）。旗设旗长，蒙名扎萨克，历为王公充任。旗之下为参领、佐领（相当于区、乡公所），各设公所。旗之上有盟，盟设盟长，系由公选产生，固定期轮流充任，直属于中央蒙藏委员会，盟无固定办公地点。盟本为会盟之意，如卓索图盟，其卓索图蒙义为几棵树之意。旗政府之区域，极含混不明。人口数字至难确实，敌伪于廿九年之调查，总人口为七十余万，以东北总人口四千万比，洽〔恰〕为一比六十。热河省蒙人口为四十万，与热河总人口六百五十万比，洽〔恰〕为一比廿①。汉蒙同胞通婚已久，生活同化，种族之见渐泯，

————————

① 原文如此。——整理者注

以常则有〔看〕，应无问题发生。其所以发生问题之原因，实由于日伪时期，废县存旗，尽量抑制汉人，予蒙人以种种特殊待遇，所谓半蒙古（非纯蒙血统）及与蒙人之有瓜葛者，皆改为蒙籍（现中央普行兵役，东北蒙民独蒙缓役，于是汉人中又多更为蒙籍，比〔此〕为一例；卅六年四月东北政务处长楚明善视察东北蒙族〔旗〕，至热河时，曾有汉人要求转入蒙古籍，既可缓役亦可蒙中央优遇而减少若干捐征负担）。中央一本敌伪优遇蒙人政策，问题加多，徒增繁扰，此实为东北蒙族〔旗〕于复员后问题重重之原因所在。现在复员之旗政府，徒拥虚名，对蒙民［民］滋扰有余（诸如保安部队之在民旗政府苛杂重重），而于蒙民福利设施、政教工作之开展则甚不足，王公仍保有生杀予夺之封建特权，腐化贪污，为一般蒙民所深恶痛绝。盟族〔旗〕之外，复有盟族〔旗〕党部，各级主要人员，多为中央政校蒙藏班毕业，平时对党务之推行，殊未策划，假中央关系与五〔王〕公、旗长之权力，寅缘自重，自中央以至地方声气相通，在地方造问题，对中央讲要求。东北蒙旗复员后问题重重，中央以至地方之蒙古人士实应负其责任。

第二章　逊清对蒙方策

历朝边患，大都误于书生之见，以为不毛之地，设守无益，遂让数千万里之土地，置于长城之外，至为失策。及逊清入主中原，经略边地首先注意蒙古，漠南诸部归服于前，太宗讨平林丹汗，于是漠北喀尔喀四部相继归服于后。康熙平布尼尔、噶尔丹、策妄阿拉布坦，乾隆定准噶尔，于是蒙古地区全入版图，规定佐领员数，编成旗制，以旗为统辖单位，委任功高望重之蒙人为王公。当时划定内蒙为一百卅八旗，一千二百九十一佐领；外蒙为二百卅三旗，一百六十八佐领；西蒙为卅二旗，一百廿一佐领；阿拉善蒙古为卅二旗，一百廿一佐领，统辖于理〈藩〉院之下。王公为世袭职，驻京，并尊崇黄教，提高喇嘛待遇（寺院堪布均为二三品），筑寺院，禁止蒙人用汉名、读汉书，每年以避暑热河为名，或奉天祀典，大会蒙古王公，或校猎或骑射，极尽怀柔之至，终逊清之季，迄无边患。固因此〔女〕真与蒙民习俗相同，生活接近之关系，而对边陲民族有其一贯政策，不为无因也。

第三章　民国定鼎后之对蒙方策

民国初建，国基未固，即遇外蒙独立之风云，延及内蒙科沁右翼前旗扎萨克郡王乌泰响立〔应〕独立，陶什托等外蒙军南侵，开鲁、经棚先后失守，沿边告急。北京政府，盱衡严重情势，非绥抚所能解决，于是设置热、察、绥三特别区都统，综揽军政，调集军队向蒙边推进，至外蒙之游各吉庙，内蒙郭鼎〔尔〕〈罗〉斯前旗扎萨先〔克〕王齐默特色木丕勒，乃于政府派员抚慰之下，与内蒙王公经多次会议决定归向。当时居外蒙之参与变乱者均不究既往，期其来归。对清代将军制度因都统制度之确立无形取消，而盟旗参佐领一仍其旧（规定专理私产与租税，行政仍由省县主持），并权衡地势之重要，于民三年公布组设甘肃泷〔陇〕东及阿尔泰两护军使署，民五改为都护使，民六于西北设西北筹边使，成立边防军一旅，驻库伦（民九为徐树铮所解散），民九公布《库乌科庚〔唐〕镇守使官署条例》，募集车臣汗蒙兵，守备库伦，九月俄兵进入外蒙，翌年二月库伦陷，继拟设蒙疆经略史部署军事，终以政局不安作罢。至热、绥方面，则于特别区之下置通辽、林西、朝阳、多伦镇守使，虽有守军，因东北军事当局缺乏远见，政治腐化，措置失宜，致为日人垂涎，迄民廿〔二〕年日人积极

侵略，更成不可收拾之局。我中央政府，于民十九〔七〕年统一
告成，于民廿、廿一、廿三年中先后公布《蒙古盟部〈旗〉组织
法》、《蒙古盟部旗组织法施行条例》及《蒙古自治办法原则》八
项，保障蒙民权利，扶持民族自决，结果虽有部分领袖内附，但
东北已为日人完全统制，边政受尽措拆〔挫折〕，及"七七"战
起，虽欲补救，已无能为力矣。

第四章　日伪对蒙方策

民廿二年日寇陷热河，宰制东北之基础固，对蒙汉民族极尽挑
拨分化，以自治之美名，骗取蒙民之依附，尽量压制汉人，在民
族体系上为日、满、蒙、汉四级。为推行其所谓满蒙政策，以
"民族协和"为口号，以"日满一体，满蒙一家"为内容，以建立
大亚细亚联邦，即所谓新大亚细亚主义为目标。其实现之步骤，
第一步为极东日盟，即以日、满、蒙为基础，第二部为亚细亚联
盟，即领导中国、印度，第三步联络世界各民族。总括其用意所
在，不外首在征服满蒙，次即征服中国、印度，以远征服世界，
其理至明。执行满蒙政策之方策上，吸收外蒙青年以作对苏之前
哨，及兴安省高唱为蒙人创立蒙古安全圈，以博得蒙民欢心，阳
假扶助蒙民自治之美名，阴尽政治摧残、经济剥削之实。在政治
上，废县存旗，在军事上于通辽、海拉尔分设军区，征蒙民服役，
成立兴安骑兵十余万人。在教育上，以亲日挪〔抑〕汉，灌输成
吉思汗之英雄思想为主旨，普及义务教育。对土地问题，借口汉
人妨碍蒙人牧养，对热河各旗〔汉〕人加以驱逐，收回已垦土地，
禁止汉人利用或垦殖未出放地，以防汉人口之膨涨，将热河北部
汉人移往黑龙江垦荒，种种措施均为蒙人张目。并扬言即帮助蒙
胞收复外蒙、匪蒙，使蒙古大团结，而为东亚共荣圈内有力之一

员，成为第一流独立国。此种羁縻政策，为蒙民中有志之士烛察，深为蒙民前途虑，而一般浅识之蒙民，已自陷于亡国奴而不知，尤复夜郎自大，故造纠纷，仇视汉人。日伪于蒙汉感情之分化，至此已达极点，种下复员后问题之纷至沓来。所谓盟旗政府之职权问题，今日蒙人要求盟等于省，旗等于县，参佐、佐领等于区、分〔乡〕，并确定区域，俾达确符中央扶助弱小民族自决之实，即因缘于日伪对蒙方策之余味。日伪解决土地之方策为助长蒙人之狭隘观念，即东北土地为蒙人所有而为汉人所强占，使纠纷迭起，于是复员以后，外因内果，投机取巧之徒，借蒙人以自重，遂至无一而非问题，无一问题而非有意破坏国家主权、土地完整之企图。用意所在，无非仍为"排汉"之旧套，其愚实不可及也。

第五章　东蒙现势

第一节　东蒙现况

东蒙之区域难于确定，约包括热河、辽北、兴安、黄〔黑〕龙江等境。人口数约七十五万（为康德七年所调查）。其居住南部者兼营耕牧（热南、辽北、龙南等地区），北部多游牧（国境各旗），尚逐水草而居者为卅余万。其社会组织，在接收区之情形，以活佛（葛松〔根〕）及喇嘛握舆论实权，日伪时期曾加以削弱，今虽不如昔，但仍保有相当实权；其次为王公，实握有生杀予夺专制大权，亦为日人逐渐予以剥除，日本投降时各王公仍有向中央要求恢复固有权利，因青年层不但不予支持，并加以反对；再次为知识层（包括官吏及青年），即今日作乱之徒。蒙古原为封建制度，一般人民均为王公奴隶，对官吏亦绝对服从，知识分子即利用此一弱点，胁迫民众，对外伪为代表民意，要挟政府，实际上一般蒙胞并无政治欲，求生活、生命、财产之能得保障，则至满足。信佛之癖甚深，往往以辛苦一生之收获敬佛，故喇嘛庙多极殷实，遂养成喇嘛特别优裕之生活。民族特性，一般擅骑射，喜狩猎，爱武器，好斗争，一夫欲斗，万夫相从，忍苦耐劳，耐寒耐饥，为特有之本能。近来大成吉思汗之英雄思想，深入青年层心理的思想、行务均积极，其无竞争性之青年称为乐天派，居北部之蒙人自认为纯蒙血统，而排斥南部曾受汉化之蒙人，指为非纯蒙血统。廿二年前南部蒙人多取汉人姓名，为北部蒙人所反对，不承认其为蒙人，廿二年后蒙人受日人之优遇，咸重更为蒙名，故北部蒙人骂彼辈为康德蒙古，遂有南北派之分。当北派宣言独立或要求高度自治，南派则斥其狂妄，谓蒙人不懂经济、无工业，仅懂些许政治、军事，不能独立，宜依附中央，以求将来之发展，但两方为争取民族之利益则步骤一致。至于一般民众对主席及中央政府至为敬仰，亦颇信赖。因喇嘛、王公及一般平民，经日本之荼毒及苏联军队之蹂躏，兼受八路之斗争，与野心分子之胁迫，欲生不得，欲死不能，甚盼中央早日接受，以保其生命财产。

第二节　东蒙自治派之来源

民廿年前日本准备九一八事变，大事怀柔蒙古王公，拉致〔拢〕蒙古青年，其拉致〔拢〕青年办法，或招使留学日本，或使人就读于南满之日本公学堂，或卵翼于南满铁路局担任职员。九一八之当时，即〈有〉所谓东蒙自治军之出现，进攻通辽而与日军并肩作战。当时日人对蒙之处理意见尚未一致，一部主张成立东蒙自治政府，以作他日为其傀儡，先予以自治而后以独立相许，一部蒙人中之领导者受其迷惑，即开始作其独立迷梦。另一部日人主张满蒙合治。两种意见虽有不同，而并不相背。同时认为蒙人在其侵略方策上大有利用价值，不惜大施离间、挑拨、怀柔之毒辣手段，受骗蒙胞，认为日人确有援助独立之真诚，屡迫日人履行条件，如废县存旗，普及教育，造成特殊武力，取消喇嘛、王公政治特权，确保蒙旗之合法组织等，均得日人之允诺，并逐步实现。太平洋大战爆发后，又近〔进〕逼日人准许东蒙一致团体，取消分省分治，而统一建立总省，其力量愈益充实矣。卅五年八月十五日前，东蒙之领导者，对日本战败后，对东亚及中国形势之研究，煞费苦心，所得结论认为苏俄之世界革命绝对成功，中共在中国亦能成功，及苏军进入东北，外蒙获得独立，与彼等之预断吻合，于是以投机取巧之手段发表《“八一八”宣言》，《宣言》内容，要求与外蒙合并，以取得独立。同时又密派特使与外蒙联络，结果因外蒙方面顾虑联合国之谴责，复卑其投机取巧，未予信任。被拒绝后之东蒙野心者，又另取途径，于卅五年一月十七日招开东蒙人民代表大会，决议“在中国国旗下争取高度自治，取消人民革命及人民革命党以及东蒙政府，改称东蒙自治政府及东蒙自治军”。当时中央所派赴东北接收官吏，对东蒙之动态认识欠清，未能把握当时东蒙人民之心理，而未加答覆其所诛求之问题，遂使彼等深为不满，彼辈由不满而愤慨，而漫骂。其时复接得外蒙之秘密指示，谓如有独立之决心，宜先喊自治，同时宜与中共合作，加之中共已先国军进入东北，其势远非东蒙自治军所能排除，故佯与中共合作，借中共之力量以充实自己，备他日独立准备。孰料一经中共之手，使东西蒙之精神联为一体，且以极妙之手段，将内蒙、东蒙所有之野心家全数消化，于是东蒙人物当时大有悔不当初之悲鸤〔鸣〕，苦心孤诣所经营之人民革命党、自治政府及自治军，已全被八路军粉碎无遗。

附（一）内蒙自治联合会东蒙分会人物情形表

姓名	籍贯	出身	伪满时职务	现在职务	备考
博彦满都	东科中旗	北平师大	兴安总省省长	内蒙自治联合运动会副主任	
玛尼巴特拉	东科前旗		蒙民学生会理事	内蒙自治联合运动会总务科长	汗名马叨洲
哈丰阿	东科前旗	蒙旗师范	兴安总省参事	东蒙分会主任	
那木海扎布	扎赉特旗	北京师大	西科前旗长	自治会参议	
桑杰扎布	郭前旗	日早大	总省文教科长	东蒙分会秘书主任	
宝音	热河	蒙旗师范		东蒙分会宣传主任	
特木尔巴干	喀喇沁中旗	苏联某大	蒙民学生会教育科长	兴安政府主席	内蒙组织伪兴安省府于安〔海〕拉尔
达瓦敖斯尔	东科后旗	北京师大	国务院总务厅参事	兴安省府民生厅长	
巴其门昌	东科前旗	日农大	兴安总省实业厅畜产科长	兴安省府秘书主任	
阿斯根	东科中旗	日陆大	第九军管区参谋	兴安军区司令员	
莫得尔图	齐齐哈尔	日士官	第九军管区司令部	兴安军区副司令员	
多格厚扎布	热河	日士官	兴安陆军学校	兴安军区参谋长	
张呢吗	通辽	日士官	兴安陆军学校	内防队长	
平安山	东科中旗	日士官	王爷庙山炮团	第一师长	
乌云达赉	开通	日本东京大学	兴安总省会〔会〕计科长	兴安盟政府主席	
温都书	东科后旗	蒙旗师范	兴安总省地政科长	兴安盟政府秘书主任	
那木斯来扎布	扎赉特旗	蒙旗师范	兴安总省省员〔总务〕科长	高等法院院长	
富理清贵	喀喇沁古〔右〕旗	日士官	兴安陆军学校	内蒙干部教育局	
张策				兴安省府副主席	包卫，住王爷庙

续表

姓名	籍贯	出身	伪满时职务	现在职务	备考
胡昭衡			八路兴安办事处	兴安军区政委	住王爷庙
胡秉铨			八路兴安办事处	兴安省府经济厅长	住王爷庙
孙达生			八路兴安办事处	兴安省府教育厅长	住王爷庙
刘宜			八路兴安办事处	内蒙自治联合会妇女会主任	住王爷庙
宋振鼎			八路兴安办事处	兴安盟政府副主席	住王爷庙

注：该分会现住王爷庙。

附（二）东蒙实力统计

区分	级别	人数	素质	备考
武职	将校	一〇〇名	其中四名为军官候补生余名原有干部	多为土匪及自辖团队人物
	尉官	七〇〇名	军官候补生	
	尉官	一,〇〇〇名	军官肄业生	现均在自治军中
	士官	五,〇〇〇名	士军〔官〕学校已毕业之总数	
文职	伪高等官	三〇〇名	王公、留日、北平各大学及奉天蒙旗师范	每旗留五名外各省分二三十名
	伪委任官	四,〇〇〇名	各旗牌学国校及伪高出身	每旗五〇——〇〇人
	伪公职员	二〇,〇〇〇名	伪国高级速成班训练所	每旗三名一多名,担任教师、会社、乡村长
青年	普充兵	八〇,〇〇〇名		退役与未退役者之总和
	受训者	五〇,〇〇〇名	伪国高青训义勇队、高小及各种讲习所	
合计		一七〇,〇〇〇〔一六一,一〇〇〕名		

第三节　偏狭民族主义言行之一般

内蒙民族意识，在表面上观之，似已臻统一，且达于最高潮，不论其在兴安（执〔自〕治政府人物）、长春、沈阳、北平、南京之蒙人均高喊为民族而奋斗，互为声气，言行一贯，以自治为借口，以排汉为目的，陷于偏狭之民族主义。当此"奸共"猖獗之际，其言动约为：（一）声言第三次大战即将爆发，若即爆发最为欢迎。（二）辱骂中央无能，大员无不贪污，尽尽暴露政府弱点（佯为服从中央，冀在便利之下造成武力，假意协助接收，实在加紧充实实力，以便增大发言权，进而应付第三次大战之爆炸〔发〕）。（四）以兴安反动派之夸大宣传为烟幕，而加强内蒙之评价。（五）为兴安反动派通报东北军情，且暗示其加紧蠢动，彼辈得以乘机要挟中央。（六）扬言兴安近派百余青年赴外蒙留学，驾驶飞机及战车。（七）扬言中央对内蒙诚意不足，仍本怀柔旧策，绝无保障。（八）扬言中央视蒙人为二等国民。（九）已在中央服务之高级蒙人均扬言中央黑暗，进级须有人力、财力。（十）扬言中央有意恢复王公制度以奴役蒙民。（十一）九省中之兴安省何以不用蒙人，以中央用汉人即可统制蒙人。（十二）扬言中央势力到蒙旗后，将大量移民，占夺蒙人土地。（十三）国府不履行二中全会决议及"八二四"主席之宣言。（十四）辱批三民主义为三迷主义（官迷、财迷、色迷）。（十五）蔑视中央政治不良，愿为中共苦干等项言动，徒为"奸匪"张目。

第四节　派别及内哄情形

三十五年我接收通辽与赤峰后，"奸匪"对内蒙监视甚严，传扬在海拉尔曾将马明洲加以监视，在林东曾将战得萨（自治军团长）监禁，此虽出于"奸匪"之手，实亦由于内哄所致。初曾供伪高职（军政中一、二、三流人物）者之伪高职派，在兴安盟反动派中，往往以老资格自居，并居高位。以革命自居之新进派之青年，攻击彼辈既无革命精神，复乏领导能力，且封建思想极为浓厚，信念不坚，宜加肃清。伪高职派亦自命为民族革命之战士，且自认富有工作经验，应掌握领导权，痛斥青年为跛跪病狂。另有武力派因不满"奸匪"压抑，不甘奴服，暗斗甚烈。再政治派则不然，一心依附"奸匪"，甘为余续，且屡欲以训练之新青年夺取武力派之武力，暗斗已入深刻化，为"奸匪"所来〔乘〕，其势必然也。

第五节　中共之策略与步骤

中共以蒙民善骑，饮食单纯，体格健康，耐寒耐苦，有服从性，易于把握最后游击战之组成员，且一般知识甚低，易于接受宣传，如助其独立发展民生之虚伪宣传，同时因地区邻接外蒙，易受外侵及迎合野心分子独立美梦，认为利用蒙民价值甚大，于是决定骗取之步骤为：第一步即初期工作（三十四年），允许其自治，作为中共联邦之一员，除政治指导员外，武力不进入蒙旗；第二步即中期工作（三十五〈年〉上年度），以蒙人治蒙，汉人治汉为口实，或发进入蒙旗；第三步即后期工作（三十五年下年度），以统一军令，加强革命力量为口实，消化东蒙之武力及政治，刻正继续中。现东蒙"赤化"力量已极普遍，三十六年上年度，复有所谓西蒙自治政府之产生，东西两蒙自治政府，地境衔接，由西北至东北之走廊，东北"奸匪"之发展至可忧虑也。

第六章　土地问题

第一节　土地纠纷之因缘

蒙人高唱"蒙古土地为蒙人所有，而非国有"，玩味斯语，对今日蒙汉土地问题，至堪重视。原来蒙古土地，系王公采邑，为王公所私有，历代同。然逊清乾隆前，蒙人曾有法令，禁止汉人入蒙耕种，而实际上因蒙人为游牧经济，举凡日常用品、食物之需，均赖汉人贩输，彼此厮熟，或对汉人负债，渐将土地租给或私售于汉人耕种，蒙人坐享其成，由来已久。道光二年，虽有法令规定不准汉人耕种蒙人土地，但地主仍加以掩护，谓土地私售已成为公开之秘密。逊清道光二年冀、鲁大旱，清廷与各王公协商救灾办法，决定开发蒙古，屯垦实边，借此养民，所谓一地养二民。道光八年曾派大员松筠赴卓索图、吐默特等旗协议，准由汉人购买蒙人土地，并得自由租佃蒙人土地，于是广漠边地的逐渐垦植耕种，村墟比接，致成今日之声。因蒙人土地所有权种类及主客双方感情之不同，于是租佃、售卖之情形亦异，契纸种类名称繁多，时间既久，人事变迁，遂成为土地纠纷之起因。及后虽经数度清理，由蒙汉双方协议，重发地契，但未全收实效。日伪统制时期，虽曾积极清理，稍见端倪，然委屈汉民至甚，纠纷迄未能真正解决。

第二节　蒙旗土地之种类

第一目　内仓地

内仓地，乃王爷之私产，一称王爷仓，多则十余仓，少则八九仓。因面积广袤之不同与不规则关系，有广达数旗者。每一仓按事务繁简，仓长一人或数人处理仓务，年入款额为数甚巨。权收租事项，为仓长专责。如开放山荒、淤地，则由参领或仓长负责办理的王爷土地之开放，不论蒙汉均可请买，其契约内容谓："由王爷某某仓，今将坐落某某处山荒或淤地若干，四至情形，出卖于某某名下，永远为业，立木相连（甚有写上至青天下及黄泉）。价金若干，笔下交点不欠，自卖之后由买主自便，恐口无凭，立契为证。每年交租若干，年月日立。"如为参便〔领〕开放之地，即盖参领印章，如为仓长开放者，即盖某某仓长之印，印文蒙汉合刊，此即称为红契。契约成立之后，买主得自由开垦耕种。但参〈领〉及仓长所经手开放之地，不论山荒、淤地，于一年或数年办租，其办租之情形，即对于开放土地多种则租多，少耕则租少。

第二目　公爷仓

公爷仓，为公爷之私产，较逊于王爷之所有，其仓不设仓长，由管理人负责办理，故管理人以下设揽头（办租）及催头（催租）协助办理。开放山荒、淤地，由管理人负责。至缔结契约，内容大致与王爷仓之契约相同，至办租及交租亦与王爷仓无异。所差别者，即成立买卖契约时，则有中人与代笔人之记载，且更书成对契，各执其一，以为证据。

第三目　外仓地

外仓地，为旗公署产业，即旗经费来源所在，一名官舍地，其面积亦大。开放山荒、淤地，以旗公署名文出之，至契约内容，亦与内仓地相同。迨伪汉〔满〕废阶〔县〕存旗后（三〔二〕十年七月一日），旗公署之经费始改由地方筹支，而原来旗公署之土地及所有产业，由各旗蒙民裕生会接收，作裕生会之基本产业。蒙汉人民耕种此地，每年只交租粮而不立契约，故名为白楂地，但有一协议，即不欠租粮不得夺佃。

第四目　共有地

共有地，为大小部落共有之地，为数甚鲜。约分为：（一）牧场共有；（二）春秋二季祭祀典十三太保（唐处支〔李克〕用之子）香火地。此种土地为公共使用，故处分者甚少。

第五目　庙仓地

庙仓地，原为喇嘛香烟地，其土地之来源为王公及一般蒙民之所施予，较王公土地仅属万分之一，以故鲜少开放。土地经理概由喇嘛头主持，因之大喇嘛庙每有公贫而私富之情形。

第六目　驿马站地

驿马站地，系外仓地之一部，因邮政不通，公文往来困难，故王府及旗署每利用驿站以递送信件。此地均由汉人耕种，驿马站经费，即以每年交付之租粮充之。经伪满土地整理，已将是土地作蒙民裕生会之基本产业。

第七目　福分地

福分地，即恩赏土地，一名小得地，又称差役生计地。致〔至〕其土地取得之原因，系蒙人充差于王公，由恩赏而获得之土地。由王府发给有红印之契约，并注明于土地台帐，有对该项土地使用收益处分之权利，亦名为私有地。乾隆以来，福分地之买卖比比皆是，至缔结契约之内容仅注载倒地人某某，而不书卖字，以便收租。故买主取得土地之后，翌年秋收，即须向蒙人办理顺契，其顺契之内容为："立顺契人某某，今买得坐落某某处土地若干，计开四至东南西北情形，凭中人某某情愿顺到某某公爷（公爷仓地或某某福分地），顺契价洋若干（按原地价百分之二、百分之五或百分之十不等），其钱笔下交清不欠。自顺契之后，由买主自便，恐口无凭，立顺契为证。"契尾注载中人及代笔人，并注明秋后交租若干，契为蒙汉文对照，各执一纸。考其契约之意义，纯属承认原有业主，惟此顺契手续，除王爷仓及外仓地无顺手续外，公爷仓及福分地至为普遍。

第八目　黑契地

黑契地，为蒙人私产，或为福分地，或为自置地，此种买卖行为与手续不经旗公署，仅为私人之处分行为。

第九目　胭粉地

胭粉地，乃王公侍妾之所有，以其收入作为粉饰之用，为王爷公仓之一小部分。是项土地在蒙汉间从未发生问题。

第十目　租佃种类与名称

以上土地之种类大约如此。而租佃之种类复有所谓"大租"，即汉人租佃蒙人公私土地不交押租，不定年限，每年纳若干租粮或不租①或物租，世袭罔替，相沿成习。所谓白楂地之情形，便属如此。大租之外，有"永租"，即地主与佃农间之感情关系而建立之永佃契约，或地主因负债于佃农，无力偿还，将土地之收回权作价偿还欠债，土地之所有权及地租，虽仍属于地主，而耕种权利永属于佃农。又其次为"榜青"，如内地之分佃，劳资合作，利益按成均分。再其次为"小租"，此为蒙地之特有现象，即地主既将土地所有权卖给汉人，立成死契，但汉人每年仍须纳租于地主，此项土地之出卖，在名文上为"倒兑"，每年小租等于零，盖以应付蒙旗政府之查勘。按当时理藩院严禁汉人在蒙买地，规定如有上项情事，则"汉人杖一事〔百〕回籍，蒙人土地没收入官"，因此有小租情形。此尚有"顺契"，前于福分地内已有其大概。顺契之产生，尚有另外情形，即新佃户向旧佃户办理"买耕权"，付予旧佃户开拓用费，成交之后，如〔再〕向地主订立顺契，以后按年照大租之规定纳租。契约种类如此。同时在租佃人事上，尚有所谓"卷头"，由人承租，分租于若干汉人，当时界限不明，又无

① 原文如此。——整理者注

陈报手续，时间既久，难以清丈，人事变更，假造契约，否定业主所有权，或大租化小租等等情事，所讼殊难判断。其原因固由于少数汉人故存狡獬〔赖〕，但蒙人之不事生产，对已有生产未加清理，糊糊涂涂，实难辞咎，时过境迁，纠纷便起。

第二〔三〕节　土地之整理

土地问题以热河为最。民十七年汤玉麟主热时，对有纠纷土地曾由清丈局加以清丈，并与各王公协议，即发正式契纸。地价之支配为王公三成，一成为办公费，除〔余〕二成提为省之收入①，土地整理，已见端倪。及九一八事变至民二十二年间政局未定，土地纠纷迭起，至民二十九年（伪满康德六年）日伪对各旗土地开始整理，订立《土地审定法》、《热河蒙地权利及租子调整规程》，各旗司法机关停止对土地之审判，有关土地之纷争，改由地籍整理局处理。伪满中央政府国务院地政局密令对九一八事变前，民国司法机关判决，不论胜诉与否，均予否认，并对汤玉麟主热时地政之处理与清丈局所发契纸不予追认，对汉人权利一笔抹杀。兹为便于参考起见，将日伪时期土地整理情形，分述于下：

第一目　由〔内〕仓地之整理

凡当时持有王爷红契向伪满土地整理局申告者，竟被认为白契（即白楂地）而加以驳回，因之内仓地均作外仓地，则汉人既得之业权一变而为永佃权（伪法物权规定为耕种权三十年无条件更新），因之汉人以难〔难以〕甘服，而各王爷否认和解，以是土地纠纷层见迭出。

第二目　公爷仓之整理

汉人既于内仓方面失其主权，于是有持公爷仓红契之汉人，于

---

①　原文如此。——整理者注

伪满土地整理人员未到达以前，对公爷仓管理人员贿以多金，款
以旨酒，重立顺契。于办理土地申告时，始未发生否认和解问题，
双方成立和解契约后，即再交补偿金二十五倍（二十五年租金一
次缴纳）于蒙民裕生会，汉人土地之所有权始得确定，而未被否
认为白楂地者几稀矣。

第三目　福分地之整理

福分地之整理本无问题，而因整理当时，每遭蒙人不愿和解，
于是汉之曾转入有福分地之所有权者，只有卑躬拆〔折〕节挽人
疏通，冀获和解。其整〈理〉办法与公爷仓同。

第四目　外仓地之整理

伪满整理土地，凡王爷仓、公爷仓、福分地等，均视为外仓地
（白楂地）之一种，而否认其与汉人成立土地和解，以故是项土
地，大都拨为蒙民裕生会之基本产业。查伪满之《土地审定法》，
原许人民于土地申告期间，为维护产权，得检同人证、物证，出
而作纷争之申请，无如伪满主持纷争班人员偏听蒙民裕生会之主
张，对汉人所持理由与意见漫不为理，汉人因之而受意外之损失
者，实大有人在。

第五目　王公土地权利之奉上

按伪满土地整理，所谓土地奉上者，孙〔系〕指各旗之山川
河流而言。所谓土地权利奉上，孙〔系〕指各旗之外仓地而言。
今蒙人只承认土地奉上为山川河流，而不承认权利奉上（查伪满
唐〔康〕德六年十二月十九日，伪经济部训令第二〇一号略谓：
热、锦两省蒙地从来蒙旗及旧蒙古王公所保有之特殊权益，已于
唐〔康〕德六年九月八日奉献于国家。根据今后之奉献，由唐
〔康〕德七年一月一日发生一切效果，关于该项特殊权益，一部分
土地基垦、山分、旗赏垦及地税提成金，均于七月一日以降不发
给之等语），认为权利奉上即收租权奉上，殊知租随地转，土地亦

相继而奉上矣，与伪经济部训令对照即知其梗概。当时外仓地（即满〔汉〕人耕种之白楂地）于土地理整完毕后，并即实施开放，重行价购而取得所有权者比比皆是，初未闻有若何之异议。其时伪满开放外仓地时，其办法为：（一）原有耕种权者有优先购买权；（二）原业主放弃权利时，准由地邻尽〔尽〕先购买之；（三）地邻放弃权利，始得由第三者购买。至开放之价格每亩为数不过一元。但复员后，日伪时期一切制度无效，蒙人借口于收租权利奉上，土地所有权仍保有，否认汉人之购买权，更增土地问题之纷扰。

　　第六目　伪满二十五倍补偿金之交纳

　　二十五倍补偿金为伪满土地整理时，蒙人与汉人缔结和解契约，而重行给付之一种土地代价。该项代价之付给手续，系于缔结和解契约时，约集整理土地人员（纷争班）、蒙民裕生会人员及人民土地代表，三方莅场监视，双方当事人于和解契约签字盖章之后，即发给和解契约书，予受业之地主，地主领得和解契约书后，即按照顺契所载租金之多寡，计算应付二十五倍补偿金之数目（例如每亩租金一角，则缴补偿金为二元五角），静候蒙民裕生会通知，定期交款。至期如无拖欠，催款人员即将和解契约书收回，另行填发收据，持此收据即向官方具领土地之所有权之证件，汉人均已依照此项规定办理。现国土重光，所谓蒙民裕生会于光复之初，无形冰解，所保管之二十五倍补偿金，迄无下落，传言不一。现蒙人否认已取得汉人二十五倍之土地代价，仍向汉人需索租金，其用心所在不难测知也。

第六〔七〕章　编后与建议

　　笔者三十五年首途东北之顷，正值国大会议之时，当时蒙民代表于大会中声嘶力竭，要求平等待遇，扶助蒙民自活〔治〕，确定盟旗权利，实现中央历次对蒙民之诺言。因对东北蒙旗复员现状不明，于是到达东北后，始知蒙旗问题，固臻严重，然并非特殊而亦非不易解决者。追本求源，实为我中央对边陲问题定〔不〕了解，任用非人，处置复多顾虑，此一结果，不为边民所蒙蔽，便为边民所要挟。其次于复员当时，对盟旗复员措施，至为不当，于是一般曾依附日"满"剥削民众之徒，得再起之机，名正言顺，似为政府公开给予鱼肉民众之特权，蒙民中忠贞之士，因受敌伪十四年之统制，一年余"奸匪""斗争"、"清算"，怀仰祖国之殷，不可言喻。今睹复员措置，大失所望，咸趋极端（今日"东蒙自治政府"一般忠正之士趋之若鹜）。恢复盟旗制度原为收拾民心，而对人心所系，并非旧有王公及曾依附敌伪与投机取巧之分子，所谓正气不存，忠义绝迹，此势所必然。加之复员后主持东北军政当局之贪污腐化，自私无能，不特蒙民失去怀仰祖国之信念，即汉人之不满，实深恶而痛绝。初东北人心为我有，军事居于绝对优势，今已接收之地区日蹙，人心日离，非"奸匪"确具万能，实为我东北当局弱点太多，举措失宜所致，蒙旗问题之发生亦势所必然。何况外蒙声援于外，"奸匪"诱举于内，强邻在境，中央任职蒙人中投机取巧之徒，呼嚣于上，地方奸佞之徒挟持于下，采势借口要挟，我更觉无从措其手足。现问题之演进如此，而东北环境之恶劣如彼，然问题并无不可能解决者。盱衡情势，主动之机，仍操之在我。笔者以为东北问题之改善及蒙旗问题之解决，在原则上应从收拾人心、调整人事着手，本三民主义指示为实施方针，谨根据此见提供建议如下。

一、减免捐征以维人心

今日收复区域，其乡所在，无不苛杂重重，房捐、土地捐之外，牛、羊、马畜莫不有捐。军队所至，因粮于民，地方官吏营私舞弊剥削良善，讴〔驱〕民于匪，至为痛心。中央应早定减免苛杂之有效办法，对绥靖县份行政经费来源予以明确之规定，尤应注意足敷开支，并励行处理贪污政策，或可迅收已失之人心也。

二、简化军政机构，明定职权，以加强"剿匪"效果

东北行政组织，省长与中央之间有所谓政务委员会，中央之令难以及省，省兼秉政务委员会之命令，绝难适从。而省县之外，复有盟旗政府，同一地区同一环境，政出多门，权力无从划分，形成二重夹层政治。军事上，热河归北平行营，而热东则归东北长官部，东北稍紧，则热东部队调出，守土责任诿之地方（卅六年六月"奸匪"五月攻势，沈阳吃紧，热东九三年〔万〕部队全部撤离，放弃赤峰、建平、宁城、凌南、凌源等县，"奸匪"不及"接收"，遗弃枪弹在五百万发以上，军粮在一百五十万担以上，失尽人心），军事上之上下兵〔失〕和，军政之乏联系，军纪之废弛，再再〔在在〕均有待于整理。现总长陈兼主东北，今后军政之设施，必有空前之改进，此点不拟赘陈己见。兹对简化行政机构，对盟旗政府之为反职权划分与确定拟具意见如下：

甲、正名　盟旗为政府抑成〔或〕制度，实有研究之必要。逊清盟旗称公署，而不名以政府，因无行政权力，我政府公布之《盟部旗组织〔办〕法》亦未指为政府。迨二十三年二月二十八日，中政会议通过《蒙古自治办法原则》八项，第二项规定："各盟公署改称为盟政府，旗公署改称为旗政府，其组织不变更，盟政府经费由中央补助之。"始有称为政府之规定，称之政府是否适宜，抑须加以更正，不然既允与政府，则必须付予政府职权，如称为政府，则蒙汉杂居之盟旗，既难分别管理，而盟旗权亦难执行。称之为政府，是否有重加考虑之必要，此实为根本要图。

乙、盟旗为〔之〕存废问题 东北各省蒙民若占省境总人口百分之二十，于省政府设蒙政厅，由蒙人负责，若超过百分之五十，设汉政厅，主席选用蒙人，汉政厅选用汉人，县级准此设蒙（汉）政科，盟旗名称根本废除。其次或为存盟废旗，县成立蒙民自治指导委员会，盟为辅导蒙民自治机构，直属于中央，受省之指导，如此下层行政统一，滋纷自少。若盟旗废除不易，则明定旗为蒙民自治单位，仅能相当于县之自治团体，以蒙民为对象，主管公共福利事业为限，其为国家主权政策及全国性之事业，概由省县负责，盟为虚级之辅导机构，不可能形成自治或行政上之一级，省对盟有监督权，使盟旗制度确能领导蒙民自治，达成中央扶助弱小民族之殷望。

对盟旗处理之意见如上，关如蒙满土地问题之处理，应本耕者有其田之原则，厉行土地清算，确定地价，于扶植自耕农及"二五减租"，尤须即付实施，必要时照价征税，照价收买，逐渐达成"土地国有"。目前对土地纠纷之解决办法，分陈如下：

一、土地整理，查伪汉〔满〕时期之陈规，虽委屈汉民过甚，然已见端倪，并具实效，因汉蒙人民均蒙其利，不妨合理采用，继续实施。

二、清查裕生会之资产，尤于二十五倍和解地价，因光复散失，亟应清还蒙人，以为蒙人发展教育、卫生事业之基金。

三、调查外仓地、内仓〈地〉、庙地、福分地等，确定土地性质，以为土地整理之参考。

四、开垦荒山、淤地，实行寓兵于农之政策，此不仅实边防悉〔患〕，亦富国化边之要图。

以上之见仅县〔系〕大端，现东北局势日趋复杂，主动在条〔我〕，则东北立即转危为安，为我所有，主动在人，不仅东北非我之所有，即绥、察、新疆，亦非我之所有矣。宁可使东北千万遵广袤土地，因有为而失，尚可使东北民心激发其忠贞报国之忱，千百世之后代，谅及今日环境，而寄以警惕自爱之思。若任其自然发展，东北固非我之所有，亦无以谢千百世之后代于将来。东北归来，觉其严重情形如此，感慨丛集，谨集其梗概，具陈所见，恭呈鉴核。

《国防月刊》

南京国防部新闻局

1948 年 5 卷 4 期

（朱宪　整理）

建设蒙古盟旗地方之我见

魏德胜　撰

前言

外蒙同胞，何以另起门户，离开祖国怀抱？伊塔同胞，何以从暴民之后，争求所谓"高度民族自治"，不惜惨杀数千年来共生同处之汉胞，更不惜狂肆攻略鄙弃激烈偏狭意识，而转向忠勇爱国革命战士之乌斯满专员，以求其狭隘意识之目的，或能达成？西藏亦竟欲以独立国名义，出席泛亚洲会议？边疆之所以造成如此不景气之局面，是否由我国人过去对边疆抱"羁縻因循，掉以轻心"之后果？是否由弱国无外交，而为国际政治问题之俘掳？是否由我欲强求外邻之欢心，阴存"失东隅收桑榆"，侥幸苟且之念？今兹"剿匪"总动员令下，吾人捧读主席总动员广播训示："这次的总动员，不仅为剿匪军胜利而动员，也为了求取国家改革与努力建设而动员！我们要致力完成建国的工作！我们要全力促进国家的改革与进步！"此后举国上下工作，重在"剿匪"建国，在建国之途程中，边疆问题之困难辣手，国际背景之错纵〔综〕复杂，此次第二次世界大战，即遽导源于我边疆之东北。今之"北塔山事件"，虽有地方性因素之存在，亦"九一八"开端之重演，势将为第三次世界大战之序幕。故广大边疆之建设，极属重要。就地方言之，自东北、西北以至西南及海上之琉、台、琼、沙皆须普遍展开。就性质言之，自国防、政治、经济、交通以至文化教育种种，均应积极推进，以配合国家现代化之建设。著者籍属蒙籍，素于桑梓建设种种，潜心探讨，以谋有以报效于国家民族。故兹谨以蒙古地区为范围，而论其梗概，俾能有补于建国大业。

中央与地方之权限问题，吾人必彻底遵照国父之均权主义，如教育、卫生、交通、实业、农林、水利、渔牧、工程、财政、金融、合作等等，有因地制宜之便者，俾其获得合理之发展，以奠定自治之基础。至于国防、外交、法律、司法、邮电、航空、国道、国税等等，有全国一致之性质者，由中央立法而执行之，使地方无分权之害，中央无集权之弊。其他建设之途，端绪千万，兹谨以荦荦大者，分述如次。

一　心理建设

（1）国族　今聚居于内外蒙之诸同胞，统称蒙族，世居吾国之北塞，亦间有散居东北、西北各省者。据史考之：古代之獯鬻、猃狁，及秦、汉、魏、晋之匈奴，皆今之蒙胞先族也。《史记·匈奴传》云：匈奴其先祖，夏后氏之苗裔也，名淳维。晋时建国于今之陕、甘、宁一带之匈奴族赫连勃勃者，亦自称为大禹之后，是蒙族同胞，乃我大禹——夏后氏——之裔，同为炎皇〔黄〕之子孙，此当为铁案，而必毫无疑义。惟以五千年来，因远适于穷北深荒之地区，生活方式、习惯风俗，种种各异，久之自成一支耳。我先民哲史，所以不厌其详，辨其源流者，即为笃进同气之爱，敦睦骨肉之亲，和乐且忱，永合斯旨是也！

他若列强之种种谬说，尤以敌寇矢野仁一等所发表之"满蒙非支那领土论"之怪僻荒诞，附攀淫诐之说，乃为其强暴之帝国政府侵略所御用之喇叭吹奏而已！其目的则在使我骨肉离异，兄弟阋墙，彼乘渔人之利，而遂其狼子之野心！凡我蒙胞，虽孺子妇人，皆洞穿其毒计之所在，不值一驳，不辩自明。

今以北京人征之，吾中华民族，为远在鸿古期，距今五十万年前，或百万年前之一古民族。今之汉、满、蒙、回、藏、苗、夷等族，虽不能骤定为同一根源，但有史三千余年来，各族历次之混融，却确证彰彰！凡吾国族同胞，应上知亿万世之祖宗，同穴而卧，同巢而息，必下使亿万世之后代，同域而安处，同国而工作，同宇而生存，不容有间发之隔阂疑问。

（2）合分之原因及其利害　今外蒙独立，离别祖国，如一家同胞兄弟之分爨各居，另起门户。个中原因固多，要不外外在及内在之因素而已。自秦汉立国以来，一般士大夫与腐儒之流，盛颂秦汉之功德为"大一统"，而置此所谓"大一统"域外之广漠国土，并举此广土上无数亲爱之同胞，竟视之为化外，而屏绝不置于范围之外！所谓匈奴、突厥、吐蕃、东胡、苗、夷等宗族者，除如太史公、司马贞、乐彦［括］等明哲硕达，究其源流，明其根本外，此辈腐儒与士大夫之亚，只知寻章摘句，吟诵诗文为能事，歌颂明（？）君贤（？）相为志职，他无一知，视同胞兄弟为路人，为仇雠，为化外，为野蛮，乃不足与之共生同处。……此种流毒遗策，直至清末，方为我圣明睿智之国父所揭破，所摒弃。故历代边疆大员，率多为流贬或幸进之徒，除一二有为者外，余尽庸懦昏愚之辈，不省国家大局，不明世界大势，只知渔利饱囊，欺凌边胞而已。迨至酿成事变，此辈或扬长引去，或身败名裂，而贻患于国家民族，不知伊于胡底。所谓官逼民反，政治腐败，吏治废弛，盖为历来边乱之症结。如逊清新省张格尔之乱，其后张被捕解京，张欲面君述说边民之疾苦，疆吏之淫威，竟被左右诱服毒药，既至面君，张仅口流唾沫，不能言语。近之徐树铮，驻节库伦，以筹边为名，实则除与王公、喇嘛相厮混，借以聚敛蒙胞之财物，予蒙胞以极恶劣之影响外，一无筹计。所谓增进彼此情愫，对政治、社会、经济、武力等有所建设，以谋新型国防之完成者，徐氏恐未梦及！且历朝之所谓边策，除"羁縻因循"二者外，其他空空洞洞，一无所有。此为造成今日情感离异之主因。

今日我国族处境，困苦险难，至矣极矣，势如累卵，破碎旦夕，然欲脱此困苦艰难之枷锁，必我同胞，基于地理、经济、政治、国防种种需求之共同，群策群力，同心奋斗。若各执门户之见，鹬蚌相争，则势如鱼游鼎釜，燕处燎堂，次第为人鱼肉而已！吾人必深切了解，吾人因基于地缘之环境、经济之组成、国防之需要、历史命运之共同，合力奋斗，以图生存，则必为富强康乐之国家，与世界列强并驾齐驱，堂堂正正，立国于大地之上！若分则必为柔小之牛羊，以供虎狼之口，将何以对三千余年国族之历史。我蒙胞世居北塞，民气刚劲，酷爱团结，而好尚武精神，昔蒙胞中替时，犹能挈群西走，而建今匈牙利之名邦。元之武功，凌驾中外，震铄古今，其勇敢善战之卓特史迹，争光华胄，其骑兵之敢战神武，虽今驰誉世界之哥萨克骑兵，与之相较，若小巫之见大巫，不若者远矣。今外蒙虽另起门户，吾人绝对相信，乃一时偶然之冲动而矣，更需吾人积极绝大之活动，唤醒被迷之中亲爱之蒙胞，于归之期，指日可待，端视吾人之如何努力而已。以吾蒙胞之骑兵健儿，腾骧于北亚洲，回、藏健儿，活跃于中亚、中东一带，汉胞健儿，深入至南洋洲岛，则强敌之去，不待诉之战争，自己退避三舍。此时也，虽不求国之不强不盛，不可得也。国府总统之尊，有能者居之，非汉胞之专利品也，蒙、回、藏、满、苗、夷同胞，宜醒之醒之！设执迷不悟，以分道扬镳，各自分飞为得计，吾不知外蒙同胞，是否能登克林穆宫之门，而承其元首之尊，其是否真正平等相与也，于此可见一般，吾恐克宫之门，不但不得入，待至此狡兔已死，美丽中华，一旦毁灭，强敌之目的达到，则此走狗必烹。此时也，蒙胞即求为奴隶于克宫主子之前，以充人下，彼犹视之为野蛮人种，必强之种灭族毁而后已。当此蒙胞求为奴隶而不可得之时，即汉、满、回、藏、苗、夷各胞，亦必无一幸能例外，必先后供列强之鱼肉，维我中华，豆剖瓜分，坠泥犁之地狱。此其时矣，吾国族同胞，其深深醒之，诚信相与，根除猜忌，理想与执行，务求打成一片，美丽中华，亿万斯年，其芬芳郁郁，永为人类幸福之暖室矣。

兹拟首先着手之方法如左：

1. 发达交通：交通为经济之动脉，文化之传导，关系于军事设备者，亦至大且巨。而以交通之发达，使蒙、汉、满、回、藏胞间，相互之接触，求其频繁，使彼此相互了解与认识，其风俗习惯及好尚等生活，有更密切之联系，久之自臻亲亲相爱之境地矣。

2. 提倡互婚：诗云："岂伊异人，昆弟甥舅。"我国古代即以姻〔婚〕姻关系为增进彼此情感之方法，俗谚云："儿女亲家情协密密！"故民族间之互婚一开，不只可以打破"必同族而后婚"之陋习，并以增进吾中华民族之体质。

3. 普设国族文化教育馆与宗教联欢会社：国族文化教育馆，多陈设国族文化之史实、人物、传说、神话（传说、神话固非史实，而其为史实演进必有之过程无疑），使同胞得有确切"中华国族"之认识。并陈以吾中华民族或分或合，其利害得失，休戚荣辱，惨痛教训种种，而告以吾中华民族对世界、对人类所负之职责与义务等大义，以策励将来。多设联欢会社，定期举行各种竞技大会、歌舞大会，以增进彼此间之情感，以提高各民族之体育运动，与歌舞音乐，以陶冶良好之品德，锻炼健实之体格。

二　教育建设

教育为如何发展生命，如何增进生活之适应方式与过程。凡作为教育者，必本现存之社会形态，现社会之所赋与所要求，及其历史传统之因素，以此种种条件，加以诱导与启发，使能增进福利于现有之生活，创造发展于继起之生命，以完成吾人共同意识之理想与要求，因之蒙胞教育，现必分两途实施之。

1. 喇嘛就业教育：［有之］喇嘛实为王公贵族之挡箭牌，甚有为王公贵族之司命者，而其蒙蔽人民之心灵，锢竭人民之思维者，罪咎无所辞，同时影响于人口、社会、经济者，亦至大且巨。故喇嘛之废止，还蕃殖于人民，为还政治于人民，还经济于人民，还心灵于人民之不易方策。而蒙胞之喇嘛之数字，竟占全体男性百分之四十以上，数字之大，真可惊人！此喇嘛总数中，除年老而德高望重者，国家可与〔予〕保留外，而少幼年壮占其百分之八十以上，影响于社会生产之大，亟须循循开导，晓谕以人生之大义，国家民族之危亡旦夕，各以其所好所长，加以职业训练，于还俗之后，得参加各种生产部门，以转为军事及经济建设有力之行列，则于社会福利之创造，保卫人民之安全，经济建设之实施，皆有无限之裨益。

2. 一般教育：一般教育，其教学之场所方式，必依生活方式之不同，而异其实施法。行的社会，吾人必予以行的学校与之相配合（除必要之专科与中学，予以定居之城镇，学院大学，设立于较有地位之都会外），随水草而迁徙，同帐幕以行止，而其教育之内涵，自必与整个国家教育之内涵，吻合一致。所谓内涵一致，并非完全抹杀蒙胞已成习惯之文化道德，徒自一意求仿中原文化之谓，乃为保有发扬其已有之文化道德外，进以接收天赋吾整个华胄立国于大地之上，而对人类应有之义务与使命之整体性传统伟大之精神，以适应于现代社会。领袖在《中国之命运》中训示吾人："在中国领域之内，各宗族的习惯，各区域的生活，互有不同。然而合各宗族的习俗，以构成中国的民族文化，合各区域的生活，以构成中国的民族生存。"如吾国地缘之形胜者，当以面大洋，而背大陆。以统合言之，如吾国资源之丰富者，当总合赣之钨，湘之锑，陇上油田，东北钢铁，南之米，北之麦，东北大豆、森林，以及蒙、新、藏、青一带之骏马、牛羊。而并言之，设大洋、大陆或缺其一，即不能谓之形胜，设油田、钢铁、米、麦、大豆、骏马、牛羊及其他种种资源，一有不足，不能谓之丰富，文化亦然。吾中华民族之文化，若仅徒以中原文化为中心为满足，而对边疆地区之文物风习，抱存有特殊之感或歧视之见者，是无异拥石油而弃钢铁、锑、钨之美好，拥米麦而弃大豆、森林、牛羊之偏见，何以谓之伟大，何以谓之极富有而致高明，极高明而道中庸？证之世界，英之爱尔兰，法之卜列廷乃，美之红、黑人种，皆各保有其固有之文化习俗，培荣滋长，而为其整体性文化之宝石。况吾汉、蒙、回、藏、满、苗、夷同胞，初本一源，特因日后居止分散，山川阻隔，久之语言文字，风俗习惯，乃成一支，非若美国民之白、黑、红三色种族，鸿沟甚大，欲求其同一融合，难与为力。而此甚难为力之美红、白、黑儿，时至今日，竟奏融融洽洽之众，岂吾炎黄子孙，天赋不若人耶？何各执门户之见，鹬蚌争雄，让渔者利，吾同胞其深深切戒！然为了解吾立国五千年来整体性文化之特质，不得不积极研钻于五千年来我整体性文化之重心——中原文化。因之蒙、藏、回、满、苗、夷同胞，对国语国文之研究必用劲努力，视为必修之课目，此为吾各族同胞应有之职责，亦必须履行［取有］之义务与权利也。反之，汉胞之于边疆地区语文、习俗、文化之研究和接受，亦必具有最大之诚意与努力，方克渐奏同一融合之效，以致富有而□高明，以集伟大，则三民主义之新中国，富强康乐之新中国，民主统一、自由团结之新中国，可计程以告功矣。

今加强改进边疆教育司之机构，充实提高其能力，并积极培植与甄选边疆师资，此尤为目前边疆教育之急务。而课本之编选，革命精神、共同意识之培养，文化国防之树立，更为迫在燃眉之要举。

兹拟教育实施方案如左：

每乡（镇）或召（庙），设立国民小学一所，每旗除扩大国立小学之机构外，并酌量本旗之现状，设立二所至四所之旗立完全小学，以达成教育之完全普。旗政府设有教育科，专负计划、督导、考察及改进旗内教育之责，每年度使全旗各校毕业学生，举行会考，甄选成绩之优秀者，予之奖励，保送深造。每盟设立国立中学一所（内设初高级，简易师范班，师范班及职业训练班等），完善其设备，充实其实验品。并恢复国立蒙藏学院，及成立一国立蒙藏技医专科学校于北平，教材除中小学有蒙文一课（专科及学院有蒙、藏文各一门）外，其它完全与内地相同。盟之中学毕业学生，其优秀者，得保送内地任何国立大学，校方从宽录取，并予以公费待遇，专科及学院毕业学生，政府奖励或保送其出国留学，参加高考，使国内各宗族，教育有平均发展之机会。

三　经济建设

1. 生产科学化：目前边胞经济生活之贫困，实已达干涸枯衰线上，积极提倡生产，却〔确〕为当前之急务。以其土壤、气候之宜于农耕者，务求开垦，土地之利用价值，农业较高于牧者，此为今日多数学者所承认之事实。开垦之道，蒙汉胞间，彼此得其公平，共存共荣，合作互助为原则。凡已为汉胞垦殖耕种而成熟土地，蒙胞当本同舟共济之情，一家骨肉之爱，决不固执，勒迫见还，有伤情谊，而背宽大之精神。凡将行开垦者，蒙胞自绝对有优先之土地所有权，积极尽量垦殖，使民食有资，仓廪盈充，国防有赖。以其土壤、气候之不宜于农耕者，务求保有其草地之现状，使蒙胞数千年来习惯游牧生活之心理，不予起骤然突变之不安。并广设农牧生产研究机关，促进水土之利用，使我旷原漠野，草木荫笼，畜类繁殖，造成"天苍苍，野茫茫，风吹草低多牛羊"之盛境，使质量数量，皆有所改善以增进。以吾国边疆之广宽辽阔，天赋之优美丰厚，将来得与中亚细亚、澳大利亚、南北美洲之畜牧业，并驾齐驱，实非难事，进且以争取优胜于世界。

凡矿藏丰富，农业发达，游牧昌旺，森林茂盛之地区，宜于开发者，尊重蒙胞权益，在不违背或妨害蒙胞经济发展之原则下，由国家或人民经营开采，以配合建国大业之需求，并以适应国际间相供相求之环境，以完成现代化之建设。

2. 产品制造化：凡产品之力求其制造化，此为增进产品经济效用，与提高产品经济价值之最良法则。若以生生之原料品，向国内外交换或输出，则蒙胞经济，永无富庶之希望。如畜产品、皮毛制造厂之成立，使全国同胞日常应用之皮革品、毛织品得以充裕；肉干、乳酪制造厂之成立，使肉类与乳酪得常久保存其新鲜之美味，以足供全国同胞肉食乳饮之需求；畜产药品（如脏器、血液之供药用者）制造厂之成立，以研究畜产药品之制造与发明，以造福同胞。当此畜产、药品之制取正在萌芽之时代，吾东南半壁占全人口百分之九十以上之同胞，亟需肉类乳酪之食物，以康强其体质，增强吾民族生命力之时际，吾蒙胞既拥此丰富宝贵之资源，若不急起直追，研究实用科学，加紧此肉乳之制造，与药品之发明摄取，与世界相竞争，以供应于同胞，何以谓之利用厚生，何以谓之物尽其用？至农林产品丰富之区，亦当设有农林产品之制造厂，加之以工，则于保存或运输，必甚便利，凡此种种，皆不容忽视者也。如实践之以力，持续继之以时，则蒙胞专业技术人材，日以蔚起，使经济繁荣而富庶，则边地人口之增加，必呈突跃之进步。人口为立国因素最根本者，人口之增加，即为国富兵强，国防金汤之基础也。

3. 畜产品军食与军用品供应厂之成立：军用车马鞍装、秋勒之需用皮件，与军人衣履之需用皮件者甚多。而毛织品之宜于军用者，更比比尽是，如衣着、被毯之类，皆可以毛或皮为之。此皮毛品供应厂，如能以整个之计划，而有大规模之成立，则我前方将士，可免冻寒之忧，军马亦可有丰富安适之鞍勒品矣。军食关系于战斗力强弱者至大。如此次美军之立殊功于非、欧、亚战场，其编制之强大，装备之精良，士兵素质之优秀，长官指挥之卓越，固为其最大因素，而其给养之完善，热食品之供给，运送既极方便，而营养分亦足供身体之所需，乃亦为最大原因之一。若我军用肉干、乳酪、罐头品之制造厂，有大量之成立，平时以之善为储存，战时以之配给供应，则我前方将士之军食，泰半有靠矣。我国此次八年神圣之抗战中，民食维艰，而军食之艰苦，又为更甚，使枕戈待旦，抛头颅，撒〔洒〕热血，舍身救国之健儿，面菜骨柴，饥馁于战壕中，虽有旺盛之敌忾心，而力不称心，能杀敌百人者，至此仅能杀一二而已，或竟完全失其战斗力，未战而被敌俘，甚至未见敌而妄死矣，此为不可讳言之事实。若以整个计划下，有大规模之畜产品军食与军用品供应厂之成立，则将来军用熟食品之供给，肉食、乳酪、新鲜罐头品，与新起畜产药品之供应，直可驾美国而上之，即军用皮毛品，亦可有源源不竭之资借矣。

4. 种畜牧场之大量成立：畜牲〔牧〕业为现阶段蒙胞经济之中心，欲求此经济之繁荣富庶，于农业化、工业化之先，当以积极推进原始型之畜牧方式，而为现代型之畜牧事业。世界各前进国家，其对畜种之研究改良，日新月异，以优良之种畜，广殖生息，则获到自必有倍蓰之大。我蒙胞牲畜之种畜，虽有选择，仅以传统之习惯与经验而选定之。此习惯与经验之合乎科学者，当研究以发扬之，不合乎科学，当研究以改进之，以期其生产率之增加。兹以举〔羊〕为例：澳洲羊，自经研究改进选种后，其产毛量，自三磅半增至九磅半，以至十五磅及四十磅之产毛量。我国新省羊，经十余年来，改良研究选种之后，每只羊产毛量，亦增至八公斤之多，且品质良好，厚密而长。即此羊之一项，如有种畜场之成立，予以研究改良，选种生殖，其财富立可增加数倍至十数倍之大。其他如马如牛，牛种之改良，使乳酪增进，代人劳动，马种之改良，不且代人劳动，更为建军必需资源之一。

兹拟初步方案如左：

（一）内蒙在张家口、包头、西宁各地成立一所大规模工厂，名为内蒙畜产制造厂（一、二、三）。每厂皆设毛织、皮革、乳酪、肉干等制造各厂，由政府统筹办理或资助之，但须得游牧盟（旗）盟长（扎萨克）得以兼厂中之重要职务，以利原料品之供给容易。产品之分配，由政府协同厂内负责之盟长（扎萨克）在均匀享受之原则下，分别需求之缓急，或储藏于仓库，或配售各地区，或配发各部队。

（二）每盟之畜牧中心区，成立一所马、牛、羊、兔等种畜牧场，以择种配殖改良、防疫，该场由政府协助地方政府成立之。

四　政治建设

1. 唤起政治意识：庙堂议政，以采决多数，选贤与能，使树政有方，此为现代国家，民主政治，所必由之途径。我蒙胞初先，亦有库黑尔泰大会之组织。故当元之兴起，其领袖必经库黑尔泰大会之荐选，必为俊杰明达之士，因之不百年，而建立冠绝古今中外之大帝国。惜此良法美规，至元世祖而废弃，遂酿成分裂腐败之原因。至清主国政，以蒙胞为藩属，而今王公为世袭制，竟使蒙胞之政治生活意识，日以没落而死亡，蒙胞社会，遂失其活泼泼向上前进之生机。今欲加强其人民对政府之服从与爱戴，进以唤起其政治意识，而树立其活泼泼富有民主良规，以实现民权主义之全民政治。而其施政中心，在透过现代国防之要求下，务以人民利益为前提。兹拟方案如左：

行政院（蒙藏委员会）——省——盟——旗。

旗：全旗民众以直接选举法，自选扎萨克并组织旗参议会。

盟：全盟民众以直接选举法，自选盟长，提请中央任命，并组织盟参议会。

省：省长不分蒙汉，公开竞选，提请中央任命。并以人口比例，选组省参议会与省参议员，省参议员得由盟参议员兼任。

蒙藏委员会：各盟（特别旗、部）以直接民选法，选出中央盟务委员各一员，提请中央政府于此委员中，指令一人为主任委员，并指令其一部为蒙藏委员会之委员，此被指令为蒙藏委员会中之委员，为蒙藏委员会委员长之当然候选人，而得被选为该会正、副委员长之职。其余未经指令为该会委员者，为该会之候补委员，得由国府任命其参加各院、部、会工作，该会委员与候补委员，其职务工作，可随时相互调用。此中央盟务委员之罢免或连选，以盟半数以上之赞成与否决定之，此被罢免之中央盟务委员之本盟，得另选中央盟务委员，以补足之。

现任之中央盟务委员，得有被连选权。

此外国府之各院、部、会得尽量从宽录用优秀蒙胞青年，任其参加工作，以培植其正确之政治意识，与政治生活之能力。

2. 废止喇嘛制：喇嘛制之害，比之洪水猛兽，亦未为过语。人口因之减少，社会经济生产力，因之大受影响，科学思想之发达，亦受其绝大之阻碍。故凡未入召庙之年幼儿童，绝对严禁其当喇嘛。已作喇嘛之青年，予以种种奖励与方便，使之还俗或服兵役，得人尽其用，除其社会寄生之渣滓，则国家可计日以致富强康乐之境地矣。

3. 废止奴隶劳动制：奴隶乃封建社会之毒瘤，主人采生杀予夺之权，视之以牛马，拥之若财富。蒙胞社会，现尚有奴隶劳动制者，应绝予严禁，以昭平等、自由、博爱之大义。

余如蒙胞妇女头部累赘之装饰，及散居边塞，与蒙胞同生共处，邻里守望之汉胞妇女缠足之风，与其他类此之卑俗陋习种种之改革与解放，亦为当急之务。

兹拟政治基层实施方案如左：

（一）每旗设立民众组训处一，专以轮流训练达庆（区长）、达尔古（乡长）、保甲长及户长。该处由旗政府主办，训练日期，暂定三月。训练要旨：专以晓谕现代国民应有之政治知识，及国民对国家应有之职责（如世界大局、国内情势，国家存亡危急之关头，国民应努力之途径，及对国父手著三民主义之认识，信仰，与地方自治四权运用，以及对于背违国情，不法党派之防范制止，以严密其各基层之组织，以达成军事化之规模），使基层政治，严肃齐一。除此以外，国府得命令并奖励各盟长、旗扎萨克与盟旗之军事长官，时往内地参观各种政治设施、工厂建设、学校教育（军事与普通）与经济、交通等之建设，及定期之军事大演习等，以为改进盟旗政军之借镜。

（二）确定旗等于县，为蒙胞之自治单位，盟为省旗间之辅助机关，其性质与行政督察专员制略相似。为适应边情起见，确定为省、盟、旗三级地方制。调整旗县关系，厘定属界，以现有者

为准绳，插花地、龙〔陇〕地分别归并。本平等原则，确定蒙汉
胞治理权，旗县双方对蒙汉胞之治理均应采属地主义，即旗县对
辖境内人民，不分蒙汉完全归所属旗县地方政府治理之，建立旗
县参议会，以平等产生省参议会议员名额，使省参议会为蒙汉胞
共有之高级自治体。

五　军事建设

1. 军事建设：即为自卫建设方面最重要之一。而军事建设，
必依地缘之形势，资源之多寡，生产交通等现况，尤依预想之敌
国如何而定。我蒙胞聚居于瀚海南北，从事农业者，仅属寥寥。
乃绝大多数之蒙胞，犹驱骏马、牛羊，日驰于草原广野之上，生
产、交通实甚落后。欲求建设一现代型之军事，在最近卅年内，
实未易猝然奏功。而弱肉强食，风云满楼之今日世界，"自卫能
力"实不可一日一时或无，此军事建设之所以未敢或后于其他任
何建设也。自前（卅四）年八月十四日，日寇投降，我国防之形
势，骤起局面，即陆上之防务，突见重要。而我自辽左以迄贺兰
山麓，直至青藏高原间之同胞，数千年来，度其游牧生活，青年
男女，自幼即生长于鞍马之上，长于骑射，习于武事，俗本鸷悍，
人多沉雄。凡年界弱冠，或年未逾五十者，尽为能战之健儿，实
为人人可战，个个皆兵之地区。其上马驰突，下马牧养，生活简
单，行止神速，尤以蒙胞骑兵，最称精锐，其冲锋陷阵之果敢猛
烈，奇袭扰乱之神速机动，有如奔腾澎湃，骇浪惊涛之吞舟。蒙
骑之怯薛部队，善于运用远势之包围战，突起异军，以寡克众，
奇离恍惚，不可端倪。因蒙胞以肉干、乳酪为食，甚耐寒暑雨雪
饥饿，故屯数十万之师，张幕而宿，不运粮饷，当秋高马肥之时，
有长驱直入之功。此其于七百年前，树建震动世界，鞭策欧亚之

奇功。今欲安定陆防，自当以铁骑是求，试披舆图，我国自昆仑北支（祁连山、贺兰山、阴山、兴安岭之总称）以北，外兴安岭互〔至〕萨彦岭，以迄新省北部东西山列（阿尔泰山、塔尔巴哈台山、阿拉套山、天山）之内，此二者中间包有之地带，率野坦荡，亟适于骑兵之活动。今外兴安岭之天堑，完全为敌所有，萨彦岭，将被敌全侵。我南以确保北支昆仑，西以确保新省之东西山列，必先保有此平坦绵延之草原地带，欲保有此草原地带，除铁骑而莫属。或谓今之建设国防者，陆防必以福勒氏之陆战论为圭臬，空防以杜黑氏之空战论为标榜，海防以必求其吨位之最高峰，编制装备之最精良，然后可期其达成自卫之要求。而我以科学、技术、工业之落后，尤以此地带内生产、交通之半原始型、现代型之军事建设，既不容一蹴成功，当应以乘马骑兵为之基干，务求配合足量敷用之机甲摩托化之其他兵种，以应现时代之要求。凡交通、工业较有建设之地区，运用此乘马、乘车骑兵与机甲摩托化其他兵种相混成之联合部队；凡人烟稀少，沙漠无垠，气候严寒，补给无着之地区，运用此纯乘马乘车之骑兵部队；较为更艰险更荒漠之地区，运用纯乘马之骑兵部〈队〉，以把握吾国现场合下之特属性，以适应现代型军事之一般性，庶国防大有赖矣。以吾国陆疆之辽阔，易于发展，草原之广大，便于牧养，马种之壮健，易于改良，而民性之强悍，尤善于教战，气候之严寒，亦适于锻炼，以此种种天赋，建立强大之骑兵部队，实非难事。以今日形势之险恶，第三次世界大战之不容待有时日，建立强大之骑兵部队，更势所必需。

谚云"南人操舟，北人乘马"，此地利之赐与也。吾之乘马者，曾于十三世纪初，三征欧罗巴。而操舟者，于公元一四三〇年，先葡人五十八年，而到达非洲海岸。吾人当本分工合作之法则，使善于操舟者，防御我领海，善于乘马者，防御我领陆，此理之宜，势之自然者也。夫人各有专长，若善用其能，使人尽其才，其事功之举，可计日以待。若谓牧胞，知识简陋，恐不能达成自卫防务之重大使命，此奸佞之说也。吾人侧听西人失望之呼声："瞧吧，瞧吧，谁说这是没有人迹的地方，就是你走遍亚洲的森森的洪荒的北方到西方，那星棋般的屋□，还不是蒙古利亚人的家乡？"

"南洋的海水，海水的南洋；海水是华人的'液体之舟'，他们勇敢的乘坐着上帝以慧眼相赐与的'液体之舟'，踏遍了南洋的岛涯和海角；南海，甜美而酷热的南洋，是他们造成了可爱的故乡。"

凡此种种，为吾人独特成功之胜利，亦为吾人优先占有之徽记也。南有赤道地带之酷热，北有冰雪地带之严寒，吾炎黄子孙，皆以天赋体质之优厚，吃苦耐劳之精神，与自然作艰苦之奋斗，而克服之。此天赋吾人对国家对人类，必能克尽其"保的工作"之伟大启示也，担负起兴灭继绝，扶助弱小，任重道远之艰巨职责也。不尽天职，必受天谴，且徒有天与，不足以自恃，必视人定之如何，发愤奋斗之如何，笃信力行之如何？吾同胞其审诸。

兹拟方案如左：

国防部（设边疆（蒙）地区部队司）——盟（设督训处）——旗（成立常备军一团，与保安队若干）。

蒙地区部队司：负各地段（盟、部、旗）部队之训练、调整及参与各地段部队长官之升迁调补事宜，与作战指挥之全部事务。设有正、副司长各一，由每盟、部、旗提出一人，申请中央任命之，并得半数以上盟之赞同。

督训处：负有传导蒙地段部队司之意志，而为统率关系（即统御、经理、卫生之系统）之编组单位，设正、副处长各一，由盟参议会提请盟内之军事长官二人至三人，由中央任命之。处所属各科官员薪俸，得由中央以现行国军待遇支给之。

常备军：为盟内之模范军，凡盟内不意之事变，常备军必先行赴战。每旗暂定一团，由旗扎萨克或保安司令指挥一团或兼团长，为旗内之常备军，直属督训处。官兵待遇与保安队同，由督训处与旗政府之协助，酌情统筹之。各级干部往内地受训时，校方得酌情从宽录取，旅费及在校受训期间之薪俸，得完全按阶级由中央支给之，以示奖励进修。编制与装备，完全与国军同，武器弹药、教育器材等，得完全由中央发给。目前依现有之装备，政府酌量予以补充和增加之。

保安队：由旗扎萨克或保安司令统率之，受盟长之指挥。各盟之保安队，直接受蒙地段部队司之指挥。装备以各旗现有之装备，以环境时势之需要，政府得予以酌量之补充。编制依旗内现有之状况。

前已言之，喇嘛数字在蒙胞男性全数字中占有百分之四十以上，而蒙胞崇敬喇嘛，尊于一切。因生活习尚，又善驰骋，若加之军事训练，以充实地方力量，亦属事半功倍之计。因喇嘛无室家子女之累，易专于军事行动，更以其佛氏之信仰，而培育其高尚和平之武装力量，以保卫田庄召庙、国家民族，必多神圣壮烈之举，以成使命，更以之促进蒙胞对服兵役生光荣尊贵之观念，以利役政。

2. 模范军马牧场之广设：马政与骑兵之建设，息息相关。骑兵自秦汉以来，为历朝完成国防之主力，如汉、如唐、如元。今兹建军伊初，以吾国科学、工具、技术、生产之落后，地缘之形势，交通之现状，敌国外患，有燃眉之急。而骑兵建设，无论其乘马或车马混成式，皆属刻不容缓。吾国骑兵部队，为数无几，而马匹之来源征补犹奇缺，竟徒拥其番号之名目而已。骑士既无马匹，训练实难为力，作战何从有惊人之殊绩。故我国骑兵，在国人，在世界人心目中，殆□无用之废物，徒耗国家之资财，无补国防之保卫。欲救此弊，以广殖军马，足供骑兵部队之需求，骑士既有良马，训练自可收倍蓰之效，国家有事，责之守卫，自能如愿以偿。我国领域边缘，陆长居三分之二，而陆防今尤较急切于海防矣。今而后，建设骑兵，以保国疆，而有赖于马匹者实多，我蒙胞所居之地区，以其传统遗产之丰富，地理环境之有利，广泛建设大规模之模范军马牧场，实能计日奏功。

兹拟方案如次：

（一）军队教育：1. 地区部队长久在营训练，与国军同。2. 保安部队每届冬季，人闲马肥之时，由扎萨克或保安司令负责集训三月，年底由盟长（或国防部派员参加）分赴各旗校阅地段部队及保安部队，以指示尔后教育之改进。3. 武装之喇嘛，除作战及冬季三月训练期外，仍允许其喇嘛业务。

（二）模范军马场之建设：政府派畜牧业发达地区之盟长，总负全责，并委派各游牧地区之扎萨克，协助盟长，共负其责，以求马匹之集中顺利，以达成政府预期所必要之大量马匹数字。政府酌派马政有关人员（新型国防之完成），协助盟长，以期育成保养，并协同盟长，共负对各骑兵部队马匹配给之事宜。

六　新型国防之完成

今日之国防，系为文化教育、政治经济、科学技术、工业生产与军事设备及交通地缘、资源地藏等之综合。蒙古地区，为构成吾中华民国基本之领域。蒙胞之习俗与生活，为构成吾中华民族文化重要之一部。蒙地之骏马、牛羊，及其矿藏、森林，为构成吾国养卫资源上必不可缺者。蒙胞为吾中华民族之一，与汉、满、回、藏、苗、夷各胞，同为中华民国之主人翁。当不论其蒙、汉、回、藏、满、苗、夷各胞，应皆确认国族至上，国防第一之唯一真理，根除相互间猜忌、鄙歧之观念，尤要根绝为虎作伥、狐假虎威之乞怜行为，与开门揖盗、认贼作父之傀儡行为，以砥砺刚正磅礴之民族风节，以培滋自立独立之国家人格，务期以同穴而偕老，共生同死于两间，若鹣鹣永一枝，精诚团结以始终，宁为大我以玉碎，毋为小我以瓦全！使我蒙、汉、回、藏、满、苗、夷各胞，成为一绝对性统一，而坚强之不斗体，以维护中华民族之生存与发展，以求得中华民族之自由与平等，以驱除危害中华民族生存之敌人，以打倒侵占中华民国领土权益之帝国主义者，然后再致力于亚洲各民族之独立平等，以保证世界之永久和平，与人类之自由解放，以谋大同世界之实现，拯同胞于水火之中，登人类于衽席之上！

"天下无易事，天下无难事"，愿我蒙、汉、回、藏、满、苗、夷同胞，对我国家民族有至诚之信心，对建国最高准绳之三民主义，抱热烈之爱护，与积极之笃行。我建国进程上，虽不免有惊风骇浪，而"路"实不远，光明已在望矣。

惟兹建设伊始，宜择一地理适中，交通发达之地区，明令为自治实验区，应特别经营，不惜人力物力，试求作现代之建设，以起模范作用，而为盟旗之模范区。以今日情势观之，锡盟察部为"奸匪"所盘踞，东之昭盟、卓盟、哲盟及呼伦区，或在动荡，或被盘踞，或蒙胞为数无多，或蒙汉胞间已臻混同型。西之阿、额二旗，及青海盟旗，或范围过小，或为现阶段政治情境所碍难，若星居新境之蒙胞，更以范围过小，而偏在一隅。此东西数区，若定为自治实验区，或格于环境，或交通闭塞，或失其意义。未若乌、伊二盟之地位较中，能呼应东西，东至锡、察、昭、卓、哲、呼伦之区，西至阿、额、青海之地，可管毂之矣。而乌盟地瘠物贫，目前秩序，亦未臻安定，欲负此重任，似较不易。乃伊盟在抗战中为抗战之根据地，民气较为纯一而奋发，而其东部，若东胜一带，农业近已发达，其西南尚为单一之游牧社会，故农牧兼资，物产丰裕，东至张垣、北平，有平绥路直达，南出榆林有公路直至陪都长安。如已在动工兴建中之包宁铁路，与未来之宁兰铁路，一旦告成，则交通更发达矣。设明令伊盟为自治实验区，实较适中便宜，若于东胜一带农业经营改良有方，将来可为积极推进各盟旗农业工作之借镜。故伊盟之可为自治实验区者，实有其种种优秀之条件也。吾人必集中全力，以迈向建设之路，以起模范之效，以促进整个蒙区盟旗之建设成效。

《边政公论》（季刊）

南京中国边政学会边政公论社

1948 年 7 卷 1 期

（朱宪　整理）

由宪法上看蒙古政治地位的变迁

谢再善 撰

我们久久盼望的宪政，今已开始实行，举国人民都欢忭雀跃，以迎接这个大时代的到临，不用说，边疆人士也是十分的欢欣，同申庆祝。在这样欢悦的情绪中，我们来一谈边疆问题，确是很有意义的事。

由宪法上以看蒙古政治地位的变迁，这是一件颇可注视的问题。我们犹忆前年国民大会开会时，蒙古代表的热烈争议情形，那时他们对于蒙古在这根本大法上的种种规定是非常的注意，所以奔走呼吁，甚为积极，而大会亦将此一问题慎重讨论，始制定今日新宪法上的有关蒙古的条义。

清代对蒙政策，其最高原则为实行与中原隔离，使之故步自封，惟恐有所进步。故于绥靖漠北之后，首先施行的便是把蒙古原有部落组织改为盟旗制度，使蒙古部众，盟与盟各个孤立，旗与旗亦严划界限，使不能团结，以便于统治。在表面上看来，似乎尊重蒙古政治地位，盟旗可以施行有限度的自治权，蒙人治蒙。但在中央机关中，除理藩院有少数蒙人任职外，其余各机关概不准蒙人参加。这是极明显的，蒙人被局限于盟旗区域，不得过问中央政治，而在蒙古地区则有中央驻在机关，如将军、大臣、都统等衙门，此等机关是以处理国防、通商及旅蒙的内地商人的诉讼为首务，对于蒙古的地方行政则不直接干涉。现在有的人还以为这是清代治蒙的好办法，然而不知这也是隔离蒙人与汉人来往，阻碍蒙人进化的坏政策。

民国成立，实行五族共和，国内民族一律平等，一反前清理藩政策，对于蒙古不是以"化外"待之，而视同中原人民。首于民国元年公布《蒙古待遇条例》，声明蒙古与内地一律，不以藩属待之，中央对于蒙古行政机关，不用理藩字样，蒙人通晓汉文者，得任用京外文武各职，正式承认蒙古为国内一律平等之民族。同时公布的《中华民国约法》，规定议会中有蒙古代表参加。从此，蒙人才有权过问国政。此外并承认蒙人享有其他地方自治权利。

蒙古在政治上的地位，可以说是由民国一开始便进入一个新的阶段，与清代绝然不同。是种趋势最具体的表现，就是在宪法上的明文规定。现在把此次实施的新宪法上关于蒙古的政治地位条文以与历次公布的宪法、约法、宪法草案等加以比较，看一看蒙古政治地位的变迁。

一、蒙古政治地位的确立　民元公布的优待蒙古条例，乃系一时的法令，虽已确定蒙古的政治地位，但究非根本大法，故其后在约法、宪法草案等均有明白规定。

1. 民国元年二月公布之《中华民国临时约法》第五条："中华民国人民一律平等，无种族、阶级、宗教之区别。"

2. 民国三年五月公布之《中华民国约法》第四条："中华民国人民无种族、阶级、宗教之区别，法律上均为平等。"同法第六十五条："中华民国元年……宣布之……满、蒙、回、藏各族待遇条例，永不变更其效力。"按：民元公布之《蒙古待遇条例》第一条规定："视蒙古与内地一律，不以藩属待遇……"

3. 民国十二年八月宪法会议制定公布之《中华民国宪法》第五条："中华民国人民于法律上无种族……之区别，均为平等。"

4. 民国十四年二月国宪起草委员会之《中华民国宪法草案》

第一百三十条：“中华民国国民于法律上无种族、阶级、宗教之区别，一律平等。”

5. 民国二十年六月国民会议拟定，由国民政府公布之《中华民国训政时期约法》第六条：“中华民国国民，无男女、种族、宗教、阶级之区别，在法律上，一律平等。”

6. 民国二十五年五月立法院公布之《中华民国宪法草案》（即五五宪草）第五条：“中华民国各民族均为中华民国国民之构成分子，一律平等。”

7. 民国三十五年十二月国民大会制定，并经公布之《中华民国宪法》第五条：“中华民国各民族一律平等。”第七条：“中华民国人民，无分男女、宗教、种族、阶级、党派，在法律上一律平等。”第十三条：“人民有信仰宗教之自由。”第一百六十八条：“国家对于边疆地区各民族之地位，应予以合法之保障……”

据上，我们看除民国三年公布之《中华民国约法》曾对于民元公布之《蒙古待遇条例》加以追认外，迄于《中华民国宪法》之公布前，历次约法、宪法对于边疆民族的地位规定多有含混，而此次新宪法中则明白规定：“中华〈民国〉各民族一律平等。”（第五条）又于第一百六十八条更规定：“国家对于边疆地区各民族之地位，应予以合法之保障……”这足证新宪法对于蒙古政治地位的重视了，尤足以表现出中华民国宪法的博大精神。

二、蒙古行政区域的规定　　在历次公布的根本法中，对于蒙古行政区域的规定颇不一致，兹列举如下：

1. 民国元年二月公布之《中华民国临时约法》第三条：“中华民国领土为二十二行省，内、外蒙古，西藏，青海。”

2. 民国十二年八月宪法会议制定公布之《中华民国宪法》第三条：“中华民国之国土如左：一、二十二行省；二、特别区绥远、热河、察哈尔；三、蒙古、西藏、青海。”

3. 民国十四年二月国宪起草委员会之《中华民国宪法草案》第三条："中华民国领土总括直隶、奉天……各省，京兆、热河、绥远、察哈尔各区及蒙古、西藏、青海。"

4. 民国二十年六月国民政府公布之《中华民国训政时期约法》第四条："中华民国领土为各省及蒙古、西藏。"

5. 民国二十五年五月立法院公布之《中华民国宪法草案》第四条："中华民国领土为江苏……青海、热河、察哈尔、绥远、宁夏、新疆、蒙古、西藏等固有之疆域。"

6.《中华民国宪法》第四条："中华民国领土依其固有之疆域，非经国民大会之决议，不得变更之。"

由上列诸条文看起来，则第一项所规定者确是承认内蒙、外蒙各为一地方区域的地位，及二三两项所规定〈者〉则内蒙已列入热、察、绥各区，所云蒙古乃系指外蒙而言，四五两项亦列有蒙古字样，其区域当亦系指外蒙而言，六项为新宪法之规定，对于国家疆域总括而言，不列举区名，蒙古是否尚为一地方区域，颇成疑问，现外蒙已承认其独立，自非我之疆域。然同法第二十六条国民大会，第六十四条立法院立法委员，第九十一条监察院监察委员皆明白规定其名额有蒙古代表，又第一百十九条云："蒙古各盟旗地方自治制度，以法律定之。"于此则所谓蒙古区域，乃系指现在各省区中的盟、旗而言，非复另有区域。此与过去各根本法所规定者颇有不同，但对于各盟、旗则特予规定，较过去不承认各省区中的盟、旗存在，已显见进步。

三、盟旗制度的变动　蒙古政治制度，自民国成立以来，并未变更（除伪满时境内之蒙旗及外蒙），然历次公布之根本法中规定多有不同，其中对盟旗制度亦有欲加以变更者。兹列举之：民元公布之《中华民国临时约法》虽对于盟旗制度未加规定，但同年八月公布之《蒙古待遇条例》则承认蒙古固有之政治制度。民国三年五月公布之《中华民国约法》第六十五条："中华民国元年宣布之满、蒙、回、藏各族待遇条例永不变更其效力。"这是蒙古政治制度已得宪法的承认。民国十二年宪法会议公布之《中华民国宪法》第一百三十五条："内、外蒙古、西藏、青海因地方人民之公意，得划分为省县两级，适用本章之规定，但未设省县以前，其行政制度，以法律定之。"这样的规定乃系废盟、旗，设省、县的先声，但当时并未实现。民国十四年国宪起草委员会之《中华民国宪法草案》第一百十一条："……省区各得制定宪法……"第一百十八条："内蒙古各旗于关系各省区制定宪法时……有与县同等之权。"第一百十九条："内蒙古各旗于其关系各省区之议会，有与县同等选出议员之权。"第一百二十一条："外蒙、前、后藏各得制定宪法，但不得与本宪法抵触。"第一百二十三条："外蒙古……设最高地方议会……于地方自治事项有立法权。"第一百二十五条："内、外蒙古所属之行政区各设议会，以本区选出之议员组织之，于其区域内之自治事项有立法权。"由以上诸条文看起来，当时系承认外蒙为一行政区域，略等于省，内蒙则只规定各旗的地位与县相等，而不承认其盟之一级。民国廿年国民政府公布之《中华民国训政时期约法》第八十条："蒙古、西藏之地方制度，得就地方情形，另以法律定之。"同年十一月即公布《蒙古各盟部旗组织法》，规定蒙古地方政治制度，其第五条云："蒙古各盟及各特别旗直隶于行政院。"是则蒙古盟的地位相当于省，但此法并未实行。民国二十二年蒙古地方自治政务委员会成立，该会直隶于行政院，而其辖区又为内蒙古各盟旗，是则盟的地位又介于省县之间了。民国二十五年立法院公布之《中华民国宪法草案》第一百零二条："未经设省之区域，其政治制度以法律定之。"此条仅言未经设省之区域，似已暗示其已经设省的区域——如内蒙，可勿容再有特殊制度。实则历次根本法中对于蒙古盟旗制度的规定，皆暗示可予变更。关于此一问题，颇为蒙旗人士所烦恼，在蒙旗人士视之，其盟旗行政组织可不必遽予改革，在其地方亦不必另设县治，因多事纷更，徒能引起边民不愉快的感情。故自蒙政会成立时，蒙古人士即要求勿在盟旗设县，而中央政府当时亦即顺应他们的要求而明令内蒙各盟旗未设县地方，一律停止设县与放垦。此次公布之《中华民国宪法》中特别规定，其第一百十九条："蒙古各盟旗地方自治制度，以法律定之。"第一百六十八条："国家对于边疆地区民族之地位，应予以合法之保障，并于其地方自治事业，特别予以扶植。"这里所说的蒙古各盟旗，当然指内蒙而言，因外蒙已承认其独立了。在这里对于盟旗地位如何，虽未明白规定，但已承认其存在，并特别加强对于其地方自治事业予以扶植，已不像以前各根本法只注重设省与设县，有意或无意的忽略蒙古政制了。

　　四、蒙古代表实行参加国会　民国成立，蒙古人士即实行参与国政，此最具体的表现为参加国会。民国元年八月公布之《中华民国国会组织法》参议院之议席，共为二百七十四人，其中蒙古代表为二十七人，约占全议席十分之一，众议院之议席共为五百九十六人，其中蒙古议席为二十七人，约占全议席二十二分之一，合计两院议员共为八百七十人，其中蒙古议员共为五十四人，约占全议席十六分之一。民国七年二月公布之《修正国会组织法》参议院之议席为一百六十八人，其中蒙古代表为二十人，约占全议席八分之一，众议院之议席为四百零七人，其中蒙古代表为二十人，约占全议席廿分之一，参众两院议席共为五百七十五人，其中蒙古代表共有四十人，约占全数十四分之一。民国二十五年五月公布之《国民大会代表选举法》，国民代表大会代表总额为一千二百名，其中蒙古代表为二十四名，仅占代表总额五十分之一。此与民国元年参众两院总额之蒙古代表相较，则该国民大会中之蒙古代表实减少三倍有奇。又民国三十三年九月十五日公布之《修正国民参政会组织条例》第三条规定："国民参政会置参政员总额二百九十名，其分配如左：……乙、由曾在蒙古、西藏地方公私机关或团体服务三年以上，著有信望，或熟谙各该地方政治、社会情形，信望久著之人员中遴选八名（蒙古五名，西藏三名）。"是则参政会中之蒙古代表名额与前相较，似嫌过少，边民参加国会为我国宪政最具体的边政实施，乃过去不予注意，颇觉不当。此次新宪法第二十六条："国民大会以左列代表组织之：……二、蒙古选出代表，每盟四人，每特别旗一人。……"第六十四条："立法院立法委员依左列规定选出之：……二、蒙古各盟旗选出者……"第九十一条："监察院设监察委员，由各省市议会，蒙古、西藏地方议会及华侨团体选举之。其名额分配依左列之规定：……三、蒙古各盟旗共八人……"此次国民大会代表共为二千零四十五人，蒙古代表总计为五十七人，以此相比，则蒙古代表占总名额约四十分之一，较前增加。但立法委员与监察委员名额，蒙古代表共为三十人（蒙古立委规定为二十二名），以与民初参众两院之蒙古代表初为五十四人，又为四十名，似已嫌少，但在此有必须注意者，即民初之蒙古代表系包括外蒙在内，今则专指内蒙各盟旗而言，以人口分配，或以区域分配，蒙古代表似皆无法增高。因外蒙之独立，在整个蒙古区域言之，地方减去一半，人口约亦减去一半，如此则蒙古代表名额尚不算少。

基上，我们看出民国以来，蒙古的政治地位颇有变迁，而其变迁又系每况愈下，直到此次新宪法之施行，蒙古的政治地位才形好转。这是说明蒙古问题已为政府所注意，可以得到合理的解决。清代理藩政策，惟恐边人与内地相同，力求其"异"，不稍迁就。民国以来，一反过去政策，对于边人又力求其"同"，故所有边疆设施，莫不以去边人之"异"，而迫使与内地相"同"。在此求同的原则下，边政演变至今，愈同愈异。外蒙独立以去，他处亦扰攘不安，谈边政者，莫不引为遗憾。边疆与内地自不相同，其特殊性何妨予以参杂保留，于异中求同，同中纳异，边政设施当可顺利推行。今宪政开始，新宪法中对于蒙古地位特别予以规定，已不再"求同"，开始"纳异"，这是新宪法对于蒙古乃至整个边疆的一个新的启示。宪政时期的到来，不但是内地人民的希望，也是蒙古同胞的企望，而这个新时代一开始，便给与蒙古同胞一件愉快的喜讯，那就是蒙古政治地位，已获得中华民国宪法的保障了。

《边政公论》（季刊）

南京中国边政学会边政公论社

1948 年 7 卷 1 期

（李红权　整理）

宪法实施与蒙古自治

尹景伊 撰

《中华民国宪法》于去年元旦公布，于今年开始实施，是真正民主政治的开端，是真正地方自治的实现。全国国民，无分宗教、种族、阶级，固莫不欢欣鼓舞，以期望此宪政的完满推行。

惟中国境域，数千年来逐渐扩大，而中华民族，数千年来逐渐融合，各边疆情形特殊，各边民文化悬殊，有些地方，有些事件，应有特别的制度和设施，方可使边民享同等的权利，得进步的生活，而不至畸形偏枯。

满清时代，为防止边疆各族与内地汉人联合团结，并不愿边疆文化进步，乃用种种特殊制度，特别禁令，特别方法，以分化我整个中华民族。如对蒙胞划分各旗，不特与内地隔绝，禁止蒙汉同胞自由来往，即各旗亦严定界限，不许自由迁徙，而各王公朝觐时，亦规定一定的路线与一定的时日，禁止用汉文，习汉字，提倡喇嘛教，使蒙旗只有宗教而无教育。以致蒙胞人口日减，迷信日深，身体日弱，思想文化日退步，与内地隔阂日甚。对回教徒与汉人则挑拨离间，使其仇恨残杀，对藏族亦沿用元明之土司特殊制度而加甚，以致边疆地方一切不能发展，而边疆人民一切不能进步，且招致外患，边土日蹙。到末季始稍有觉悟，如新疆之成省，西康之归流，以及热、察、绥蒙旗地方之开垦与设厅置县，但已晚矣。

惟当时满清，颇注意边疆，民国以来，全国各族，共和平等，然对边疆不暇注意，不肯注意，于是边疆依然如故，且险象环生。北伐以后，始稍稍注意，但不明边疆特殊情形，而欲完全和内地一样，如热、察、绥、宁、青的改省，虽较进步，而各政多扞格不入，以致成效未收，纠纷不免。

盖边地土旷人稀，土瘠民贫，富源未辟，文化未进，一方固应用统一之制度设施，以期逐渐与内地一切平等，然一方应有特别之制度设施，以期边疆有长足之进步，边民得特别之扶植。此次新宪法即适合此种原则，如第五、第七各条，明示各民族一律平等，各宗教、种族，在法律上一律平等，即表示中华民族之平等与一律。而第二十六、第六十四、第九十一各条，对边疆各民族之国大代表、立监委员，特别规定名额，表示承认各民族之地位。第一百六十三条与一百六十九条，对于各边疆边民之教育、文化、卫生、交通、经济等扶助其发展，对于其固有之生活习惯，予以保障及发展，是于统一之中有特别，非常适当而应该。

又第一百一十九与一百二十条，保障西藏自治制度与专定蒙古各盟旗地方自治制度，尤为适应蒙藏民族之愿望。兹拟就蒙古自治问题，作商榷之研究。

关于蒙古各盟旗地方自治制度，另以治律定之，其制定之权在立法院，而原则的决定，则在中央主管机关与最高当局。但一年以来，各蒙旗人士与有蒙旗各省之民意机关，发表意见不少，双方主张不免少有歧异，略有争执，惟均为国家求安定，为边民争利益，求平等，并非为意气或个人权利之争。其重要不同的意见或主张，大约如次。

在蒙旗一部分人士，主张盟等于省，直隶中央，旗等于县，采属地主义，即旗内人民，无论蒙汉，同为旗民，而各县之蒙民，则采属人主义，仍应归盟旗管辖。在热、察、绥等省之民意机关及其他一部分人士，以为盟等于省，直隶中央，是各省之盟由省分离，而成无数之省。就今日边防说，热、察、绥等省蒙旗同与已独立之外蒙为邻，蒙汉团结，尚恐不足以御外侮，如再分裂，而盟旗力量更弱，恐边防益危，领土不保。又在各旗居住之人民，往往汉民多于蒙民，然在旗内之政治权利，未能与蒙民平等，而各县之蒙民，如再采属人主义，则一切政治或自治事项，将无法办理。且事实上蒙汉杂居之地方甚多，互移势有未能，分治纠纷必多。再以一盟之人口与财力，如独立而等于省，事实上亦无法维持与进步，实际并非蒙胞之利。因之主张，盟旗仍隶于省，旗内汉人应享平等权利，县境蒙民，不能采属人主义。双方主张不无各有理由，但双方均不免稍有偏见。盖都见到一方，未见到全局，均顾到一面，未顾到全面。谨折衷双方意见，顾全双方利益，略抒管见，以求各方之指正。

一、盟为重要问题之一。一部分蒙旗人士，主张盟等于省，一部分省区人士，主张盟属于省。我以为盟不宜等于省，亦不宜属于省，应如蒙旗人士之主张，直隶行政院，且即为行政院直接所属之机关，其经费完全由行政院支给，其首长由中央就各盟蒙人中有声望、能力者简派，名为盟长可，名为自治指导长官亦可。副长应为二人，即旧日之副盟长与盟务帮办，惟盟务帮办原为垦务发展之盟而设，其缺额原为汉缺，今不妨采用旧例，其副长一人为汉人，对于各旗内之汉民事件，比较方便。又盟公署既为行政院直属机关之一，对于各县内之蒙民，有些事项亦有权管理（如选举事项等），则蒙旗人士属人主义的主张，也可部分实现。盟公署的职权，应明白规定，如蒙旗选举事项等，可完全由盟办理，如旗县纠纷等，可与省方会商办理。又如宪法第一百六十三条所定边区之教育、文化经费，由国库补助，此等补助费各事，均可由盟公署主持。其他汉蒙同胞间之争执事件，亦可由盟公署代表中央与省政府会商办理。明、清之行省，原亦由中央机关而以后变为地方机关，将来缩小省区时，盟亦可一变而为等于省之机构，但在今日内乱外患紧急之日，似尚非其时。

二、旗等于县，为蒙旗人士之主张，亦为省方人士所赞同。未设县之旗，不再设县，已设之县，不再改旗，旗等于县，在地方自治言，旗与县同隶于省，则蒙汉民之在旗在县，同为一律，一切平等，无某民族受某民族统治之事，亦无某民族受某民族压迫之虑。不过旗之自治，一方为地方自治，固全同于县，但一方包含着民族自治，故同时各旗自治，受盟公署之监督指导，县虽属于省，而县境内之蒙民，在选举或其他事项方面，亦受盟公署之保障与监护。又不妨在省自治法内再列一特别规定，如某县蒙民达全县人口三分之一以上时，可于该县设副县长，以蒙人充之，某旗汉人达全旗人口半数以上时，该旗可设副旗长一人，以汉人充之。如此双方兼顾，而双方所虑者，都可解决。

又各旗采属地主义，如土默特等旗，无地可辖者应如何办理，此亦很难解决问题之一。我以为如土默特为特别旗，可改为土默特盟，将绥东四旗，同归其盟之范围内，而该旗原有之蒙民在各县者，其许多自治事项，仍有权过问。仿此例，凡大部已改为县之特别旗，均可改盟。不过由旗新改之盟，其国大代表人数等，应另行规定。

三、旗县同为自治单位，实行自治后，各旗县一律有参议会，蒙汉人民，无论在旗在县，均应有选举权及被选举权，按人口比例一律平等。但仍应斟酌情形，可有不平等之规定，如旗长实行民选时，无论旗境内汉人多寡，应以蒙旗人士为旗长，而汉人超过半数时，其参议员额，亦不得超过半数，以示限制。至各县蒙民在各县参议员名额内，应按人口予以规定，或至少有一人参加。又关于国大代表及立法委员、监察委员等选举时，蒙旗名额，既有规定，蒙汉应分别选举，而蒙民以盟首长为选举监督，各县境内之蒙民亦可参加蒙旗选举，而旗境内之汉民，亦应特别规定其参加区域与名额，否则如现在在旗境内之汉民，完全无选举权与被选举权，亦非得当，但不宜减少蒙旗人士之名额。

四、蒙旗既半属于省，则省政府内应有蒙旗人士参加，或特设一蒙务厅，而省参议会内，更应多有蒙旗人士参加，而在省自治法内规定名额，以便发表意见而保障蒙胞利益。惟我以为旗县虽相等而同隶于省，但对蒙胞，应特别优遇。因蒙民人口太少，生活过艰，如负担宜力求其轻，兵役应特别减免，而旗政府之经费，应由省特别补助。蒙旗教育经费，除中央补助外，并应由省特别补助。蒙旗小学毕业生，入国立或省立各中等学校时，应降格优先收录，此种种特别优遇，不必与县平等，而县境内之蒙民亦应酌量加以特别优遇。

如上所拟，在个人认为折衷双方意见，顾全双方利益，并以国家整个利益为前提，或足供制定蒙古盟旗自治制度，及订定各边省自治法时之参考。知我罪我，固非所计。

又蒙古地方自治，我以为不仅在形式之制度与机关之组织，而尤在实际自治事项之推行。关于蒙旗自治事项，如教育、交通、卫生及产业等，均为全体蒙胞真正福利之所关，亦为蒙古民族盛衰之所系。宪法第一百六十九条规定"国家对于边疆地区各民族之教育、文化、交通、水利、卫生及其他经济社会事业，应积极举办，并扶助其发展"。第一百六十三条"边远及贫瘠地区之教育、文化经费，由国库补助之，其重要之教育、文化事业，得由中央办理或补助之"。第一百六十八条"国家对于边疆地区各民族之地位，应予以合法之保障，并于其地方自治事业，特别予以扶植"云云。蒙旗自治，应注重上列各事业的办理，并积极举办，如改良畜牧，设立蒙旗卫生及兽医机构，发展蒙旗交通、水利，普及蒙旗学校及社会教育，提倡小手工业与简单工业，开发盐、碱、煤等矿产，改善蒙民生活等等。在地方固应积极举办，而在中央尤应特别扶助扶植。尤其教育、文化经费，如中小学学校及社会教育、巡回演讲、巡回展览、巡回图书、巡回电影等，国家应特别补助，而畜牧兽医学校、蒙旗教育馆、蒙文画报等，更应由国家办理。蒙旗教育、文化如能进步，交通、水利、卫生如能发展，畜牧如能改良，工业如能振兴，矿产如能开发，则蒙胞可以增加人口，改善生活，增进知能，而蒙旗地方亦可繁荣进步，边区政治真正民主，边疆经济真正发展，边区民族真正平等，边圉国防亦自真正巩固，则宪政才可以说是真正实行，也才可以说全民真正得到宪政的利益。

《边政公论》（季刊）

南京中国边政学会边政公论社

1948 年 7 卷 1 期

（李红权　整理）

傅作义散步包头

凌冷冰　撰

回北平，去广州，傅都有情绪上的矛盾，只有暂留包头，看看旧部，换换空气，比较可使自己轻松点。

××：

许久没有给《新天》写稿，抱歉之至。这儿环境有些特殊，下笔时颇觉为难，加之邮递不便，许多有时间性的小事，恐怕寄到时已成明日黄花，更懒得写。最近，在这荒漠的塞外，突然发生了一件值得注意的大新闻——傅作义突然经过归绥来到包头。我想，这应该给《新闻天地》搜集点材料罢。但，我失败了，我简直找不到什么具体的东西。我相信，任何更好的记者也难找到珍贵的资料。傅的行踪极为秘密，压根儿不见记者，连宾客也很少接见。我们只能在圈子外找到一些零碎材料。大块文章写不成，只有把这些零碎资料，拉杂告诉你，也许能作为你的参考。

共军护送，眷属留平，
"戡乱"名将变成中共专使

首先要告诉你的，是：傅如何出来的？到包头作什么？答案是：共军护送，眷属留平，"戡乱"名将变成中共专使。

由北平出发，中共派了一连兵作为傅的卫队，一直送到包头以东的某地，这个连才掉回头。随傅同来的，主要角色是北平"局部和平"催生者邓宝珊，傅的夫人、公子等仍留在北平。听说政府方面以为傅是从中共监视下偷着"逃"出来的，显然是不对了。傅的老太太，早在平凉逝世；北平和谈时，傅的夫人、公子都在重庆，傅曾一度派飞机（政府给傅的飞机，共军进城后便南撤了）往接，临时又决定中止。傅夫人等是二月中旬由重庆飞到香港，转乘轮船经天津抵平。这次中共送傅来绥远，却把眷属留在北平，多少有些"人质"的意思。

中共的目的，是要傅作义说服他的旧部——董其武和孙兰峰，投降中共，并由包头、绥西出兵，夹击宁夏、兰州，打击西北二马。傅本人是否完全同意中共所给他的任务，固不得而知，但在此间的重要官员，则认为傅未必同意，很可能是傅趁此机会，到归绥、包头一走，看看旧部属的现况，同时了解了解政府方面究竟如何打算。

中共对傅并不完全放心，护送之外，眷属当然不必带。邓宝珊对中共的功绩不小，以之作傅的助手，当然极为适合。于是这位"戡乱"名将，便成了中共专使。

包头坚定，归绥摇摆，绥远局面极其扑朔迷离

这里，我必须补述一下绥远的局势。这儿真是扑朔迷离之至，如果简括的说，那就是包头坚定，归绥摇摆，两地的关系照常密切，于是形成一个特殊的地带。

自从傅作义在新保安地方吃了共军一个大亏后，傅的基本部队已损失了三分之一。因此，傅只好一面退北平，一面令截在西面的队伍向绥远集结。傅的队伍不仅能战，且极为坚贞，新保安突

围的，大部到达北平；张家口自动撤守，孙兰峰不久便经察、绥
真空地带，直到归绥，接着就留驻包头整训。傅在北平，带了一
些队伍和中共谈妥局部和平，条款中并未提及在绥远的旧部如何
处理，不过双方似有默契，双方都不再以兵戎相见，这局面一直
维持了半年。绥远主席董其武，追随傅作义达二十年之久，对傅
极为忠诚，因亦按兵不动。在这半年中，中共的使节、说客不断
向归绥城跑，董其武的态度便不免有些摇摆。这里知道的，是董
其武仍然是绥远主席，共军亦未进驻，但在行政上，董的绥远省
政府，渐接受中共的"指导"。中共人员在归绥市上公开行动，
任何人都知道。孙兰峰是傅作义麾下有名战将，由张家口退到包
头后，一意整军经武，发奋图强，准备湔雪败战之耻。归绥、包
头间虽然仍保有密切关系，犹如一家，但对中共的态度却有很大
的分别。孙比董坚持，他正好代表绥远武将主战的一派。中共人
员在绥远的活动范围止于归绥附近各县，在包头便没有活动的
余地。

连声惭愧，谢绝赴穗，傅作义说无面目见国人

　　傅作义此来，对绥远局势似乎没有什么改变。但消息传到广
州，阎锡山院长都动了心。阎是傅的老长官，对傅当然关心，尤
其是以为傅是从北平逃出来的，更该有所举措，所以，当阎证实傅
到达包头后，便派徐永昌来包，促傅赴穗一行。徐永昌原来也是
阎的部下，与傅同事三十年，他作促驾使节，也是非常合适。
　　但徐永昌到了宁夏后，便了解傅不是逃出来的，而是中共派出
来的。情形不同，这任务便有些难于达成了，何况绥远局面扑朔
迷离，这位老将更迟迟其行。他在宁夏留了四天，派了一位高级
参谋作代表，到包头来见傅。

据说，傅接见这位高参时，表示自己非常惭愧：北平没有能守，而局部和平的结果又是如此。他说：他实在没有面目见国人，他准备不再过问政治，阎院长的盛意他很感谢，但他一时不想离开包头。对于阎院长邀请赴穗的意思，他是如此婉转谢绝了。那位高参当天便由包头赶回宁夏，徐永昌乃中止来包，返穗覆命去了。（编者按：徐后来又去包头和傅见面。）

"国"如此，"共"如彼，
傅作义在歧途上观望徘徊

据接近傅作义的绥远高级人士告诉我，傅作义相当苦闷，他可能在包头小住一个时期，观望一番。

中共派傅到绥远去的任务，这时已经因为形势变迁而不需要了：西北军事将领未能配合，使共军得长驱直入兰州，进迫西宁。马步芳远走河西，马鸿逵偏促宁夏，中共原派傅劝说董、孙出兵夹击兰州，这时自然不必再动手。傅的任务虽未完成，却已终了，他之留住包头，当有可能。

若希望傅能到广州或重庆，至少是一件很困难的事，傅是中共所派，且留了眷属在平，他如何能轻易飞往政府区？

傅自己的苦闷则是明显易见。北平局部和平的结果如此，也出乎傅本人的预料。开头是中共利用他来巩固北平的统治；及至形势稳定，便将傅打入冷宫。这次要劝说董其武、孙兰峰，始再将他请了出来。任务未达成而终了，回到北平，又将如何？在包头，比在北平可以多了解一些政府的情势，政府军节节退守，到今天，已被中共迫到最后一条防线了。军事上的失利并没有使政府首要有彻底的觉悟与改革，莫说是反攻，即是固守也很困难，前途不容许乐观。在这种情势下，傅如何能作决定？回北平，去广州，既都不可能，那么只有暂留包头，看看旧部，比较还能使自己安慰些。

九月七日寄自包头

《新闻天地》（周刊）

四川新闻天地社

1949 年 84 期

（李红权　整理）